生　產　實　務

劉　漢　容　著

學歷：美國奧勒岡州立大學科學碩士
現職：國立成功大學工業管理研究所副教授

三　民　書　局　印　行

網際網路位址 http://sanmin.com.tw

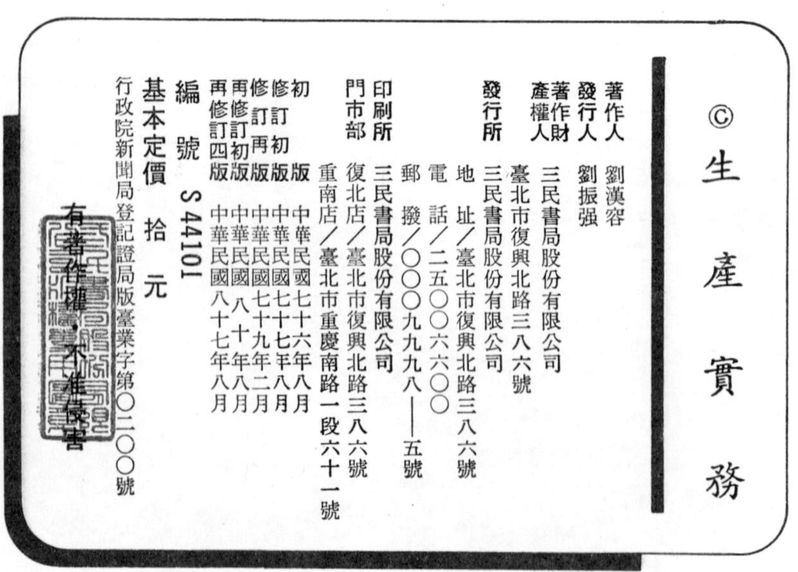

© 生產實務

著作人 劉漢容
發行人 劉振强
著作財產權人 三民書局股份有限公司
臺北市復興北路三八六號
發行所 三民書局股份有限公司
地 址／臺北市復興北路三八六號
電 話／二五〇〇六六〇〇
郵 撥／〇〇〇九九九八——五號
印刷所 三民書局股份有限公司
門市部 復北店／臺北市復興北路三八六號
重南店／臺北市重慶南路一段六十一號
初版 中華民國七十六年八月
修訂初版 中華民國七十七年八月
修訂再版 中華民國七十九年二月
再修訂初版 中華民國八十年八月
再修訂四版 中華民國八十七年八月
編 號 S 44101
基本定價 拾 元
行政院新聞局登記證局版臺業字第〇二〇〇號

ISBN 957-14-1066-7 (平裝)

編輯大意

近年來，由於政府大力推動經濟建設，加上全民的協力合作，締造了我國經濟發展的奇蹟，也帶來工商企業的蓬勃發展。但是，我們仍然需要繼續不斷的追求更高度的經濟成長，擴大拓展國際貿易，才能提升我國的經濟水準和生活品質，以達先進工業國家的水準。然而，近年來能源危機帶來的經濟不景氣、世界經濟自由化及國際化的要求以及日趨劇烈的國際貿易競爭，給予我國經濟環境及工商企業界相當大的衝擊。企業處此強大的經濟洪流及變遷迅速的經濟環境下，欲永保生存且不斷的成長，必須創新技術、革新管理以提升企業的生產力及品質，俾企業能適時提供適質、適量及適價的產品或勞務，滿足顧客的需要，增大企業的競爭能力，而良好的生產管理，正可達成企業的此一目標。

本書係依據教育部最新公佈專科學校「生產實務」的課程標準而編輯。全書共分九章，首述生產工廠的活動和組織，以介紹生產管理的整體概念，然後依據產品的生產系統，由產品設計、製程設計、產品的生產計劃和管制，進而探討與產品生產有關的活動，如品質保證及管制、品質檢驗、工業標準、工業安全和衛生以及成本會計等等，均詳加敘述，同時針對國內工商企業實用制度儘量收集，且融入理論中，以使讀者於研讀生產理論之後，於生產作業上能運用自如。

管理是各種知識、技術和經驗的大結合，集合各學域的知識於一身，舉凡物理、化學及數學的原理；機械、電機及化工等的工程技術和知識；電腦、統計及會計的技巧；人類、社會及心理的應用，均為管理中重要的環節，更由於世界潮流及我國工商企業的切膚之感，使管理成為炙手可熱的領域，各行各業的專家學者均趨之若鶩，滙集成一股强大的力量來推動管理工作，謹以本書就敎於工業管理族中的學者專家。

本書之出版承三民書局劉總經理振强先生之協助良多；工管系系友蔣大成及王文堯；企管系謝金蓉；歷史系楊金菊諸同學之協助整理資料和抄寫，其中尤以謝金蓉同學常日以繼夜的趕抄稿件，備極辛苦；內人黄牡丹女士操持家務，督導子女課業，承擔一切家庭事務，使我得以專心講學和著述；兒女乃菁和政翰，雖因父親的辛勤工作無法獲得照顧，仍用功讀書，成績良好，雖然他們無法了解父親為何需要如此分秒努力（許多人的父親都不必如此），但却由衷的體諒；凡此，於此一併深致謝忱。

二十年來筆者有幸在國立成功大學工業管理系及工業管理研究所講授有關生產管理、品質管制及作業研究等課程，且有機會參與經濟部所提供的中小企業輔導及顧問方案，得以將理論與實務相互配合及印證，獲益良多。爰將平日敎學、研究、顧問及在美進修之部份心得，編彙成册付梓，藉供讀者參考。唯筆者才疏學淺，疏漏謬誤勢所難免，尚祈海內外碩學先進，不吝指正是幸。

劉漢容

謹識於國立成功大學

生產實務　目次

編　輯　大　意

第一章　生產工廠的活動及組織

第二章　產品的生產工程

第三章　生產管理

第四章 品質保證及管制

第五章 品質檢驗

第六章 工業標準

第七章　成本會計

第八章　工業安全

第九章　工業衛生

第十章 專案管理(PERT/CPM)

第十一章 豐田式生產管理

主要參考文獻

第 一 章

生產工廠的活動及組織

1-1 引　　言

環視周遭，我們所用的、所吃的或所看到的物品或勞務均爲各類生產工廠的完成品，而這些正是許多人的活動所形成：每一物品的生產，自其原料購入工廠，都必須透過企業內部的人力、資金、物力以及機器設備等資源來完成，然後再經過運銷系統而送達消費者手中。

自工業革命以來，生產工廠都以機器代替人工，而機器設備自通用機而專用機，再演進而成爲今日的自動化機器設備，如此，而形成了今日快速且大量生產的經濟形態，人們日常生活所需的物品或勞務，都經過了相當長且複雜的生產歷程，因此，很少自行生產自行使用，絕大多數均購自他人的生產。

生產工廠設立的基本目的，在於提供能滿足消費者需要的物品，並透過此一目的的實現而獲得預期的利潤。能夠創造利潤，才能使企業持續不斷的成長，也才能提升企業貢獻社會、服務人羣的力量，更進而擴大企業的功能而達富國裕民的企業目標。

生產形態的不斷遞變，使得企業組織日漸龐大和複雜，生產活動也隨着日趨繁複，其間的作業，種類繁多，牽連廣泛，因此，生產企業必需追求科學化的活動以及合理化的管理，將有限的資源、各種生產要素以及複雜的生產歷程作最有效的配合，以使生產在最經濟有效的情況下進行，才能獲致物美價廉的產品，提升公司的競爭能力，達成企業獲利的目標。

生產管理是一種科學的方法，也是一種藝術的理念；所謂科學方法係因許多專家學者的研究和發展，提供了一些管理上的方法、邏輯和準則，供吾人遵循和使用，以解決生產活動上的繁複問題；而所謂藝術係指生產活動所牽涉的範圍相當廣泛，而其所面臨的決策環境和因素更是包羅萬象，絕非一些管理技巧、邏輯和準則放諸四海而皆準的，因此，不同的管理環境，生產管理者必需靈活運用管理技巧及其主客觀性的判斷和決策，以建立達成企業目標的企業文化和管理氣候。

1-2 生產管理發展史

自人類古文明的豐功偉業中，如我國的萬里長城或埃及的金字塔，不難發現其中包含相當多的計劃、組織和管制的工作，例如產品設計、物料管理及排程等等，似乎也有某種形態的員工激勵活動，由此，可知生產管理活動，由來已久，只是沒有記載的資料可資查考而已。

十七世紀末葉，歐洲在長期分化之下形成了許多國家，也導致了彼此間的貿易關係，當時的生產形態，係由商人將原料分發到各農舍，由老師傅及其徒弟用手工的方式來生產，每一件產品自始至終均由同一人來完成，然後，由商人負責運輸和分配的工作。此時，人類所能使用的動力只限於人力、獸力、水力及風力而已。此種生產系統，吾人稱之爲茅舍式生產系統(Cottage System)，不過，其時，人們已知道物品的生產方式對其商業行爲的發展有着相當密切的關係。

1770 年代，英國人發明了各型各式的紡織機，形成了近代生產工廠的雛型，更由於瓦特蒸汽機的問世（1785 年），不僅在生產中導入機械化和動力化，也形成了快速的水陸運輸，1797年螺旋車床的發明，建立了金屬加工及機器加工工業，形成了近代的生產工廠，不僅生產力提高，貿易額也迅速成長。

1776 年英國經濟學家亞當史密斯（Adam Smith）的國富論指出：可藉分工而達提升生產力的經濟性，此即，用不同的工人從事不同工作，其功效遠高於技術工人一人做全部的生產工作。由史密斯的理論可推知，工人可因此技術更精良，且可利用專業性機具的發展而提升生產力，使分工成爲勞動生產力改善的原動力。1798 年惠特尼（Eli Whitney）倡導可互換性零件的概念，使近代快速生產制度更早來臨，也促使十九世紀初期福特公司的裝配線設計的成功。

十九世紀初葉，人類生活中的必需品，由家庭式的生產方式轉變爲工廠生產，專業化的人才成爲工業化強而有力的工具。更由於美國西部的開拓，引發了鐵路運輸系統之發展帶來了鋼鐵工業及其他工業的快速發展，工廠管理的技術更不斷的進步中，Charles Babbage 修正且擴展了亞當史密斯的觀念，他認爲我們可依據不同工作所需的技術僱用不同的人員，並依據其不同的專業性技術支付薪資，如此，必可降低總成本，此外，Babbage 還針對管理、組織結構、人羣關係、新產品的發展、市場上價格、銷售量及利潤間的關係等加以探討，他的這些觀念和工作雖未立刻付諸實施，但對未來科學管理理論的發展具有深遠的影響。

科學管理的時代始於美國的泰勒(Frederic W. Taylor)，吾人稱之爲科學管理之父，在他由工人晉升到總工程師的歷程中，他對生產的研究深入基層，針對工人的工作方法及薪酬對生產力的影響，泰勒認爲在生產作業上，勞工和管理者的責任不同；管理者應負責計劃、指揮及組織的工作，工作者只要執行其所指派的工作即可。泰勒也相信應培育管理者和勞工間的合作精神，也必須針對每一工作選擇最合適的工人。泰勒所建議的「科學管理」(Scientific Management)係基於工作的觀察、衡量和分析，進而改善工作方法並提倡獎工制度。泰勒名著「工廠管理」(Shop Management)一書於1911年問世，揭諸了他科學管理的四大原則:

(1)「動作科學原則」(Principle of Scientific Movements): 每一工作之元素均以科學方法代替經驗法則(Rule of Thumb)。

(2) 選用工人的科學原則(Principle of Scientific Worker Selection): 以科學方法選取合適的工人，並加以訓練和教導。

(3) 合作及和諧的原則(Principle of Cooperation and Harmony): 員工間必須誠心誠意的互相合作與配合，才能產生團隊的力量，而勞資間也應和諧相處，而非敵對地位，才能發揮高的效率。

(4) 發揮最大效率的原則(Principle of Greatest Efficiency and Prosperity): 管理者與工人各有其應負的責任，各自擔負其責任，才能發揮最大的效率。

許多與泰勒同時代的專家，發展且增強了他的理念。其中，甘特(Henry Gantt)發現獎金較薪資更能提高工作士氣，同時，也發展了如今仍極負盛名的甘特圖(Gantt Chart)以作為生產作業排程及控制之用。吉爾勃斯夫婦(Frank and Lillian Gilbreth)將動素的理念引入生產管理的領域中，特別着重於動作經濟原則和員工訓練，以細微動作分析(Micromotion Study)及動作影片(Motion Pictures)來進行動作軌跡分析改善工作方法，並且引進人性管理的觀念。

1930 年代，由於梅友(Elton Mayo)在西方電器公司(Western Electric)所作的霍桑研究(Hawthorne Studies)產生了不同的行為觀點，其強調工作的體能和技術層面，霍桑研究發現生產力的提升，行為因素也極為重要，此外，生產的心理和社會因素將改變管理階層在工作設計和員工激勵的態度上。

在第二次世界大戰期間，一種新的數理法則發展出來而大大的影響工商企業界，那就是有名的作業研究(Operations Research)或稱為管理科學(Management Science)，此種方法假定許多工商企業界的實際狀況可適當的表成數學模式(Mathematical Model)，此方法的第一個應用實例，係決定運輸軍品以供應歐洲的最佳艦隊規模。如今，此種管理科學可用以解決小至改善一生產線的效率問題，亦可大到規劃整個公司的長程策略(Long-Range Corporate Strategy)，其間組合了複雜的財務、行銷及製造業務因素。近年來，更由於電子計算機(Computer)及微處理機(Microprocessor)的相繼發展，更增擴了管理科學的作業範圍，也因此而成為生產決策問題的有利工具。

太空計劃及電子產品的研究和發展，於 1970 到 1980 年代初期在生產上產生了革命性的高深技術，機械人(Robot)及微電腦(Microcomputer)`乃是改變生產作業的兩項高科技(High Technology)。下表列出這些重要發展歷史中的某些項目。

表 1.1 生產作業的重要發展歷史

工業革命	
哈氏紡織機 (Hargreaves' spinning jenny)	1770
卡氏動力織布機 (Cartwright's power loom)	1785
瓦特蒸汽機 (Watt's steam engine)	1785
馬氏螺旋車床 (Maudslay's screw-cutting lathe)	1797
分工的原則 (Principle of division of labor)	1776
可互換另件 (Interchangeable parts)	1798
科學管理	二十世紀初期
泰勒 (Frederic W. Taylor) ——工作衡量	
吉爾勃斯夫婦 (Frank and Lillian Gilbreth) ——方法改善	
行爲研究	1930年代
作業研究	1940年代
電　腦	1950年代
尖端科技	1970及1980年代

1-3 生產活動

生產活動的目的係就人工、材料、資金、機器設備、情報及能源等有關的生產要素，事先做良好且有系統的規劃、整合及控制，以便完成生產活動的三項主要任務：即適當的產量、優良的品質及按時完成如期交貨等。因此，生產活動係包括產品的研究發展和設計、機器設備的購置和佈置、原物料的採購驗收和投入、生產過程的各種計劃和管制，直到產品的製成且送到消費者的手中及售後服務等一系列有關的活動，其主要項目如下:

1-3-1 產品的研究、發展與設計

產品的研究發展係決定我們生產什麼，其工作可能包含現有產品

的改良及新產品的發展。在今日科技創新日新月異、競爭劇烈的工業世界裏，一個企業想生存發展，必須不斷的發展和創新產品，以提供高性能、高品質及新式樣的新產品，以迎合顧客的需求及其需要的變遷。

公司研究發展人員從顧客、營業人員、供應商、競爭廠商及他自己平日的研究而獲得創意，經過初步的篩選、經濟分析，就開始進行產品的發展和設計，再經過手造樣品的各種測試，以便了解產品的性能、壽命、外觀是否能合乎顧客的要求，然後進行最後的設計，其流程如圖 1.1 所示。

1-3-2　製程設計

產品設計一旦完成，即產生了產品的藍圖、規格及其材質規範等工程資料，即可進行製程設計的工作，所謂製程係自原料投入，開始加工製造到產品完成期間，所歷經的工作流程，包括每一工作站的加工方法，其間尚包含操作人員與機器的配合等，因此，製程設計的主要目的在於選擇最適當的人員、機器設備、製造方法以及整個生產流程，以使生產過程中的損耗最少、效率最高、品質最穩定，以達成生產成本最低的目的，依此，其設計包含下列各項:

(a) 製造方法: 包括製造方法、加工順序、批量、製造場所及加工所需標準時間。

(b) 機器設備: 決定由那些機器設備來生產，所需使用的工具、刀具、治具及檢驗儀器，以及生產條件等。

(c) 工作人員: 指定合格的操作人員，並對加工的特性詳加說明，並作必須的技術訓練。

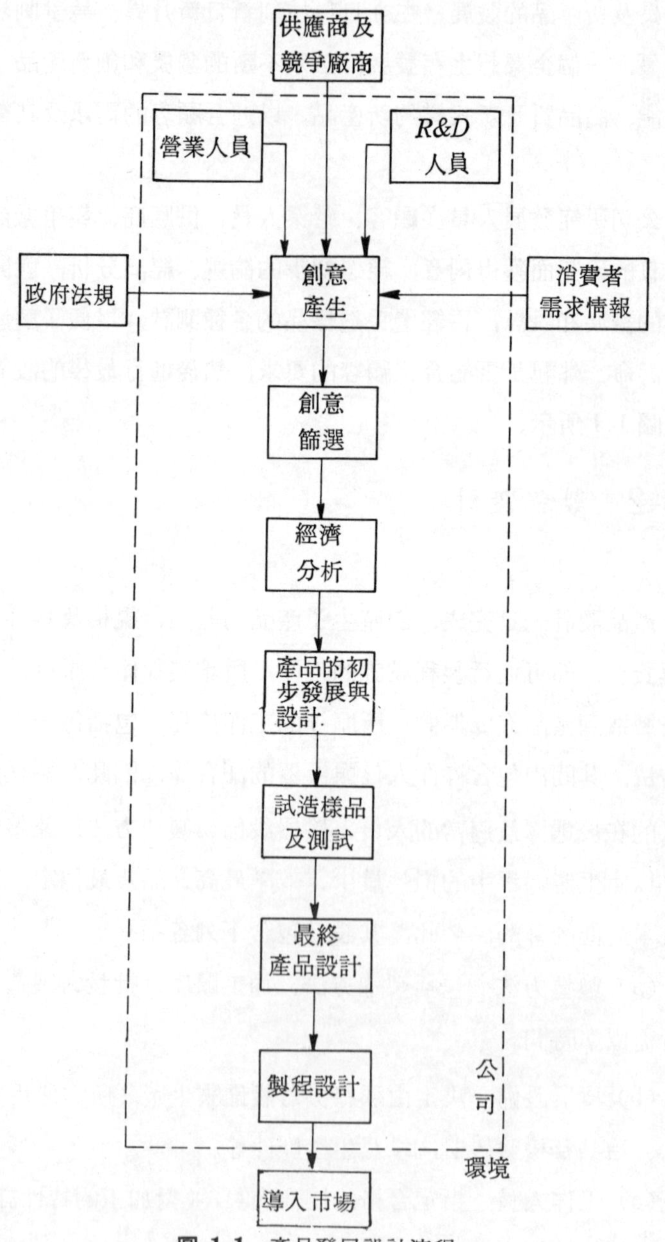

圖 1.1 產品發展設計流程

(d) 材料: 說明材料的尺寸、規格、抽樣及檢驗的方法，對供應商的要求等有關的資料。

(e) 成本分析: 針對外購或自製的材料進行價值分析，收集生產過程中的實際生產工時、廢品率及各種間接材料、間接人工及補給品的損耗資料，以便分析成本。

(f) 工作設計: 工作設計係針對每一個人的工作加以規劃，其內容在於決定每一工作人員的工作內容及其責任、工作環境、工作方法等。

1-3-3 採購及物料管理

任何公司均需仰賴其他公司供應其原料、物料、零配件，這些均靠採購功能來完成。不論外購原物料，外包零配件，都必須依據公司的採購計劃來進行，並進行跟催的工作，及驗收入庫。採購部門依據公司的存貨政策以決定各種存貨數量，訂購量及訂購點。一旦驗收入庫，就利用倉儲管理的功能來達成適時供應生產現場適質、適量的原料和零配件。

1-3-4 生產計劃與管制

依據公司的銷售預測、訂單，及庫儲調整以決定公司的生產需求量，然後擬訂總體生產計劃 (Aggregate Production Planning)，據此，且考慮公司的粗略產能計劃，以決定公司的主生產日程 (Master Production Scheduling)，然後訂定物料需求計劃 (Materials Requirement Planning) 及產能需求計劃 (Capacity Requirement Planning)，並因而訂定生產活動管制 (Production Activity Control)，其流程圖如下圖 1.2 所示。

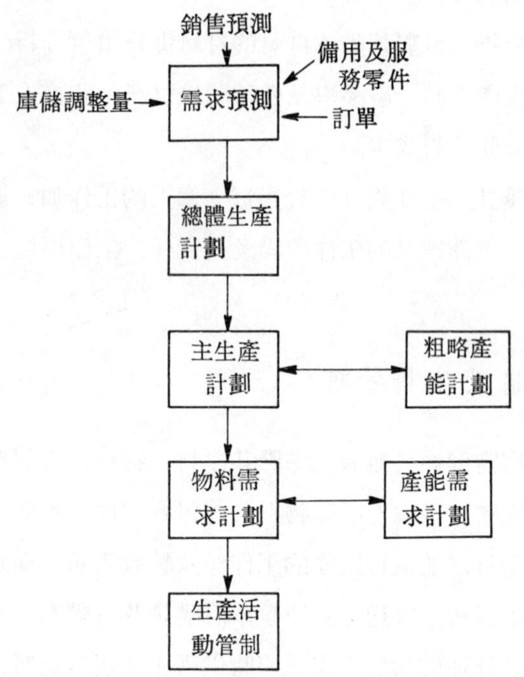

圖 1.2 生產計劃和管制流程圖

1-3-5 品質管制

依據裘蘭博士（Dr. J. M. Juran）之觀念,「品質管制是一項管制的程序，由此吾人可衡量眞實的品質水準，並與標準值加以比較，然後採取必要措施，以矯正其間的差異。」而所謂的品質並不是最好的，而是符合消費者的「適用」(Fitness for Use)，同時，是消費者能夠負擔的價格。事實上，品質係一公司競爭的重要利器。品質管制工作所包含的項目如下:

(a) 於生產活動的歷程中，選擇所需管制項目。

(b) 設定管制標準值。

(c) 訂定抽樣方法、檢驗條件及其檢驗儀器。

(d) 實際測試、整理和分析品質數據，並解釋其差異的原因。

(e) 採取矯正的行動。

1-3-6 成本分析與控制

前面曾提及，企業是以營利爲目的，而利潤的產生必須依賴成本的控制，因此，身爲生產人員，必須具備成本的觀念和意識，且時時牢記如何降低成本。

生產成本包括人工成本、材料成本及間接費用，因此，於產品設計時，依據消費者的需求，決定採用何種材料，何種製造方法，訂定精密度和公差等因素構成產品的成本，並與標準成本加以比較，作爲公司營運或採行決策之參考。

1-4 電子廠的組織

就一電子公司而言，包含相當多性質各異且相當雜複的工作，必須由各種不同技術水準及專業技術的人員來完成，這麼複雜且龐大的工作，不可能由一個人來完成，而必須由衆多人，共同協調合作，發揮個人的專長，彌補彼此的缺點，相互配合，才能有效的達成公司的目標。如此，有效的安排人員的職位和權責，有效的完成公司所交付的任務而達成公司的目標，即爲組織。

於組織設計時，必須考慮下列的原則:

1. 指揮系統一致的原則

每個人均只有一位直接主管及一些直接命令的部屬。

2.管理幅度的原則

管理幅度係指一主管能直接且有效監督的部屬人數，其人數的多少取決於下列四因素:

(1) 主管的能力: 越有才華之主管，可監督更多的部屬。

(2) 組織階層: 愈高階層監督的人數應愈少。

(3) 主管工作之性質: 例行或簡單的工作，可監督更多的部屬，反之，若爲複雜且變化較大的工作，其所能監督的人數當更少。

(4) 部屬的能力: 若部屬獨立作業的能力強，其主管應可監督更多的人。

3.工作劃分的原則

(1) 同一性質的工作彙總統一分派。

(2) 劃分工作必須明確且具體。

(3) 不可遺漏及重複。

(4) 依個人的專長分派工作。

(5) 工作量恰當。

4.授權的原則

(1) 儘量授權。

(2) 權責必須一致。

(3) 給予部屬有發揮創意的機會。

1-4-1 組織形態

電子工廠的組織結構，隨着公司規模及生產作業之不同而有相當大的變化，圖 1.3 顯示電子工廠組織系統之一例。

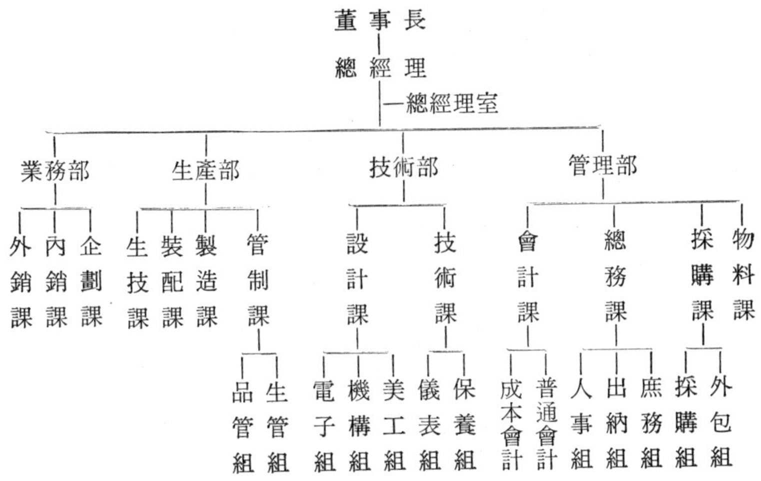

圖 1.3　電子工廠組織系統圖例

1-4-2　各部門之一般職責

1-4-2(1) 總經理

承董事會及董事長所賦予之權責，綜理本公司一切事務:

1. 向董事會呈報年度計劃。
2. 擬定公司中長程發展計劃。
3. 公司重大政策及方針之擬定。
4. 其他。

1-4-2(2) 總經理室幕僚

總經理室幕僚係本公司綜合幕僚機構，其職責如下:

1. 研擬公司的經營策略、管理制度及長程發展計劃。
2. 研擬公司組織之調整方案。
3. 有關公司經營情報及資料之蒐集、整理和保管事宜。
4. 各有關革新方案及重大問題方案之研議和解決。

5.有關員工發展計劃之研擬。

6.其他交辦事宜。

1-4-2(3) 管理部

管理部設經理一人，承總經理之命，綜理本部一切事務，下設物料課、採購課、總務課及會計課，各置課長一人，其職掌如下:

物料課:

1.原物料之收發事宜。

2.倉儲作業之規劃、變更及執行。

3.定期盤點物料，防蝕防呆。

4.物料卡之記錄事宜。

5.存量控制及原物料之請購事宜。

6.其他有關事宜。

採購課:

1.經濟訂購批量及物料價值分析。

2.供應商之尋找、選擇、調查及評估事宜。

3.辦理訂約事項。

4.物料之統計、登記、控制及追踪事宜。

5.辦理國外採購事宜。

6.零配件外包工作及其追踪工作。

7.適時、適質、適量、適價、適地辦理採購業務。

8.其他交辦事宜。

總務課: 總務課係負責公司有關出納、庶務及人事等事宜，其職責如下:

1.現金、支票及證券等之收支和保管。

2.現金收支報表之編製。

3. 現金帳簿之登錄整理。

4. 人員之甄選、任免、遷調、敘薪、考核、獎懲、資遣、退休、撫卹、留職停薪及復職等之辦理。

5. 從業人員薪資名册之編造及保險事宜。

6. 從業人員之考勤記錄和統計。

7. 從業人員教育、訓練工作之推動和執行。

8. 從業人員福利及康樂活動之辦理。

9. 從業人員加班之記錄及統計事宜。

10. 房屋宿舍之承租、修繕、分配和管理事宜。

11. 文件之收發、繕校及草擬事宜。

12. 文件及印信之保管和存檔。

13. 對外交涉、協調及公共關係。

14. 辦公用品及設備之請購、管理及收發事宜。

15. 報紙、雜誌之訂購及管理。

16. 車輛之調配和管理事宜。

17. 其他。

會計課:

1. 預算之編製及統計事宜。

2. 會計制度之研究、設計及改進事宜。

3. 會計事務之稽核。

4. 各種單據、原始憑證之審核及有關傳票之編製。

5. 時序帳之記帳和整理。

6. 明細分類帳之記帳和整理。

7. 會計報表之編製。

8. 稅務事項之處理。

9.財產目錄之編製事宜。

10.銀行往來、資金調度和押滙事宜。

11.成本資料之收集、整理和記錄。

12.原料、半成品及成品帳之記錄事宜。

13.產品成本之分析及計算。

14.成本控制與稽核。

15.其他。

1-4-2(4) 技術部

本部設經理一人，秉承總經理之命，綜理本部一切事務，下設技術課及設計課，其職責如下:

技術課:

1.全廠機器設備之維修事宜。

2.全廠設備、水電及公共設施運轉狀況之掌握和控制。

3.全廠儀表之保養和校正事宜。

4.各種治具、檢驗工具之設計和製造。

5.儀表之請購及汰舊換新計劃。

6.其他。

設計課:

1.最新技術資料的收集和保管事宜。

2.最新機器設備及測試儀器資料之搜集和保管事宜。

3.最新產品及其資料之收集。

4.新產品之設計、測試、試製及檢討等事宜。

5.產品造形之設計及圖案繪製。

6.有關產品構造及其零件之設計、試製及測試等事宜。

7.零配件製造用模具之設計、製造、試模及進度控制等事宜。

8.產品線路之設計、測試及試作事宜。

9.ＰＣ板之設計、試作及測試事宜。

10.其他。

1-4-2(5) 生產部

本部設經理一人，秉承總經理之命，綜理本部一切事務，下設管制課、生技課、製造課及裝配課，其職責分列如下:

管制課:

1.與業務部密切連繫、協調和配合，並作產銷配合計劃。

2.擬訂年度生產及品管計劃。

3.擬訂生產計劃及進度追踪事宜。

4.生產資料之分析、研究及改善建議。

5.生產日報表之彙編及審議。

6.每日生產效率之核算、差異分析及檢討事項。

7.成品及出貨統計事宜。

8.進廠原物料及零配件之檢驗事宜。

9.產品品質檢驗及管制事宜。

10.不良原因之分析及研究改善事宜。

11.產製過程中作業技術及方法改善意見之提供和建議。

12.有關品管資料之搜集和管制。

13.有關檢驗或試驗儀器及設備之請購及汰舊換新計劃之擬訂。

14.顧客抱怨的處理及改進事項。

15.其他。

生技課:

1.產品之試作及試裝事宜。

2. 模具、治具之設計與製造事宜。

3. 途程計劃之擬訂。

4. 裝配線之設計事宜。

5. 各工作站標準操作方法及標準時間之訂定事宜

6. 現場製造方法或技術之研究和改進事宜。

7. 生產現場問題之排除和解決事宜。

8. 其他。

製造課:

1. 各種零件之製造和加工事宜。

2. 模具、治具及工具之領用、保管及維修計劃之安排等事宜。

3. 生產作業之督導事宜。

4. 原物料之領用及保管事宜。

5. 半成品之保養及處理事宜。

6. 各種日報表之塡製、彙總及呈報。

7. 各種異常現象之呈報和處理。

8. 其他。

裝配課:

1. 原物料及零配件之領用事宜。

2. 裝配作業之執行。

3. 治具、夾具及工具之領用、保管及送修事宜。

4. 日報表之塡製及呈報。

5. 異常現象之呈報和處理。

6. 其他。

1-4-2(6) 業務部

本部設經理一人，秉承總經理之命，綜理本部一切事務，下設企

劃課、內銷課及外銷課，其職責分述如下:

企劃課:

1. 收集國內外市場情報資料、分析和整理。
2. 擬訂產銷配合計劃。
3. 內外銷市場之拓展及開發。
4. 新產品資料及樣品之搜集。
5. 新產品市場之拓展。
6. 其他。

內銷課:

1. 產品內銷業務之推廣及貨款之收取事宜。
2. 國內市場及客戶之信用調查。
3. 訂單之追踪及與生管組之連繫事宜。
4. 客戶之接洽、報價、受訂等事宜。
5. 銷售統計分析。
6. 客戶資料之搜集、分析和存檔等事宜。
7. 內銷計劃及其研究改進事宜。
8. 其他有關產品內銷事宜。

外銷課:

1. 產品外銷業務之拓展事宜。
2. 客戶之接洽、報價及受訂等事宜。
3. 國外市場及客戶信用之調查。
4. 外銷產品之報驗、運輸、保險及報關押滙文件等事宜。
5. 客戶資料之搜集、分析和存檔。
6. 訂單之跟催事宜。
7. 銷售之統計分析。

8.協助國外採購事宜。

9.外銷計劃及其研究改進事宜。

10.其他。

習　題

1.試述泰勒氏科學管理的四大原則。

2.試以一實例來說明產品的發展與設計程序。

3.試述組織的原則。

4.假如你是一電器公司家電事業部的經理，如何安排你的組織系統，每一單位的業務如何？

5.試解釋下列各名詞

a.科學方法　b.茅舍式生產　c.分工合作

d.可互換性零件　e.作業研究　f.管理幅度

第二章　產品的生產工程

2-1 引　　言

任何一項電子產品從研究發展 (R&D) 開始，歷經產品設計(產品工程)、製造工程、測試工程後，才能正式進入大量生產，此一階段的設計工作，對該產品將來是否成功極爲重要，我常喻之爲嬰兒在母體內的胎敎及成長時期。其大致的過程，可以下列流程圖圖 2.1 表示之。

由上圖中，除了產品工程及製造工程外，仍需考慮到市場研究，以便了解市場上潛在的需求量及需求量潛在的未來發展狀況，此不僅影響該產品未來的銷售狀況，也同時影響產品的設計及製造方法的決定，因爲潛在需求量大的產品，於產品工程階段，必須考慮簡單化及標準化，以利於大量生產。同樣地，於製造工程階段，必須考慮大量所用的專用機器（Special-Purpose Machine）而不是適合於多樣少量的通用機器 (General-Purpose Machine)。

爲了便於電子工廠產品生產工程之說明，吾人採用下列流程圖圖 2.2:

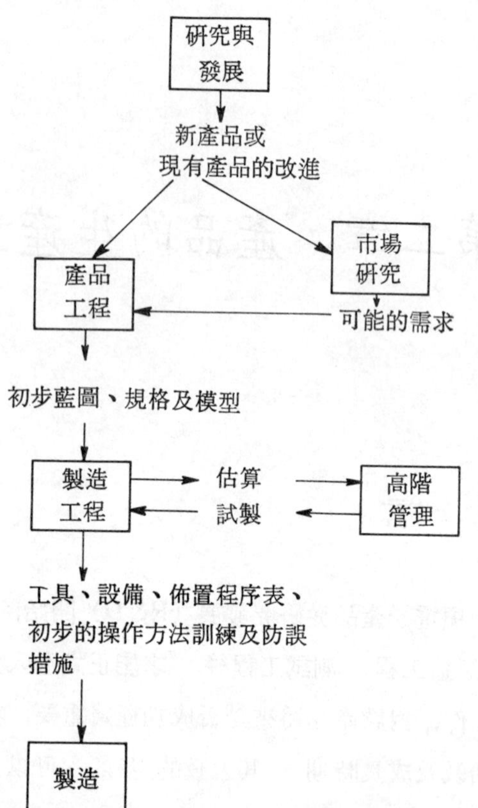

圖 2.1 產品自發展至生產的流程圖

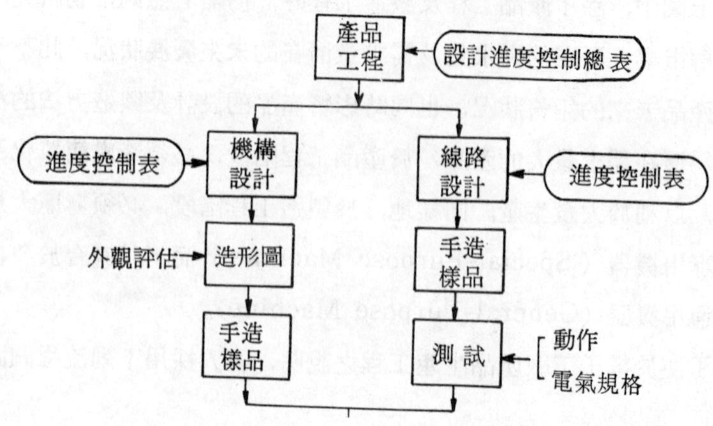

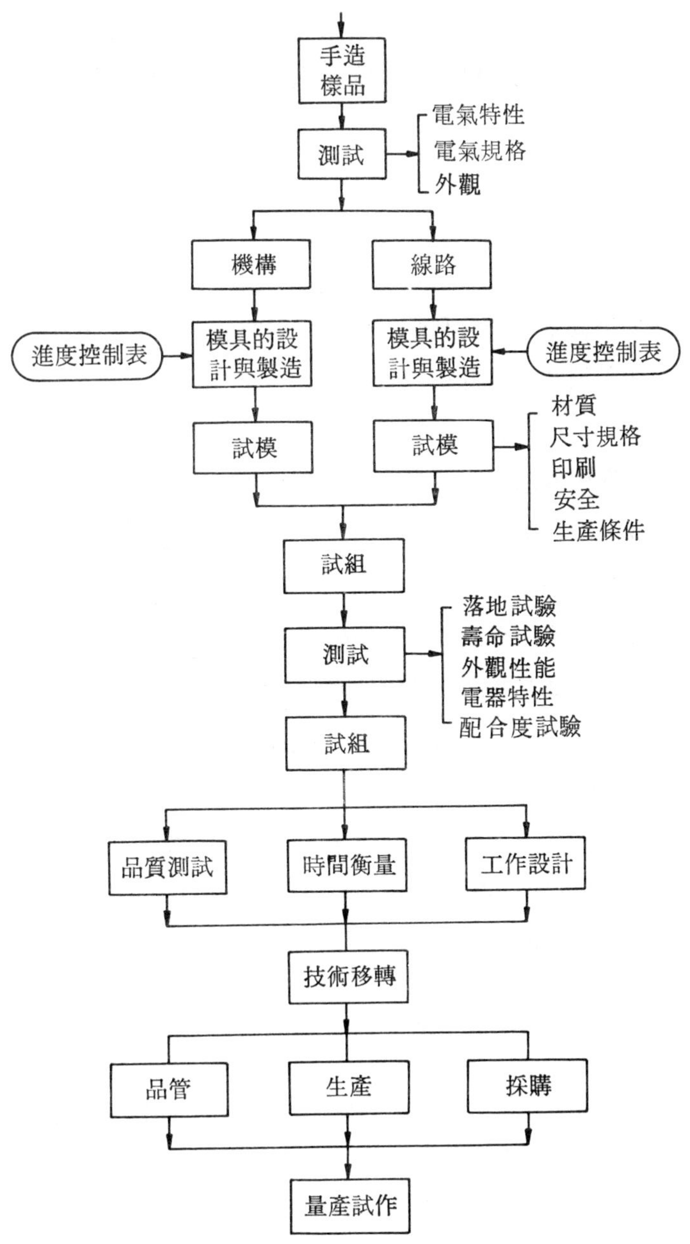

圖 2.2　產品生產工程流程圖

2-2 產品從實驗室移轉至生產工廠的過程

2-2-1 引　　言

工業研究的最終目的在於付諸生產，提供消費者更高的物質享受，另一方面則創造公司之利潤。因此，研究的成果通常是以能否付諸生產及能否爲消費者接受來衡量的。

事實上，在實驗室所完成的工作，只不過是產品設計過程中之一環而已，在廣義的工業研究裏，無疑的應包括如何將實驗室的成果移轉到生產工廠，這是既吸引人也是最重要的課題。吸引人的原因乃是每一項的移轉都不相同，也都隱含了許多不可預知的問題，換言之，此一階段係產品能否被接受付諸生產的決定時刻，通常只有百分之二創意，最後成爲具有商品價值的產品，因此，研究的最重要課題乃是如何克服實驗室研究與工廠生產之間的差距。

在新產品的價值未經肯定之前，其間存在着許多問題，如個人的喜好與否；生產之可行與否；成本及市場的不確定性；未知的售後服務；以及不可捉摸的顧客反應等等。此時正是研究人員最需要鼓舞戰鬭意志以度過難關的時刻。

2-2-2 實驗室與工廠間的差距

要成功的將實驗的成果移轉到生產工廠，應儘早做些準備的工作；首先應選定一個適當的主題，對負責此一主題的人而言，選擇合適的主題猶如律師選擇其所接辦的案件一樣，希望件件獲勝以便留下良好的記錄。因此，謹愼的選擇研究主題，一方面可使其研究計劃成功率較高，另一方面則增加別人的信賴度，也可使其移轉過程中的阻礙相對的減少。

不過，爲了使得實驗成果成功的移轉，必須確保在實驗室中已做過相當週全且完整的研究，意即，不論在研究過程中或所發展出來的產品均能符合實際的生產條件（成本、可行性及工作環境和條件）。雖然在實驗室中，研究人員已盡了力，但仍然有許多問題存在。誠如GM 公司退休的研究室主任凱得林博士 (Dr. Kettering)所說:「要把一個新的設計推銷給公司，最好的方法是先推銷給其競爭者」，因此，適當的推銷其創意觀念，仔細計劃其步驟，當可使問題減至最少。因爲人們總是不喜歡改變，守舊往往是人的天性。其次，新產品有時也導致購置新設備，冒着更大的投資風險，同樣的，因着新產品，固然可使業務人員想辦法增進其業績，但面對着可能不同的消費者習慣和行爲，也需要改變其推銷作業的方式及理念。

只因研究人員最了解其產品、品質、材質及研究過程，必須由他們來引導而使其他部門的人有興趣而接受之。但是研究人員並非善於推銷新創意的人，雖然他們習慣於以事實和數據作爲決策之依據，但他們不了解推銷是靠事實和數據所造成的印象而非事實和數據本身，因爲被推銷的對象往往是缺乏技術背景而無法衡量數據價值的人。

推銷新創意的時間性相當重要，我們知道通常要讓他人去接受新的創意和觀念必須是緩慢且循序漸進的，但是，今日科技及新產品日新月異的工業世界裏，似乎不允許如此牛步化的工作過程，因此，如何從這進退維谷的境地裏脫困而出，乃是今日身爲研究人員需勤加磨鍊的技藝。

2-2-3　建立研究人員和生產人員間的親密關係

如何突破上述的困境,最好是促進研究人員和生產人員間的親密關係,不過此種方法各有其優劣點:

優點:

1.生產人員能夠了解研究人員的工作內容及過程，較易於接受其觀念，也能預見未來生產上可能發生的問題而未雨綢繆，事先防範和解決。

2.生產人員能夠看到實驗的過程，一方面可增進研究發展上的知識，另一方面對研究結果較具信心。

3.雙方的親密關係，彼此相互了解，易於彼此間的溝通，可彌補研究人員推銷能力之不足。

4.親密的關係，產生彼此間的互助，其思想易趨於一致。

5.生產人員可協助且彌補研究人員在生產經驗上之不足,換言之,研究人員可於設計過程中考慮生產環境和條件而事先防範，使未來的生產更加順利。

6.研究人員總認為自己高於現場的生產人員,但經過多方接觸後,研究人員或許會發現生產人員也有他優越的一面，如此，研究人員較易於接受生產人員的建議而使生產更順利。

7.經過溝通後，雙方有了共通的興趣，研究人員滿足於其新產品發展的成就感，而生產人員則以新產品問世領先同業為榮。

缺點：

1.深入了解生產問題常造成研究人員的遲疑不前，因為魚與熊掌往往不可得兼，簡易的生產程序往往導致較高的成本，而繁複的生產過程則有低成本的優點。

2.使生產人員將他們生產上該解決的問題移轉到研究人員身上,徒增困擾。

3.生產性的工作急如救火行動，研究人員的投入可能使之淪爲現場的服務人員。

4.研究人員也可能將其不易解決的問題留待生產時再去處理，造成產品的先天性不良。

5.生產人員也許會過份強調生產上的困難，因而降低研究人員研究和發展的意圖和志向。

上述的優劣點並非絕對的，其利或不利的程度往往受到雙方人員個性的影響，因此，雙方應維持在何種程度的親密關係上，應視組織的狀況而定。此外，吾人常要求研究人員定期或不定期的發表其研究過程和成果，以收漸進移轉技術與互補缺失之利。

吾人也可採用一些正規的程序來解決上述的移轉問題，對於較複雜或較重要而不允許失敗的產品發展，可採用實驗工場(Laboratory Pilot Plant) 來處理。對那些較簡易生產的電子裝配產品而言，可採用如流程圖 2.2 所示的一連串試作來解決，如於另件製造前採用試模來確保模具的設計與製造良好，且保證以此模具製造的另件品質良好，然後再經過一次研究人員的試組來確保產品品質，另一次工業工程人員的試組來作工作設計 (Job Design)，而以量產試作來確保製程設計的良好。

2-2-4　人員的經驗的交流

經驗與知識只有透過人才的運用才具有價值，研究人員對於新產品所擁有的知識和經驗，若能以跟催產品的生產直到完成爲止，其移轉成功的機率當更高，但如此，卻使其所具有發展新產品的特殊才華有所浪費，何況研究人員和生產人員在理念上有着差距；研究人員係爲將來的成果而工作；生產人員則着眼於目前的成果。研究人員總希望不斷的追求進步以達於至善的地步；但變動太過頻繁往往降低了生產人員的績效與成果。

因此，彼此擁有對方的知識和經驗，對於新產品的研究、發展、設計和生產更爲有利，吾人若能將研究人員送到生產部門見習，以了解生產的條件和環境；送往營業部門實習以了解顧客的要求和習性，也了解本公司現有產品的顧客反應，之後，返回研究部門，不僅使其研究發展更能週全和完整，也使其擔任研究部門主管時，更知如何訓練其部屬。

不過，研究人員若能訓練一批核心人員投入生產行列，其成果當更高。同樣地，吾人可將生產人員送往研究部門學習，亦獲得相同的效果。但是，這樣都必須花費相當長的時間和相當大的代價才能成功，何況還牽涉到被培育人員的才華和能力的問題，因此，只有在人才可求且穩定的情況下才能採行而克盡其功。

2-3 產品工程

在今日競爭劇烈、顧客的需求和慾望不斷變化以及科技日新月異的動態經濟社會裏，一個企業要成功且持續的經營，必須不停地從事產品的研究和發展 (R&D)，不論是新產品的發展或現有產品的改良。

新產品的設計始於創意的產生，經過篩選、經濟分析、初步的產品設計和發展、手造樣品的測試、最終產品設計到產品商業化的成功，大約只剩下2％的機會而已，如下圖 2.3 所示。

由圖1.1的產品發展設計流程圖，吾人可將產品的發展過程分成三個主要階段：

1. 產品的研究

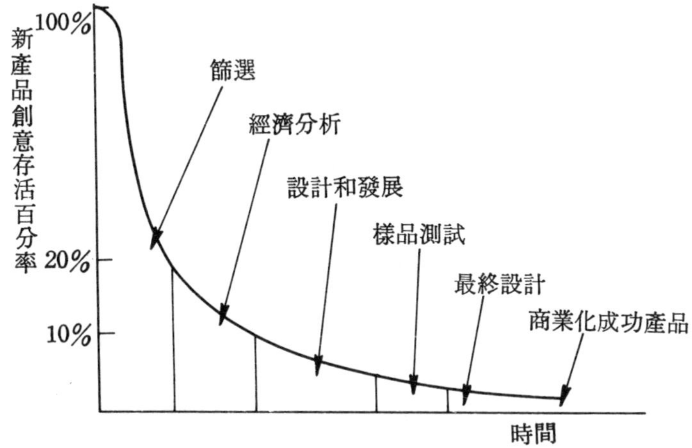

圖 2.3　新產品創意的生存曲線

資料來源: Evans, Anderson, Sweeney & Williams, Applied Production Management & Operations 3rd ed, (West Publishing Co.) p. 168.

由創意的產生，經過創意的篩選，到產品的經濟分析，以便決定是否值得進入產品的初步設計和發展階段。

2. 產品的發展

係由初步的產品設計和發展開始，經過手造樣品及其測試，以便初步決定產品的技術性規格。

3. 最後產品設計

確立產品的詳細規格，以作爲生產指導之用。

現分別詳述如下:

2-3-1　產品的研究

產品的研究係找尋、分類和應用基礎的知識於產品的發展和設計上，其工作始於創意的產生。

2-3-1(1) 創意的產生

新產品創意的來源很多，由圖 1.1 知，有來自供應商及競爭的廠家，有來自顧客或公司員工，也有來自公司的推銷人員或服務人員，當然，更重要的來源是公司的研究發展部門 (R&D)，其功能如下:

1. 基礎研究 (Fundamental Research): 係產生新知識的研究而不考慮其是否有應用價值。
2. 應用研究 (Applied Research): 問題導向的研究以便發現新的觀念、創意及材料而作爲商業上的使用。
3. 產品發展 (Product Development): 產品導向的研究，係將研究的成果轉換成產品的工作。

2-3-1(2) 篩選

篩選的主要目的在於消除那些不具較高成功機率的創意以避免太高的發展費用。其所用的準則有三: 產品發展準則、市場準則及財務準則，其各準則之基本問題如下:

準則	基本問題
產品發展	此產品爲新創抑爲仿冒而已? 可用現有機器設備生產嗎? 技術上可行嗎? 有專利或其他法律上的問題嗎?
市場	此產品的現有市場如何? 有成長希望嗎? 競爭對象是誰? 對本公司現有產品銷路的影響如何?
財務	其投資報酬如何? 此產品對公司總體利潤的貢獻如何? 其發展和生產影響現金流路如何?

同時，爲了更客觀的評估創意的優劣點，吾人常採用計分模式（Scoring Model)，其方法係將每一準則分解成幾個特性組，例如產品發展的特性分爲發展時間、生產類似產品的經驗、產品的壽命、可用的材料及機器設備等等。然後再決定每一特性各水準及其計分。例如產品發展時間可分爲 (1) 小於 6 個月 (2) 6 個月到 1 年 (3) 1 到 2 年 (4) 超過 2 年，其計分如下:

準　則	最大計分	最小計分	合　計
產品發展	+10	−10	+5
市　　場	+12	−12	0
財　　務	+4	−4	+3
			+8

假設 R&D 部門現有兩種創意方案，則採用此種計分法可評估如下:

準　則	水　　準	計分	A案	B案
產品發展				
1.發展時間	少於 6 個月	+2	+2	
	6 月～1 年	+1		
	1～2 年	−1		−1
	超過 2 年	−2		
2.經　　驗	相當豐富	+2		
	有一些	+1		+1
	很　少	−1	−1	
	沒　有	−2		
3.產品壽命	超過 8 年	+2	+2	+2
	5～8 年	+1		
	3～5 年	−1		
	3 年以下	−2		
4.材　　料	公司內已有	+2		+2

	公司外供應多	+1	+1	
	公司內限量供應	−1		
	公司外限量供應	−2		
5.設　備	全部現有設備	+2		
	有些新購	+1	+1	
	大多數新購	−1		−1
	全部新購	−2		
市　場				
6.可銷售性	現有客戶	+2		
	大多數爲現有客戶	+1	+1	
	有些爲現有客戶	−1		
	全部爲新客戶	−2		−2
7.穩定性	高度穩定	+2	+2	
	相當穩定	+1		+1
	不穩定	−1		
	高度變化	−2		
8.趨　勢	新市場	+2		
	成　長	+1	+1	+1
	穩　定	−1		
	下　降	−2		
9.廣　告	幾乎不需要	+2		
	不太需要	+1		
	相當需要	−1		−1
	極需要	−2	−2	
10.競　爭	無	+2		
	一、二家	+1		
	相當多	−1	−1	
	高度競爭性	−2		−2
11.需　求	穩　定	+2		
	受經濟循環左右	+1		+1

	受季節性影響	−1	−1	
	兩者均有	−2		
財　　務				
12.投資報酬	30%或以上	+2	+2	
	25～30%	+1		+1
	20～25%	−1		
	20%以下	−2		
13.資本支出	低	+2		
	中	+1	+1	
	高	−1		−1
	極高	−2		
	合　　計		8	1

由上表的評估，吾人採行A方案。本例所示，其每一特性之計分均相等，為了實用上的方便，吾人尚可採用加權法以計算其計分值。

2-3-1(3) 經濟分析

經濟分析的目的在於決定新產品的利潤或投資報酬率等因素以決定該產品的發展是否有利可圖。經濟分析的第一步需先預測精確的需求量。預測的方法很多，有統計的方法，也有經驗判斷法，吾人將於第三章中敍述。其二為估計生產成本，包括材料成本、人工成本、製造成本，折舊及其他間接費用。最後必須估計銷售價格，然後利用損益平衡點分析（Break-Even Analysis）來評估新產品的經濟影響力。例如一公司某一產品的預測年需求量為 4,000 件，而其生產成本如下:

單位變動成本		固定成本	
製　造	$55	製　造	$350,000
管　銷	$ 5	管　銷	$100,000
合　計	$60	合　計	$450,000

參考其他形式的同類產品，其售價由 90 元到 250 元，因此本公司訂定售價爲 150 元。設實際銷售量爲S，則總成本

$$TC=450,000+60S$$

而其總收益 $TR=150S$

$$TC=TR \Rightarrow 450,000+60S=150S$$

$$\Rightarrow \quad S=5,000 \text{ (件)}$$

其兩平點爲 5,000 件，依據市場預測，大約需要 $1\frac{1}{4}$ 年才能達成。

2-3-2 產品的發展

在產品發展階段，設計人員必須考慮產品的操作特性、品質及可靠度，換言之，必須考慮下列三項因素:

(1) 產品的性能

(2) 技術性要求及規格

(3) 生產和運銷的經濟性

2-3-2(1) 產品性能

一產品設計必須能滿足消費者的要求，因此，設計時，通常考慮產品的下列主要功能:

1. 大小、重量及外觀

大小及重量對消費者而言極爲重要，例如現在市面上的手提收錄音機愈來愈輕巧，以方便攜帶之用。產品的外觀也是吸引顧客購買的主要因素，有一家公司生產旅行熨斗，輕巧美觀，銷路極佳，有許多購買的顧客幾年也沒出外旅行過，只不過擺着當裝飾品用而已。

2. 安全性

近年來，由於消費者保護主義的盛行，消費者對產品安全的知識和要求均不斷的提升。產品責任 (Product-Liability)，帶來的訴訟及政府的法規使得產品的安全性成爲設計上的重要因素。

3. 品質和可靠度

所謂最好的品質係指我們願意支付價格下的最好品質，因爲品質與成本有着相當密切的關係。產品的壽命長短對消費者極爲重要，因此可靠度也成爲產品設計中重要的一環。

4. 產品壽命、服務及維護

產品的壽命及使用成本影響消費者的利益，耐用、易於修理與保養、使用成本低的產品乃顧客夢寐以求的。

2-3-2(2) 技術性要求及規格

考慮產品的技術性要求及規格時，必須同時兼顧消費者的使用及產品的生產。而其主要工作係所用材料及另配件的選擇以及製造方法的決定，然後利用一連串的測試以便了解是否可達成旣定的要求和規格。

2-3-2(3) 經濟因素

消費者所支付的價格取決於產品製造及分配的直接和間接成本；又其成本的高低又取決於品質的好壞，在產品導入市場之前，管理當局必須決定市場的結構以配合品質水準和價格，通常吾人將市場分成三個區格，其一爲高品質、高可靠度，價格也高，其二爲中品質，中價格的產品，其三則爲低品質，低價格的產品，如此可以適合不同需求水準的顧客。

於選擇產品的材料及其形態時，必須避免那些新產品功能沒有貢獻的不必要花費，此時，可採用價值工程 (Value Engineering) 來

分析，其採用的基本問題如下:

1.此一特殊組件的性能爲何？有必要使用嗎？可採用其他方法來完成嗎？

2.採用什麼材料？可否採用更便宜的材料來代替？

3.在製造過程中材料損耗多少？可否變更設計以減少此一損耗？

2-3-2(4) 手造樣品測試

一旦產品設計完成，通常用手造產品的模型，以便測試其性能、動作、電氣特性及規格、壽命及各種操作條件，由圖 2.2 產品生產工程流程圖知，其手造樣品可爲線路部份或機構部份，亦可爲整個產品的組合體，可分別測試不同的性能及外觀特性，對於一產品的發展是否成功，極爲重要。

2-3-3 產品的最終設計

當手造樣品測試後可能顯示某些缺失而需加以修正，並訂定詳細的規格和繪製詳細的藍圖，此一詳細的規格可作爲生產程序設計之依據及生產之指導書。

最終設計規格必須包括每一零件、組件、副總成及總成件之工程圖，也包含材料明細表 (Bill of Materials)，即列出每一組件由那些零件所組成，而副總成又由那些組件組成，最終成品又由那些副總成所組成。最後，設計規格也應包括工程指導書 (Engineering Enstructions)，其中應包括兩部份，其一爲生產過程中時常發生的標準指導書，另一爲特殊情況的特殊指導書。

經濟性因素雖已在產品的發展階段中加以考慮，但在最終設計階段仍然時常發生，其中最主要者爲建立技術性規格的詳細程度，對那些極複雜的產品而言，完成詳細的規格，其成本極高。其詳細程度通常取決於預期銷售量的大小，當預期銷售量很大或潛在的成長率很高時，值得建立詳細的規格，一方面，這些成本固然可由產品銷售中吸收，另一方面，詳細的規格可以減少生產過程中所造成的錯誤。當然，如果預期銷售量很低時，就不值得如此做。

於產品的最終設計階段，尚有下列三個問題:

1. 製程的選擇。
2. 標準化。
3. 最終成品的包裝設計。

由於包裝設計與行銷的關係較密切，故略而不提，吾人將針對1、2兩項詳加說明。

2-3-3(1) 製程的選擇

於產品的最終設計時，有幾種不同的可行製程或材料待選擇，其最簡單的方法，係比較各種不同方法或材料之總成本。下表所列，即爲AB兩種不同材料的成本比較表，由表中可知，使用高價的B種材料，其每一零件之總成本反而較低。採用相同的原理，亦可用以比較不同的機器設備，每部機器的加工效率不同。於比較不同材料之成本時，必須考慮不同的材料可採用不同的機器加工，也可採用不同技術水準的操作員，而其產能不同，製造費用也不一樣。因此，一個成功的最終設計者必須了解各種製造程序。

成　本　因　素	材料A	材料B
1. 每公斤材料成本	1.00元	1.50元
2. 每件材料毛重，單位：公斤	5.00	4.50
3. 每件材料毛成本（1×2）	5.00元	6.75元
4. 每件耗損材料（公斤）	0.80	0.50
5. 耗損材料單位價值（元／單位）	0.40	0.50
6. 耗損材料價值（4×5）	0.32元	0.25元

7.每件材料淨成本（3～6）	4.68元	6.50元
8.每機器小時之人工成本（元／小時）	2.00	2.00
9.每件產品之標準機器工時（小時）	0.80	0.20
10.每件之人工成本（8×9）	1.60元	0.40元
11.每機器小時之製造費用（元／小時）	2.00	2.00
12.每件之製造成本（9×11）	1.60元	0.40元
13.每件之總成本（7＋10＋12）	7.88元	7.30元

2-3-3(2) 標 準 化

標準化在產品計劃的經濟地位上極爲重要。於產品的設計及生產階段，吾人常限制需採用標準的材料、標準製程、標準包裝及標準的運送方法。吾人採用「標準」一字的意義爲：僅製造幾種特定尺寸的產品。此時，標準化係指吾人所生產的產品需特定其大小、形式、功能及其他特性。

標準化各有其優劣點，玆列如下：

優點

1. 減少材料的種類、形式及大小，不僅可因大量採購而降低成本，也可減少管理費用。
2. 減少產品種類、形式及大小，可減少工具、夾、治具及安裝的成本。
3. 減少管理上的困擾。

缺點

1. 有些裝配產品的製造廠或零件的使用工廠，他們發現採用完美的零件（Perfect Part）較採用標準另件爲佳，例如割草機所用的引擎最好不要與機車、電鋸或汽艇所用者相同，不僅性能或形式更適合，有時甚至更便宜。

2. 標準化儘有利於規模大且有名的公司，因爲小公司沒有能力獲得足夠的銷售量以便製造或採購標準化的另件。
3. 時髦產品，如衣服的製造廠不能太標準化，因爲每一個人總希望自己所穿的衣服與別人的有點不一樣。
4. 新產品在設計未達完善之前，太早標準化常阻碍了產品的進步。例如彩色電視機是由美國所發展出來的，而歐洲各國及日本則較晚發展，有更多的機會去發現及改善美國彩色電視機的缺點，使得日本的產品不僅更佳且更便宜。

打字機的鍵盤設計，從動作經濟原則的觀點而言，相當差，但因爲標準化得太早，以致於無法加以改善，因此，標準化常常造成改善的阻碍。

2-4　製造工程

2-4-1　引　言

生產程序（Production Process）或製程係由一系列在工作站執行的生產作業所組成，通常也藉助於輔助設備，以達成產品的既定產量且符合技術規格。現將其意義詳述如下:

1. 生產作業 (Production Operation)係生產程序中的一部份，此部份係在一工作站或由個人在不改變其設備或工作場所所連續完成的工作。

2. 工作站 (Work Station) 係一作業所執行的場所，例如一製造廠之工作檯、噴漆槽、焊接站或裝配線等。

3. 輔助設備係指使用於作業上之第二類設備，例如在工作檯上可

能需使用治具 (Jig) 及夾具 (Fixture)、切削工具及量測儀器。

生產程序除了上述的要項外，尚包含有廠房及各種支援設施，如電、光、熱及水等，以使生產程序在更有效率的情況下進行。

2-4-2　製造工程規劃

製造工程規劃與上節所討論的產品工程有著相當密切的關係，其流程圖如圖 2.4 所示。製造工程系統包括兩個主要部份，其一爲程

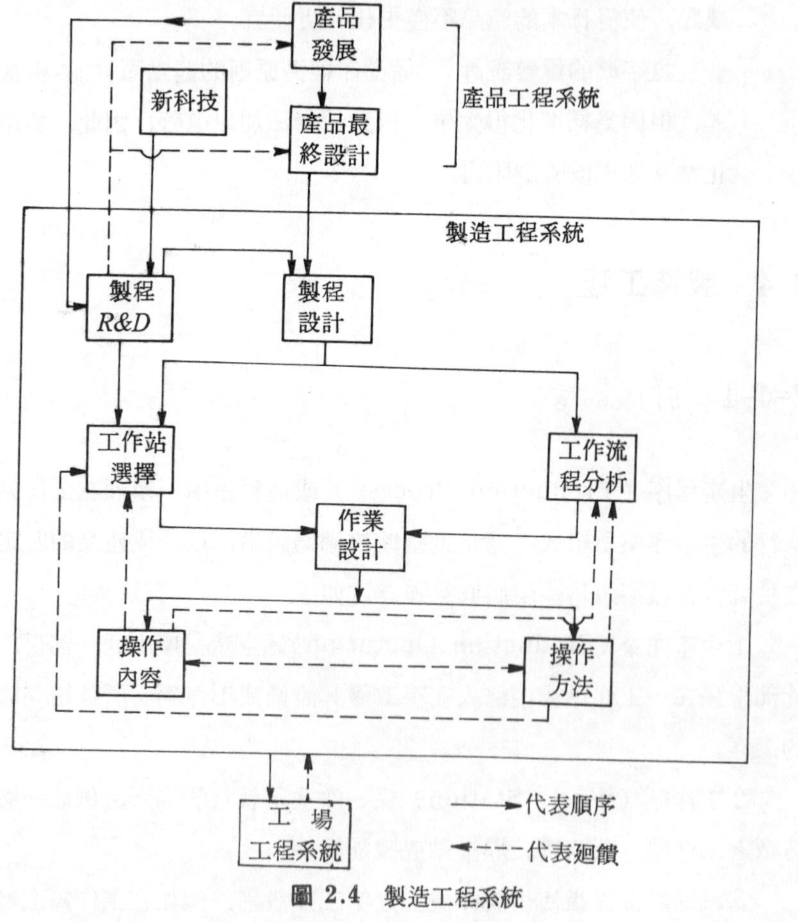

圖 2.4　製造工程系統

序設計(Process Design)，另一爲作業設計 (Operation Design)。程序設計係一總體性的系統，由一系列的作業所組成，極著重其作業間的相互關係，其方法係首先決定其所需的作業及其加工順序，有些作業必須在另一些作業之前完成，有些則可併行操作。其考慮的因素爲作業之技術性及作業執行上的方便與否。程序設計包含工作站的選擇，尤其是決定其所使用的機器設備，另一爲工作流程分析，以決定其工作站之間的流程，當然也包括其間的搬運系統和方法。

作業設計爲一個體性的系統，只考慮每一作業的成份，其中包含作業的內容及作業的方法。

2-4-3 製程管制

在製程中有三項工作需加管制；其一爲產量 (含進度控制，即日程控制)，其二爲成本，其三爲品質。製程設計時必須考慮此三方面的管制工作，當製程設計者努力於選擇工作站、建立工作流程及設計操作內容及方法時，必須能達成旣定的生產率及品質水準，且所花成本爲最低。

僅僅知道總產出水準是不夠的，分析者必須是具有如何將這些總產出轉換成生產日程，例如分析者就其所設計的產品零件，必須知道每週或每日大約能生產多少數量，當然生產速率也可能隨著季節而變動的。總之製程設計者必須從生產管制人員，學得如何安排生產日程。

2-4-4 製程設計

一個成功的製程設計者，必須了解各種最新的製造程序及其最新的變更狀況。也必須了解其各種突破性的技術，例如：最近所迅速發展的太空船上所用的各種裝配技術，以代替舊有的裝配方法，如：焊接、鉚接。這種新方法可能更便宜，且在某些情況下更具效率。由圖 2.4 知製程設計包含工作站選擇及工作流程分析，玆分述如下：

2-4-4(1) 工作站選擇

所謂的工作站選擇係指選擇製造產品及其零件所需的機器設備，若由市場調查得知其需求量很大的時候，吾人可採用專用機來生產。但當產量不夠大時，我們只能採用通用機。

技術領域中有很多不同的機器系統可資採用，因此我們所面臨的問題是如何由這些方法中選擇成本最低的一種，爲了比較這些不同的可行方案，我們必須考慮不同的物料搬運設備，及不同的生產流程所帶來不同的成本差異。

1.基本製造程序

製造工程師必須具備製造產品或創造勞務之知識，此等知識之獲得並非易事。雖然市面上有很多有關製程方面的文獻，但極佳且合用的文獻卻不可多得，技術進步之神速，使得製程日新月異，因此，時時獲取製程之新知識，極爲重要。但是，欲獲取此種知識，並非閱讀文獻爲已足，必須時時與工具製造公司及其他公司之工程師互相交換意見，互相討論。

基本的製程，可概括的分成下列五種：

(1) 原始型式：包括壓鑄 (Die Casting)、砂模鑄造 (Sand Mold Casting)、注射塑製 (Injection Molding) 及其他的塑製和模鑄。

(2) 刨製 (Shaping)：包括彎曲(Bending)、成型(Forming)、鍛造 (Forging)、拉製 (Drawing)、以及其他的製程，用以使原料

成形。

(3) 切削(Cutting): 利用打坯(Blanking)、剪割(Shearing)、車削 (Turning)、拉孔 (Broaching)、銑 (Milling) 或輪磨 (Grinding) 等操作以削去工件之物料。

(4) 裝配 (Assembly): 將兩件或兩件以上的零件, 利用某種扣件(Fastener)粘結起來稱爲裝配, 例如用壓力配合(Press Fitting) 或收縮配合 (Shrink Fitting)、熔接 (Welding)、軟焊 (Soldering)、鉚接 (Riveting) 及螺栓 (Bolting) 等操作扣起來。

(5) 光製 (Finishing): 將材料之表面光製或改變內部的結構, 如油漆 (Painting)、電鍍 (Plating)、表面硬化 (Case Hardening)、熱處理 (Heat Treating)、噴砂法 (Sand Blasting) 及其他的製程。

將上列數種製程混合應用, 可使原料製成所需的產品, 但其速度之快慢爲製造工程師所面臨的問題, 目前由於技術上之限制, 某些製程之速度確實夠慢的, 在某種電壓和材料下, 電弧熔接 (Arc Welding) 每分鐘只能熔接幾寸而已, 再如鑽(Drill)、攻螺絲(Tapping) 及其他的切削操作, 其速度均受限制。但是, 於此種種的限制下, 仍有許多製程工具可資選擇, 以達成目標。

2. 製程能力

於選擇工作站時, 製程設計者必須考慮不同工作站的製程能力, 而製程能力的設定取決於兩項因素, 其一爲純粹的技術性因素, 於此吾人不加以說明。其二爲經濟性的因素。

某一工作站, 可能只能生產某些規格的產品, 但不能生產其他規格的產品, 通常工作站均有其製程能力的適用範圍, 例如: 某一種車床, 只能車製直徑 2.000 英吋的產品, 其公差由 1.997 到 2.003 之間。

有人認爲機器的產能是一成不變的，但這並不是事實，因爲作業所投入的因素：如材料、人員的技術、甚至工作環境，均隨著作業的週期而變化。甚且工作站本身也隨時間而老化，因此工作站的產能只在某一段時間內是不變的。

有時，製程設計者也必須考慮工作站的不良率：一工作站可能生產 2 %的不良率，另一工作站可能只生產 1 %的不良率，但前者的操作費用可能低於後者，因此吾人必須將兩者合併加以考慮。

3.選擇的經濟性

下圖（圖 2.5）所示係一產品的製造程序，由原料倉庫領取原料，經過第 1、第 2 到第 4 個工作站的加工後，送到成品倉庫儲存，其每一件產品的總成本可表示如下：

$$TC=\sum_{i=1}^{n}(T_i+W_i)+T_f$$

式中：TC＝每一件產品的總成本

T_i＝運送到工作站 i 的成本

W_i＝在工作站 i 加工的成本（包括不良）

T_f＝由最終工作站 n 送到成品倉庫的成本

n＝製程中的工作站數

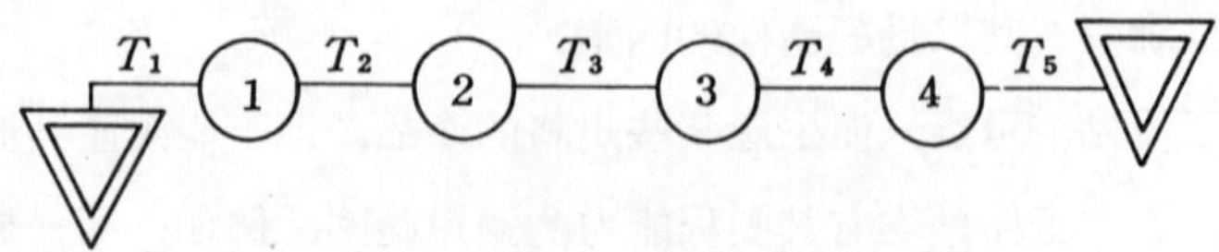

圖 2.5 流程圖

利用上述的公式，求出各不同製造程序的總成本，然後選擇其中成本最小的，暨爲吾人所選取的製程，若爲新工作站的選擇，吾人必須另外考慮投資報酬率。

4.產量的影響

產量的大小固然影響產品的單位成本，也同時影響製程的選擇，現假設有三種不同的製程，其一只需簡單的機器，其整備成本（Set-up cost）及操作成本均很低，其二採用較快的機器，以生產較大量的產品，其整備成本較高，但操作成本相當低。另一種製程，速度更快，其整備成本更高，但其操作成本則更低。例如：某種金屬小零件的製造，可採用車床、六角車床及自動螺絲機來生產。其整備成本及單位成本如下：

機　　器	整備成本	單位生產成本
車　　床	25.0	4.5
六角車床	50.0	2.0
自動螺絲機	150.0	0.4

圖 2.6 所示即爲三種機器的成本比較圖，欲比較其不同的經濟產量，只需比較兩種方法的總成本，例如比較車床及六角車床時，則

$$25+4.5X=50+2X$$

$$2.5X=25$$

$$X=10$$

此即爲圖 2.6 中之A點。

由下圖（圖 2.6）可知，當產量小於10時，選取車床；當產量介於 10 到 63 時，則採用六角車床，而當產量大於63時則選取自動螺絲

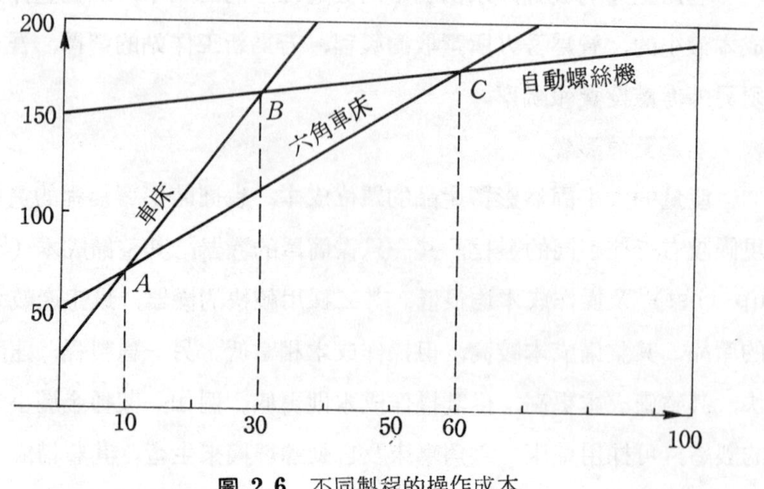

圖 2.6 不同製程的操作成本

機。

5.分工的限制

於製程設計時，吾人常將整個製程劃分成數個工作單元，以獲得專業化的優點，但值得注意的，不能將整個工作劃分成太多太細的工作單元，使得因專業化所獲得的利益無法彌補更多作業所增加的固定成本，換言之，分工有其經濟性的限制界限。吾人以圖 2.7 來表示此種觀念，圖中上半部表示以一工作單元完成工作之總成本線，其固定成本爲 20 元，其單位變動成本線之斜率爲 45 度，即爲生產批量達 200 件時，其總成本爲 60 元。若將此一工作分解成兩個工作單元，則每一工作單元之固定成本（如整備成本）均爲 20 元，即如下半圖所示的固定成本爲 40 元，爲了彌補此雙倍的固定成本，總變動成本必須減半以使總成本之斜率爲 22.5 度，如圖 2.7 下半段所示。假使由於專業化而無法將生產力加倍，則固定成本無法抵銷，此時還是不要採用太細的分工爲宜。

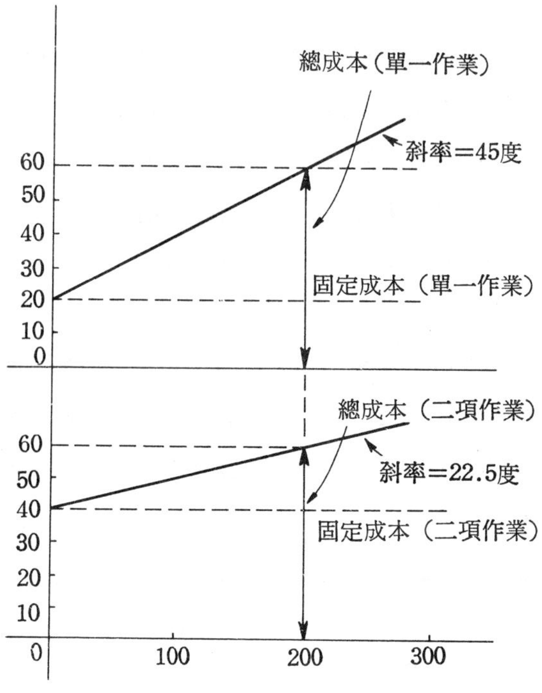

圖 2.7　分工與否的成本分析

6.工作擴大化

固然由於分工更細及更深入的專業化帶來生產力的增加，但在裝配線上的操作員日復一日的鎖著相同的螺絲，工作上一點挑戰也沒有，因而可能造成工作士氣的下降，不良率增加，生產力也受到影響。爲了提升品質和生產力，吾人可增加其工作的重要性，給予工作者能力的發展和挑戰，增加其職責且讓工作者了解其工作的成果。

工作擴大化係專業化的相反，係將工作做水平的擴大以使工作範圍更廣、更有變化且加重其職責；如此，可藉助於輪調制度或將工作內容增加而發揮工作擴大化的功能，因此，對工作內容的設計必須同時考慮分工及工作擴大化，以便獲得最適當的工作成本。

7.技術性的降低

設計者於設計製程時,必須考慮盡量降低現場操作者的技術需求,因爲太高的技術需求,使得合格的技術人員不易獲得,縱使可獲得,其人工成本必定很高,何況由於生活水準的提升,那些需要苦練才能完成的技術已不受大衆所喜愛,同時,現場操作技術的需求低,可大大的降低生產成本,而增強產品的競爭力。

8.程序圖

程序圖 (Process Chart) 係用以表示一整個製程中所包含各作業的程序圖,於計劃及分析較複雜製程時極爲有用。於介紹程序圖之繪製前,先介紹其符號,依據美國機械工程師學會 (ASME) 之符號及其定義如下:

符號	名稱	定義
○	操作	操作係改變一物體之物理或化學性質、裝拆工作,或爲其他工作而作的準備作業。
⇦	搬運	搬運係將一物體由某一地點搬至另一地點。
D	遲延	遲延係因一物體的特殊情況而暫存於某處。
▽	儲存	儲存係將一物體存放於某處,其移動需經合法手續。
□	檢驗	檢查一物體之數量或品質之謂。
▣	混合作業	係表示操作與檢驗同時進行。

最常用的程序圖有操作程序圖 (Operation Process Chart) 及裝配圖(Assembly Chart)。操作程序圖係表示一產品或組件的生產順序的作業圖; 而裝配圖則表示一產品的整個生產過程中，是由那些裝配性作業所組成，並描述其先後順序的圖形，圖 2.8 所示即爲操作程序圖及裝配圖的混合形式。

2-4-4(2) 工作流程分析

產品的生產成本，除了在工作站上的實際加工成本外，尙包含各作業間搬運成本及產品的檢驗成本，因此，吾人可採用各種流程圖來分析，以使流程設計更爲經濟可行。

1.流程程序圖

利用流程程序圖 (Flow Process Chart) 可分析一作業流程，以便了解其行走距離和時間，俾估算其成本，同時，可以顯示暫存的發生及其所帶來的成本。經過改善後，亦可再繪製改善後的流程程序圖，加以比較。圖 2.9 所示即爲一辦公室作業的流程程序圖。

2.途程表

通常製程設計完成後即產生製程規範(Process Specifications)而將之記錄成途程表 (Route Sheet)，其形式如圖 2.10 所示。

2-4-5 操作設計

製程設計完成後，接著而來的乃是操作設計，其中包含製程中每一作業的內容及執行此內容所用的方法，玆分述如下:

2-4-5(1) 操作內容

一生產作業的投入決定於產品所需的技術性規格，因此，一作業之內容乃是該產品技術性規格投入的組合，如材料、工作站、人員技術水準及生產所需的輔助性設備等，其作業內容不要分割得太細，也

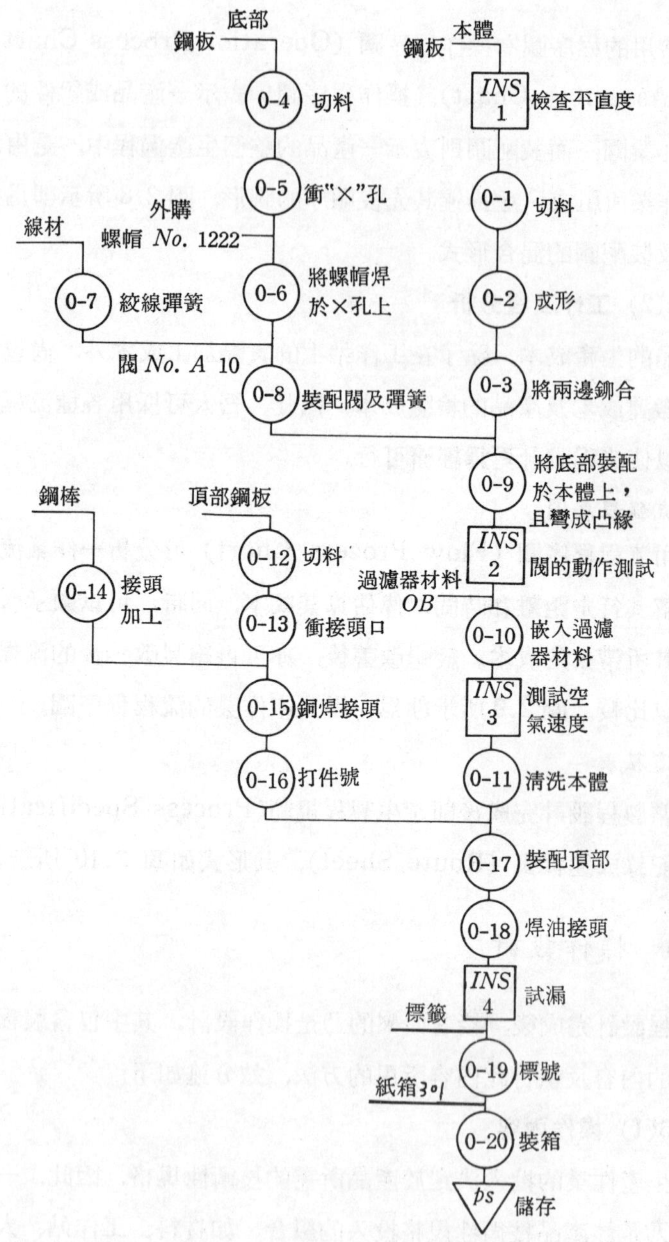

圖 2.8　混合操作程序及裝配圖

流程程序圖

產品（另件）名稱：申請供應品一緊急工作

由機器場的工頭桌上開始，終於採購部門的打字員桌上			圖 No.
訂單號碼:	批量	部門	第一張
製圖者:	日期	部門	全一張

運送距離（呎）	時間(分)	符號	操作	備註
		○1	塡記申購單	
		D1	在工頭桌上（等候）	
		⇨1	送到部門主管的秘書	
		D2	在秘書桌上（等待打字）	
		○2	打　字	
		⇨2	送到部門主管	
		D3	部門主管桌上（等待核示）	
		0.3 INS 1	檢視、核准、簽章	
		D4	在部門主管桌上	
統計表		⇨3	送採購部門	
操作數　3		D5	在採購主辦桌上	
遲延數　7		INS 2	檢視、核准	
檢驗數　2		D6	在採購主辦桌上	
搬運數　4		⇨4	送打字員	
總搬運距離 3,040呎		D7	在打字員桌上	

圖 2.9　辦公室流程程序圖

途 程 表

材料　SAE 1010　　件號　104-M　　製作日期　4/1/86
$\frac{1}{16}''\times3''\times7''$　　件名　蓋

操作 No.	操作名稱	部門 No.	工作站	工具	標準時間			每週期時間	
					整備	操作(每一)	每一週期	工作站	平均儲存
1	成形	10	180	#8134	2.0	0.01	1.0	3.0	
	儲存——單位 11-A	20							48.0
2	吹沙	20	250	標準	0.0	0.01	1.0	1.01	
	儲存——單位 1-C	60							72.0
3	鍍鎘	60	650	標準	3.0	0.10	10.0	13.0	
	檢驗1-5000	60							2.0
	送到成品倉庫，單位111-13	100							
			合計		5.0		12.0		122.0

圖 2.10　途程表

不要太大，使成本爲最適中。

於決定作業中各投入組合時，必須考慮技術性的問題，卽他必須知道有幾種不同的投入組合可以製造出吾人所要求品質的產品，例如於製程的第一項工作係將表面硏磨成一定尺寸的產品，則此項硏磨作業自有其工作內容，首先將工件搬上硏磨機臺上固定，其次啓動機器開始硏磨，操作者監視其操作過程，一旦加工完成，卽將工件卸下放於箱內以便搬運到下一工作站，進行另一項工作。

此種工作的步驟可細分爲工作單元，例如分成機器單元及人工單元，而人工單元可再細分爲動作（Motions），或更細的細微動作（Micromotions)，細分工作內容的目的在於尋找其最佳的操作方法。

2-4-5(2) 操作方法分析

於分析一作業之各可行方法時，必須找尋合適的工作單元組合以使成本爲最低，若成本划算時，他也可分析到動作或細微動作而使成本最低。

分析操作方法的技術很多，主要的有人機分析 (Man-Machine Analysis)、操作人程序圖 (Operator Process Chart)或稱左右手程序圖（Right-Left-Hand Process Chart）、動作經濟原則（Principles of Motion Economy) 及細微動作研究(Micromotion Study)，分述於後:

2-4-5(3)a 動作經濟原則

拜恩博士 (Dr. Ralph Barnes) 很簡潔的敍述二十二條動作經濟的原理，這些原理爲方法硏究之基本工具，現分別敍述於後:

I 關於人體之動作

1. 雙手應同時開始並同時完成其動作。
2. 除規定時間外，雙手不應同時空閒。

3. 雙臂的動作應對稱，反向相反且同時爲之　。

4. 手之動作應以最低級而能使工作滿意者。

5. 物體之運動量應盡量利用之，但如需用肌肉制止時，則應將其減至最小。

6. 連續之曲線運動較含有方向突變之直線運動爲佳。

7. 彈道式的運動較受限制或受控制之運動輕快準確。

8. 因節奏能使動作流利和自發，故動作應儘量使其輕鬆自然而有節奏。

Ⅱ關於工作場所的佈置

9. 工具、物料應放置於固定處所。

10. 機具、物料及設備應佈置於工作者之前面近處。

11. 零件、物件之搬運，應利用其重力滑至操作者手邊。

12. 「墮送」應儘量利用之。

13. 工具物料應依照最佳的工作順序排列。

14. 應有適當的照明設備，使視覺滿意舒適。

15. 工作檯及椅之高度，應使操作者坐立舒適。

16. 工作椅之式樣及高度，應可使操作者保持良好的姿勢。

Ⅲ關於機具設備的設計

17. 儘量解除手之工作，而以夾具或足踏機具替代之。

18. 儘可能將兩種以上的機具合併爲一。

19. 機具物料應盡可能預放在工作位置。

20. 手指分別工作時，其個別負荷應按照其本能，予以分配。

21. 手柄之設計，應儘可能使與手之接觸面增大，尤以費力之手柄。

22. 機器上之槓桿，十字桿及手輪之位置，應能使操作者極少變動其姿勢且能利用機器之最大能力。

2-4-5(3)b 人與機器程序圖

當採用自動化機器以生產產品，於卸下產品和裝上原料之際，均有其閒置時間（Idle Time）。機器爲工廠中之重要資產，故機器之閒置純屬不必要之浪費，而工人之閒置亦然，因此，若人與機器之操作無法配合，就有改進工作方法之必要；或者增加操作人員所監督的機器數，或者增加操作人員以分擔任務。欲達成此項改進方法，必須藉助於人與機器程序圖 (Man-Machine Process Chart) 之繪製。

於舉列說明人與機器程序圖繪製之前，必須先明瞭人與機器配合改進方法之基本原則及其繪圖所用的符號。

基本原則:

1. 儘量減少操作之動作。
2. 有利的合併各動作。
3. 安排最佳之操作順序。
4. 簡化各動作。
5. 將機器操作時間週期百分率增至最大。
6. 減少機器之裝上和卸下操作至最少。
7. 增加機器速度至其經濟界限 (Economic Limit)。

茲將繪製人與機器程序圖所用的符號列示於後:

符　號	名　稱	人之活動意義	機器活動意義
■	操　作 (Operation)	操作者於某處做事	機器工作依機器速度

符號	名稱	人	機器
	操作 (Operation)	不用	機器工作依操作者速度
	搬運 (Movement)	操作者移向某一物體	不用
	持住 (Hold)	操作者以手握住物體	不用
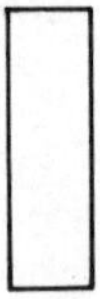	延誤 (Delay)	操作者閒置	機器閒置

圖 2.11 人機程序圖符號

現舉板金箱襯套筒 (Sheet-Metal Box Liner) 之製造爲例，以說明人與機器之繪製。

圖 2.12 所示爲人與機器程序圖，利用壓機（Press）以製造板金箱襯套筒，其原料爲 5′×3′ 之金屬板，變成直角U形體。

圖中之操作時間利用動作影片 (Motion Picture Film) 測得，故其時間單位較小。

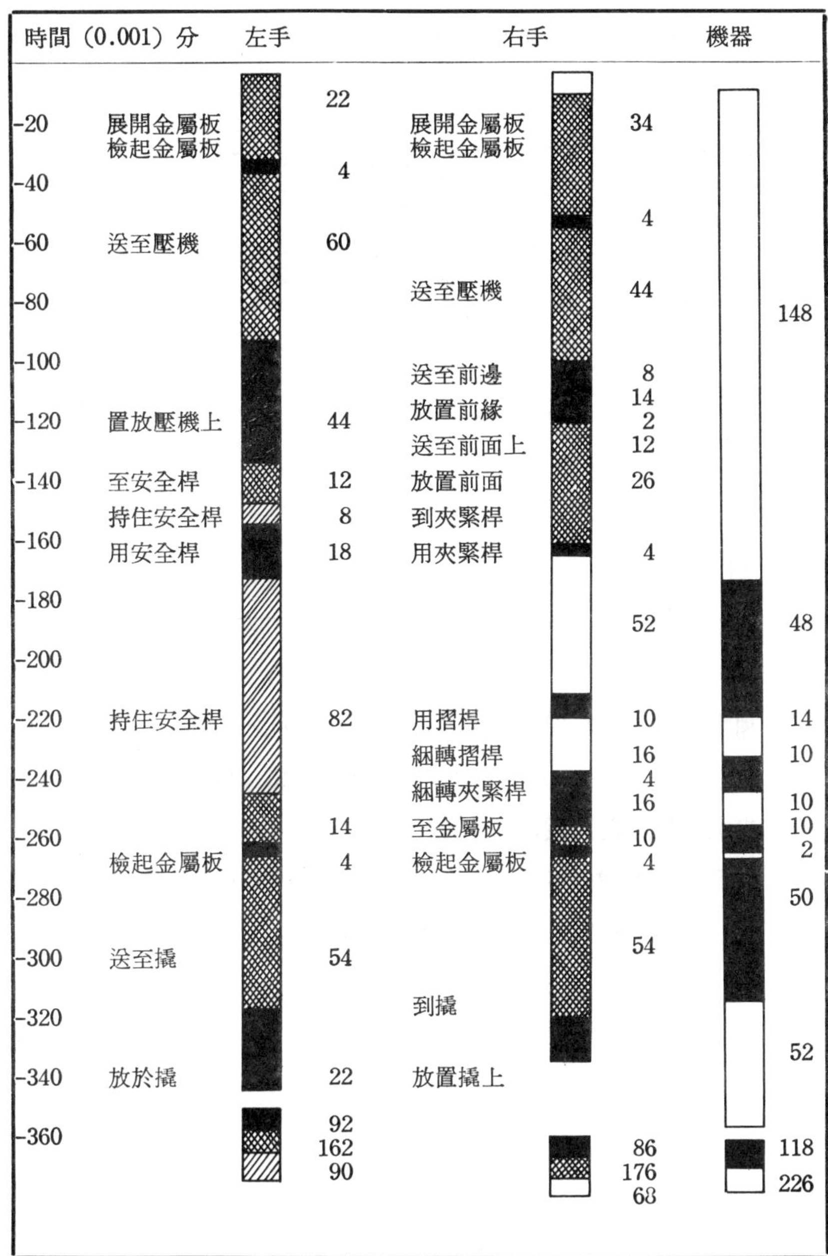

圖 2.12　人與機器程序圖

工作位置佈置圖如圖 2.13 所示。

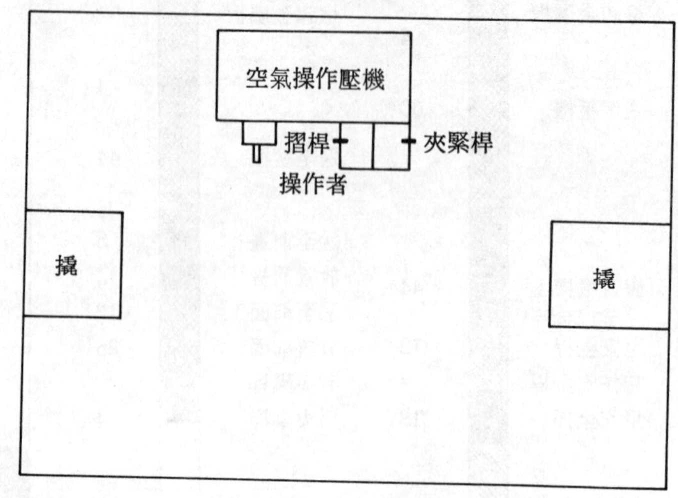

圖 2.13 工作位置圖

利用上述改進原則以分析其操作，有下列之改變:

裝上兩按鈕 (Push Button) 與原安全鈕 (Safety Button) 等高，自動安排機器週期，減少使用三支桿。

將壓機之衝擊速度增加。其改進之人與機器程序圖如圖 2.14 所示，由圖下端之比較，可知節省時間 35%。

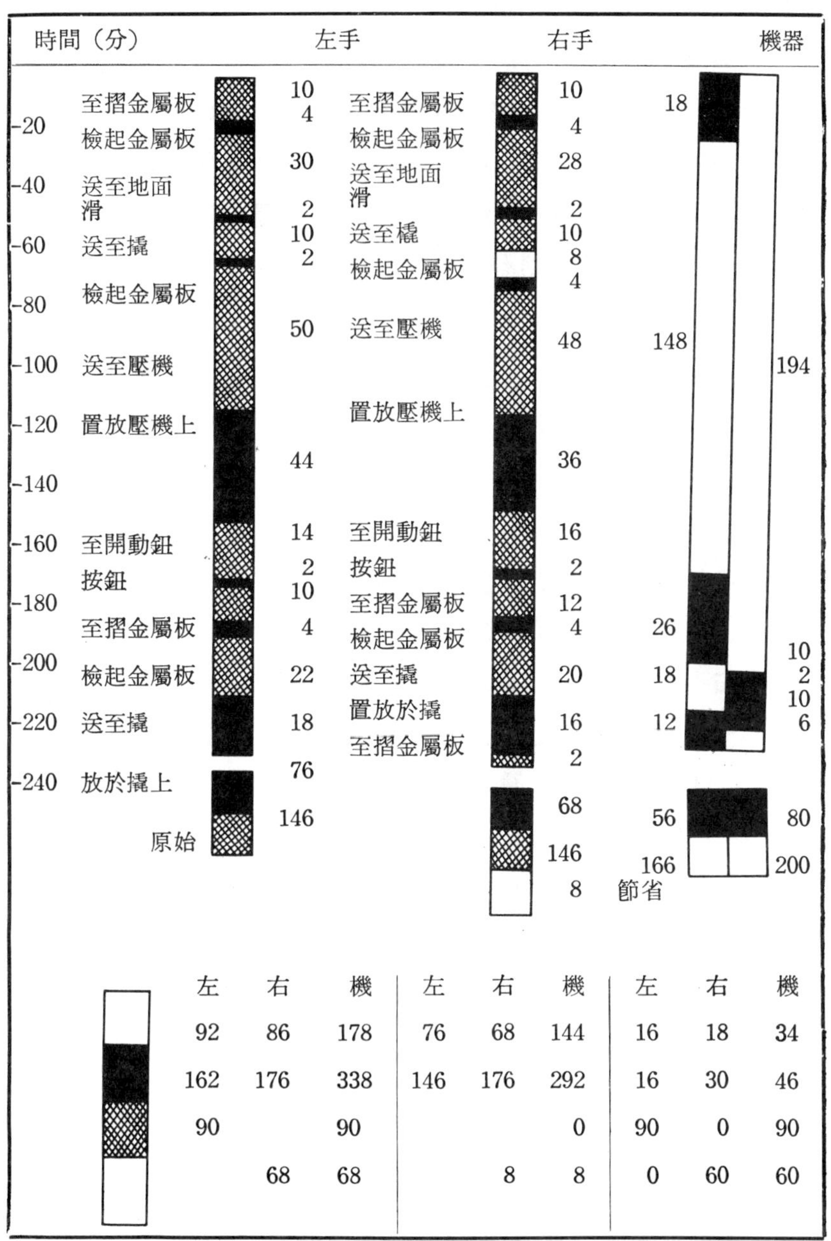

圖 2.14　改善後的人機程序圖

2-4-5(3) C 左右手程序圖

人與機器程序圖爲方法工程之重要工具之一，另一與它極近似之工具爲左右手程序圖 (Left-and-Right Hand Chart)，只要將人與機器程序圖之人換成左手，而機器換上右手，則人與機器程序圖就變成左右手程序圖，於此種圖中，若有一隻手閒置或握住物體，就必須加以改進，其改進之原則有:

1. 儘量減少操作中之各動作。
2. 安排最佳順序。
3. 合併各可行之動作。
4. 儘量簡化動作。
5. 平衡雙手之動作。
6. 避免以手握住物體。
7. 工作設施必須配合身體。

左右手程序圖所用之符號意義如下:

符號	名稱	意義
○	操作	操作者於某地做某事
⇨	搬運	向某物移動或改變物體之位置
D	握住	操作者握住物體不動
▽	延誤	操作者閒置

現在以形絞鏈 (Hinge Channel) 打孔爲例，說明左右手分析的方法，圖 2.15 所示爲其原始操作圖。於V形絞鏈之兩端各打三個孔，如圖 2.16 所示，其工作位置如圖 2.17 所示，利用上述改進之原則，特別注意其第 2 及第 3 兩項，就可得改進方法，如圖2.18所示，而其工作位置如圖 2.19 所示，於直立鑽床 (Drill Press) 上加氣缸 (Air Cylinder)，而以空氣噴射 (Air Jet) 吃掉切削，而使工作的週期改變。詳細檢查圖 2.18 發覺有好些個子週期 (Subcycle) 的工作以不同的次數執行，因而增加生產量 138%。

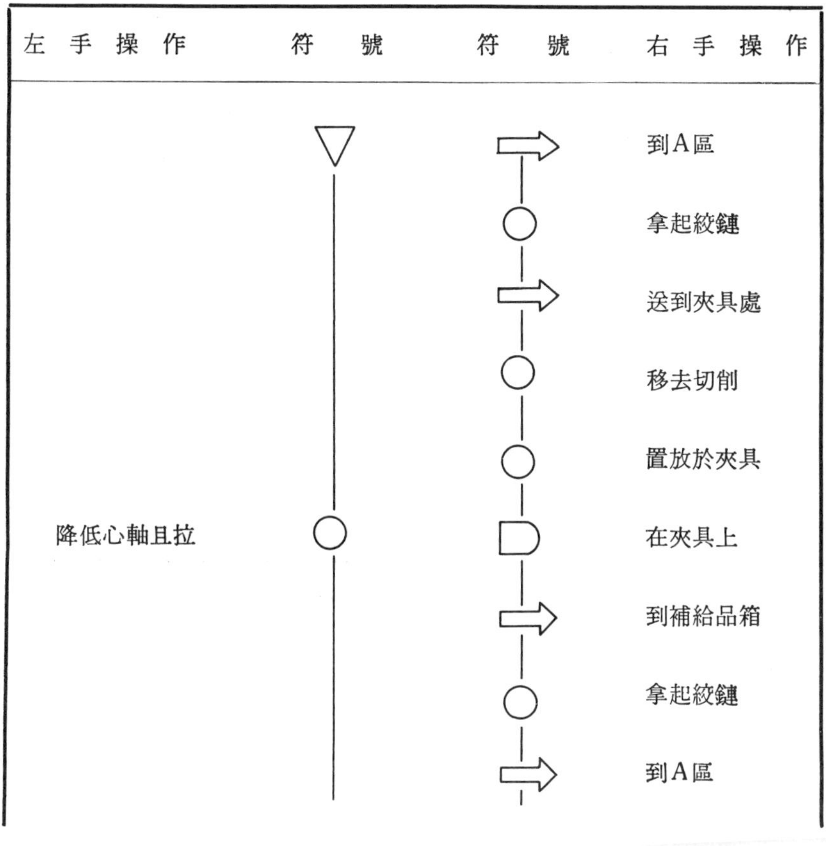

左手操作	符號	符號	右手操作
	▽	⇨	到A區
		○	拿起絞鏈
		⇨	送到夾具處
		○	移去切削
		○	置放於夾具
降低心軸且拉	○	D	在夾具上
		⇨	到補給品箱
		○	拿起絞鏈
		⇨	到A區

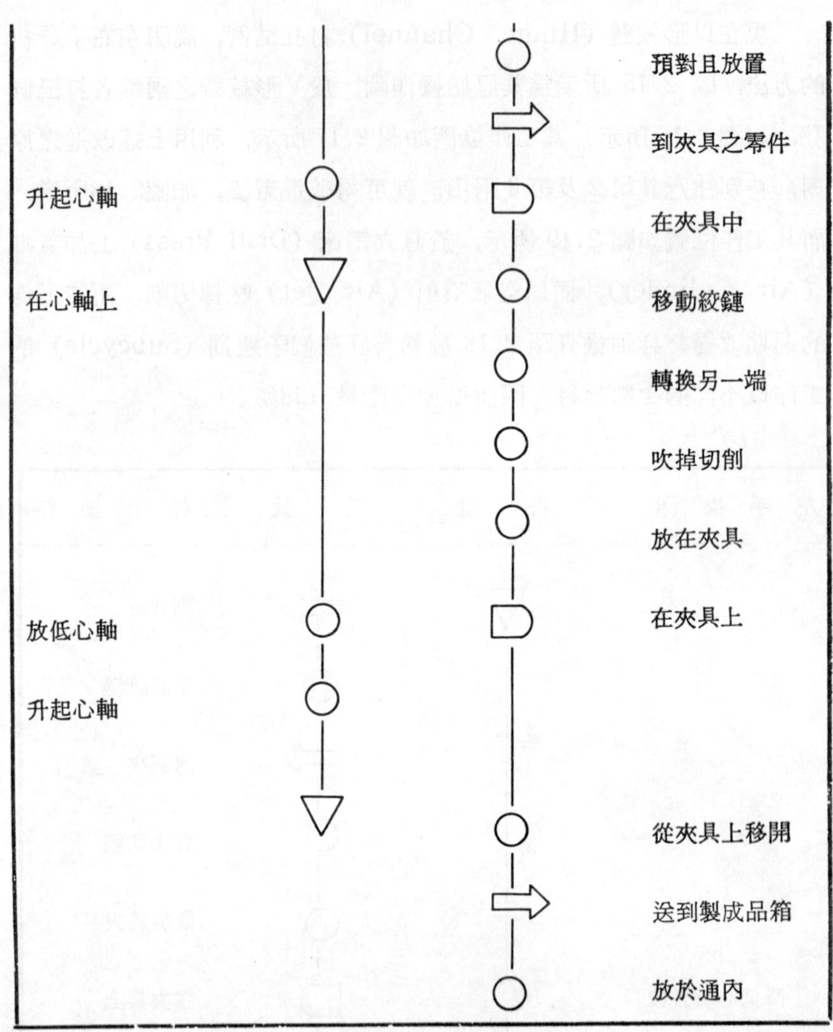
預對且放置
到夾具之零件
升起心軸
在夾具中
在心軸上
移動絞鏈
轉換另一端
吹掉切削
放在夾具
放低心軸
在夾具上
升起心軸
從夾具上移開
送到製成品箱
放於通內

圖 2.15 左右手程序圖

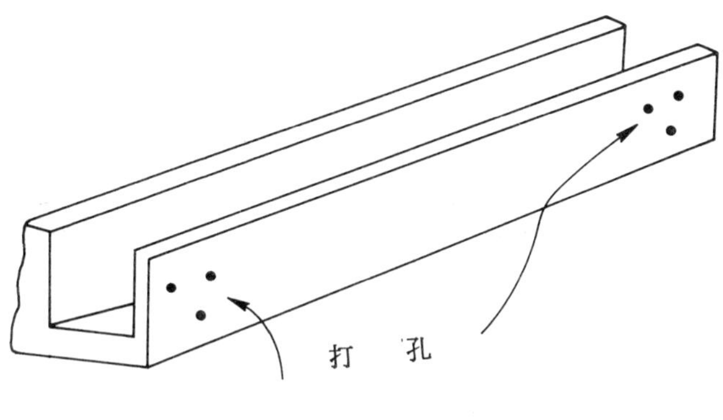

圖 2.16 絞　　鏈

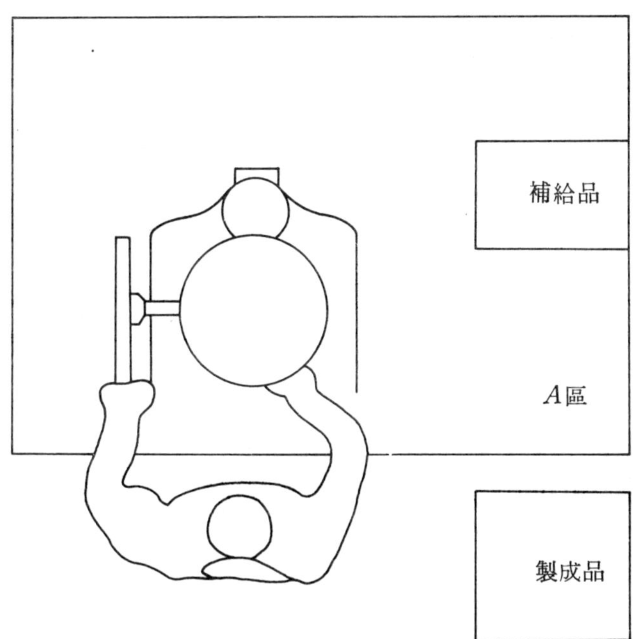

圖 2.17　原工作位置圖

左手操作	符號	符號	右手操作
閒　置	▽	⇨	到補給品箱
到夾具上之絞鏈	⇨	○	拿起絞鏈
從夾具上搬運	○	⇨	到夾具
到桌上	⇨	○	放置於夾具上
轉向且放置	○	D	在夾具上
到A區	⇨	⇨	到A區
幫助左手	○	○	拿起20個絞鏈
到B區	⇨	⇨	到B區
幫助右手	○	○	放下20個絞鏈
	▽	⇨	到B區
到夾具上之絞鏈	⇨	○	拿起絞鏈
從夾具上搬運	○	⇨	送到夾具處
送到製成品箱	⇨	○	放於夾具上
放於箱內	○	D	在夾具上

圖 2.18　左右手程序圖（改進方法）

現將改進前後比較如下

	改進			未改進			節省		
	左	右	和	左	右	和	左	右	和
⇨	4.1	4.1	8.2	9	11	20			11.8
○	4.1	4.1	8.2	0	6	6			−2.2
D	0	2	2.0	0	4	4			2
▽	2	0	2	12	0	12			10
共　計	10.2	10.2	20.4	21	21	42			21.6

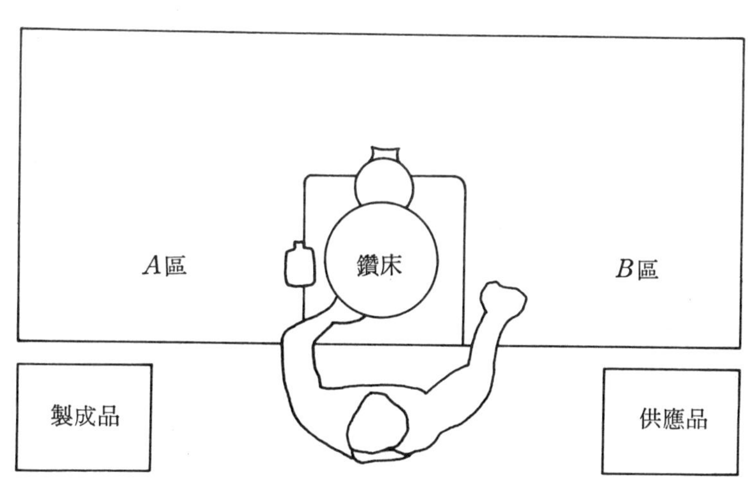

圖 2.19　改進工作位置圖

2-4-6 製程設計實例

以實例來說明製程之設計，可使我們明瞭製造工程師之工作細節及其重要性。

假設某製造公司擬生產如圖2.20所示之後彈簧(Rear Spring)，後彈簧爲該公司摩托車之零件，去年該公司所需的彈簧向外訂購。據可行性研究的結果，管理當局決定自製較經濟。同時今年所需的彈簧與去年稍有不同。依據銷售預測，下年度之銷售量可達 90,000 輛。該公司規定每年有兩週的休假，眞正生產期間爲 50 週，則平均每週的需求量爲 1,800 輛。但是，依據過去統計資料分析顯示其需求量具有季節性之變動，從夏季每週 2,400 輛的需求量到冬季的每週 1,200 輛，因此，要不是於冬季多生產些零件以備夏季之用，就必須設計一能生產最大需求量之製程。

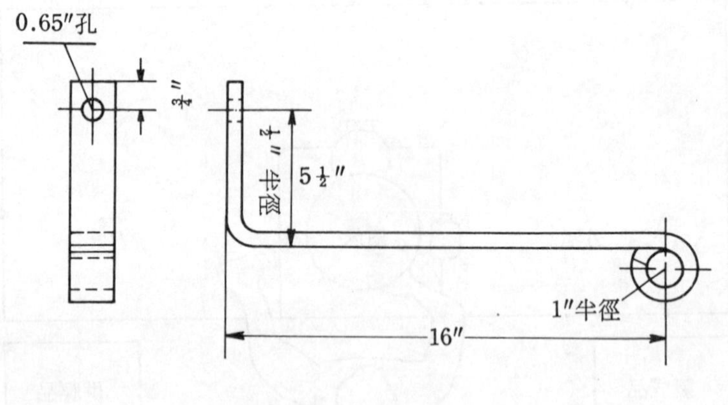

圖 2.20 後 彈 簧

由於存儲空間有限且不願積壓大量資金於存貨，因此，採用設計最大需求量之生產製程，即設計一製程，每週可生產 4,800 輛摩托車。此種生產量既不能達自動化之標準，用手工生產又嫌太慢，乃介於此兩端之間。因此，於生產過程中，採用機械操作而於其操作之間則以叉舉車 (Fork Truck) 來搬運零件，即爲一種程序式佈置 (Process Layout) 且連續生產之製程。

1. 設　計

設計製程之第一步爲決定生產什麼。仔細分析圖2.20知，製造後彈簧之原料爲大約長 27 吋之鋼條，最好能採購 27 吋長倍數之原料，因爲驗收和存儲此種較長的鋼條，其成本較低，而且賣主會負責切成長 27 吋之鋼條。其餘的操作有：鑽一直徑 0.65 吋之孔，彎曲½吋半徑之圓弧及半徑 1 吋之圓弧。由於用以製造彈簧，鋼條必須經過熱處理(Heat-Treating)，使其結構富紋理。其操作爲：首先將鋼條加熱至 1,500°F 驟冷，再加熱至 800°F 以便於拉製之操作。鋼條必須油漆以增強其防銹性及壽命，且於油漆之先，需將熱處理所生的銹皮除掉。直徑0.65吋的孔，其位置必須適當以便於油漆鈎之用以浸漆。最後一步乃將製成的彈簧搬至摩托車裝配處存儲。吾人所設計的製程必須包含上列各種操作且能每日生產 960 件彈簧。

2. 操 作 表

整套製程之設計，最好以標準形式的表格爲之。該公司設計有「操作表」(Operation Sheet) 一種。設計表格之意義在於使資料之表示標準化，即每一資料必須列於固定位置，以便任何人閱覽製程時一目了然。

生產後彈簧之每一操作及其所需的工具及設備均需載於表上。工具和設備如果自製時，其所需的設計時間，工具間作業時間，安裝及試車的時間，吾人將之轉換成金錢而列於表上。此外，還有直接人工 (Direct Labor)，直接材料 (Direct Material) 等等之估計成本。

操作表及其所需之資料，如表 2.1，2.2 及 2.3 所示。

一旦決定生產後彈簧，則其操作表之簡表必抄送工場參考。簡表中所包含之資料應類似於原表，其操作說明需要扼要，且刪去設備之成本項，至於生產的標準及其他的操作資料必須保留。

設計生產程序，製造工程師常需解決面臨的很多小問題，於解答問題時，心中必須記住，於可行性研究與實際製程安排之間權衡。

3.原料之驗收

原料之驗收及儲存並非生產性的作業，但是設計製程就必須考慮從原料進廠至其製成品出廠間可能發生的一切事情。若於設計之初，產品的搬運或操作之一部分疏忽了，雖然屢經檢查、複核，也很可能完全沒感覺；一旦到最後才發現此種疏忽時，常導致製造工程師極大困擾，甚至造成公司很大的損失。

表 2.1 扼要的說明驗收原料之方法。製造工程師於設計製程時，不僅必須備存其原料資料且需對其方法具明理由。因爲任何人詳細的閱覽製程時，總會發生很多的問題；諸如：爲什麼每綑 166 條鋼條？爲什麼 10 綑一載？差不多所有製程上的問題都應公開接受詢問的。假使製造工程師的設計良好，對於製程中之每一問題必須有合理的答覆；有時，對於製程中可達成特殊結果的理由記不起來時，其原始資料或可幫助解決。

回到第一張操作表，讓我們看看每一欄的資料。零件名稱 (Part Name)、號碼 (Number) 及規格 (Specification) 以及鋼條之大小和形狀等等，直接來自產品工程師之藍圖。270 吋長的鋼條，差不多已是收料設備所能如意處理之最大長度，也可能是受到切斷操作場所空間大小之限制。

每一綑 166條鋼條，乃由於物料搬運設備 (Material Handling

表 2.1　操　作　表

操　作　表

日　　期＿＿＿＿＿＿　　　　表＿＿a＿＿

零件名稱＿後　彈　簧＿　　　件號＿A-120＿

材料規格＿＿＿＿＿＿　　　　重量＿＿＿＿

操作號碼	操　　作	工具號碼	設　　備	直接材料	直接人工	設計成本	工具成本間	安裝費用	試車成本	購置設備	設備總成本
	採購鋼條		5/16″×1½″×270″＋磨銑公差＝(10)件，每件長27″								
	收料，每一綑共有 166 條，約重6,000磅，每一載10綑										
	磅和檢驗鋼條之大小		建築起重機及起重機尺標均衡樑								
	送樣本至品管實驗室分析		弓　　鋸								

最高需求量　960 件／天	製造工程師
製程之最大生產量　960 件／天	生 產 經 理

表 2.2 操作表

操作表

日　期＿＿＿＿＿＿＿　　表　b

零件名稱　後　彈　簧　　件號　A-120

材料規格＿＿＿＿＿＿＿　　重量＿＿＿＿＿＿＿

操作號碼	操　作	工具號碼	設　備	直接材料	直接人工	設計成本	工具成間本	安裝費用	試車成本	購置設備	設備總成本
	切成定長		30噸直椽壓力機					120			120
	操作者切斷細上之鋼絲		每分鐘30次								
	落於桌上以便操作者運走		帶刀具，廢料箱								
	操作者從散細中選取鋼條	23-A-20	切斷模，後定點				30	4			34
	對準後定點，以脚開動壓床，繼續移動鋼條共9件，其餘10件對準前定點		前定點				18	4			22
	切成定長										
	工件落入金屬盛器約300件一箱		盛料箱								

最高需求量　960 件／天	製造工程師
製程之最大生產量　960 件／天	生產經理

表 2.3　操　作　表

操　作　表

日　期: ________　　　　表 c

零件名稱: 後 彈 簧　　　　件號 A-120

材料規格: ________　　　　重量 ________

操作號碼	操　作	工具號碼	設　備	直接材料	直接人工	設計成本	工具間成本	安裝費用	試車成本	購置設備	設備總成本
10-1	運料至存料處或送至進料桌		房屋起重機均衡桿料進給桌								
10-2			鋼　尺								
10-3	物料搬運運送物料至操作20或在製存料將空料箱對準壓力機		叉舉車能量 6,000 磅								

最高需求量	960 件／天	製造工程師
製程之最大生產量	960 件／天	生 產 經 理

Equipment) 負荷限制所致。每一長 27 吋，厚 5/16 吋且寬 1½ 吋之鋼條，共含有12.66立方吋的鋼，而鋼的重量，每立方吋大約爲0.283 磅，於是，每一產品件之鋼條約重 36 磅，其 270 吋長的鋼條重達 360 磅。假設收料處的起重機(Crane)能量爲 6,000 磅，則以 6,000 磅除以 360 磅卽得每綑之 166 條。

每一載 10 綑鋼條，可能由於貨車載重之限制，也可能爲最佳經濟批次量 (Economic Lot Size)，常常兩者均需考慮。於收料部門必須設備房屋起重機 (Building Crane)、鋼鋸 (Hack Saw) 和均衡桿 (Equilizer Bar) 以便於搬運時平衡之維持。

料進給桌 (Stock Feed Table) 由製造工程部門設計，且依據設計者所標明的規格、結構及材料藍圖而製造，而由熔接工場(Welding Shop) 營建。由藍圖知每桌重 480 磅，其材料鋼，每磅 0.25 美元，其原料成本約爲 120 美元，若每小時工資 5 美元，設計 4 小時共花費 20 元。

料進給桌專爲供給二綑鋼條而設計。當桌上只有一綑或設有鋼條而新料又已到達，則將桌上裝滿負荷，其餘的送往存儲備用。

必須檢驗進料鋼條的尺寸是否符合規格；通常切下一小樣本的鋼條，送往品管實驗室檢驗，以確保該運送批料實爲 SAE 1065 鋼。

4. 操作10—切斷

表 2.2 之操作表，詳細的描述切斷操作。因爲製造工程師所設計之製程必須付諸實際的生產工作，因此，必須對操作者所有的活動及其使用的特殊工具仔細的設計，再經過幾番的修正。

料進給桌必須設計有開口，以便於切斷的鋼條掉落地上。首先操作者將鋼條插入螺模壓力機 (Press Die) 之後固定點上，以每分鐘衝撞 30 次的速度，切成長 27 吋之鋼條，最後一段則對準於前固定點上，壓力機正好成 27 吋長。其次，操作者將切好的鋼條投入料桶（Stock Tub)，再進行下一條鋼條之切斷工作。如此詳盡的敍述每一操作，以便時間研究員估計其時間和成本。

上述的切斷操作可用 30 噸直緣壓力機 (30-ton Straight Side Press) 來執行，要是沒有，必須購置一架或使用壓力機 (Press)，其壓力機之大小必須依據所需剪刀之大小而定。熱軋 SAE 1065 鋼條之剪應力 (Shearing Strength) 大約在 90,000 psi 和 10,000 psi 之間，鋼條之横截面積為 0.469 平方吋，其切斷操作需用大約 46,900 磅之剪應力。

假設有切斷模（Cut-Off Die）可資增加固定點，後固定器及前固定器專為安裝後彈簧而設計之特別工具。此種工具由公司之工具間製造（每小時美金 6 元）而由修護人員安裝（每小時美金 4 元），由製造工程師設計並繪製藍圖。

操作表 2.2 表示以固定器所設定的位置來控制鋼條之長度，因此，必須定期檢查其固定點是否滑動。

操作表2.3乃利用叉舉車 (Fork-Truck) 把切斷部門整料箱之鋼條運送到鑽孔部門。假使鑽孔操作正進行中，就直接送到鑽孔壓力機 (Piercing Press)，否則就以在製品存貨 (In-Process Inventory) 存儲。

A-120 之其餘操作，其理由、設計及原料與操作近似，只不過每一操作均有其特別的機器及設備而已。在很多操作上，製造工程師必須寫明購買工具和設備之規格，於此，將操作表及其說明略去。

當製造工程師完成初步計劃，必須經管理小組之審查和討論，以便決策。

2-5 測試工程

大多數電子產品，在其生產過程中必須作某些外觀和機能的測試，以確保其品質，此種測試不是品管單位的責任，而是視作生產流程中之一工作站，吾人稱之爲測試工程，其測試工程的內容，隨產品之不同而異，例如生產延長線，必須測試其是否會通電，而生產電視機，就必須測試其影像及畫面的清晰度及彩色等。

茲以3 $\frac{1}{2}$ 數值多功能量具 M×B/RMS 型爲例，說明於其最後裝配過程中的測試工程計劃。

1.目的：此計劃係提供裝配過程中的目視檢查及測試以確保產品生產技術品質，正確的裝配，良好的結構及性能。

2.儀器：

①DC 電源。

②高電流整流器。

③溫度校準箱。

④K型溫度計。

3.目視檢查：

①檢查是否採用正確的模板 (Module)。

②目視檢查所有焊接點。

③確知螺絲旋入 PC 板中且其頭沒有斑紋。

④檢查所用投入桿形式是否正確且是否適當的型砧及焊接。

⑤檢查電池的安全性、適當的置放及電池電纜是否與終端接觸良好。

⑥檢查儀器中是否有瑣碎物質。

⑦確保石墨接點位置適當及電極位置的適當。

⑧檢查 LCD 是否正對著窗口位置。

⑨檢查是否有變形的箱子、組件或 PC 板。

⑩檢查透鏡是否正確地裝配，透鏡必須保持乾淨且沒有刮痕。

⑪檢查外罩位置、形號及色彩組合是否正確，把手座及位置是否正確。

⑫檢查輸入座之顏色是否正確及安全。

4.性能測試:

①連接 9V 之電池，然後打開開關。

②檢查轉轍器及止回爪的操作是否順暢。

③以V-Ω及 COM 終端打開電路，檢查 200mVDC 之讀值是否為 00.0 或 00.1。

④設定量具為 20Ω 範圍，插棒入 V-Ω 及 COM 終端，將"ohm零"把手以反時針方向調整到底，其顯示讀值必須介於 1.00 及 2.00 之間。將"ohm 零"把手以順時針方向調整到底，其讀值顯示應為 0.15 到 0.45，調整"Ω零"到 0.00 的位置。

⑤旋轉範圍選擇器到 20M ohm且以短棒接短的V-Ω及COM終端，其 Insta ohms® 必須出現，其讀值應為 0.00，將有笛聲開關開和關三次，其開關的性能必須良好。

⑥連接輸入引線到 COM 及 10A 終端。

⑦旋把手到 10A DC，接引線到整流器，設定輸出電流為 10A，其讀值需從 9.92 到 10.08。

⑧將短棒插入V-Ω及 COM 終端，旋轉範圍選擇器到二極管測試位置，其讀值應為 .000 或 ±.001。

⑨將短棒插入 V-Ω 及 COM 終端，旋轉範圍選擇器到 200 ohm 位置，其讀值應爲 .000±.001。

⑩僅就 RMS 將溫度校準箱裝入溫度輸入點，將溫度校準箱打開，然後關掉，再打開，其新的讀值應爲 1,200±3 加上原來的讀值，例如 ＋024 關，則 ＋1224 開。

⑪僅剩 RMS，將K型溫度針插入溫度輸入點，其溫度必須在校準溫度值的 2 度內。

⑫旋轉電源開關開及關三次，檢查其操作狀況是否正常。

⑬關掉電源並移去 9V 的電池。

2-6 工業工程

2-6-1 方法研究

方法研究係以科學方法來分析工作方法、工作程序，以求得最佳的作業程序，俾經濟有效的利用各種生產資源，以達提高生產力，降低成本且減少工人的疲勞。

2-6-1(1) 方法研究的目的

方法研究之主要目的在於發展最佳的工作程序和工作環境，以便增加效率，降低成本且減少工人的疲勞，爲了達到此一最終的目的，必須追求下列的特定目標:

1. 儘可能刪除不必要的動作。
2. 合併相關的動作。
3. 重排工作的順序。
4. 簡化作業內容，提高工作效率。

5.減少身體的疲勞。

6.改進工作場所的佈置。

7.改進物料搬運的程序。

8.增進工作的安全。

9.改進產品的設計。

10.改進工具、夾具、治具及設備等的設計。

11.使最佳的工作程序及工作環境標準化以使工人始終採用最好的方法來執行其工作。

2-6-1(2) 體能的限制

以機器控制系統替代人類操作不斷的發生，乃由於技術的進步，使得以機器替代人類更爲經濟可行，撇開人類操作不僅表示極端的顧慮人們的安全，也使人們遠離瑣碎的和乏味的工作。同時根據過去的資料和紀錄顯示，爲機械化或自動化所取代的人類，經過一段時間學習工作之改進，則對社會的貢獻更大。

工作環境之內容不僅包含生產工作的人員，尙有很多其他因素，但不論何種事業，人均爲考慮之主要因素，當人們需要桌子時，就必須考慮座位之設計、桌面的高度、抽屜的深度、擺腿的深度及其他的特質。人因工程的領域非常廣泛且與工業工程師有密切的關係。然而，於此吾人僅考慮些許的人類限制以窺其梗概。

圖 2.21 所示爲正常操作者，手臂所能到達的工作範圍，也表示兩手分開工作及一起工作之限度。因此操作者所常使用的工具、物料及夾具必須置放於指定的大小範圍之內。

分派工作，不能只考慮男人，某些工作更適宜女人做，例如女人的手臂和手指較男人的敏捷，也較男人適於死記及呆板的工作，同時，女人色盲較少，適於需要顏色記號之工作。反之，男人身體強壯，長

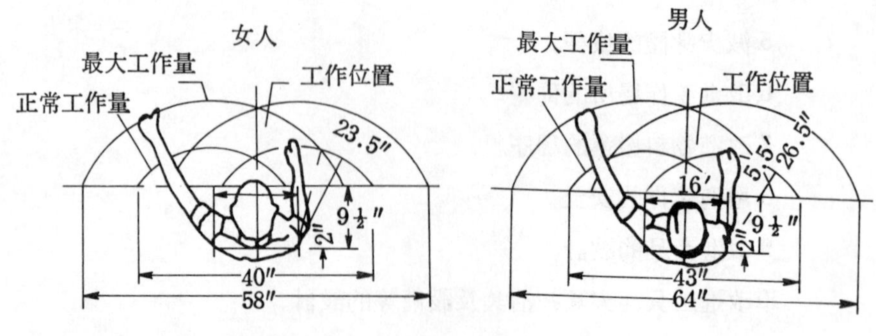

圖 2.21 正常工作區

資料來源: Some principles of methods and motion study as used in Development work, General motor Engineering Journal, 2nd, No. 6, pp.20-25.

時間的站立較不易疲勞，也不致因生產工作所造成的吵雜、灰塵及混亂之干擾而分心。

照明對工作環境極爲重要，如果光線不適宜，則 (1) 增加工作之意外事件發生，(2) 減低工作效率，(3) 增加機器和原料之消耗，(4) 損害工人健康。

爲了增加工人之工作效率，除了照明外，必須考慮發光體之光線顏色及工作， 牆壁及屋頂的顏色。至於所需光線之強度， 因工作性質、形態與環境而不同，一般而言，精細的工作需要較強之光線而粗重的工作所需光線較弱。

工作環境中尙有很多的因素和條件會影響工人的工作情緒，例如噪音、振動、溫度、濕度等等，都會影響工人的健康、安全及工作情緒，爲從事方法研究的工業工程所不能不考慮的。

2-6-1(3) 動素分析

動作研究中貢獻最大者首推吉爾勃斯夫婦 (Frank B. Gilbreth

& Lillian M. Gilbreth)，吉氏夫婦研究人體的動作可細分成十七種基本的動作元素，爲了紀念吉氏的貢獻而取其名之相反字母，將基本動作元素稱之爲動素 (Therblig)，茲將十七種動素及其代表符號，顏色列如下表:

表 2.4　動素 (Therblig) 表

動　素　名　稱	文字符號	形象符號	狄氏筆號	鷹氏筆號	顏　色
1. 伸手 (Reach)	RE		331	747	橄欖綠
2. 移物 (Move)	M		399	734½	綠
3. 握取 (Grasp)	G		369	744	深紅色
4. 對準 (Position)	P		391	739½	藍
5. 裝配 (Assemble)	A		375	738	紫　藍
6. 拆卸 (Disassemble)	DA		388	736½	淡紫藍
7. 使用 (Use)	U		370	745	紫
8. 放手 (Release)	RL		376	741	胭脂紅
9. 尋找 (Search)	SH		394	740½	黑
10. 選擇 (Select)	ST		398	745½	灰
11. 檢驗 (Inspect)	I		377	742	濃　赭
12. 計劃 (Plan)	PN		377	742	褐
13. 預對 (Preposition)	PP		396	742½	天　藍
14. 持住 (Hold)	H		373	736	金　赭
15. 遲延 (Unavoidable Delay)	UD		374	735	黃　赭
16. 故延 (Avoidable Delay)	AD		378	746	檸檬黃
17. 休息 (Rest)	RT		372	737	橘

資料來源: R. M. Barnes, Motion and Time Study, 6th ed. p.136.

爲了便於分析，將各種動素之定義及其改善方案列述於後:

1.伸　手:

伸手係空手移動，故又稱爲運空 (Transport Empty)，伸手始自手開始移動，終至手停止移動，其改善重點在於縮短伸手距離且減少伸手時之方向意識。

2.移　物:

移物係將物體由一位置移到另一位置，又稱爲運實 (Transport Loaded)，移動有空間的位移、推動、拉動及滑動，移物亦可指空手對抗摩擦力之移動。其改善要點爲縮短移動距離，減少每次移動的重量，採用機器代替人手及減少移物時的方向意識。

3.握　取:

握取係以手指或手掌充分的控制物體，其動作始自手與物體的接觸，終至完全控制物體爲止。其改善重點應減少握取的次數且儘量以觸取代替拾取，或採用機器從事握取的工作。

4.對　準:

對準係物體放置於特定的方向，以便能導向其適當的位置，其改善重點應儘量使用工具，且改善產品設計以便公差的合理配合且易於對準。

5.裝　配:

裝配係將兩個物體組合而成一整體，其改善之道宜採用機器工具，以代替人手的操作。

6.拆　卸:

拆卸係將一物體與另一物體分開，其改善亦應儘量採用工具來操作。

7.使　用:

使用係指爲了操作目的而使用工具或設備，其動作始自工具之控制，終至使用完畢爲止。其改善重點應改良工具或合併之。

8.放　　手：

係指手或手指放棄控制目的物，其改善應檢討放手的位置以爲下一動作之最佳位置。

9.尋　　找：

尋找係人體的感官（通常是眼睛）來探尋物體的位置，其改善方法應將零件、工具放於固定位置，最好裝於特殊設計的盛器中且放置於正常作業區域內，同時應加強工人的訓練以使其動作自然而習慣。

10.選　　擇：

選擇係指由許多物體中選取其中一個，通常很難與尋找劃分界限，其改善方法與尋找相同，此外，應使零件標準化。

11.檢　　驗：

檢查物體是否合乎大小、形狀、顏色、數量等的標準，檢驗方法常用視覺、聽覺、觸覺、嗅覺及味覺等官能，其改善之道係檢討規格之設計，減少檢驗次數及數量且改進檢驗方法。

12.計　　劃：

計劃係在實際行動時發生猶豫不決，使工作停頓以便籌謀下一動作進行的步驟和方法，其改善重點在於訓練工人及簡化操作程序，使其動作自然且習慣而減少計劃之發生。

13.預　　對：

預對係將物體放置於預定的位置或將物體放於下一動作的正確位置，通常可採用盛器、容器以便於使用，其改善方法與對準相同。

14.持　　住：

持住係連續握取物體並繼續保持控制狀態，持住始於動作之停止而終於次一動素之開始，其改善之道應儘量使用工具或設備。

15.遲 延:

係因操作者無法控制的因素而中斷工作,其發生的主要原因爲(a)製程的失靈或中斷所致;(b)作業安排不當而致生產線不平衡。其解決之道只得更改製程,訓練工人熟練的技巧或善用閒餘能量。

16.故 延:

於操作過程中,由於工人之事故而使工作中斷,此等事故係工人所能避免者。其改善之道應加強工人之督導。

17.休 息:

由於工人需恢復疲勞而使工作停頓,休息始於工作停止時而終於工作恢復時。其解決之道需簡化工作並改善工作環境。

爲了說明如何利用動素分析及動作經濟原理來發展更佳的工作法,吾人以挿梢爲例,卽吾人將 30 根梢挿入板上的 30 個孔。木板共有五列,每列有六個孔,梢之一端爲方形,另一端則爲圓形,其工作係將梢儘速的挿入板中孔,且圓形的一端向下。

百分之九十五的人都採用圖 2.22 所示的方法〔二,12〕。左手由箱子中捉一把的梢,然後右手每次由左手捉起一支梢且挿入板中孔,右手的工作效率很高,但左手只是握住梢而作非生產性的工作。

若兩手同時工作,則操作更具效率,採用此種改進的方法,見圖 2.23 顯示左手持住的動素刪除了,左手和右手一樣進行有用的工作,兩手同時,反向且對稱的拿起梢並挿入孔中。經過時間研究顯示,單手方法,見圖 2.22 需時間爲 0.62 分鐘;但雙手同時動作的方法只需 0.41 分鐘,節省了 34% 的時間。改進方法之左手動素分析如圖 2.24 所示。

2-6-1(4) 細微動作研究:

細微動作研究(Micromotion Study)係一種詳細的動作分析

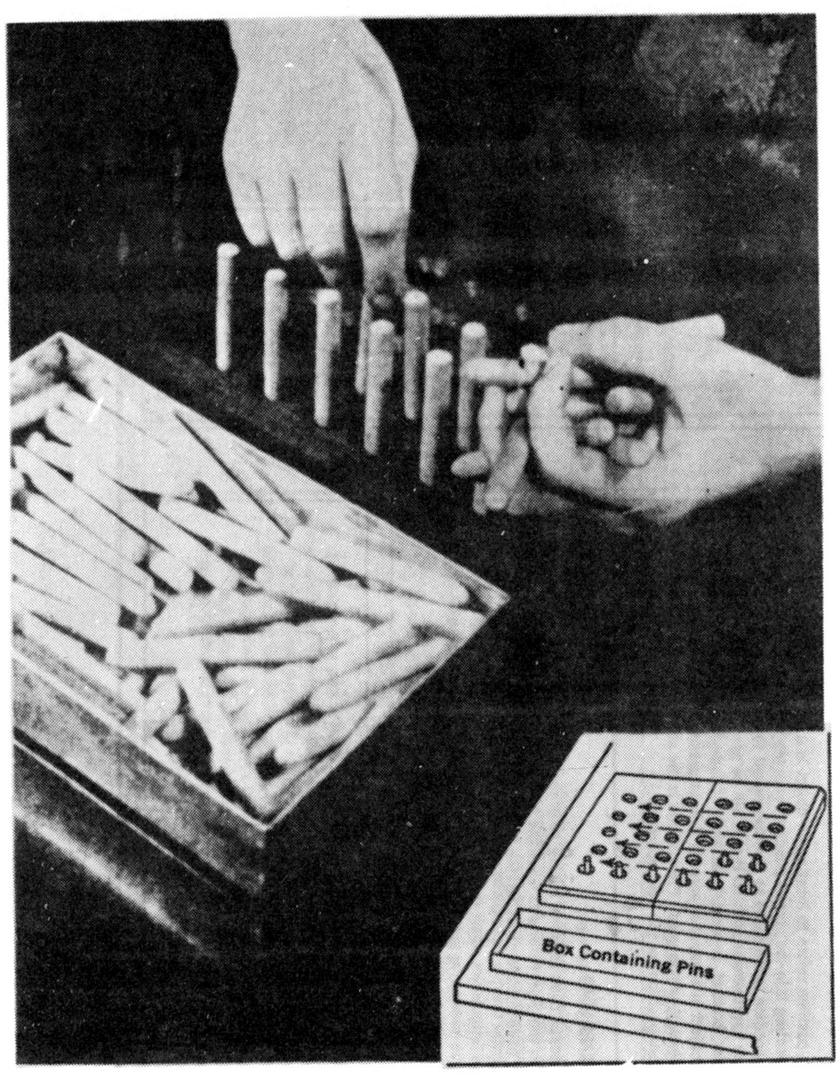

圖 2.22　以單手方法插梢

資料來源：主要參考文獻（二,12），p.144

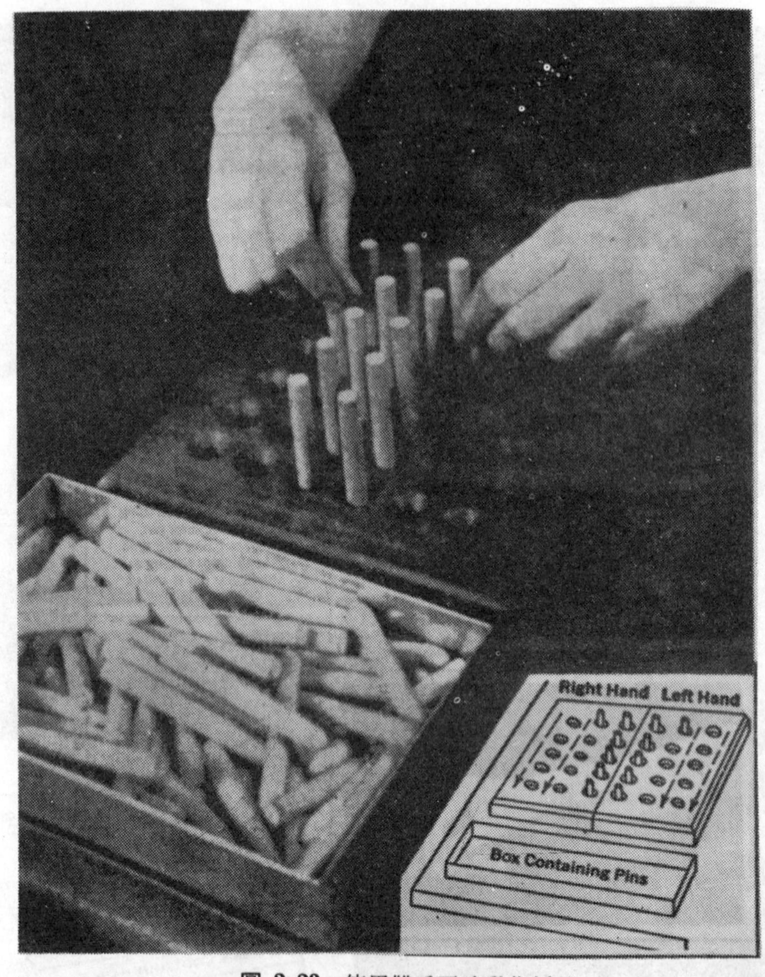

圖 2.23 使用雙手同時動作挿梢

資料來源：主要參考文獻（二,12），p.145

方法，其程序如下：利用攝影機對準作業員之動作拍攝成動作影片（Motion Pictures），沖製成影片後，利用特製的放映機(可停片、倒片、慢動作）逐框放映而詳細分析其動作。

爲了記錄每一工作因素所需的時間，其方法有二：其一係利用微

動　作　示　範	動　素　名　稱	符號
	伸　手 伸手取梢	RE
	選　擇 從箱中選取一梢，用眼睛協助手尋找一支特定的梢	ST
	握　取 對選定的梢，拇指與食指合攏以握住	G

動作	代號
移　　物 由箱中將梢移到板孔上	M
對　　準 當梢送抵板孔時定於垂直位置	P
 對　　準 梢直接且垂直排立於孔的正上方	P
 裝　　配 將梢挿入板中孔內	A
 放　　手 張開手指，使梢落入孔中	RL

圖 2.24　雙手同時動作以挿梢之動素分析僅示左手之動作

資料來源：主要參考文獻（二,12），pp.140-142.

計時儀（Microchronometer），將此時鐘置於拍攝對象物的旁邊，因此影片上就顯示出各項動作及其時間指標，分析者只需就操作者由一工作元素轉換至另一工作元素中觀測時鐘之指針讀數即可求得每一工作元素所需的時間。另一種方法不必使用時鐘，因其影片的攝製係採用等速度攝影機拍攝而成，因此，只要數一數影片的框數即可求得每一工作元素所需的時間。

此外尚有微速度動作研究（Memomotion Study），動作軌跡影片(Cycle Graphs)及動作時間軌跡影片（Chronocycle Graphs）。微速度動作研究係以較慢的速度拍攝影片，通常每秒一框，而以0.01分爲單位來分析影片。動作軌跡影片係於工作者之手、手指或身體的其他部位繫一小電燈泡，並用攝影機拍攝燈光在空間移動的軌跡而成動作軌跡圖。至於動作時間軌跡影片係在電燈泡上裝一特製的開關，使動作快時燈光明亮，而動作慢時，燈光昏暗，則燈光在影片上之路徑形成梨形點之虛線，顯示動作的方向；而諸點間的距離則表示動作之速度。動作快者，其距離大；動作慢者，其距離小，可準確的觀測動作的時間、速度、加速及延滯等狀況。

細微動作研究花費的成本太高，加上對工作者的不方便，使得在工業界的應用不普遍，但對高度重複性，週程短，動作複雜且工作者手的動作較分析者眼睛視覺爲快的工作分析，細微動作研究爲一極佳的分析方法。

細微動作研究的優點很多，它可迅速且週詳的捕捉每一動作，提供動作的永久性記錄，對新進員工及工作分析者的訓練更具效果，且可對影片作詳細的分析。

細微動作研究所需的設備通常有攝影機、三角架、自動影光儀、照明燈、微計時儀、放映機及銀幕等等。

將沖製完成的影片利用放映機並逐框分析，劃分工作單元並將其經過時間記錄於對動圖 (Simo Chart) 上，對動圖係與左右手程序圖類似，如圖 2.25 所示。

2-6-2 工作衡量

當生產經理同意訂購新的機器設備時，確知其最大生產速率，例如卡車的速度及其載重量已知，馬達的馬力及其每分鐘的轉數也知道。但是人呢？若在平均狀況下，一平均工人花費平均程度的努力，對一特定工作，究竟需要多少時間來完成呢？這個問題使得時間研究的需要應運而生。

時間研究係決定標準時間的方法，所謂標準時間係指在標準狀況下，一位平均工人以正常速度操作某項工作所需的時間，此標準時間包括平均時間，評比及寬放時間在內。

2-6-2(1) 時間研究的目的

時間研究的目的有下列幾項:

1. 建立獎工制度:

建立獎工制度首需決定基本的生產率，公平合理的生產標準必須依賴時間研究來建立。

2. 安排途程及日程計畫:

途程及日程計畫的安排需先知道每項工作所需的時間，此亦需藉時間研究以求得。

3. 標準成本的決定:

產品的人工成本受兩項因素的影響，其一爲每單位產量或每單位時間之薪資率，其二，當薪資率依據時間時，每生產一件產品所需的時間，正確的成本決定，必須依據時間研究所決定的標準時間。

工作部門：＿＿＿＿＿＿　　操作名稱＿＿＿＿＿＿

影片編號：＿＿＿＿＿＿　　操 作 人＿＿＿＿＿＿

時間指標	時間（閃時）	左手操作說明	符號	動作級次					動作級次					符號	右手操作說明	時間（閃時）	時間指標
				1	2	3	4	5	5	4	3	2	1				

圖 2.25　對動圖

4.改進工作方法:

進行時間研究時，時間研究人員有機會詳細分析工作方法，可能提供改進的建議，同時，藉著時間研究可以比較現行方法和改進方法的優劣。

5.決定最佳工作方法以提高生產力:

時間研究人員有機會觀察工人的工作方法，也知道那一方法最佳，尤其在程序重於技術水準的情況，可將最佳方法建議大家採用而提高生產力。

6.評估機器生產力:

時間研究亦可用以評估機器的生產力以作爲工廠佈置，機器汰舊及外購或自製等決策之依據。

7.夾具、治具等的改進：

夾具用以固定工作，治具用以導引生產操作，均可透過時間研究而加以改進，更可藉以判斷節省的數量，作爲採用與否之參考。

2-6-2(2) 時間研究方法

有三種方法可決定工作時間標準，其一係利用經驗和判斷來估計，其二係使用馬錶來作時間研究，其三爲預定時間標準。

經驗與判斷的使用爲一最古老的時間方法，通常係由有經驗的時間研究人員依過去工作經驗來估計工作所需時間，其答案甚易獲得，既迅速又不花錢的；然而此種方法產生一問題，其一很少有兩種的情況是相同的，更且，估計值係隨工作者及工作環境而異，另一問題爲如何設定新工作的標準時間呢!

爲了克服上述的問題，有些分析員將工作計畫分成工作單元，他們首先估計拿原料的時間，然後估計每一項工作單元的時間，最後估計成品的處理時間，並且加上個人及生產上不可避免的遲延所造成的寬放時間，即可求得該工作的標準時間。

另一種修正係收集過去的生產資料，當工人生產一批產品時，可記下其開始及完成的時間以及生產數量，然後將時間間隔除以生產量即可求得每一件的生產時間，此種方法可藉助於打卡鐘，當工作開始時，工作打卡，並記上工作號碼，進行工作，然後於工作結束時再打卡，每一項工作就重覆一次此等工作，然後以這些記錄來估計其標準時間。雖然此種方法較經驗判斷法給予更多的資料，但仍有兩項限制條件，其一，無法保證工作方法是否最具效率，因該項資料僅記錄其工作時間，並未顯示工作內容，這意味著分析工作方法的情報極少。其二，這些記錄僅適用於過去曾做過的工作，這對過去未曾做的工作或不相似的工作無法有效的應用。

經驗、判斷及過去資料在某些工作上相當有效，尤其在工人對馬錶時間研究有敵對的情況，然而，它們並不是決定標準時間的科學方法，馬錶時間研究及預定時間標準才是分析的及科學的方法。

2-6-2(3) 馬錶時間研究

1. 設　　備

時間研究最主要的工具爲馬錶，一般使用者多爲碼表，市上普遍出售。

其次爲時間研究觀測板 (Time Study Board)，如圖 2.27 所示者非常實用，因爲其一：當觀測者用左臂支持記錄板時，馬錶正牢固的夾在最靠近左手指的位置，以便於控制馬錶之走動抑停止。其二，板爲平面，適於記錄時間研究表之用。

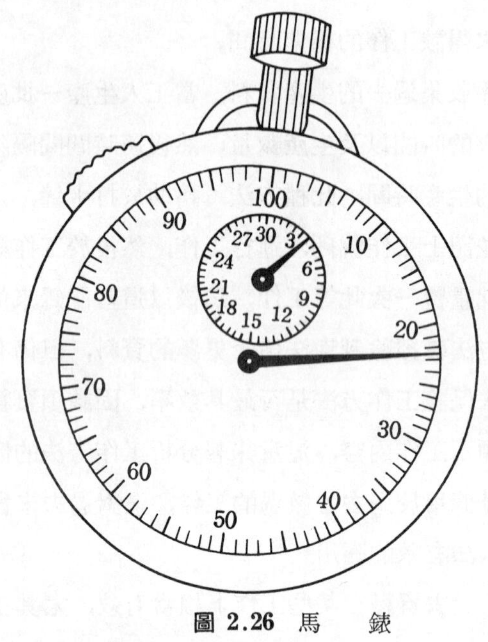

圖 2.26 馬 錶

常見的時間記錄表如表 2.5 所示，沒有一種表格可以適用於所有的工廠，因此，必須專門設計一種表格，以為本工廠之用。

在很多工廠，有些操作時間可由轉軸之轉數來控制，於此情況下，其旋轉的速度必須與時間研究的結果互相比較，此種速度之記錄可為時間研究之一部份。簡單的旋轉計數器 (Revolution counter) 與馬錶併用其效果極佳。

2.程 序

時間研究之開始需由部份的主管將該部門準備就緒，然後通知時間研究人員，如果該觀測者對該工作極熟悉，則可立刻開始時間研究，否則，他必須先廣泛，深入的了解工作之後，才能開始。

分析者通常保存方法和時間研究之資料檔案。因此，於接到請求研究時，觀測者應翻開類似工作檔案，以便熟悉操作之標準方法及其

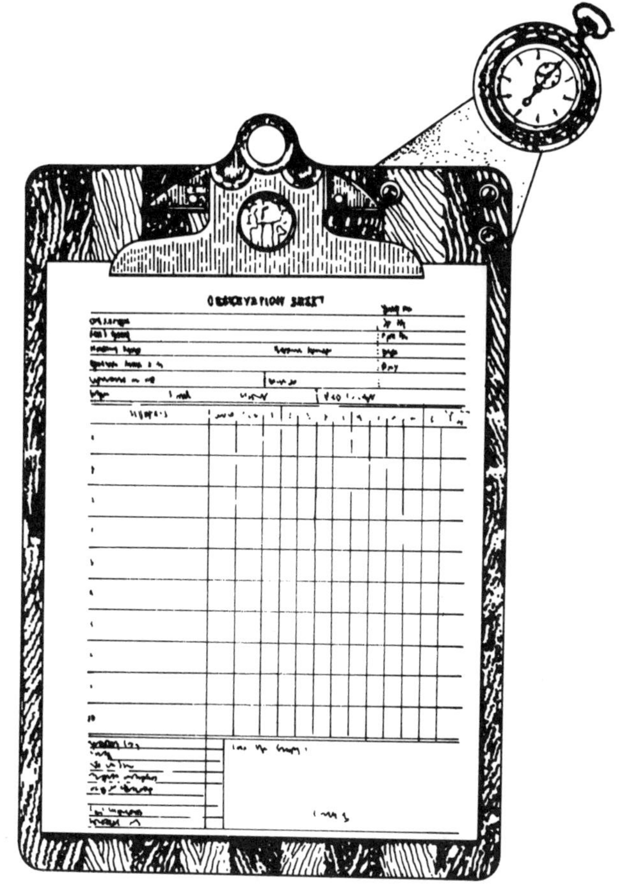

圖 2.27 時間研究觀測板

基本動作元素之劃分，因爲相同動作元素所建立之標準時間資料，便於比較。

觀測者必須對下列三項滿意，才可開始時間研究。

(a) 方法已是最好的。

(b) 合格的操作者執行工作。

(c) 其他所有條件均正常。

表 2.5　時間研究觀測表

零件號碼＿＿＿＿＿＿　零件名稱＿＿＿＿＿＿　日　期＿＿＿＿＿＿

操作號碼＿＿＿＿＿＿　開始時間＿＿＿＿＿＿

操作說明＿＿＿＿＿＿　完成日期＿＿＿＿＿＿

設　備＿＿＿＿＿＿

操作員＿＿＿＿＿＿　部門＿＿＿＿＿＿

號數	元素說明	1	2	3	4	5	6	7	8	9	10	平均	評比	正常時間
											合計			

(1) 操作員之選擇

所遴選的操作員，其操作速度既不是最快的也不是最慢的，而為平均速度。雖然操作員的速度可以評比因素來調整，但其速度與正常速度差異愈大，則其評比的誤差就愈大。同時工人也反對。因此，最佳人選必須對此類工作有經驗，且經過適當的訓練，有足夠的時間學習操作方法而使其工作速度達正常。

(2) 動作單元的劃分

動作分析將動作細分成17種基本動素（Therblig)，但這些動素太細，無法以馬錶測定其時間。故必須將操作劃分成單元，其時間不要少於 0.05 分鐘。單元之設計，必須使其動作完成時有一聲響或搬運，以便於記錄且增進讀數之準確性，單元說明必須包含單元結束時間及其工作內容。

(3) 連續測時

所謂連續測時法為馬錶從零位始，繼續走動，直至整個研究完成為止。於馬錶之走動中，觀測者記下每一單元完成之時間，然後一連串的相減以求得每一單元的時間，然後相加而除以總觀測數即得平均時間。

(4) 評　　比

人們操作的速度各異，於時間研究時必須允許某種程度的寬容，姑不論是否能找到一位速度正常的操作者，事實與理想總有些出入，因此，吾人必須採用評比（Performance　Rating）來校正其時間值，以求得其正常時間，其公式如下：正常時間＝平均觀測時間×評比係數

決定評比係數之方法有四：

a. 平準因素法

平準因素法(Leveling Factor)係西屋電氣公司所創，其法係將工作衡量的主要因素分爲技術 (Skill)，努力 (Effort)，工作環境 (Conditions) 及一致性 (Consistency) 等四種，再將每一評比因素分成若干等級，例如技術因素分成①特優②優③良④平均⑤尚可⑥欠佳，各等級分別賦予適當的評比係數，然後將各因素的評比係數相加卽獲評比係數。例如有一工作經判斷的結果爲

因素	等級
技術	優
努力	特優
工作環境	尚可
一致性	欠佳

則由下列各表查得:

因素	等級	係數
技術	B_1	+0.11
努力	A_2	+0.13
工作環境	E_1	−0.05
一致性	F_1	−0.16
		+0.03

故得評比係數＝1＋0.03＝1.03

平準因素法中各因素之等級係數值列如下列各表:

表 2.6 技術係數

特　　優	A_1	+0.15
	A_2	+0.13
優	B_1	+0.11
	B_2	+0.08
良	C_1	+0.06
	C_2	+0.03
平　　均	D	0.00
尚　　可	E_1	−0.05
	E_2	−0.10
欠　　佳	F_1	−0.16
	F_2	−0.22

表 2.7 努力係數

特　　優	A_1	+0.13
	A_2	+0.12
優	B_1	+0.10
	B_2	+0.08
良	C_1	+0.05
	C_2	+0.02
平　　均	D	0.00
尚　　可	E_1	−0.04
	E_2	−0.08
欠　　佳	F_1	−0.12
	F_2	−0.17

表 2.8 工作環境係數

特　　優	A	+0.06
優	B	+0.04
良	C	+0.02
平　　均	D	0.00
尙　　可	E	−0.03
欠　　佳	F	−0.07

表 2.9 一致性係數

特　　優	A	+0.04
優	B	+0.03
良	C	+0.01
平　　均	D	0.00
尙　　可	E	−0.02
欠　　佳	F	−0.04

b. 速度評比

速度評比(Speed Rating)係以觀測者主觀判斷而將被觀測工人的操作速度與正常速度相比，即以此評估而得百分比値作爲評比係數，例如通常將正常速度訂爲 100%，若觀測某一工人，感覺其速度較正常速度快百分之十，則定其評比係數110%，此種方法之最大缺點爲主觀成份太高，易造成觀測者與工人間意見不合，而採取不合作態度，因此，觀測者必須利用影片來訓練，使成爲正常速度之精確判斷者（在 ±0.05 的誤差之內)。

c. 客觀評比 (Objective Rating)係由 M. E. Mundel 博士所創，其目的在於將觀測者的主觀因素減至最低，其步驟有二：①求得觀測速度對客觀速度標準的評比，所謂客觀速度標準係指在所有工作均相同之速度。②採用第二次調整，即以百分增量加於第一次評比值上而得，測其評比係數

$$R=PS$$

$R=$ 評比係數　　　　$P=$ 速度標準評比係數

$S=$ 第二次調整

其第二次調整係數如下表所示:

表 2.10　第二次調整係數

種類號碼	說明	符號	條件	調整係數(%)
1	身體使用部位	A	易於使用手指	0
		B	腕及手指	1
		C	前臂、腕及手指	2
		D	手臂、前臂、腕及手指	5
		E	軀幹、手臂	8
		E_2	由地板上擧起腿	10
2	足踏	F	未用足踏或單脚，而以脚下爲支點	0
		G	足踏而以前趾、脚掌外側爲支點	5
3	兩手工作	H	兩手相互協助，相互替換	0
		H_2	兩手同時對重複零件做相同的工作	18

4	眼與手之配合	I	粗略工作，感覺爲主	0
		J	中等視覺	2
		K	位置固定但不接近	4
		L	須注意，相當接近	7
		M	在¼吋之內	10
5	搬運條件	N	可粗略搬運	0
		O	僅需粗略控制	1
		P	必須控制，易碎	2
		Q	小心搬運	3
		R	易碎	5
6	重量	W	使用下表 2.11	

表 2.11 重量調整係數表

重重(磅)	調整係數(%) 舉起手臂	調整係數(%) 舉起脚	重量(磅)	調整係數(%) 舉起手臂	調整係數(%) 舉起脚
1	2	1	18	34	14
2	5	1	19	35	15
3	6	1	20	37	16
4	10	2	21	38	17
5	13	3	22	39	18
6	15	3	23	39	19
7	17	4	24	40	20
8	19	5	25	41	21
9	20	6	26	42	22
10	22	7	27	43	23
11	24	8	28	45	24
12	25	9	29	46	25
13	27	10	30	47	26
14	28	10	31	48	28
15	30	11	32	50	29
16	31	12	33	52	30
17	32	13	34	53	31

35	55	32	43	68	43
36	56	34	44	71	44
37	58	35	45	73	
38	59	36	46	74	
39	61	38	47	76	
40	63	39	48	78	
41	65	40	49	80	
42	67	42	50	82	

d. 綜合評比

綜合評比 (Synthetic Rating)係將觀測資料中與預定動作時間標準相同元素的時間值比較而得比值，然後平均之而得評比係數。

(5) 研究深度

時間是寶貴的，如果一觀測者花費一整天的時間以研究操作週期只有 2 分鐘之工作，是夠滑稽的，但只花 4.5 分鐘來研究那又未免太草率了。假使研究的對象爲新的操作，其設備從前未曾使用過，且爲重要之工作，則對此種工作之時間研究就必須特別細心，需有兩三次且由不同的人員來測定其時間，合併計算以決定其時間標準。

反之，若標準時間爲暫時性的，操作及設備均相當熟悉，則只要測定幾個操作週期之時間數據爲已足。

時間研究時，用以決定觀測值數目以達既定準確度之公式很多，最常用的爲:

$$\sigma=\sqrt{\frac{\Sigma X^2-\overline{X}^2}{n-1}} \qquad \overline{X}=\frac{(\Sigma X)}{n}$$

σ =讀數之標準差

X=個別元素之測定時間

n =讀數之個數

表 2.12 所示乃標準時間之研究例子，每一元素之時間變動如表所示，28 個週期樣本值已足夠。

處理意外觀測值之方法，乃於表中劃圈，其A及B乃分別代表不同之延誤，每一項之說明列於表之左下方，計入雜項延誤寬容時間。

於生產操作中允許物料之搬運，由圖 2.28 可知，操作者必須將製成品箱推到滾子運送機上，且將空箱放於運送機之末端。當叉舉車操作員運來空箱且裝載鑄件箱時，也有其延誤時間。

假使大部份元素之操作由機器控制，則對其生產量，操作員毫無左右之能力，計件工資就不合適。

3.標準資料

繼續不斷地測定一元素的時間且評比之是沒有意義的。假使元素的時間能用某種令人滿意的方法來建立而不必借諸時間研究，可以避免很多不必要的爭端。假使該元素完全用機器控制，計算時間是不成問題的，例如圖所示的攻螺絲，其時間可以攻螺絲頭的速度，螺絲孔的深度及超越之數量來計算。如果元素的操作部份爲人所控制，則所計算的時間僅爲元素時間之一部份而已。

很多工業操作的元素，部份由人控制，部份由機器控制，建立此種元素之標準資料與建立完全由人控制者相同，此無標準化元素之說明和方法，且包括其機器或設備安裝之標準化。當元素於正常的生產中出現時，就測定其時間且評比之，一直搜集到有足夠的資料，求其平均數，以後，再有同樣的元素出現，就可從標準資料查得其時間。

電弧熔接爲部份由人控制之操作，於一工廠內連續的研究，建立電弧熔接 $\frac{5}{16}$ 吋軟鋼之標準資料，如表 2.13 所示。安培裝置大大的受熔接鋼的厚度及桿之大小和形狀的影響，只要這些因素建立，則熔接所需的時間就可從標準表查得。

表 2.12 時間研究觀測表

零件號碼 2M 2403 零件名稱 後噴嘴平鑄件　　日　　期 6 月 10 日
操作號碼 40-A　　開始時間 10:20AM
操作說明 攻 $\frac{1}{4}$−28 及 $\frac{3}{16}$−32 孔
機　　器 螺絲攻機 No. 428 No. 42　　完成時間 10:30AM
操 作 員 ______　　部　　門 ______

號數	元素說明	1	2	3	4	5	6	7	8	9	10	平均	評比	正常時門
1	從鑄件箱安放，對準夾具，安端點	0.07	0.40	0.71	1.11A	1.45	1.80	2.15	2.50	2.82	3.71			
		0.07	0.07	0.06	0.13	0.06	0.07	0.09	0.08	0.07	0.08			
2	攻 $\frac{1}{4}$−28孔，定端點	0.21	0.53	0.85	1.26	1.60	1.94	2.29	2.63	2.96	3.32			
		0.14	0.13	0.14	0.15	0.15	0.14	0.14	0.13	0.14	0.15			
3	搬運鑄件至 No. 429 攻螺絲機，對準夾具，攻着32孔定點	0.33	0.65	0.98	1.39	1.73	2.06	2.42	2.75	3.09	3.45			
		0.12	0.12	0.13	0.13	0.13	0.12	0.13	0.12	0.13	0.13			
1		3.53	3.87	4.20	4.55	4.88	5.22	5.55	5.90	6.22	6.54			
		1.08	0.07	0.07	0.08	0.06	0.06	0.07	0.07	0.06	0.06			
2		3.67	4.01	4.35	4.69	5.03	5.36	5.70	6.04	6.35	6.67			
		0.14	0.14	0.15	0.14	0.5	0.14	0.15	0.14	0.14	0.13			
3		3.80	4.13	4.47	4.82	5.16	5.48	5.83	6.16	6.48	6.79			
		0.13	0.12	0.12	0.13	0.13	0.12	6.13	0.12	0.12	0.12			
1		6.86	7.19	7.50	7.64	8.00	8.34	8.69	9.01	9.35	0.97	0.0696	1.15	0.08
		0.07	0.07	0.06	0.06B	0.08	0.07	0.07	0.06	0.09	0.07			
2		7.00	7.32	7.58	7.79	8.14	8.49	8.83	9.15	9.50	9.84	0.1417	1.25	0.1771
		0.14	0.13	0.06B	0.15	0.14	0.15	0.14	0.14	0.15	0.14			

3		7.12	7.44		7.92	8.27	8.62	8.95	9.28	9.63	9.96	0.1252	1.25	0.1565
		0.12	0.12		0.13	0.13	0.13	0.12	0.13	0.13	0.12			
											合 計	0.3365		0.4136

工作位置圖

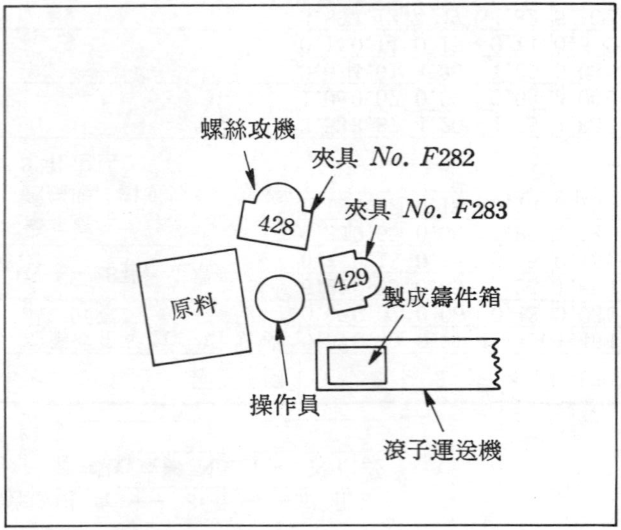

螺絲攻機
夾具 *No. F*282
夾具 *No. F*283
428
429
原料
製成鑄件箱
操作員
滾子運送機

計件率計算

正常時間		0.4136
寬容時間	2%運料	0.0083
	5%雜項延誤	0.0207
	10%疲勞	0.0414
合計標準時間		0.4840
每小時標準產量		111.6
標準小時		0.00896
計件率 $\frac{\$2}{111.6}$		\$0.179/件

劃圈元素時間解釋

A——工件掉地面——雜項延誤

B——丟棄損壞鑄件，換上另一鑄件——雜項延誤

觀測員＿＿＿＿＿＿

圖 2.28

若某一種元素時常於生產週期重覆出現，就可建立標準資料，標準資料一旦建立，亦可用之於其他工廠。

表 2.13　電弧熔接軟鋼之標準時間

	每分鐘熔接寸數	（每寸熔接之時間分）
100	8	0.125
110	8.5	0.119
120	9	0.111
130	9.5	0.103
140	10	0.100
150	10.5	0.095
160	11.5	0.087
170	13	0.077
180	16	0.063

4.寬放時間

於時間研究時，元素之正常時間僅爲完成工作之評比時間而已，不包含私事、疲勞恢復及延誤等等的時間，顯然不合理。

私事寬放時間並非影響正常操作時間因素而是維持工人工作舒適所需的時間，如擦汗、盥洗、更衣等，其時間因人而異，因事而不同。

疲勞寬放時間爲恢復疲勞所需的時間，其時間因着重工作的性質，工作環境，個人情緒等而異。疲勞寬放時間至少需 10%。

其他寬放時間差不多所有的工作都會發生，譬如工作掉落地面，工頭或其他工人之打擾，丟棄不好的工件，擦去切削等等。

於建立標準時間時必須考慮上述三種寬放時間，雖然吾人常用推測的方法以決定其寬放時間之百分比，但最好以長時間觀測或以工作抽樣來決定。

2-6-2(4)　工作抽查

工作抽查的主要目的，在於估計各種活動或遲延所花費時間之百分比。其估計方法乃於工作期間隨機抽取各活動花費時間之觀測值以求之。工作抽查用於決定體能活動者之寬放時間特別有效且相當準確，但是工作抽查與時間研究一樣，乃利用過去資料來預測未來，因此必須在條件不變的情況下，始可採用。

1.程　　序

於設計工作抽查時，必須先訂定抽查的目標，否則花費很多的時間卻收集到一些沒有用的資料。一旦目標決定之後，就可選擇其抽查之項目，同樣對所選定的項目必須詳細的界說其定義，以便觀測值能清楚的歸類。

爲了使工作抽查能合乎統計的理論，必須採用亂數表以抽取其時間觀測值，俾使任何時間及任何活動被抽到的機會均等。

爲了使抽查結果達到既定的準確性，可用下述公式以求其樣本數目。

$$SP=\sqrt{\frac{P(1-P)}{n}}$$

式中　S＝準確程度

P＝活動所需時間百分比

n＝樣本數

上式乃二項分配決定標準差之公式，故欲使P值介於±5％之間，即所求得的結果具有 95%之可靠度，則該式之右邊必須乘以2，即

$$SP=2\sqrt{\frac{P(1-P)}{n}}$$

由上式可解得

$$n=\frac{4P(1-P)}{(SP)^2}=\frac{4(1-P)}{S^2P}$$

設 $P=0.06$ 且吾人欲達±5%之準確性時，則其樣本數爲

$$n=\frac{4\times 0.94}{(0.05)^2(0.06)}=25,067$$

如此大的樣本，非常不實用。假設P值不變，則吾人可降低其可靠度以減少其樣本大小。

工作抽查乃瞬間觀測值(Instantaneous Observation)之記錄，意即於工作者操作那一瞬間所記錄的時間觀測值，因此，只從事一操作者活動之工作抽查非常不經濟，研究很多個體之活動較爲經濟實用。

對觀測者而言，工作抽查相當枯燥乏味，爲了避免此種情形且使觀測者可從事其他工作起見，有很多改良的攝影機可隨機攝取影片，分析之，即可求得工作抽查的結果。

工作抽查結果可以劃記法計算:

工　作	卌 卌 卌 卌 卌 卌 |||	33
遲　延	|||	3
私事時間	卌		6

由上表顯示，於 42 個觀測值中，有 33 次工作，3 次遲延及 6 次發生私事，故其百分比分爲 79%，7%，及 14%。

2-7　工程資料的產生及管理

2-7-1　工程資料的產生

一產品從市場調查以決定其需求品質規範開始直到設計完成爲

止，需經過無數次的測試和試驗，以證實其品質及壽命是否符合顧客的需要，由是而產生許多極重要的工程技術資料，例如產品及另件之規格、藍圖及檢驗規範，零件加工的途程表，零件表（BOM）裝配流程圖。以及製程測試規範及儀器等等，這些資料對於生產及其支援性作業（如採購）均極爲重要，而這些資料係由工程技術單位於產品設計過程中所孕育出來。因此，做爲公司經營管理者必須訂定詳細的程序以規定工程技術的種類，格式以及何種時機以前需完成來規範設計人員，否則由於工程技術之不齊全或產生時機太晚，使得現場生產人員無所遵循，或者時間太緊迫而致消化不良（技術移轉不良）等等而造成生產的停頓、延遲、不良品太多，甚至有許多無法克服的技術和管理上的困難，其對公司損失之大，眞是不可言喩。

其次，在生產過程中尙需有裝配線設計、生產時需用的治具、夾具、工具及模具，以及現場操作人員使用的作業指導書，作業說明書之類，這些技術資料對生產人員亦極爲重要，這些通常是由公司製程設計單位或工業工程單位所建立而產生的。因此，筆者於工廠輔導時，通常規定各單位相互移轉的技術資料列如下:

1. 由研究發展（R&D）移轉設計部門的資料

①產品簡介

②電氣規格

③技術資料

ⓐ另件規格書　ⓑ材料表（BOM）

ⓒ使用測試儀器　ⓓ開發過程資料彙總

ⓔ測試流程

2. 由設計部門移轉生產部門之資料

①材料單（BOM）　②電路圖

③電路版圖　　④底版圖
⑤組立圖　　⑥配線圖
⑦包裝內容圖（附件）　　⑧過程表
⑨製造及測驗規範　　⑩標準操作說明書
⑪測試座配線圖
⑫治具、夾具及測試儀器之設計與製造。
⑬樣品　　⑭標準工時

3. 由設計部門移轉品管部門的資料

①除2—⑭項以外，提供給生產部門的資料亦需提供一份給品管部門
②PC 板的樣品
③工程品質管理表

2-7-2　工程技術資料的管理

工程技術資料管理的目的在於確保各單位均收到齊備和完整資料，以防止資料的失散或不全，而造成生產上的錯誤，其管理辦法簡述如下:

1. 開發及設計部門所完成的工程技術資料需經品管部門審核。
2. 品管部門審核完成的資料需加以編號、登錄和存檔。
3. 各項工程技術資料依其特性及需要分送到各有關部門，領用單位負責保管，非經允許不得外流，品管單位得隨時抽查之。
4. 工程技術資料分送各單位時需登記於「工程技術資料分發登記表」上，以便追查。
5. 任何技術資料的變更，需由設計單位統一處理。
6. 採購部門所用的托外加工資料，通常可分爲兩類，其一爲經常

性，由外包廠商長期借用，另一爲偶發性的，當加工完成後，隨貨交回公司管理單位。

2-7-3　工程技術資料變更管理

公司於生產過程中，常因有關的原料、另件、半成品、機械及模具等變更而需變更工程技術資料，因而需建立其管理制度。

1. 變更時機：

①製程中突然重大技術問題係曾因於規格或標準設定之不當時。

②客戶要求對產品作某種程度的變更而爲公司所接受時。

③因技術之進步而改善製造工程或其機械設備、模具、治具等而需變更技術資料時。

④凡與公司產品有關之國家標準或國際標準變更時，本公司爲配合而需予以變更時。

2. 管理程序：

①由技術資料變更發生單位，塡寫變更申請單。

②由研究開發及設計部門召集有關單位共同會商其變更內容及可行性。

③由品管委員會進行審核工作，並對品質的影響進行分析並採取必要因應措施，經最高主管核定。

④將變更後的工程技術資料分送各有關單位，確實更改原有的工程技術資料，以便生產之順利執行。

2-8　其他有關的工程技術

前面已介紹了很多有關產品研究、發展、設計及製造上的工程技

術，尚有幾項較新也相當重要的工程技術，玆分述如下:

2-8-1　模板設計 (Modular Design)

就消費者而言，產品的種類愈多愈好，可以適合每一個人的口味，但對生產者而言，太多的產品種類，無法達到大量生產的經濟性，如此，使得產銷形成矛盾現象，爲了克服此一困難，馬丁史達 (Martin K. Starr) 於 1965 年提出模板設計的觀念，即廠商可將另件、組件組合成模板，以此模板可組合成各種不同的產品類型。電路印刷板 (Electrical Printed Circuit Boards，簡稱 PCB) 及積體電路 (Integrated Circuits) 即爲此類，直接插入的基板即爲此種模板，假使其中的電晶體或半導體故障，可以整片拿掉，然後換上一片全新；不僅修理時間縮短而帶來更佳的服務，而且可以大大的降低生產成本及存貨管理成本。

2-8-2　可靠度 (Reliability)

一個人在落日餘暉下坐在舒適的搖椅上看天下大事，突然間電燈泡壞了，那是多麼殺風景的事，但是設計者也好，製造者也好，無人能確保產品永遠不壞，也沒人能確保在該壞的時候就壞掉了。下面就讓我們來談談討論產品壽命的可靠度。

2-8-2(1) 定　義

依據美軍 MIL－R－26674 之定義如下：一設施於既定的使用條件下，經過一段指定時期使用，仍能維持其原有功能之機率，由此可知，可靠度具有下列條件:

①可靠度爲一機率，其值介於 0 與 1 之間

例如燈泡使用 100 小時後仍然會亮之機率爲95%，則可靠度 R

(100)＝95%。

②任何裝置，不論其爲元件、零件、組件、成品、或機器設備均有其特定的性能，必須有其判定基準來判定其是否失靈，吾人稱失靈爲功能已喪失之意。

③必須經過一段時間的使用，漸漸損壞，其會達於失靈的機會當漸大，例如輪胎，隨着使用的時間或跑的里程，會逐漸磨損。

④既定的使用條件，任何裝置或產品均有其使用條件，如溫度、濕度、壓力、荷重、電壓、電流，……等等，例如許多家電用品適用於 110V，若將之插於 220V 上，當會加速其損壞。

2-8-2(2) 可靠度特性

一產品的可靠度取決於產品的設計，產品製造的完美程度，使用條件及其「運氣」，不過，一般而言，要使其壽命愈長，其成本必定愈高，玆列述其特性如下：

①可靠度的量測係以平均壽命爲之，例如成大管理學院共有1,000支日光燈，經過 100 小時的使用，壞了 5 支，則其可靠度 R(100)＝99.5%。

②可靠度可顯示的壽命長短與使用條件的關係密切，例如閃光燈或投影機所使用的燈泡就必須比照明用的燈泡更「強壯些」。

③可靠度可用以量測個別零組件，亦可用以量測整個產品。但一產品會因其中某一零件之失靈而失靈，因此整個產品的可靠度通常較低，一產品會隨其組成零件數量的遞增而大大降低其可靠度，若一產品由 100 個相互關連的另件所組成，若每一另件之可靠度爲0.9999，則其系統可靠度爲 99%，當另件數目增加到 1,000 個時，則爲90%，到 3,000 個另件時只有 75%，而高到 10,000 個另件時，則只剩 37%。

④一旦失靈時，究竟有多嚴重？

一部汽車故障了，拋錨在路當中，頂多阻碍交通，但一架飛機的失靈，可能由空中掉下來而使數百人喪命。

⑤當一產品或另件失靈時，需多少時間才能修復？需要多大的工程才能修妥？

產品或另件雖然失靈了，但因迅速的修理而使其恢復原有的操作功能，其損失往往不大，一般而言，臺南市突然全面停水，應該相當嚴重，但如果能在 5 分鐘內恢復供水，也沒太大關係了。

特性④⑤有時不適用，大家都知道:

大同公司的廣告: 打電話服務就來。

豐田公司的廣告: 不打電話，服務也來。

但在外太空失靈的太空船，似乎打電話，服務也不能來。此時，另組件以及整個產品的可靠度就更形重要了。

⑥產品的可靠度會因着更完美的另件而改善其可靠度，另件則因其採用更佳的材質而增加其可靠度，但可靠度愈高，其成本相對地愈高，TI（德州儀器）公司銷售給一般消費者的電晶體，價格$.25，不保證可靠度，但賣給軍方，價格 $.85，需保證可靠度，而用於太空船時則每個價格爲 $10。

⑦失靈有其程度上的差別，例如彩色電視機畫面上有波紋，是否算是失靈？通常其功能的喪失達到需要修理或更換的時候，才算失靈。

壽命尙有其期望的年限，對消費者而言，一部使用了 10 年的電視機突然失靈了，好像是失靈，但對生產者而言，那才不呢！因爲它是該壞了！

⑧可靠度與保養，尤其是預防保養有着極密切的關係，我們敎室所使用的日光燈管，若每使用 800 小時就把它換掉，我想，不容易找

到不亮的燈管，因此，良好的預防保養，可增加產品的可靠度，但也使成本增加，因此，近代在產品的設計上常考慮「可維護性」(Maintainability)，使能快速且簡易的更換老舊的另件。

2-8-2(3) 產品的壽命曲線

許多產品或另件的最終壽命都呈現澡盆曲線(Bathtub Curve)，其形狀如下：

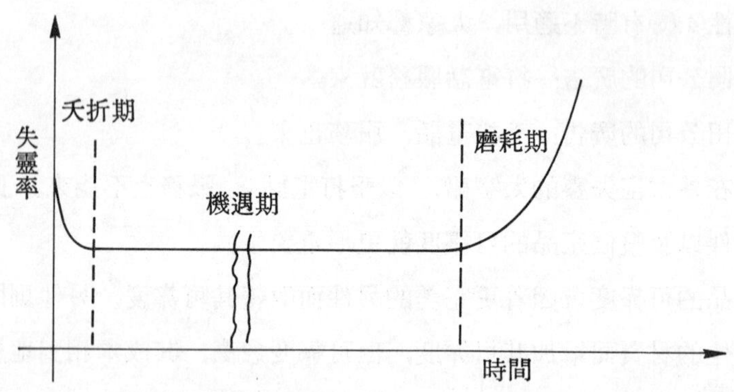

資料來源：主要參考文獻（二,2)，p.184.

由上圖可知，另件壽命曲線可分成三個時期，玆將其特性分述如下：

1. 夭折期 (Infant Mortality Period)

在產品使用初期，失靈率較高，隨着使用時間的增長而其失靈率遞減，猶如人類的生命過程。其原因有三：

①設計不成熟或不周全。

②使用不當或不良的材料。

③製造過程中的缺失。

爲了改善此種現象，吾人利用統計方法以分析其行爲，但因時間太短，找不到合適的分配。其處理方法有二：

①老化處理 (Burn-In 或 Aging) 即將產品在既定的條件下，使用一段時間，使其步入機遇期。

②剔除 (Debugging)：在使用前，使產品運轉以檢出其缺點並加以排除。

2 機遇期 (Chance failure period)

此爲產品使用的黃金時期 (Useful Life)，其失靈率不僅很低且相當穩定，更可貴的是，與其他兩時期來比較，其時間非常的長，依據統計分析的結果，其失靈行爲依據指數分配(Exponential Distribution)〔二，2〕即

$$f(t)=\lambda e^{-\lambda t} \qquad t\geqslant 0$$

t＝產品的壽命

3 磨耗期 (Wearout period)

猶如人類的步入老年，髮蒼蒼，視茫茫，而齒牙動搖，其失靈率迅速遞升，通常可用大翻修 (Overhaul) 來延長其壽命，此期間的失靈行爲可用常態分配 (Normal Distribution) 或韋氏分配 (Weibull Distribution)〔二，2〕來說明。

2-8-2(4) 系統可靠度

一系統中包括許多另組件，其結構相當複雜，可用網路分析 (Network analysis) 來處理，但爲便於了解，吾人僅說明其基本形態：

1. 串聯系統 (Series System)

R_1 R_2 R_3 R_n

1 2 3 n

$$R=R_1R_2R_3\cdots R_n$$

式中 R＝系統的可靠度

R_i＝第 i 組件的可靠度

例如一系統由三個另件串聯而成，此三個另件之可靠度分別爲 0.95, 0.9, 0.98, 則此系統之可靠度

$$R=(0.95)(0.9)(0.98)=0.8379$$

串聯另組件愈多，其系統可靠度愈低

2.併聯系統 (Parallel system)

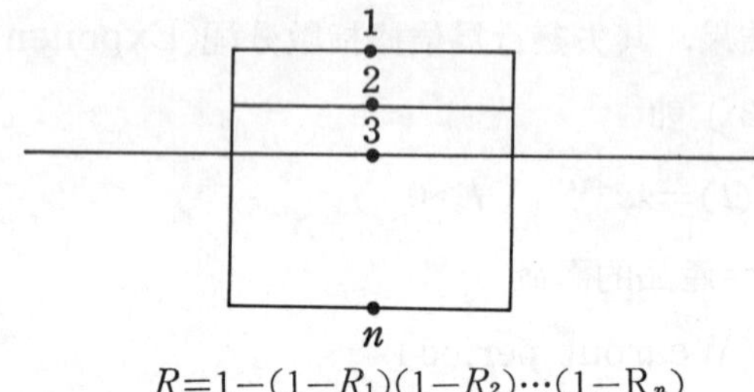

$$R=1-(1-R_1)(1-R_2)\cdots(1-R_n)$$

例如一系統由三個組件併聯而成，其可靠度分別爲 0.95, 0.90, 及 0.98, 則

$$R=1-(1-0.95)(1-0.9)(1-0.98)=0.9999$$

隨着併聯組件數目的增加，其可靠度大幅增加，但帶來成本的增加及體積的增大。

3.串併混合系統

例如一系統由下列 6 個另件組成:

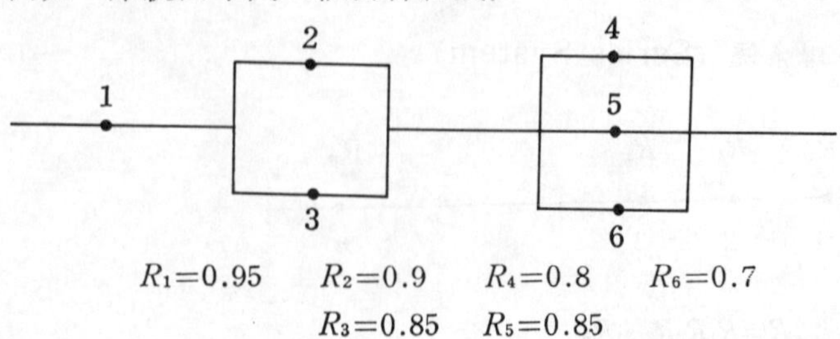

$R_1=0.95$ $R_2=0.9$ $R_4=0.8$ $R_6=0.7$

$R_3=0.85$ $R_5=0.85$

$$R=R_1\cdot[1-(1-R_2)(1-R_3)]\cdot[1-(1-R_4)(1-R_5)(1-R_6)]=0.95\times0.985\times0.991=0.9273$$

4.備用系統 (Stand by system)

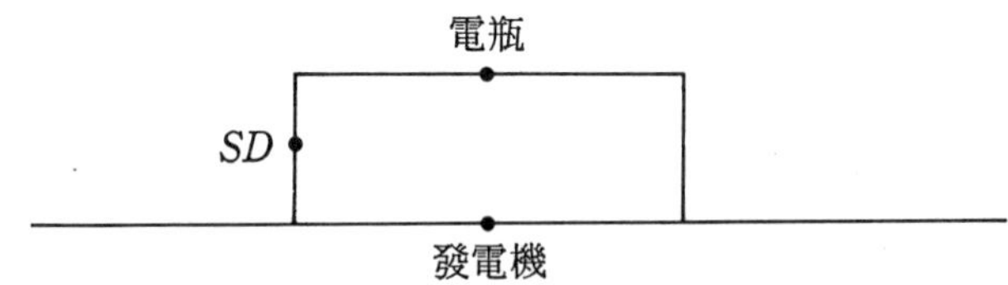

如上圖，發電機備用一電瓶，當發電機失靈時，由電瓶供電，但需由 SD (Sensing device) 偵測之。

$$R_b(t)=e^{-\lambda_1 t}+R_{SD}\cdot\frac{\lambda_1}{(\lambda_1+\lambda_3)-\lambda_2}\left[e^{-\lambda_2 t}-e^{-(\lambda_1+\lambda_3)t}\right]$$

λ_i=失靈率　$\lambda_1=0.0002$, $\lambda_2=0.001$ $\lambda_3=0$, $R_{SD}=0.99$

$$R_b(100)=e^{-0.02}+\frac{0.99\times0.0002}{0.001-0.0002}(e^{-0.02}-e^{-0.10})$$

$$=0.9802+0.2475(0.9802-0.9048)=0.9989$$

2-8-3　價值工程 (Value Engineering)

價值工程（設計工程師採用）或價值分析（採購人員使用）之意義爲：每一件吾人所購買或製造的產品或另件均有其用途及目的，因此，在決定購買或製造一另件之前，必須考慮此另件的功能目標。有成本更低的方法嗎？有更便宜的另件可符合需要嗎？有更便宜的材料可使用嗎？供應商所開的報價是否已是最低的價格了？

在很多場合，生產一產品或另件的方法很多，例如要將兩個另件結合起來，設計工程師可用螺絲組合，或者兩者合而爲一個另件，或用鉚釘鉚合，或者焊接、膠合或閂合等等，然後分析何者較爲經濟可行，如果他認爲螺絲及螺帽仍爲最好的方法，其次他就會考慮螺絲的大小、形狀及向那家廠商購買。

因此，設計工程師必須要有「更易」(Trade-Off)的觀念，例如銀線較銅線導電性強，但幾乎沒有人用銀線來代替銅線，因爲銀的價格比銅的價格高出 300 倍的關係，銀線所高出的導電率並不足以抵消銅所便宜的價格，除非其重量可因而大大減少或如太空船的電氣系統需要非常高的可靠度時才可能用到銀線的。

在採購上所用的價値分析，有時可爲公司節省大量的成本，於美國奇異電子公司，一種特殊設計的螺絲成本爲美金 15 分，經過價値分析之後發現有一種方法可以生產，其成本爲 1.5 分，每年爲公司節省美金 20,000 元。該公司另有一種自製的密合墊，成本爲 4.15 元，當他從一家供應商採購時，其價格僅爲 15 分錢而已。

設計工程師必須避免訂定不必要的高規格，因爲太精密規格的產品，其製造成本或採購價格必定很高，這正如品管大師裘蘭博士 (Dr. Juran) 所云：適用 (Fitness of Use) 爲已足。

不過，價値工程並非無往而不利，有很多場合並不適用，例如，大家都知道可用廻紋針來夾領帶，比花 300 元去買個領帶夾實在便宜太多了，但沒有人這樣做，因爲那實在是太寒酸，也太不夠體面了。

2-9　電子工業生產自動化

近年來，電腦愈來愈廣泛且深入的應用在設計工作上，在過去，機構設計所包含的繪製成品或另件或組件的藍圖，製造時使用的模具、工具及治具等的藍圖繪製以及規格的決定，都是靠着人類萬能的雙手；同樣地，電路設計所包含的電路圖、電子另件規範，也靠着人們的雙手，從初步設計而中間設計而最終設計，縱使設計已完成，但仍然需要繪製各種藍圖，相當花費時間，花時間意味着成本高，但更糟的是，花那麼漫長時間所設計的產品，上市後，市場已爲別廠牌的產品捷足先登。因此，藉助電腦來協助吾人從事設計的工作愈來愈迫切需要。

從事設計工作的方法很多，但沒有一種電腦來得迅速快捷，何況，如果不用電腦，設計人員無法比較所有可行方案，那不僅沒有時間，更是不勝其繁。利用電腦輔助設計(Computer-Aided Design, 簡稱 CAD)，一旦電腦將各結構計算完成，自動繪圖機就開始繪製藍圖，包括產品及另組件的藍圖，同時電腦開始產生生產指導書用以規範生產流程，包括用以控制 NC 機器（數值控制機）的語言。同時，於最終設計時，設計人員有好幾個可行方案待判斷和決定，都可逐一顯現在銀光幕 (CRT) 上。

電腦亦可聽從設計指令在 CRT 繪製圖形，經過設計人員檢視後，發現某一處需去掉一直線改成曲線，可用電子筆直接在 CRT 上改，然後，電腦會自動更改與設計指令，一旦設計完成，會自動繪製修正設計後的藍圖。電腦亦可將圖形放大，或移轉方向，使得設計人員可從各不同角度檢視產品的造形圖。也可在 CRT 上將兩個另件組立以了解其公差配合的情形。

同理，電腦亦可用來從事製造的工作，此即所謂的電腦輔助製造 (Computer-Aided Manufacturing, 簡稱CAM)，係電腦技術有效的應用於製造設備的操作、管制和管理上，其中有兩種情況，其一爲直接應用，即將電腦直接連到生產作業，讓電腦直接從事生產作業的執行和控制工作，另一爲間接應用，不直接連到製程上，而只應用在製造活動的支援系統上，例如應用電腦以從事生產及存貨的控制，以加工另件的程式，訂單排程或建立工作標準等等。

習題

1. 試解釋下列名詞

   a. 專用機器　b. 通用機器　c. 基礎研究

   d. 工作擴大化　e. 微速度動作研究

   f. 平準因素法　g. 工作抽查

2. 試述如何將技術由設計部門移轉至生產部門？

3. 試述如何做好製程設計，試以一實例說明之。

4. 試述動作經濟原則。

5. 試述工程資料的管理。

6. 試述產品的壽命曲線。

7. 試求下列各系統可靠度。

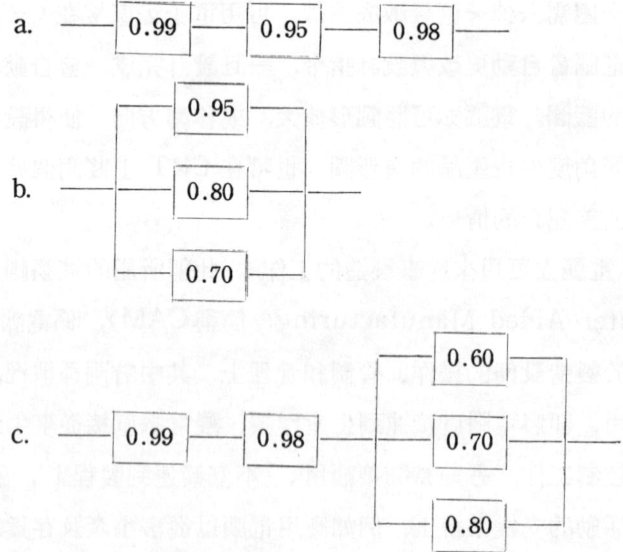

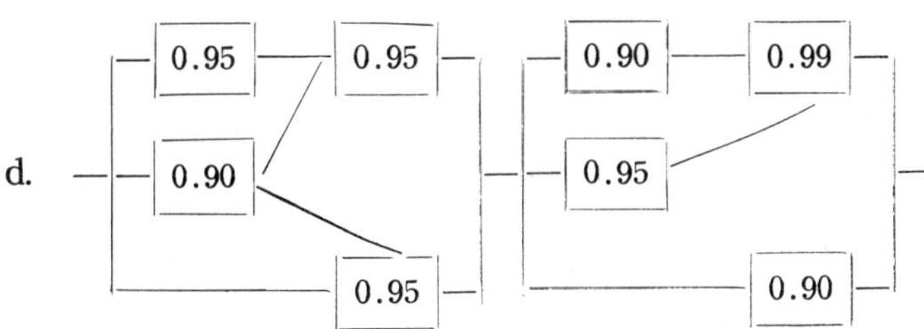

8. 某工廠重複發生下述之動作元素：從手推車檢起零件，對準夾具且夾緊，其動作所需時間隨零件之重量而異，其資料如下：

重　　量（磅）	時　　間（分）
7- 8.99	0.06
9-12.99	0.074
13-16.99	0.086
17-23	0.095

試以最小二平方法配合上述資料成一直線，y 表時間，x 表重量。

9. 某工廠鐵床操作之時間研究資料如下：

元　　　　素	1	2	3	4	5	評比
(1)從手推車檢起零件，對準夾具夾緊	0.06	0.63	1.40A	1.95	2.50	1.10
(2)以割削用油潤滑零件，用兩隻手按扭以開動機器	0.11	0.69	1.45	2.01	2.55	1.15
(3)鐵槽（自動）	0.46	1.03	1.79	2.35	2.89	
(4)拆下零件，置放於另一輛手推車以鼓風吹去切削	0.56	1.12	1.89	2.44	3.00	1.10

A零件掉落地面，需檢查是否損壞。

機器元素乃為時間研究目的而計算，評定120%。每小時以53分鐘計算標準，其餘7分鐘為喝茶洗手，私事及雜項延誤之寬容時間。其搬運寬容時間為3%而疲勞寬容時間為5%。該廠實行直線式計件獎工制度且銑床工人每小時之基本工資率為6元。銑槽長2吋，進刀3/8吋，超越3/8吋。刀具速度為800rpm，每一轉進刀0.010吋，零件重9磅，試問依據人與機器圖及其原則，操作能否改進？試計算每小時生產標準及該操作之計件工資率？

10. 對液壓機 (hydraulic press) 之時間研究所得之讀數如下表所示，評定裝上機器為120%，機器時間為125%及卸下機器為115%，每小時以54分鐘為基準，5%之雜項延誤寬容時間10%疲勞寬容時間，試求正常時間，標準時間及每小時之標準產量，假設計件工資數為每小時6元採用直線計件制試求計件率？

週　期	裝上機器	機器時間	卸下時間
1	0.06	0.13	0.18
2	0.24	0.31	0.37
3	0.42	0.49	0.53
4	0.50	0.67	0.72
5	0.78	0.85	0.90
6	0.95	1.02	1.07
7	1.14	1.21	1.25
8	1.30	1.37	1.43
9	1.49	1.56	1.61
10	1.68	1.75	1.80

利用計件率計算結果，假使一工人工作速度為 150%，試問他每天 8 小時的工資多少？

11.某公司製造多種產品，每週工作 40 小時，每天生產時間為440分鐘。依據公司的政策，所有的生產機器開動最大速度。公司一直拒絕採用輪班制以解決生產問題，產品之一的某一種操作元素如下：

元　　素	時　間（分）
1 裝上機器	0.10
2 自動機製	0.75
3 去毛邊（於自動機製中）	0.17
4 卸下機器	0.08

只有一部自動機器。

a.設有 5 %之雜項延誤及10%疲勞寬容時間，試求每週之標準生產量？

b.假使需求量增加50%，如何改變以配合之？

第三章　生產管理

3-1　生產管理的範圍及其重要性

生產管理係針對生產系統的營運提供有效的決策和管理方法，以期在最低的成本下，適時提供適質適量的產品或勞務；因此，吾人必須先瞭解生產系統的內容及其特質。典型的生產系統包含有五項主要的單元，即投入、轉換程序、產出、廻饋及經理，其圖形如下：

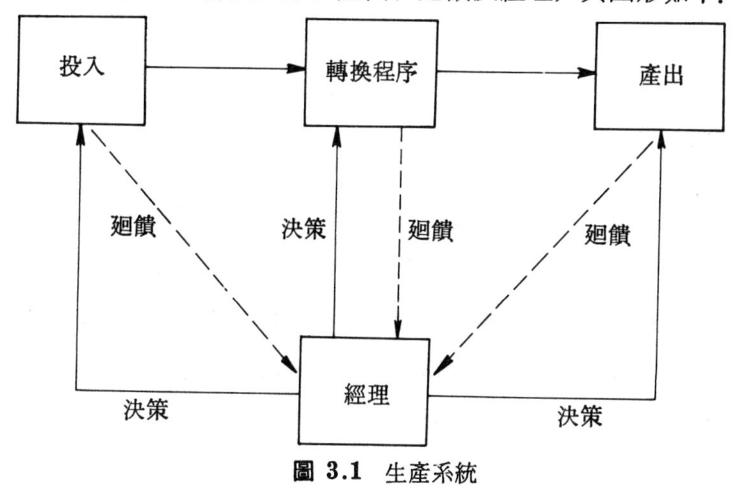

圖 3.1　生產系統

茲將其內容分述於下:

3-1-1 投入與產出

生產系統的投入係指可以轉換成所需產出的各種資源，其中包含原料、資金、機器設備、人員、資訊及能源等等。在生產過程中，吾人需要購入原料及零組件以便加工成型而轉換成顧客所需的成品（Finished goods)，而其轉換過程必須藉助於機器設備及物料搬運的設備，也必須僱用且訓練所需的技術人員，除了購入能源以爲生產之動力以外，尙需獲得有關產品需求、經濟局勢及競爭局勢等的資訊，以使營運更具效率。

3-1-2 轉換程序

轉換程序在製造上的意義係改變原材料的物理或化學性質，以滿足消費者的慾望，通常有成型，加工 (Machining)，熱處理，表面處理 (Surface Treating) 及裝配作業 (Joining Processes) 等幾大類。

3-1-3 經　　理

經理人員在生產管理中佔著極重要的地位，爲了使生產系統更有效的營運，經理人員必須從事計劃及決策的工作，同時，經理人員必須獲得所需的投入，控制轉換過程且適時適地的提供適質、適量的產出以滿足顧客的需求，生產經理所需面臨的問題，如訂單的選擇、人員工作的分派、人員士氣的激勵、成本、交期及品質的管制，均需藉助於經理人員的學養、技術及行爲能力來完成。

3-1-4 迴　　饋

迴饋係偵測生產系統產出的一種程序以便管制生產過程，有效的迴饋需要有用的績效資料以使組織系統改善其所提供的產品或勞務，而使顧客的需求獲得更佳的滿足。例如，製造人員必須了解其成品中包含的不良品或缺點，並因而追查其原因，可能來自不良的原料，不良的加工或其他原因，以便有效的去消除這些原因。

此外，迴饋亦提供高階層管理當局了解其目標達成的程度，當高階層的計劃及決策向下推動時，低階層必須藉助於迴饋來向上傳送其執行結果及績效。

在了解了生產系統的成份之後，吾人必須更進一步的說明生產系統所面臨的內外環境的影響及關係。

生產系統只不過是組織中主要部門之一，生產不僅影響組織中其他部門，也同樣的受其他各部門的影響。此外，許多外在的因素影響公司的整體目標和政策，也因而影響生產系統。其關係如下圖所示:

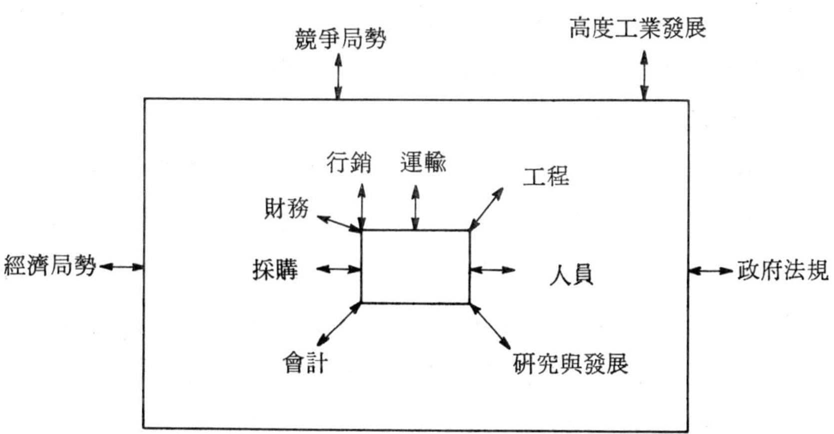

圖 3.2　生產系統之環境

由圖 3.2 可知，生產系統所受外在環境影響的因素有四，即經濟局勢、政府法規、競爭局勢及高度工業發展等，經濟因素包含利率，可用資金（銀根的鬆緊），一般的經濟條件（能源危機帶來的經濟不景氣），稅法及公司的經濟規模等大大的影響生產結構和決策，例如能源危機加上能源意識的遞增帶來汽車製造業的衝擊。有關政府法規方面，近年所陸續公佈實施的勞動基準法、加值營業稅及支票取消罰則等，對國內工商業的影響至深且鉅，此外，政府環保局對於污染的控制及環境的保護，亦大大的影響了生產的條件。

近年來，由於交通的日益發展，將世界各國間的距離大大的縮短，也帶來工業生產國間如火如荼的強烈競爭，以我國而言，不僅受到開發中國家如韓國、新加坡等的強烈競爭，也同時受到未開發國家如泰國、印尼、菲律賓等廉價勞工所帶來的強大競爭，導致吾國必須大力的提升工業的級層以便與先進工業國家如美、日、西德等國的工業一爭長短，這才是我國工業之坦途。

高度工業發展包含新原料、新機器設備及新製造方法等之發展；新原料帶來產品不同的功能和品質，也帶來成本上的差異；同樣地，新的機器設備和製造方法帶來產品成本的下降或品質的提升，帶來企業經營策略的改變。

在企業組織系統內，生產系統受到其他各功能系統的影響，財務部門負責資金的獲得，並控制其使用，同時分析投資機會，並確保公司能在成本效益基礎及儘可能有利潤的情況下去營運。財務決策影響了機器設備的選購、加班時間的使用、成本控制政策、價格數量決策等等，事實上，它幾乎影響公司中所有的層面。會計則保存成本及價格的記錄，這些均與財務決策、採購及薪資有著密切的關係，而這些資料有許多是來自生產系統的。

行銷則負責產品的推銷工作，它不僅要創造需求且需保有需求，且確保顧客的滿意。產銷配合係管理工作中最重要的一環，依據顧客需求預測以顯示工廠的生產負荷，同時利用工廠中有效的產能以解決生產需求，俾成品能如期送達顧客手中。

工程部門從事產品及製程的設計工作，決定了產品品質、產品方法及各有關的技術規範，作爲生產部門生產時之依據和準則。人員及勞工關係部門則負責人力發展的工作，一方面從事人員的甄選和訓練工作，另一方面需負責員工士氣的激勵、薪資管理及勞資協商等等的工作。人員爲企業組織體中最重要的一份子，因此，人事部門的重要功能在於協助生產系統運作的暢順。

研究發展部門（R＆D）從事於創意的收集和研究，以達成其商業化用途的目標。採購單位則負責獲取生產所需的原料，零組件及補給品，許多工廠因採購功能未能有效的發揮致時常因缺料而斷線，其損失不小。運輸單位則負責將成品完美的送達顧客手中，產品若不能及時送達顧客手中，常導致生意的喪失，誠然可惜！

以上，我們針對組織中各部門與生產部門間的關係加以說明，但並不是說其彼此間毫無關係或是獨立的，例如財務上的決策會影響其他各部門的決策；而工程部門所訂定的規範有助於採購部門找尋合格的供應廠商等等，在在均說明其彼此間是相互關連而分不開的。

至於生產管理的重要性，可從下列幾點加以說明：

1. 生產管理使得組織中其他部門的功能得以充分的發揮。所有組織生存的主要目的在於透過生產來滿足顧客的需要，因此，行銷部門若能了解生產系統的產能及限制，更能發揮其行銷能力。財務部門因生產管理的運作，可擬訂其投資計劃及財務政策和現金流路的預算。

透過生產管理，會計部門可獲得生產成本的資料，產能利用率、存貨價值、銷貨成本及其他資料，以作爲內部稽核和控制之用。

2.製造加工業的工廠，有 70% 以上的資產投資於存貨、工場及設備等等上，這些均直接或間接在生產管理的管轄之下。

3.生產管理係一公司的營運重心，從接單到交貨，甚至售後服務，均爲生產管理的主要業務，至於其他的部門只不過是支援生產的作業而已。更由於組織中各部門間存在著矛盾和衝突的目標，例如爲了批批能如期交貨，公司可能庫存大量的成品；批批如期交貨，固然對顧客的服務良好；但大量的成品卻積壓資金且冒銷售不出去的風險，生產管理係考慮生產作業中的各項因素，使之獲得最適當的組合，使生產在最經濟的情況下運作。

3-2 生產預測

一組織中，管理的重點之一在於計劃未來；事實上，一企業是否能長期生存和成功，端視其經營者對未來預測的良窳及其發展的企業策略適當與否。對於經濟狀況的良好判斷、直覺及認知可能帶給經營者未來狀況的預感，但此種預感有時是不可靠的，因此，生產經理必須透過正規的預測技術來估計未來一段時間的需求量，以作爲生產計劃、採購計劃、物料存量政策及銷售企劃之依據。

生產預測在於預估產品在未來數年之內的需求量，依據其預測計劃期間可分成長程、中程及短程銷售預測；長程預測在於計劃生產及分配設備的擴充且決定未來所需求的設備及人力。例如總銷售量的年成長率爲30%，經過五年之後，工廠的產能已不敷應用，由於廠房擴充的前置時間相當長，因此，必須儘早籌謀計劃。

中程的生產預測通常預估未來 3 到12個月的需求量，以便計劃人力水準、產品預算及採購政策之建立; 例如採購部門對來年零件或原料的採購簽訂合約，即可獲得相當大的折價，但在你敢簽此項採購合約之前，必須精確的預測其需求量。

短程的生產預測提供生產經理人員安排生產日程及分派工作之用，也同時可決定其短程的產能需求計劃。

3-2-1 生產預測的特性

常用的生產預測方法相當多，其差異相當的大，但有些特性是共通的，玆分述於後:

1. 生產預測技術一般均爲假設，過去的因果關係將循一定的軌跡持續的出現於未來。

2. 生產預測絕少十全十美的; 事實的結果往往出乎預測之外，因爲太多的因素影響預測的結果以致於吾人無法一一週全的加以考慮，何況其間尙存在著諸多隨機性的因素，因此，預測的準確度就打了折扣。

3. 通常，一羣族產品的預測值遠較個別產品的預測值爲準確，因爲羣族產品的預測誤差常可相互抵消，羣族產生機會通常來自數種產品共用相同的原料和零件。

4. 預測的準確度隨著預測期間(Time Horizon)的長度而遞減。一般而言，短程預測所面臨的未確定因素 (Uncertainties) 較長程預測爲少。

3-2-2 生產預測的程序

生產預測的五項基本步驟如下:

1. 決定生產預測的目的及何時需要使用，這將決定未來預測的詳盡程度，所需的資源數量（人力、物力及金錢），以便決定預測的準確度。

2.決定預測期間，必須牢記心頭，預測期間愈長，其準確程度愈差。

3.挑選預測技術。

4.收集、整理及分析適當的資料，然後進行預測工作。同時，確定其所需的各種假設條件。

5.測試預測值以便了解其令人滿意的程度。如否，你必須重新檢討預測方法、假設條件及資料的可靠度等等，以便重新修正預測。

3-2-3 生產預測方法

生產預測的方法相當多，其方法的使用取決於預測所牽涉的因素及預測期間的長短。一般而言，預測方法可分爲兩大類，其一爲依據判斷的屬性方法 (Qualitative Method) 及依據統計原理的計量方法 (Quantitative Methods)。前者依其判斷來源的不同，又可分爲市場調查(Market Surveys)、行銷人員的集體創作、主管意見、專家意見及狄爾飛法 (Delphi Method)，後者又因採用的原理而分爲時間數列模式 (Time Series Models) 及廻歸模式 (Regression Models)。時間數列模式係利用過去的經驗或資料以尋找未來的軌跡的一種投射預測法。廻歸模式則利用因果關係以建立模式來預測未來，玆將其方法列如圖 3.3:

3-2-4 屬性預測法

當吾人需要迅速獲得預測結果時，通常沒有足夠的時間去收集和分析數據資料。有時由於政治和經濟條件的變遷，使得原有的資料失

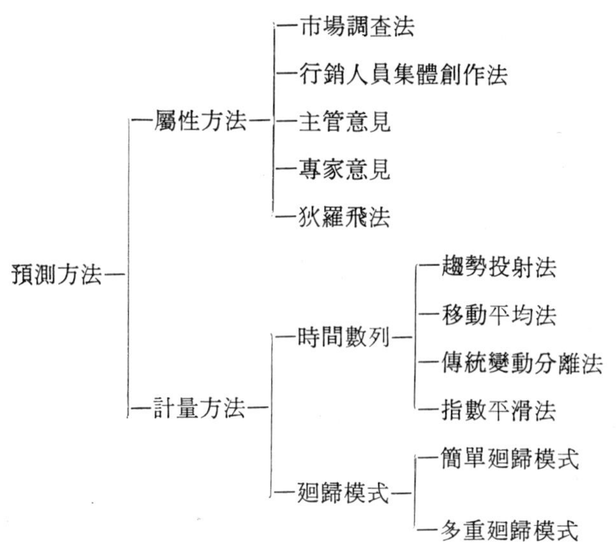

圖 3.3　預測方法分類

去效用，而更新的資料一時收集不到，同樣地，由於新產品的發展，缺乏歷史資料，凡此等等，使得吾人不能不採用判斷及經驗來預測。

1.市場調查法:

顧客是最終決定產品需求的人，因此，吾人可透過問卷調查、電話連絡及個人的接觸等方法來獲得有關的市場資料，然後利用統計方法以檢定有關消費者的行爲，此種方法的最大缺點在於成本高，也可能調查結果不準確。

2.行銷人員集體創作法:

由於銷售人員直接接觸顧客，因此，是需求情報的最佳來源，也同時能感受或體會顧客未來的需求打算或動向。但此種方法仍有數項缺點，其一，行銷人員可能無法分辨那些是顧客想做及將做的，其二，行銷人員常過份受最近印象或經驗的影響，而不是全盤性的考慮。如果此項預測用以決定行銷人員的銷售配額，則爲了自身利益，往往會低估。

3.主管意見：

由高階層的行銷、產品、工程、製造及財務人員所組成的小組，利用集體討論的方式以獲得需求預測值。其優點係集合這些有才華及有經驗的衆多主管的意見，具有集思廣義的功能。

4.專家意見：

公司外人員或專家的意見往往是良好的預測，政府官員或學者專家的經濟和政治的觀點，具有相當高的參考價值。

5.狄爾飛法：

一組專家個別提出其生產預測，但彼此不碰頭以免因權威人士的影響而造成一致的預測值，然後由另一專人把專家所提出的預測值加以整理和統計分析，再退還給這些專家，進一步的修正其預測值，如此反覆下去，直到專家們達成一致的結果爲止。

3-2-5 計量預測方法—時間數列

計量方法係利用統計方法以分析歷史性資料，即所謂的時間數列，即依隨著時間而獲得的一組觀測值，例如每個月的銷售額或是某種上市股票每個營業日的收盤價格。

於計量方法中，吾人假設時間數列的眞值具有某種樣型外加一些隨機誤差，即

時間數列值＝樣型±隨機誤差

下圖 3-4 所示爲時間數列的實際觀測值，吾人繪製一實線的樣型以描述其行爲，其間的差異即爲隨機誤差。

此種樣型，吾人可認爲其中包含幾個成份，通常吾人假設其具有

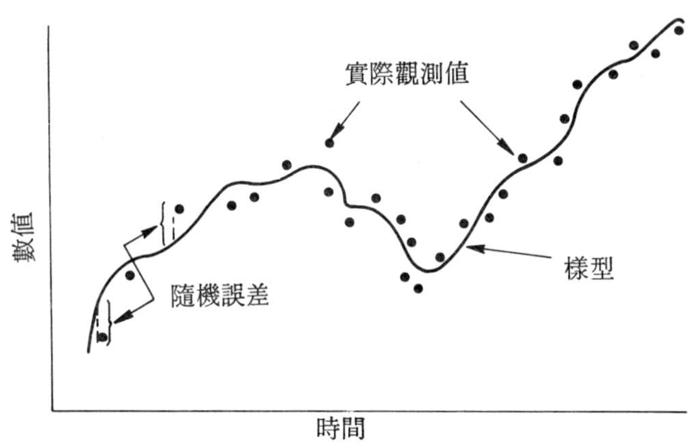

圖 3.4

三項，即長期趨勢，循環變動及季節變動。玆分述於後:

3-2-5(1) 長期趨勢

於時間數列分析中，吾人所獲得的測定值係依據每小時、每日、每週、每月或每年的時間單位。這些時間數列資料雖有其隨機變動，但仍然存在著漸漸上昇或下降的趨勢，此種趨勢往往是由於長期因素的影響，如人口的變遷，技術的改變，及消費者偏好的改變而造成的，例如一照相設備製造商檢討過去10年來的銷售量，發現其每個月的平均銷售量有上升之趨勢，其資料及圖形如下:

年　　代	1972	1977	1982
每月平均銷售量	1,800	2,200	2,600

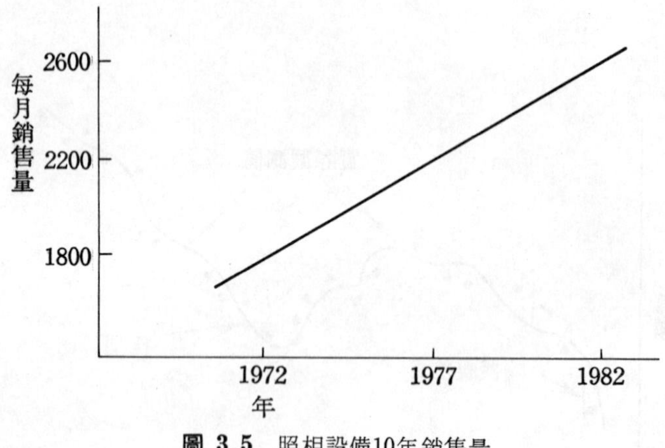

圖 3.5 照相設備10年銷售量

下圖 3.6 所示爲其他可能的時間數列趨勢，(a)爲一非線性趨勢，此一曲線顯示時間數列開始時緩慢上升，接著突然快速上升，然後又緩慢下來。此爲一良好的產品壽命曲線，自導入期、成長期、成熟期，而後衰退期。(b) 圖所示爲一直線遞降的趨勢 (c) 圖所示則爲與時間無關的數據。

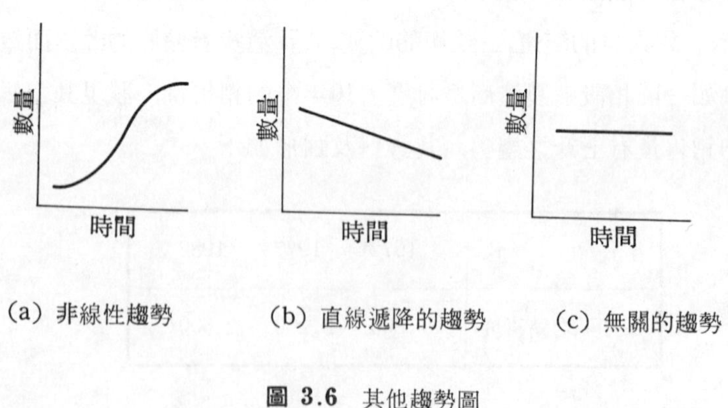

(a) 非線性趨勢　(b) 直線遞降的趨勢　(c) 無關的趨勢

圖 3.6 其他趨勢圖

3-2-5(2) 循環變動

一段相當長時期的時間數列可能呈現着長期趨勢，但吾人無法期望所有的時間數列值均正在其趨勢線上，事實上，時間數列往往呈現交替的順序，其中某些點在趨勢線上，然後另一些則在趨勢線下，此種狀況即所謂的循環變動，下圖所示即爲一例。

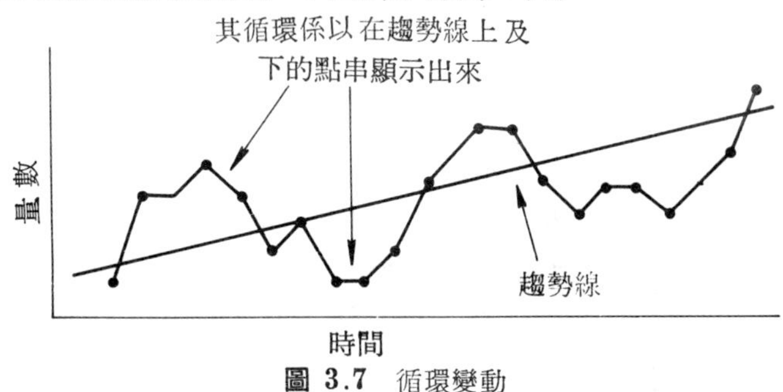

圖 3.7 循環變動

3-2-5(3) 季節變動

長期趨勢及循環變動常用以分析多年性的歷史資料，但有許多時間數列卻爲一年之內變動的型樣，例如製造游泳用具的廠商，於秋冬季必爲淡季而春夏則爲旺季，此種隨季節而變動的時間數列稱爲季節變動。雖然季節變動通常爲一年內的時間數列，但季節變動也可用以分析少於一年所發生的重複性趨勢，例如運輸公司每日的運輸量常顯示其「季節」的行爲，即於尖峰時段其運輸量大，其餘的白天時段及傍晚則爲中等運輸量，但從午夜到清晨則爲低運輸量。

3-2-5(4) 隨機誤差

時間數列的隨機誤差係指其眞值和受長期趨勢、循環變動及季節變動影響的期望值之間的殘餘因素，其值係由於短期的，不能預料的及未知的因素所造成的，既爲隨機性的變動，則爲吾人所不能預測的。

由於此種隨機誤差的存在，使得吾人的預測無法 100% 準確，這是決策者應牢記心頭的事情。

3-2-6 利用趨勢投射法作長期預測

長期預測可作爲企業計劃及長程產能需求的投資決策之用，機器設備的大小，需購置機器設備的數量及長期的人員訓練計劃等等都需藉助於長期預測。

爲了說明長期趨勢的求法，讓我們以一製造商過去10年的自行車銷售額爲例，其值如下表所示。

表 3.1 自行車銷售額

年	銷 售 額 (千 元)
1	21.6
2	22.9
3	25.5
4	21.9
5	23.9
6	27.5
7	31.5
8	29.7
9	28.6
10	31.4

下圖所示則爲其銷售額變動的曲線:

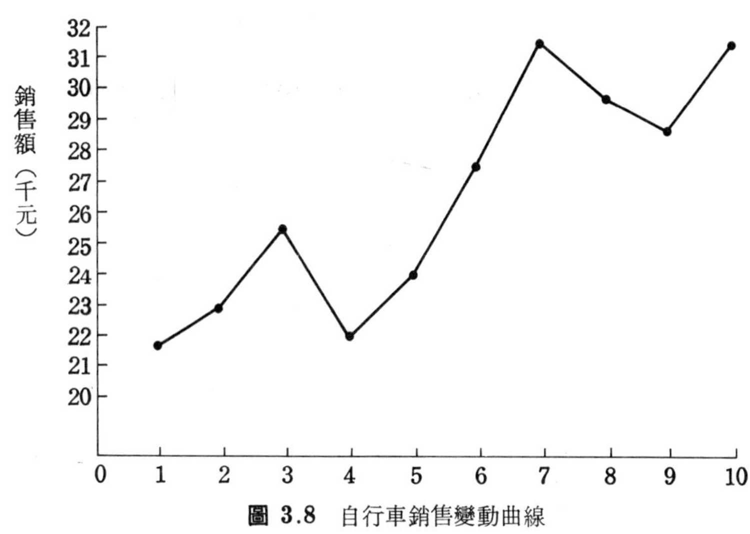

圖 3.8　自行車銷售變動曲線

吾人預測其趨勢時，不可能隨着其銷售額上下波動而變化，而是要找到其漸漸遞升的趨勢，由上圖 3.7 的分析，其趨勢線應如下圖 3.9 點值所示者。

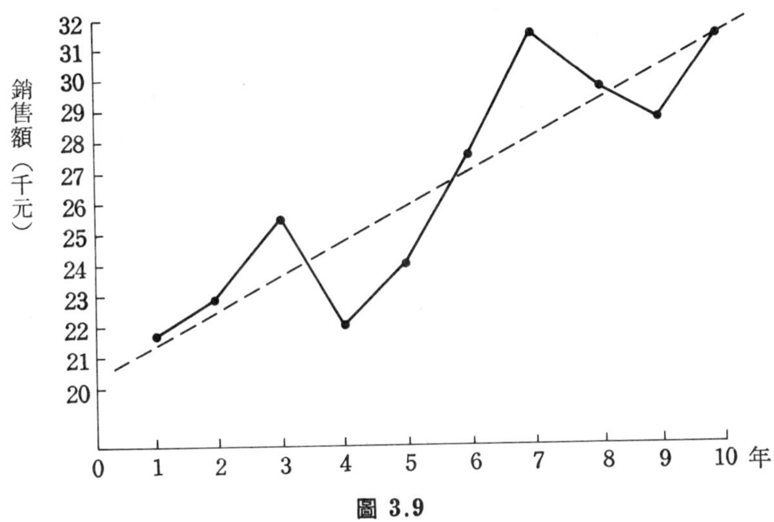

圖 3.9

長期趨勢所形成的直線，其模式如下:

$$T_t=b_0+b_1t$$

式中 $T_t=t$ 期自行車銷售額

b_0=趨勢直線的截距

b_1=趨勢直線的斜率

t=時間點

利用最小平方法 (Least Square Method) 可求得 b_0 及 b_1 之估計值。

$$SSE=\sum_{t=1}^{n}(y_t-T_t)^2=\sum_{t=1}^{n}(y_t-b_0-b_1t)^2$$

式中 $y_t=t$ 期時間數列的實值・

$T_t=t$ 期時間數列的預測值

n=時期數

將上式對 b_0 及 b_1 取偏導數，得

令 $$\frac{\partial SSE}{\partial b_0}=2\sum(y_t-b_0-b_1\ t)(-1)=0$$

令 $$\frac{\partial SSE}{\partial b_1}=2\sum(y_t-b_0-b_1\ t)(-t)=0$$

化簡爲: $\sum y_t=n\ b_0+b_1\sum t$

$\sum t\ y_t=b_0\sum t+b_1\sum t^2$

解得 $$b_1=\frac{n\sum ty_t-\sum t\sum y_t}{n\sum t^2-(\sum t)^2}$$

$$b_0=\bar{y}-b_1\ \bar{t}$$

$$\bar{y}=\frac{\sum y_t}{n}\qquad \bar{t}=\frac{\sum t}{n}$$

茲以自行車銷售額爲例，說明其計算如下:

表 3.2　計　算　表

t	Y_t	tY_t	t^2
1	21.6	21.9	1
2	22.9	45.8	4
3	25.5	76.5	9
4	21.9	87.6	16
5	23.9	119.5	25
6	27.5	165.0	36
7	31.5	220.5	49
8	29.7	237.6	64
9	28.6	257.4	81
10	31.4	314.0	100
25	264.5	1,545.5	385

$$\bar{t}=\frac{55}{10}=5.5$$

$$\bar{y}=\frac{264.5}{10}=26.45$$

$$b_1=\frac{(10)(1545.5)-(55)(264.5)}{10(385)-\ (55)^2}=\frac{907.5}{825}=1.10$$

$$b_0=26.45-1.10(5.5)=20.4$$

$$\therefore\quad T_t=20.4+1.1t$$

利用此趨勢線以預測未來，只需將時間 t 值代入即可，例如吾人擬預測第 11 期的自行車銷售額，則

$$T_{11}=20.4+1.1(1)=32.5$$

即第 11 期的自行車銷售額預測值爲 32500 輛。

3-2-7 利用傳統變動分離法以求中程預測

中程預測可作爲集體生產計劃之用。傳統變動分離法係將影響時間數列的四項變動，即趨勢 (T)，循環 (C)，季節(S)及隨機 (R) 加以分離，以估計其個別的影響，再依此合併以描述其行爲。吾人假設其模式爲乘法時間數列模式，即

$$Y_t = T_t \times C_t \times S_t \times R_t$$

爲說明此一方法，以一電視機銷售額（千件）爲例，如圖3.10及表 3.3 所示，表中的數據爲過去四年每一季的銷售額。

3-2-7(1) 計算季節性因素

表 3.3 電視機的季銷售額（千件）

年	季	銷售額
1	1	4.8
	2	4.1
	3	6.0
	4	6.5
2	1	5.8
	2	5.2
	3	6.8
	4	7.4
3	1	6.0
	2	5.6
	3	7.5
	4	7.8
4	1	6.3
	2	5.9
	3	8.0
	4	8.4

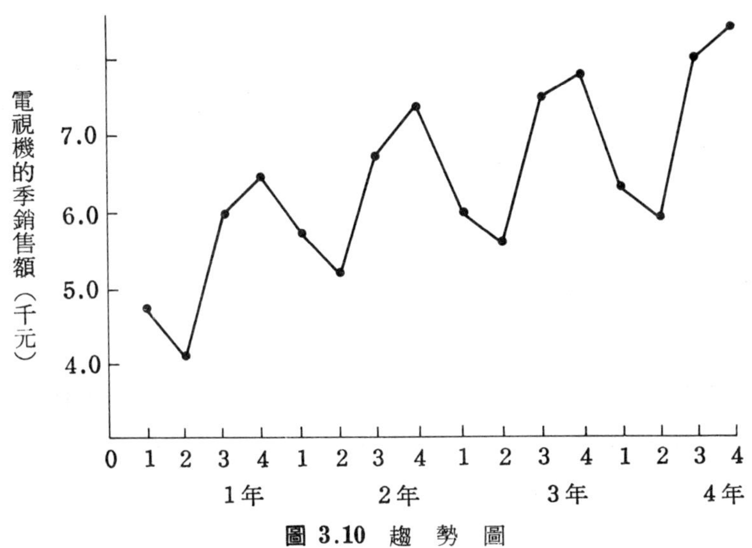

圖 3.10　趨　勢　圖

爲了計算季節因素，吾人利用移動平均法 (Moving Average) 以量測趨勢及循環變動的混合影響 (T_t C_t)，換言之，消除季節及隨機的因素 S_t 及 R_t。

首先介紹移動平均法的理論，移動平均法有常數模式、線性模式、雙重移動平均及加權移動平均等，現僅介紹最簡單且最實用的常數模式:

$$X_t = a + \epsilon t,\ E(\epsilon t) = 0\ \ V(\epsilon t) = \sigma^2\ \varepsilon$$

X_t＝第 t 期的觀測值，$t=1, 2, \cdots T$

$$SSE = \sum_{t=1}^{T} (X_t - \hat{a})^2$$

求得　$\hat{a} = \frac{1}{T} \sum_{t=1}^{T} X_t$

假設吾人係利用最近N期的資料，則其

$$SSE=\sum_{t=T-N+1}^{T}(X_t-\hat{a})^2$$

得 $$\hat{a}=\frac{1}{N}\sum_{t=T-N+1}^{T}X_t\equiv M_T$$

M_T 即稱爲N期移動平均。

$$M_T=M_{T-1}+\frac{X_T-X_{T-N}}{N}$$

超越 τ 期之預測值爲

$$\hat{X}_{T+\tau}=\hat{a}=M_T$$

以電視機銷售額爲例，以其四季爲週期(即 $N=4$)求移動平均，即可消除其季節變動，其計算如下表所示，除求其四季移動平均外，另計算移動平均之平均數，亦繪成如圖 3.10 所示。

表 3.4 移動平均

年	季	銷售額	四季移動平均	移動平均之平均數
1	1	4.8		
	2	4.1	5.350	
	3	6.0	5.600	5.475
	4	6.5	5.875	5.738
2	1	5.8		
	2	5.2	6.075	5.975
	3	6.8	6.300	6.188
	4	7.4	6.350	6.325
3	1	6.0	6.450	6.400
	2	5.6	6.625	6.538
	3	7.5	6.725	6.675
	4	7.8	6.800	6.763
4	1	6.3	6.875	
	2	5.9	7.000	6.938
	3	8.0	7.150	7.075
	4	8.4		

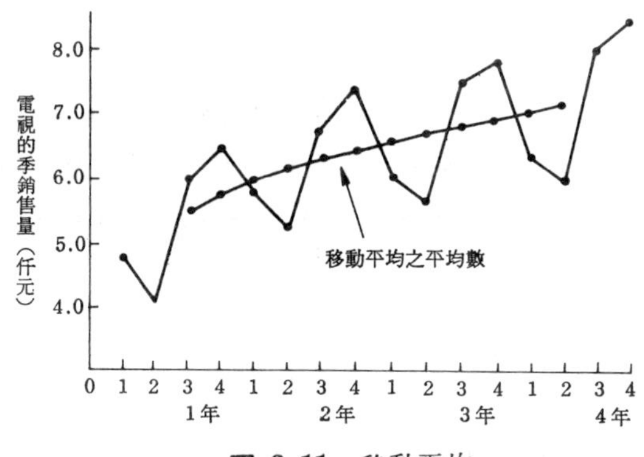

圖 3.11　移動平均

利用已知的時間數列實值（Y_t）及其趨勢一循環（$T_t\ C_t$）混合值，即可求得季節及隨機因素的混合值，即

$$S_tR_t=\frac{Y_t}{T_t\ C_t}$$

依此公式，將電視機銷售額的結果計算如下表:

表 3.5

年	季	每季銷售量 Y_t	四季移動平均 $T_s\ C_t$	季節及隨機因素 $S_tR_t=\frac{Y_t}{T_tC_t}$
1	1	4.8		
	2	4.1		
	3	6.0	5.475	1.096
	4	6.5	5.738	1.133
2	1	5.8	5.975	0.971
	2	5.2	6.188	0.840
	3	6.8	6.325	1.075
	4	7.4	6.400	1.156
3	1	6.0	6.538	0.918
	2	5.6	6.675	8.39
	3	7.5	6.763	1.109
	4	7.8	6.838	1.141
4	1	6.3	6.938	0.908
	2	5.9	7.075	8.34
	3	8.0		
	4	8.4		

由上表中，吾人觀測第三季每年的 $S_t R_t$ 值分別爲 1.096, 1.075 及 1.109; 顯示其均在平均數上。季節及隨機的混合因素之所以年年變動係受隨機因素的影響，因此，吾人可利用 $S_t R_t$ 的平均值以消除隨機變動，即可求得季節效果值，如第三季之季節因素 (The Seasonal Factor) 爲

$$\frac{1.096+1.075+1.109}{3}=1.09$$

其他各季的季節因素可採用相同的方法求得，玆將其值列如下表:

表 3.6 季節因素

季	季節隨機因素值 S_tR_t	季節因素 S_t
1	0.971,0.918,0.908	0.93
2	0.840,0.839,0.834	0.84
3	1.096,1.075,1.109	1.09
4	1.133,1.156,1.141	1.14

分析上表，顯示電視機的銷售額確實具有季節性的效果，其中銷路最佳者 (旺季) 爲第四季，其銷售額超過平均的14%，而第二季的銷路最差 (淡季)，僅爲平均值的 84% 而已。

經過此種手續所得的季節因素，有時需再加以調整，因爲依據乘法模式，其季節因素之平均值爲 1，即本例其和應爲 4，否則吾人就必須加以調整，其調整方法極爲簡單，只需將每一季節因素乘上季節數，然後除以未調整的總季節因素和即可。

3-2-7(2) 消除季節因素以估計趨勢

爲了估計趨勢，首先必須從時間數列中消除季節因素，於乘法模式中

$$Y_t=T_t\times C_t\times S_t\times R_t$$

吾人可利用已確定的季節因素以求得趨勢、循環及隨機等的混合效果，即

$$T_t\ C_t\ R_t=\frac{Y_t}{S_t}$$

消除季節性因素的結果如下表所示，亦將之繪成如圖 3.12 所示。

表 3.7　消除季節因素

年	季	銷售額	季節因素	消除季節因素的銷售額
1	1	4.8	0.93	5.16
	2	4.1	0.84	4.88
	3	6.0	1.09	5.50
	4	6.5	1.14	5.70
2	1	5.8	0.93	6.24
	2	5.2	0.84	6.19
	3	6.8	1.09	6.24
	4	7.4	1.14	6.49
3	1	6.0	0.93	6.45
	2	5.6	0.84	6.67
	3	7.5	1.09	6.68
	4	7.8	1.14	6.84
4	1	6.3	0.93	6.77
	2	5.9	0.84	7.02
	3	8.0	1.09	7.34
	4	8.4	1.14	7.37

由上圖所知，其過去 16 季的銷售額有緩慢上昇的趨勢，故吾人

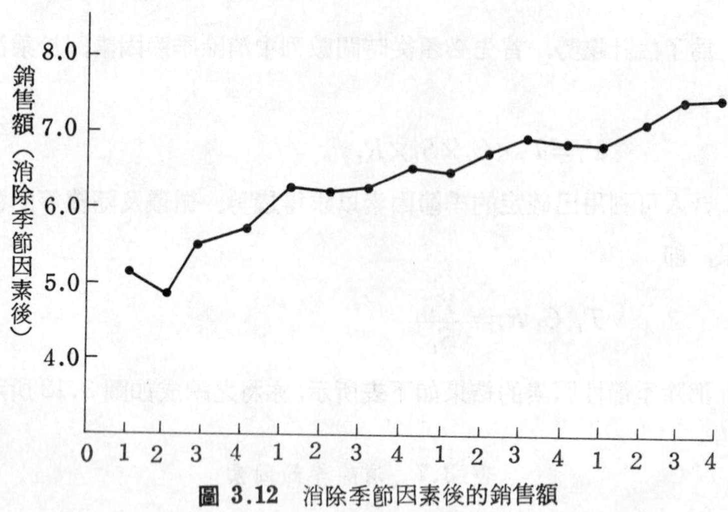

圖 3.12 消除季節因素後的銷售額

採用線性模式

$$T_t=\beta_0+\beta_1 t+\epsilon,\ E(\epsilon)=0,\ V(\epsilon)=\sigma^2\epsilon$$

利用最小平方法去估計 β_0, β_1 得 $\hat{\beta}_0=b_0, \hat{\beta}_1=b_1$, 致其線性方程式

$$T_t=b_0+b_1 t$$

依據公式

$$b_1=\frac{n\sum tY_t-\sum t\sum Y_t}{n\sum t^2-(\sum t)^2}$$

$$b_0=\overline{Y}-b_1\,\overline{t}$$

吾人可將其值計算如 T_1 表 3 .8所示。由表中得

$$\bar{t}=\frac{136}{16}=8.5$$

$$\overline{Y}=\frac{101.74}{16}=6.359$$

$$b_1=\frac{16(914.98)-(136)(101.74)}{16(1496)-(136)^2}=0.148$$

$$b_0=6.359-0.148(8.5)=5.101$$

故得

$$T_t=5.101+0.148t$$

由此趨勢線可求得下一季的銷售額，即

$T_{17}=5.101+0.148(17)=7.617$，即 7617 組，

同理可求得另三季的銷售額分別為 7765, 7913, 及 8061

表 3.8 計 算 表

t	Y_1	tY_1	t^2
1	5.16	5.16	1
2	4.88	9.76	4
3	5.50	16.50	9
4	5.70	22.80	16
5	6.24	31.20	25
6	6.19	37.14	36
7	6.24	43.68	49
8	6.49	51.92	64
9	6.45	58.05	81
10	6.67	66.70	100
11	6.88	75.68	121
12	6.84	82.08	144
13	6.77	88.01	169
14	7.02	98.28	196
15	7.34	110.10	225
16	7.37	117.92	256
136	101.74	914.98	1,496

3-2-7(3)

上述的預測值係已消除季節因素的趨勢值，因此，為了預測其眞實銷售額，吾人必須用季節因素去調整，例如第 5 年的第 1 季（即 $t=17$）的趨勢值為 7617，但其季節因素為 0.93，故其預測值為

$$(0.93)(7617)=7084。$$

其運算過程列如下表所示:

表 3.9 季節調整預測值

年	季	趨勢預測值	季節因素	季預測值
5	1	7,617	0.93	(7,617)(0.93)=7,084
	2	7,765	0.84	(7,765)(0.84)=6,523
	3	7,913	1.09	(7,913)(1.09)=8,625
	4	8,061	1.14	(8,061)(1.14)=9,190

3-2-8 以指數平滑法作短期預測

短期可用作個別產品的詳細計算生產量或決定工人數。在短期間內,趨勢、季節及循環等因素已不重要,故吾人採用指數平滑法 (Exponential Smoothing Method) 以平滑隨機變動。

指數平滑法亦有多種模式,吾人採用簡單的常數模式,即

$$Y_t=a+\epsilon_t,\ E(\epsilon_t)=0\ \ V(\epsilon_t)=\sigma_t{}^2$$

則其加權平方和如下:

$$SSE=\sum_{t=1}^{T}\beta^{T-t}(Y_t-a)^2$$

取導數 $\dfrac{dSSE}{d\hat{a}}=0$

得 $\hat{a}\sum_{t=1}^{T}\beta^{T-t}=\sum_{t=1}^{T}\beta^{T-t}\ Y_t$

$$\Rightarrow\hat{a}=\frac{1-\beta}{1-\beta^{T-t}}\sum_{t=1}^{T}\beta^{T-t}Y_t\equiv F_t$$

由 F_T 減去 F_{T-t}, 得

$$F_T=\frac{1}{1-\beta^T}[(1-\beta)Y_T+\beta(1-\beta^{T-1})F_{T-1}]$$

令 $\alpha=1-\beta$ 且假設 $T\to\infty$,, 則 $\beta^T\to 0$

故得　$F_T=\alpha Y_T+(1-\alpha)F_{T-1}$

上式 F_T 係下一期之預測值，故可以 $t+1$ 代替，得

$$F_{t+1}=\alpha Y_t+(1-\alpha)F_t$$

式中　F_{t+1}＝平滑統計量

α ＝平滑常數

$$\begin{aligned}F_{t+1}&=\alpha Y_t+(1-\alpha)[\alpha Y_{t-1}+(1-\alpha)F_{t-2}]\\&=\alpha Y_t+\alpha(1-\alpha)Y_{t-1}+(1-\alpha)^2[\alpha Y_{t-2}\\&\quad+(1-\alpha)F_{t-3}]\\&=\cdots\cdots=\alpha\sum_{k=0}^{t-1}(1-\alpha)^k Y_{t-k}+(1-\alpha)^t S_0\end{aligned}$$

因在N期移動平均法的資料平均年齡爲

$$\bar{A}=\frac{1}{N}\sum_{i=0}^{N-1}\mathrm{i}=\frac{N-1}{2}$$

而指數平滑法之平均年齡則爲

$$\bar{A}=\alpha\sum_{i=0}^{\infty}i(1-i)^i=\frac{1-\alpha}{\alpha}$$

故得　$\dfrac{N-1}{2}=\dfrac{1-\alpha}{\alpha}$

$$\Rightarrow\alpha=\frac{2}{N+1}$$

指數平滑法的最大優點在於其方法極簡單且所需保存的資料極少，玆以下表 3.10 及下圖 3.13 所示的汽油銷售額時間數列爲例，說明如下:

因第一期無預測値可用，吾人卽以第一期的實際時間數列爲 F_1，卽 $F_1=17$，然後假設其平滑常數 $\alpha=0.2$，得第二期預測值

$$F_2=.2Y_1+(1-.2)F_1=.2(17)+(1-0.2)(17)=17$$

表 3.10　銷售額

週	銷售額（千加侖）
1	17
2	21
3	19
4	23
5	18
6	16
7	20
8	18
9	22
10	20
11	15
12	22

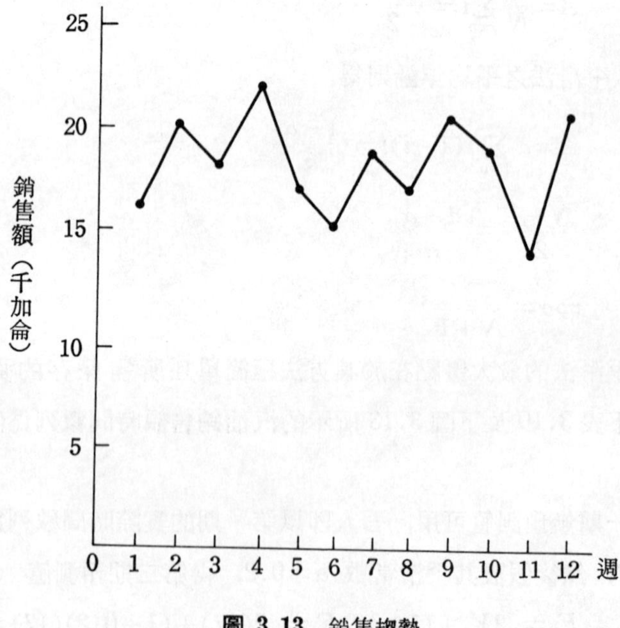

圖 3.13　銷售趨勢

同理，可求得第三期預測值

$$F_3=0.2Y_2+(1-0.2)F_2=0.2(21)+0.8(17)=17.8$$

其餘各期預測值，列如下表 3.11 所示:

表 3.11　指數平滑法

週　七	實際時間數列	以 $\alpha=0.2$ 的預測值
1	17	17.00
2	21	17.00
3	19	17.80
4	23	18.04
5	18	19.03
6	16	18.83
7	20	18.26
8	18	18.61
9	22	18.49
10	20	19.19
11	15	19.35
12	22	18.48

由上表卽可求得第 13 週的汽油銷售量，卽

$$F_{13}=0.2Y_{12}+0.8F_{12}=19.18$$

預測值與實際時間數列有差異發生，玆以本例繪圖3.14表示。

3-3　生產計劃

生產計劃係高階管理者用以管制總體因素的重要工具，總體因素係指人力的多少，總體物料水準，顧客服務的目標及產能資源的需求，生產計劃的系統如下圖 3.15 所示:

25
20
15
10
5
0
1 2 3 4 5 6 7 8 9 10 11 12 週
銷售額（千加侖）
實際時間數列
以α=0.2的預測質

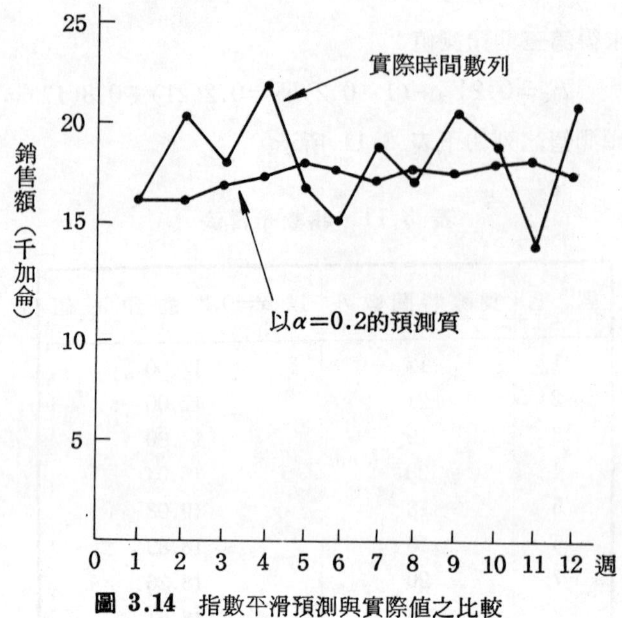

圖 3.14 指數平滑預測與實際值之比較

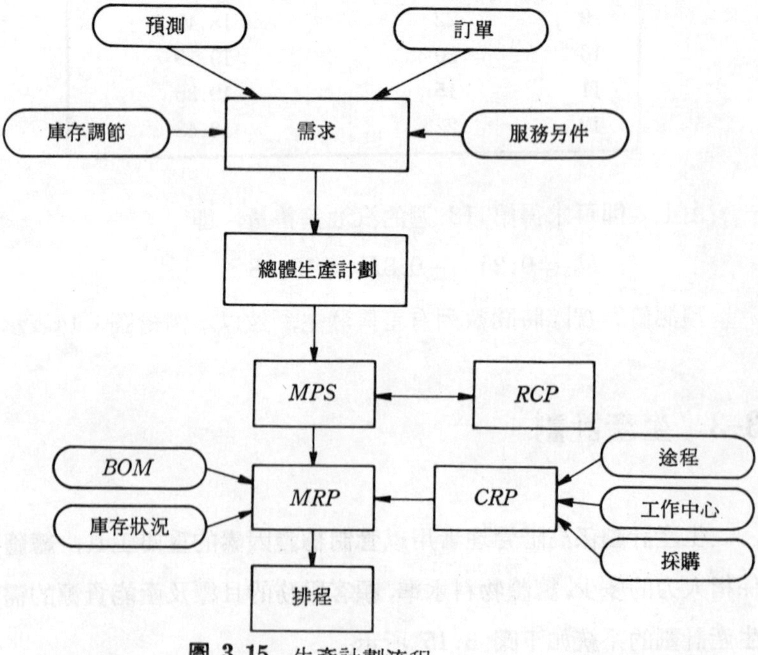

預測
訂單
庫存調節
需求
服務另件
總體生產計劃
MPS
RCP
BOM
MRP
CRP
途程
工作中心
庫存狀況
採購
排程

圖 3.15 生產計劃流程

由上圖可知，生產計劃包含需求預測 (Demand Forecasting) 總體生產計劃 (Aggregate Production Planning)、主生產日程 (Master Production Scheduling，簡稱 MPS)、粗略產能計劃 (Rough-Out Capacity Planning，簡稱 RCP)、物料需求計劃 (Material Requirement Planning，簡稱 MRP)、產能需求計劃 (Capacity Requirement Planning，簡稱 CRP) 及排程 (Scheduling)。

爲了做好生產計劃，首先需有良好的需求預測，需求量之估計除了由前節所述的預測之外，尙有顧客所下的訂單、服務及備用另件，物料水準的調節等等。

總體生產計劃通常以月或季爲單位所發展的生產計劃，俾能滿足顧客需求估計值，其計劃週期通常爲一年，然後利用主生產日程展成個別產品的時間需求量，通常以週或日爲單位排定其生產計劃，其計劃週期爲 8 週或一個月，然後利用物料需求計劃以展成另件的需求量，並顯示其需求的時間，以此可作成採購計劃，另件製造計劃及最終產品的裝配計劃。不論是主生產日程或更細的排程計劃，均需事先知道工廠的產能，因此，於 MPS 時必須作產能粗估以了解是否有足夠的產能來生產 MPS 所排定的產量。同時爲了作更細的排程計劃，必須估計每部機器或每個人員的產能，此即爲 CRP。

玆分述其各項計劃如下:

3-3-1 總體生產計畫

總體生產計劃係將需求預測展成每個月的生產水準，其排定的時間週期通常爲一年。例如一啤酒廠生產兩種啤酒，即金銀啤酒，下表所示爲其一年的需求預測，顯示着相當高的季節性變化。

表 3.12 啤酒需求量

月	需求量(啤酒)	累積需求量
1	1,500	1,500
2	1,000	2,500
3	1,900	4,400
4	2,600	7,000
5	2,800	9,800
6	3,100	12,900
7	3,200	16,100
8	3,000	19,100
9	2,000	21,100
10	1,000	22,100
11	1,800	23,900
12	2,200	26,100
	26,100	

已知該公司每月的產能 2,200 桶，若按照此固定生產率來生產，其生產量及庫存量的資料如下表 3.13 所示，吾人假設去年的期末存量爲 1,000 桶。

表 3.13 生產計劃

月	生產量	庫存量	銷售損失	累積生產量
1	2,200	1,700	0	3,200*
2	2,200	2,900	0	5,400
3	2,200	3,200	0	7,600
4	2,200	2,800	0	9,800
5	2,200	2,200	0	12,000
6	2,200	1,300	0	14,200
7	2,200	300	0	16,400
8	2,200	0	500	18,600
9	2,200	200	0	21,300
10	2,200	1,400	0	23,500
11	2,200	1,800	0	25,700
12	2,200	1,800	0	27,900

*上年 12 月底的庫存量等於1,000

由上表可知，啤酒廠在八月份喪失銷售 500 桶，而三月份的庫存量高達 3,200 桶。缺貨及太高的庫存量對企業的經營均不利，何況是否有足夠的空間可儲存如此大的庫存量，也是個問題。

爲了分析此一問題，以便建立新的生產計劃，吾人常將其累積生產量及累積銷售量繪成圖，如圖 3.16，當累積生產量低於累積需求量時卽表示銷售的喪失，卽缺貨，而兩條線之間的距離卽表示每個月的累積存貨量或銷售喪失的數量，爲了避免缺貨，累積生產曲線必須永遠在累積需求曲線之上。

若每個月以固定速率生產爲不可行時，可以改變生產水準、工廠產能或改變需求量而建立新的生產計劃。

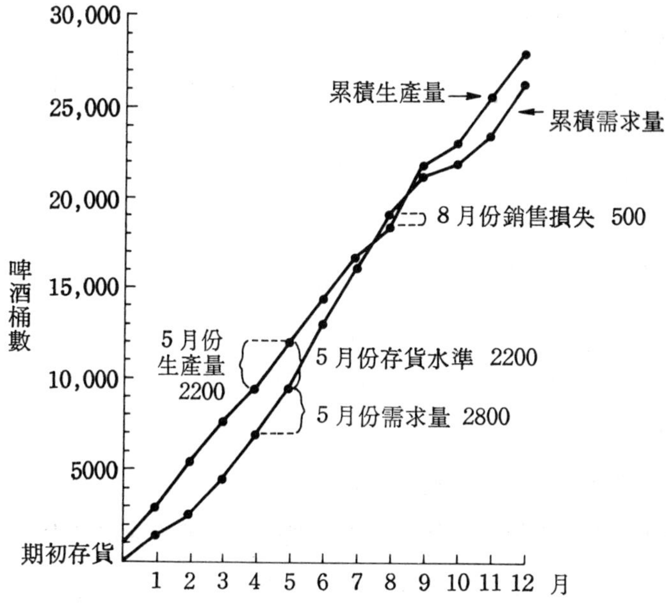

圖 3.16　總體生產計劃

爲了應付變動或季節性的需求，吾人可採用四種策略：改變生產率、改變人力水準、存貨調節及改變需求。玆將其策略及其成本因素列如下表：

表 3.14 總體生產計劃策略

策　　略	成　本　因　素
改變生產率	
加班	加班津貼增加成本
未充分利用產能	產能的損失
外包	額外增加製造成本
改變人力水準	
僱用	增加訓練費用
解僱	增加遣散費
存貨調節	
建立庫存量	增加存貨儲存成本
允收短缺	欠撥或銷售損失
改變需求	
價格政策	降低利潤率
廣告促銷	增加行政費用

爲了評估生產計劃的良窳，通常採用成本分析，生產計劃所發生的成本因素有生產成本、儲存成本及短絀成本以及產能變更的成本。生產成本包括整備成本（固定的）及單位生產成本（變動的）。存貨的儲存成本及短絀成本通常與存貨量及缺貨量成正比。產能變更的成本隨發生狀況而有不同形式，例如增僱人員時，則發生固定的僱用費用及變動的薪資支付，若利用加班，則增加變動的加班成本。

利用此一方法以評估上述生產計劃的好壞，玆假設啤酒工廠的各項成本如下：生產成本每桶 700 元，存貨儲存成本每桶每月 14 元，喪失銷售每桶 900 元，加班費用每桶額外增加 65 元，生產率變動每

桶成本 50 元，未充分利用產能的損失每桶 30 元。上述生產計劃成本如下表:

表 3.15　生產計劃成本表

月份	生產量	生產成本	存　貨	儲存成本	銷售損失	改變生產率
1	2,200	1,540,000	1,700	23,800	—	—
2	2,200	1,540,000	2,900	40,600	—	—
3	2,200	1,540,000	3,200	44,800	—	—
4	2,200	1,540,000	2,800	39,200	—	—
5	2,200	1,540,000	2,200	30,800	—	—
6	2,200	1,540,000	1,300	18,200	—	—
7	2,200	1,540,000	300	4,200	—	—
8	2,200	1,540,000	0	0	450,000	—
9	2,200	1,540,000	200	2,800	—	—
10	2,200	1,540,000	1,400	19,600	—	—
11	2,200	1,540,000	1,800	25,200	—	—
12	2,200	1,540,000	1,800	25,200	—	—
	26,400	18,480,000		274,400	450,000	0
總成本＝19,204,400元						

爲了比較起見，下面吾人提出另一生產計劃，一方面儘量減少其庫存量且能滿足所有顧客的需求，其計劃及其圖形如下所示:

表 3.16　另一生產計劃

月份	生產量	存貨	銷售損失	累積生產量
1	1,500	1,000	0	2,500
2	1,500	1,500	0	4,000
3	1,500	1,100	0	5,500
4	2,800	1,300	0	8,300
5	2,800	1,300	0	11,100
6	2,800	1,000	0	13,900
7	2,800	600	0	16,700
8	2,800	400	0	19,500
9	2,200	600	0	21,700
10	2,200	1,800	0	23,900
11	2,200	2,200	0	26,100
12	1,500	1,500	0	27,600

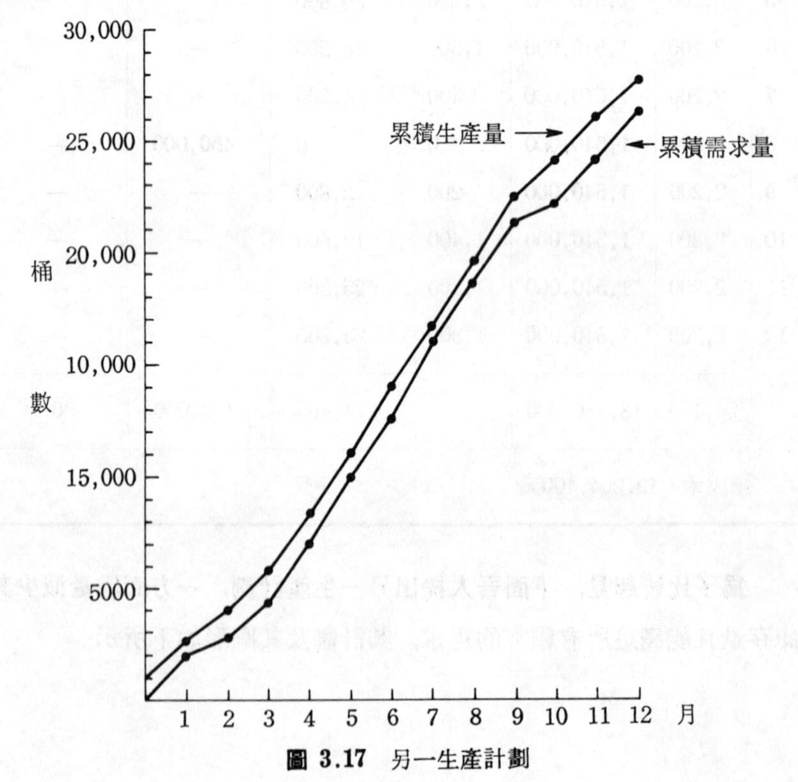

圖 3.17　另一生產計劃

現再依上列成本因素求得其生產成本表如下:

表 3.17　另一生產計劃之成本表

月	生產量	生產成本	存貨	庫存成本	變更生產力成本	加班成本	未充分利用產能成本
1	1,500	$1,050,000	1,000	$14,000	—	—	$21,000
2	1,500	1,050,000	1,500	21,000	—	—	21,000
3	1,500	1,050,000	1,100	15,400	—	—	21,000
4	2,800	1,960,000	1,300	18,200	$65,000	$39,000	—
5	2,800	1,960,000	1,300	18,200	—	39,000	—
6	2,800	1,960 000	1,000	1,400	—	39,000	—
7	2,800	1,960,000	600	840	—	39,000	—
8	2,800	1,960,000	400	560	—	39,000	—
9	2,200	1,540,000	600	840	3,000	—	—
10	2,200	1,540,000	1,800	2,520	—	—	—
11	2,200	1,540,000	2,200	3,080	—	—	—
12	1,500	1,050,000	1,000	2,100	3,500	—	21,000
	26,600	$18,620,000		$200,200	$130,000	$195,000	$84,000
合計成本＝$19,229,200							

由上表可知，其銷售損失及儲存成本均減少，但相對地增加了生產成本，改變生產率，加班及未充分利用產能等的成本，導致生產計劃總成本反而增 24,800 元。

3-3-2　總體生產計劃方法——運輸模式

總體生產計劃的最好且最實用的方法係運輸模式 (Transportation Model)， 以正常時間、加班時間及外包來安排生產，假設其生產及存貨成本爲線性的且各產能爲有限的。其標準格式如下表所示，表中列上各項生產方式的產能，如正常時間的 9,000 人工小時，加班的1,800人工小時及外包的2,500人工小時。同時列上不同方式所發生的成本。例如正常時間每生產1件之成本 50 元，加班生產每件成本 67 元，外包則每件成本 70 元，上個月剩餘產能留待下個月使用時，需加儲存成本每件每個月6元。

表 3.18 運輸模式

時期	產能	生產方式	需求期 1	需求期 2	需求期 3
1	9,000	正常時間	50	56	62
	1,800	加班	67	73	79
	2,500	外包	70	76	82
2	9,000	正常		50	56
	1,800	加班		67	73
	2,500	外包		70	76
3	9,000	正常			50
	1,800	加班			67
	2,500	外包			70

設莒光羽球拍前六個月的需求量分別為 8,000 支，10,000 支，12,000 支，9,000 支，15,000 支及 11,000 支，其生產成本如上例所示，則依據運輸模式，其總體生產計劃安排如下:

表 3.19　生產計劃運輸模式

月份	產能	生產方式	1	2	3	4	5	6
1	9,000	正　常	8,000 (50)	1,000 (56)	(62)	(68)	(74)	(80)
	1,800	加　班	(67)	(73)	(79)	(85)	(91)	(97)
	2,500	外　包	(70)	(76)	(82)	(88)	(94)	(100)
2	9,000	正　常		9,000 (50)	(56)	(62)	(68)	(74)
	1,800	加　班		(67)	1,200 (73)	(79)	(85)	(91)
	2,500	外　包		(70)	(76)	(82)	(88)	(84)
3	9,000	正　常			9,000 (50)	(56)	(62)	(68)
	1,800	加　班			1,800 (67)	(73)	(79)	(85)
	2,500	外　包			(70)	(76)	(82)	(88)
4	9,000	正　常				9,000 (50)	(56)	(62)
	1,800	加　班				(67)	1,700 (73)	(79)
	2,500	外　包				(70)	(76)	(82)
5	9,000	正　常					9,000 (50)	(56)
	1,800	加　班					1,800 (67)	(73)
	2,500	外　包					2,500 (70)	(76)
6	9,000	正　常						9,000 (50)
	1,800	加　班						1,800 (67)
	2,500	外　包						200 (70)
	需　求　量		8,000	10,000	12,000	9,000	15,000	11,000

3-3-3 主生產日程及粗略產能計劃

總體生產計劃係用以決定一公司的總體產出，一旦設定之後，此計劃卽成爲行銷部門銷售及生產部門生產的目標和責任。爲了使生產部門易於執行，必須將總體生產計劃展成各別產品的生產計劃，卽所謂的主生產日程（MPS），MPS 顯示各完成品的生產數量及其生產時間。主生產日程顯示週生產量，而其計劃期通常爲 6 到 12 個月，玆以部份生產計劃爲例來顯示其兩者間的關係。

表 3.20 總體生產計劃

產品羣A

項目＼月份	9	10	11	12	合計
生產量		900	650	650	2,200
需求量		950	700	675	2,325
期末庫存貨	200	150	100	75	

表 3.21 主生產日程

產品＼週＼月		10						11				
		1	2	3	4	5	小計	1	2	3	4	小計
1		180	180	140	—	—	500	180	70	—	—	250
2		—	—	40	180	80	300	—	100	—	—	100
3		—	—	—	—	100	100	—	10	108	180	298
合	週	180	180	180	180	180		180	180	108	180	
計	月						900					648

由上述總體生產計劃及主日程計劃可知，產品羣A包含產品 1, 2 及 3，由主生產日程知 10 月份有 5 週，每週的生產量均爲 180 件，致達總生產計劃所訂的 10 月份生產量 900 件，仔細比較上列兩表，當可更深入的了解總體生產計劃及主生產日程間的關係。

爲了說明主生產日程如何安排，仍以啤酒廠的生產爲例，假設啤酒廠當局決定採用表 3-16 的總生產計劃。因公司生產的啤酒有金銀兩種，按照公司公司銷售資料顯示其間比例爲 70 比 30，此次計劃決定採用之。通常啤酒的生產，每一桶爲 32 加侖，每一箱爲 24 罐，每罐爲 16 啢，利用此一算法，可將啤酒公司前半年的生產量展開如下表:

表 3.22 產品組合

月份	總體生產量		產品組合	
	桶數	箱數	金啤酒（箱）	銀啤酒（箱）
1	1,500	16,000	11,200	4,800
2	1,500	16,000	11,200	4,800
3	1,500	16,000	11,200	4,800
4	2,800	29,867	20,907	8,960
5	2,800	29,867	20,907	8,960
6	2,800	29,867	20,907	8,960
7	2,800	29,867	20,907	8,960

爲了簡化計算，假設每月爲四週，則其平均週生產量如表 3.23 所示。於該啤酒廠中，同一時間只能生產一種啤酒，主要係受到共用設備如混合機、裝罐機、打蓋機及裝箱機等的限制。因此採用如表 3.24

的主生產日程必定不經濟的，因需時時變更產品，增加整備成本。另一方法係將每批量產量增大，如表 3.24 所示即為一例。

到目前為止，吾人所排的主生產日程仍未考慮工廠是否有足夠的產能。如前所述，該啤酒廠正常每個月的產能為 2,200 桶，即每週 5,867 箱，若加上加班， 其產能可增加到每個月 2,800 桶， 即每週 7,467 箱。此即為工廠產能的限制。表 3.24 所示，由 1 週到 12 週，產能不成問題，但此後，產能即無法應付，因此表 3.24 所示的主生產日程即不可行。這就是粗略產能計劃的本質，決定主生產日程所需的產能是否夠用。若否，則吾人必須修正主生產日程，本例，利用試誤法 (Trial and error)，求得可行的主生產日程如表 3.25，當然，此一主生產日程是否良好，有必要更進一步的分析其存貨狀況，茲將其分析結果列如表 3.26。

表 3.23 金啤酒平均週需求量

	星期																									
	1	2	3	4	5	6	7	8	9	10	11	12	13	14	15	16	17	18	19	20	21	22	23	24	25	26
	2,800	2,800	2,800	2,800	2,800	2,800	2,800	2,800	2,800	2,800	2,800	2,800	5,227	5,227	5,227	5,227	5,227	5,227	5,227	5,227	5,227	5,227	5,227	5,227	5,227	5,227
	1,200	1,200	1,200	1,200	1,200	1,200	1,200	1,200	1,200	1,200	1,200	1,200	2,240	2,240	2,240	2,240	2,240	2,240	2,240	2,240	2,240	2,240	2,240	2,240	2,240	2,240

表 3.24　金啤酒主生產日程

	星	期											
	1	2	3	4	5	6	7	8	9	10	11	12	13
	5,600	0	5,600	0	5,600	0	5,600	0	5,600	0	5,600	0	10454
	0	2,400	0	2,400	0	2,400	0	2,400	0	2,400	0	2,400	0

14	15	16	17	18	19	20	21	22	23	24	25	26
0	10,454	0	10,454	0	10,454	0	10,454	0	10,454	0	10,454	0
4,480	0	4,480	0	4,480	0	4,480	0	4,480	0	4,480	0	4,480

表 3.25　金啤酒可行主生產日程

	1	2	3	4	5	6	7	8	9	10	11	12	13
	5,600	0	5,600	0	5,600	0	5,600	0	5,600	0	5,600	0	7,467
	0	2,400	0	2,400	0	2,400	0	2,400	0	2,400	0	2,400	0

14	15	16	17	18	19	20	21	22	23	24	25	26
0	5,974	7,467	7,467	0	5,974	7,467	7,467	0	5,974	7,467	7,467	0
7,467	1,493	0	0	7,467	1,493	0	0	7,467	1,493	0	0	7,467

表 3.26 金啤酒主生產計劃之存貨分析

週	金啤酒			銀啤酒		
	供給量	生產量	存貨	供給量	生產量	存貨
1	2,800	5,600	10,267	1,200	0	2,000
2	2,800	0	7,467	1,200	2,400	3,200
3	2,800	5,600	10,267	1,200	0	2,000
4	2,800	0	7,467	1,200	2,400	3,200
5	1,867	5,600	11,200	800	0	2,400
6	1,867	0	9,333	800	2,400	4,000
7	1,867	5,600	13,066	800	0	3,200
8	1,867	0	11,199	800	2,400	4,800
9	3,547	5,600	13,252	1,520	0	3,280
10	3,547	0	9,705	1,520	2,400	4,160
11	3,547	5,600	11,758	1,520	0	2,640
12	3,547	0	8,211	1,520	3,892	5,012
13	4,853	7,467	10,825	2,080	0	2,932
14	4,853	0	5,972	2,080	7,467	8,319
15	4,853	5,974	7,093	2,080	1,493	7,732
16	4,853	7,467	9,707	2,080	0	5,652
17	5,227	7,467	11,947	2,240	0	3,412
18	5,227	0	6,720	2,240	7,467	8,639
19	5,227	5,974	7,467	2,240	1,493	7,892
20	5,227	7,467	9,707	2,240	0	5,652
21	5,787	7,467	11,387	2,480	0	3,172
22	5,787	0	5,600	2,480	7,467	8,159
23	5,787	5,974	5,787	2,480	1,493	7,172
24	5,787	7,467	7,467	2,480	0	4,692
25	5,973	7,467	8,961	2,560	0	2,132
26	5,973	0	2,988	2,560	7,467	7,039

3-3-4　物料需求計劃

物料係支援生產的重要因素，用以計劃和控制製造物料的方法稱爲物料需求計劃 (MRP)，MRP 係利用上述的主生產日程展成所需的零組件，然後與庫存物料及待收料加以比較以決定各零組件的需要量及其需要時間，因此，MRP 的目的在於適時供應適量的零組件，確保成品如期完成。

爲了探討 MRP，首需說明物料的獨立性及相依性，物料如成品或服務另件係決定於需求預測或直接來自訂單，不受其他物料需求的影響，稱爲獨立需求物料(Independent-Demand Inventory)，而吾人生產所需的製造物料如原料、零組件及副總成件等的需要量係受主生產日程排定成品的需要時間及數量的影響，吾人稱之爲相依需求物料(Dependent-Demand Inventory)。成品的需求量係來自不同顧客的許多獨立性需求，其發生係隨機的，因此，需求率相當穩定，因此利用經濟批量 (EOQ) 的觀念應相當合理的，如圖 3.18 所示假設其成品由二個組件裝配而成，當成品的庫存量降到A點時，即需開始生產，必須提領足夠數量的兩種組件，故組件的數量開始下降，當達其訂購點 (Reorder Point) 時，必須向供應商訂購(A點所示)，依其採購前置時間 (Purchase Lead Time)長短，組件於時間B進廠，一直儲存到下一成品的生產週期 C 才又被領用，由圖 3.18 可知，其間存在著不必要投資積壓資金，此種現象係受到採購前置時間的影響，爲了減少庫存積壓，可如圖 3.19 所示，於時間點D訂購組件 1 而於E訂購組件 2，使兩者正好於成品製造時及時進廠。

由圖 3.15 的流程圖中可知，欲計算 MRP 首先需有主生產日程，爲了說明其計算方法，列如下表 3.27。

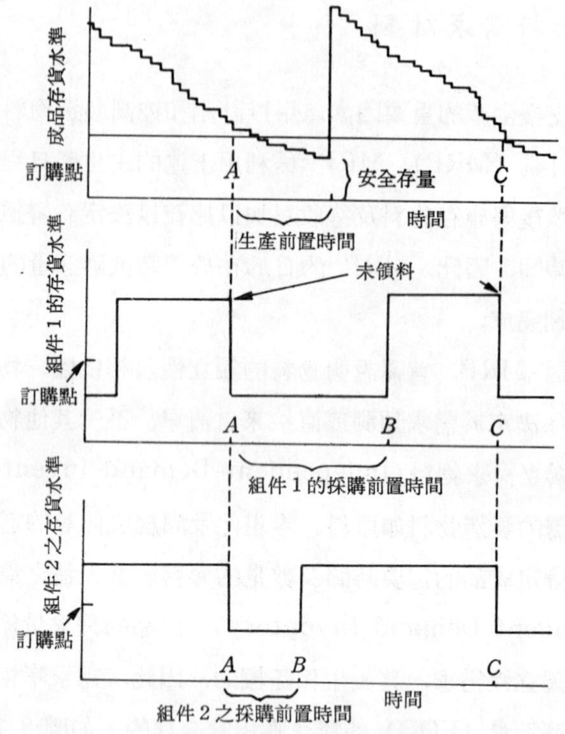

圖 3.18 相依需求例

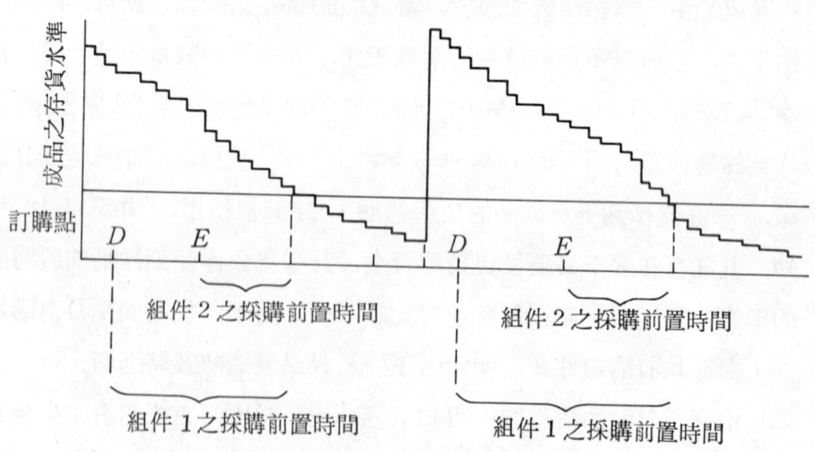

圖 3.19 相依需求之訂購決策

表 3.27　MPS 例

項目	庫存量	安全存量	1	2	3	4	5	6	7	8
A	0	0					10			15
B	15	10								
C	2	30	1	1	1	1	1	1	1	1
D	25	5								
E	5	0								
F	0	0				13			12	

（表頭「週次」橫跨 1–8 各欄）

* B物料在週 2 之待收量為 13 件，C物料在週 1 的待收量為 100 件。

其次，需有零件明細表 (Bill of Material，簡稱BOM)，BOM 係顯示成品及其零組件之間的結構圖，其A及F成品之 BOM 分別如圖 3.20 及 3.21 所示。

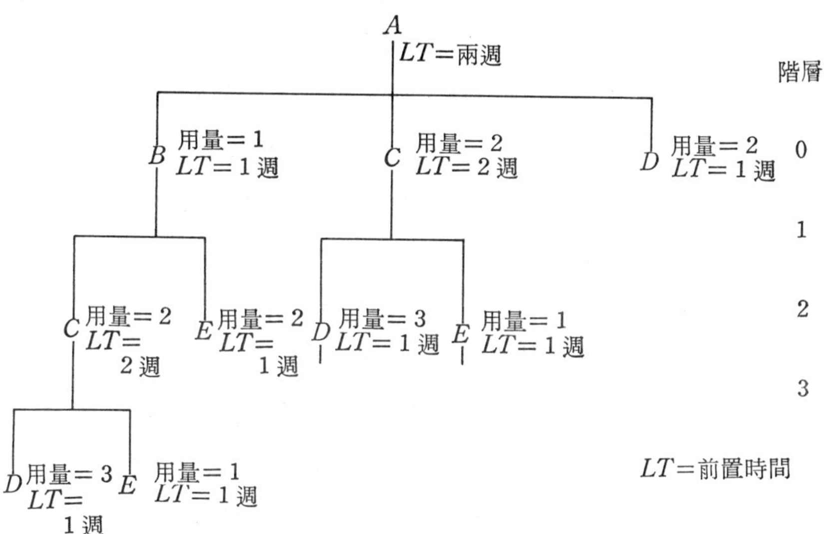

圖 3.20　A成品之BOM

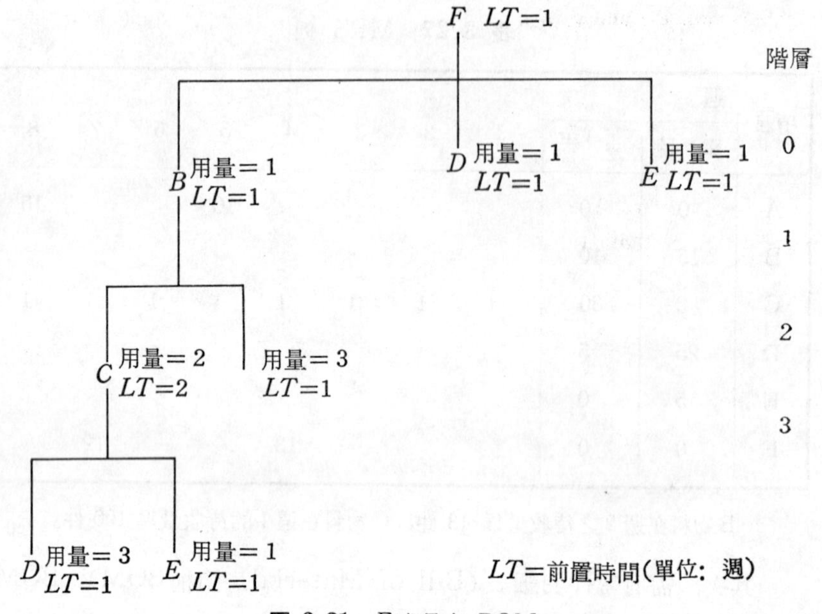

圖 3.21　F成品之 BOM

此外，尙需有物料庫存檔，其資料包括零件號碼，名稱，庫存量，待收量，成本資料及採購前置時間。

爲了便於說明 MRP 的計算，將其符號的意義說明如下:

GR (Gross Requirement) ＝毛需求

SR (Scheduled Receipts) ＝待收量，係指已採購，但物料尙未到廠

NR (Net Requirement) ＝淨需求量

AV (Available) ＝可用數量

PR (Planned Order Receipts) ＝計劃到料

PL (Planned Order Release) ＝訂單發出

Oh (On-Hand Inventory) ＝庫存量

SS (Safety Stock) ＝安全存量

由上述符號，可知其關係如下:

$$NR=GR-AV$$

$$AV=Oh-SS+SR$$

利用上述的觀念，可利用 MRP 計算表展開，其第一層展開如表 3.28 所示，其第二層的展開如表 3.29 所示，其最後一層的展開如表 3.30 所示。

由表 3.30 所示，可將其各成品及零件的需求量及時間繪成如圖 3.22 的甘特圖，更可以看出 MRP 的意義和功能。

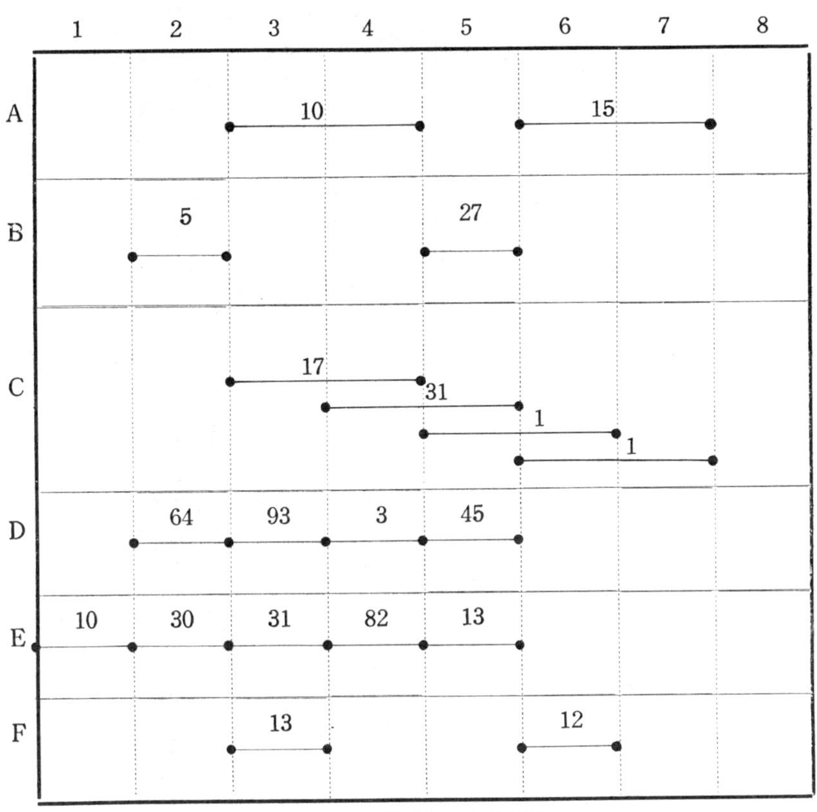

圖 3.22 MRP 表成甘特圖

表 3.28　MRP 計算表

產品＿＿＿＿＿＿

料項	庫存	安全存量		1	2	3	4	5	6	7	8
A	0	0	Gr					⑩			⑮
			Sr								
			Av								
			Nr					10			15
			Pr					10			15
			Po			10			15		
B	⑮	⑩	Gr			10+13			15+12		
			Sr		⑬						
			Av								
			Nr								
			Pr								
			Po								
C	②	㉚	Gr	①	①	20+①	①	①	30+①	①	①
			Sr	⑩⓪							
			Av								
			Nr								
			Pr								
			Po								
D	㉕	⑤	Gr			20+13			30+12		
			Sr								
			Av								
			Nr								
			Pr								
			Po								
E	⑤	0	Gr			13			12		
			Sr								
			Av								

			Nr								
			Pr								
			Po								
F	0	0	Gr				13			12	
			Sr								
			Av								
			Nr				13			12	
			Pr				13			12	
			Po			13			12		
			Gr								
			Sr								
			Av								
			Nr								
			Pr								
			Po								
			Gr								
			Sr								
			Av								
			Nr								
			Pr								
			Po								

表 3.29 MRP 計算表

產品＿＿＿＿＿＿

料項	庫存	安全存量		1	2	3	4	5	6	7	8
			Gr					10			15
			Sr								
A	0	0	Av								
			N					10			15
			Pr					10			15
			Po			10			15		
			Gr			23			27		
			Sr		13						
B	15	10	Av	5	18	18					
			Nr			5			27		
			Pr			5			27		
			Po		5			27			
			Gr	1	10+1	21	1	54+1	31	1	1
			Sr	100							
C	2	30	Av								
			Nr								
			Pr								
			Po								
			Gr			33			42		
			Sr								
D	25	5	Av								
			Nr								
			Po								
			Gr		15	13		81	12		
			Sr								
E	5	0	Av								

			Nr								
			Pr								
			Po								
F	0	0	Gr				13			12	
			Sr								
			Av								
			Nr				13			12	
			Pr				13			12	
			Po			13			12		
			Gr								
			Sr								
			Av								
			Nr								
			Pr								
			Po								
			Gr								
			Sr								
			Av								
			Nr								
			Pr								
			Po								

表 3.30　MRP 計算表

產品＿＿＿＿＿＿

料項	庫存	安全存量		1	2	3	4	5	6	7	8
A	0	0	Gr					10			15
			Sr								
			Av								
			Nr					10			15
			Pr					10			15
			Po			10			15		
B	15	10	Gr			23			27		
			Sr		13						
			Av	5	18	18					
			Nr			5			27		
			Pr			5			27		
			Po		5			27			
C	2	30	Gr	1	11	21	1	55	31	1	1
			Sr	100							
			Av	72	71	60	39	38			
			Nr					17	31	1	1
			Pr					17	31	1	1
			Po			17	31	1	1		
D	25	5	Gr			51+33	93	3	3+42		
			Sr								
			Av	20	20	20					
			Nr			64	93	3	45		
			Pr			64	93	3	45		
			Po		64	93	3	45			
E	5	0	Gr		15	17+13	31	1+81	12+1		
			Sr								
			Av		5						

			Nr		10	30	31	82	13		
			Pr		10	30	31	82	13		
			Po	10	30	31	82	13			
			Gr				13			12	
			Sr								
			Av								
F	0	0	Nr				13			12	
			Pr				13			12	
			Po			13			12		
			Gr								
			Sr								
			Av								
			Nr								
			Pr								
			Po								
			Gr								
			Sr								
			Av								
			Nr								
			Pr								
			Po								

3-3-5 產能需求計劃

經過 MRP 展成所需零件及其時間之後，即可決定其產能是否足夠，換言之，產能需求及可用產能是否一致。

MRP 可解決下列問題:

1. 可用產能 (Capacity Available) 是否足以執行 MRP，也因而能完成 MPS 的計劃?

2. 如果產能不足時，那一工作中心或供應商產能不合宜，及其需要增加多少產能?

CRP 決定了每一工作中心在一段時期所需的產能，以作排程之用，

玆說明 CRP 之程序如下。

1. 獲得必需的資料。

2. 依據 MRP 所需，以倒推法安排各零件之日程，

3. 依據日程而不考慮其產能限制以求得每一工作中心的負荷（無限的負荷）。

4. 比較產能需求及可用產能（有限負荷）。

5. a. 若可用產能充足，就按照步驟 2 所排定的日程，對其製造命令下達。

b. 若可用產能不足，要不是增加產能，就是重新修正日程，然後重複步驟 3, 4 及 5。

玆分述如後:

3-3-5(1) 所需資料

發展 CRP 必需的資料如下:

1. 途程檔 (Routing File)

2.工作中心檔 (Work Center File)

3.採購檔 (Purchase File)

對每一需要製造的另件均需建立其途程檔，其內容包括

①某一批量的總製造前置時間。

②列出該零件所需的加工程序，同時標示其工作中心編號、簡單說明或規格、整備時間及每一件的加工時間。

③另一途程的上述各項資料。

下表 3.31 所示即爲途程檔一例。

表 3.31 途 程 檔

零件 S1205 傳動軸			前置時間=31 天(80)件	
工作中心	操作號碼	操作名稱	整備時間	每件加工時間
1	10	車削	0.4	0.125
3	20	銑	0.8	0.075
5	30	切齒	1.0	0.25
8	40	鉆孔	0.3	0.25
9	50	熱處理		3**
7	60	軸研磨	0.6	0.3
6	70	齒輪研磨	1.0	0.4

工作中心檔係標示每一工作中心的記錄，其內容包括:

①班數: 即每天工作的班數， 有一班制 、 二班制及三班制等三種。

②機臺數: 每班可用的機器數目。

③人工小時: 每班可用的人工小時數。

④效率: 實際績效與標準績效之比。

⑤利用率：有效使用產能時數與日程排定時數之比値，其計算通常將無效時數除掉，所謂無效時數係指機器故障、缺料而停機及人員缺席或不足。

⑥每日有效產能 (Effective Daily Capacity，簡稱EDC)，其計算公式爲 EDC＝班數×機器數×每班時數×效率×利用率。

⑦等待時間：每批產品在加工前可能的平均等待時間，表 3.32 所示即爲工作中心檔之一例。

採購檔必須包含下列資料：

①不同的供料來源，卽各供應商資料。

②每一供應商之供應前置時間。

③供應商的產能。

一另件的製造前置時間通常可分爲整理準備時間(Set Up Time，簡稱 SU)、加工時間(Run Time，簡稱 RT)、搬運時間(Transit Time，簡稱 TT)及等待時間（Queue Time，簡稱 QT)，表 3.33 所示，卽爲一例。

表 3.32　工作中心檔

工作中心	機器	班數	機器數目	效率	利用率	每日有效產能
1	六角車床	1	4	0.80	0.90	23.0
2	螺絲機	2	2	0.95	0.85	25.8
3	水平銑床	1	4	0.80	0.90	23.0
4	立式車床	1	2	0.75	0.95	11.4
5	切齒機	1	3	0.80	0.75	14.4
6	齒輪磨輪	2	1	0.80	0.80	10.2
7	外磨床	2	1	0.85	0.80	
8	鉆床	1	5	0.70	0.75	10.9
9	熱處理	—	—	—	—	21.0

表 3.33　製造前置時間

工作中心	操作號碼	批一＝SU+RT	批二＝SU+RT	等待時間	搬運時間	總日數	累積工作日
1	10	10.4	1.8	1.5	0.5	3.8	3.8
3	20	6.8	1.2	1.5	0.5	3.2	7.0
5	30	21.0	4.4	2.5	0.5	7.4	14.4
8	40	3.5	0.8	1.0	0.5	2.3	16.7
9	50		3.0		0.5	3.5*	20.2
7	60	24.6	2.3	1.5	0.5	4.3	24.5
6	70	33.0	3.2	2.5	0.5	6.2	30.7
		99.3	16.7	10.5	3.5	30.7	

3-3-5(2) 倒推排程

當所需資料齊備之後，即可以倒推排程法排出每一另件的日程，玆利用表 3.33 的資料，排如下表 3.34 所示:

表 3.34　倒推排程

操作號碼	工作中心	說　明	搬運到工作中心	到達工作中心	等待時間	開始日期	加工時間	完成日期	加工週
70	6	齒輪磨輪	0.5	175					
60	7	外 磨 床	0.5 0.5	168.8 164.5	2.5 1.5	171.3 166.0	3.2 2.3	174.5 168.3	35 34
50	9	熱 處 理	—	161	—	161	3.0	164	33
40	8	鑽　床	0.5	159.2	1.0	160.2	0.8	161.0	33
30	5	切 齒 機	0.5	151.8	2.5	154.3	4.4	158.7	31/32
20	3	水平銑床	0.5	148.6	1.5	150.1	1.2	151.3	31
10	1	六角車床	0.5	148.6	1.5	146.3	1.8	148.1	30

3-3-5(3) 無限負荷及產能需求

利用倒推排程排出 MRP 中每一另件之日程後，即可決定所需的產能。將一訂單在工作中心上所需整理準備時間及加工時間全部加總起來，即得該工作中心所需的產能，將某一時期中各項需生產的產品（即日程已排定生產）所需產能相加，即得該工作中心之產能需求，下表 3.35 所示，即爲第29週、30週及31週，六角車床部門的產能需求。

表 3.35　產能需求

機器: 4				
週	訂貨總數	零件總數	需要小時	累積需要小時
29	718	S 1320	32.4	32.4
29	684	S 2816	18.2	50.6
29	735	R 0635	26.0	76.6
30	726	S 1205*	10.4	10.4
30	804	P 6831	57.0	67.4
30	962	R 7219	31.4	98.8
30	829	G 4123	12.1	110.9
30	784	S 0705	17.9	128.8
31	876	S 1102	15.7	15.7
31	973	P 7780	30.2	45.9

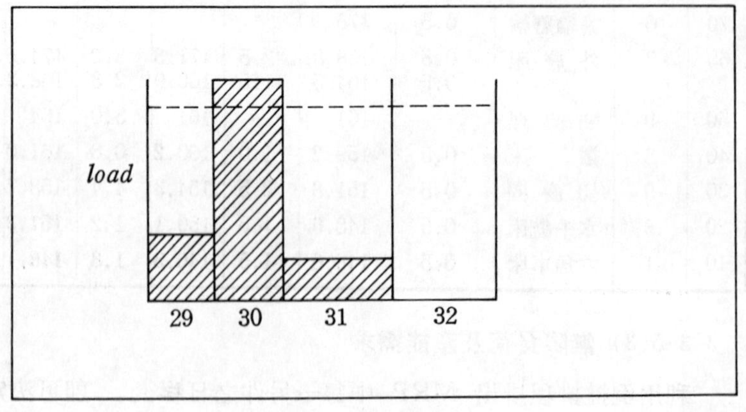

圖 3.23　無限負荷

3-3-5(4) 有限負荷

由圖 3.23 無限負荷中顯示第 30 週的產能不足，而第 29 及 31 週則有剩餘的產能，因此，吾人可將 30 週的日程排在29週甚或 31 週生產，此種調整日程以使負荷在工作中心的產能之內的方法稱爲有限負荷，上例六角車床的無限負荷，經調整後的有限負荷，繪如圖 3.24 所示。

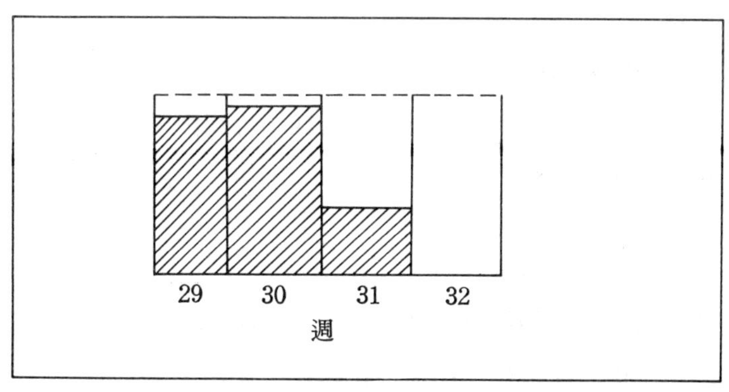

圖 3.24 有限負荷

3-4 生產管制

隨時間的消逝，已經到了該執行計劃的時候，生產活動管制（Production Activity Control，簡稱 PAC)的功能在於使生產作業符合計劃、報告作業的結果以及修改計劃以達成作業的績效目標。

通常一電子工業公司之生產活動管制作業如下:

1. 排程及排序
2. 派工
3. 優先派工法則

4.進度管制

玆分述如下:

3-4-1 排　程

一旦 MPS 及 MRP 完成，由生管部門發送製造命令給生產部門之後，生產部門第一線主管所面臨者係如何作每日的排程、排序及管制生產作業。

3-4-1(1) 耗竭法

於成批的大量生產系統，通常採用耗竭時間法來排程，所謂耗竭時間 (Run time) R

$$R=\frac{庫存量}{需求率}$$

此時間表示庫存物料尚足以支付需求的時間，當計算出所有產品的耗竭時間之後，即以最低耗竭時間的產品優先安排生產。

假設一洗衣肥皂製造廠共生產 5 種不同大小的產品，其需求量、庫存量、生產時間及經濟批量如下表 3.36 所示:

表 3.36　耗竭時間

產品	經濟批量	生產時間(週)	需求率(每週單位)	現有庫存量	耗竭時間
小號	1,000	1.2	250	800	3.2
中號	800	0.8	300	600	2.0
大號	1,500	1.9	500	2,000	4.0
巨大號	1,800	2.0	800	2,500	3.25
特大號	600	1.0	300	525	1.75

其耗竭時間的計算，由公式得

小號肥皂　$R=\frac{800}{250}=3.2$

中號肥皂　$R=\frac{600}{300}=2.0$

其他，同理可求得，列於表 3.36 最後一欄。由表中可知，特大號肥皂的耗竭時間最短（即 1.75），因此，下週優先安排生產特大號肥皂，其批量爲 600，正好需 1 週的生產時間，經過一週後，我們重新調整庫存量，即

小號爲　800－250(1)＝550

中號爲　600－300(1)＝300

其他類推，然後再重新計算其耗竭時間，列如下表 3.37 所示。

表 3.37　耗竭時間

產　品	EOQ	生產時間（週）	需求量	現有庫存量	耗竭時間
小　號	1,000	1.2	250	550	2.2
中　號	800	0.8	300	300	1.0
大　號	1,500	1.9	500	1,500	3.0
巨大號	1,800	2.0	800	1,700	2.125
特大號	600	1.0	300	825	2.75

由上表可知中號肥皂的耗竭時間（1.0）最少，故下週優先安排其生產，其批量爲 800，時間爲 0.8 週，因此，過了 0.8 週之後，即可重新計算耗竭時間及安排生產計劃。

3-4-1(2) 零活生產排程

於零活生產工廠中，通常產品的種類多數量少，即所謂的多様少量生產，每天面臨相當多的工件待加工，其流程往往又不一様，此時，有兩項重要工作待做，其一爲排程(Scheduling)，即排定作業開始及結束時間的程序；另一爲排序（Sequencing)，即決定工作處理（加工）的程序，事實上，在工作的安排上，兩者常難以劃分而爲相同的事務。

爲了說明其排程方法，需先介紹排程準則，共有三種，玆列表如下：

準　　則	定　　義	目　　標
1. 加工週程（Make span）	處理一組工作所需的總時數	加工週程最短
2. 流程時間（Flow time）	一工作在工作所花費時間	平均流程時間最小
3. 延誤時間（Tardiness）	一工作完工時間超過到期日的時間	最大延誤時間最小

爲了達成上述的準則，吾人可採用不同的優先法則以選取其工作的順序，其法則有：

1. FCFS（先到先做），即加工順序依據工件到達工作中心的順序。

2. SPT（最短流程時間），即依據工件在工作中心所需加工時間的長短來決定其順序，時間短者優先。

3. DD（到期日），依到期日的先後來安排其工作順序，到期日最短者先安排。

玆舉一例以說明其方法，有一工作中心有六項工作待做，其加工時間及到期日如下（依工作到達順序排列）：

工 作	加 工 時 間 （日）	到 期 日 （日）
A	2	7
B	8	16
C	4	4
D	10	17
E	5	15
F	12	18

1. 採用 FCFS 準則

依照工件到達工作中心的順序，即 A→B—C—D—E—F，將其結果列如下:

工作順序	加工時間	流程時間	到 期 日	延誤時間
A	2	2	7	0
B	8	10	16	0
C	4	14	4	10
D	10	24	17	7
E	5	29	15	14
F	12	41	18	23
	41	120		54

由上表知，其平均完成時間$=\frac{120}{6}=20$（天）

平均延誤時間$=\frac{54}{6}=9$（天）

平均工件數$=\frac{120}{41}=2.93$（件）

2.採用 SPT 準則

即按照加工時間長短排程，其順序為 A—C—E—B—D—F，其結果如下:

工作順序	加工時間	流程時間	到期日	延誤時間
A	2	2	7	0
C	4	6	4	0
E	5	11	15	0
B	8	19	16	3
D	10	29	17	12
F	12	41	18	23
	41	108		38

$$平均完成時間=\frac{108}{6}=18\ (天)$$

$$平均延誤時間=\frac{38}{6}=6.33\ (天)$$

$$平均工件數=\frac{108}{41}=2.63\ (件)$$

3.採用最小延誤時間法則

依照到期日最短者優先安排，其順序 C—A—E—B—D—F，其結果如下:

工作順序	加工時間	流程時間	到期日	延誤時間
C	4	4	4	0
A	2	6	7	0
E	5	11	15	0
B	8	19	16	3
D	10	29	17	12
F	12	41	18	23
	41	110		38

$$平均完成時間=\frac{110}{6}=18.33\ (天)$$

$$平均延誤時間=\frac{38}{6}=6.33\ (天)$$

$$平均工件數=\frac{110}{41}=2.68\ (件)$$

玆將三種不同方法的結果列如下表，以便比較:

法　則	平均完成時間	平均延誤時間	平均工件數
FCFS	20	9.00	2.93
SPT	18	6.33	2.63
DD	18.33	6.33	2.68

由上表可知，本例以 SPT 法爲最佳，其次爲 DD 法。

3-4-2　排序

一工件需經幾個工作中心加工，有幾種工件等待加工，欲安排其加工順序，可採用強森氏（S. M. Johnson）方法，以使其加工週程最短。

強森法則如下:

1.將工件之加工時間按機器 1 及 2 排列。

2.找出最短加工時間的工件。

3.若該最短時間屬於機器 1，將工件先排；若其時間屬於機器 2 時，將工件排在後頭。

4.重複步驟 2 及 3，直到所有工件排完爲止。

設有五項工件 A, B, C, D, E 需經剪床及冲床加工，任一工件需先經剪床加工後才能由冲床加工，其加工時間如下:

工件	剪床	冲床
A	4	5
B	4	1
C	10	4
D	6	10
E	2	3

因其最短時間發生在機器2上，故將工件 B 排在最後面，如下:

				B

其次，次小時間爲工件 E 的時間，在機器 1 上，故排在最前面，即

E				B

其次的最短時間有二項，即工件 A 在機器 1 上，工件 C 在機器 2

上，因係衝突，故可任選一工件，先選工件A則得

E	A			B

其餘兩步驟如下:

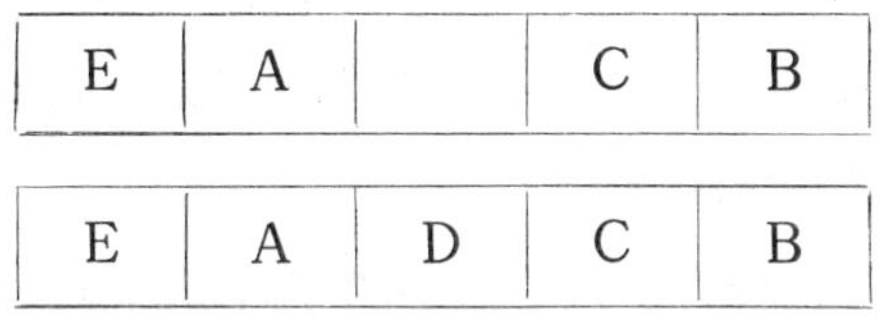

E	A		C	B

E	A	D	C	B

玆將其排序結果繪成如下之甘特圖，由圖中可知，其加工週程爲27。

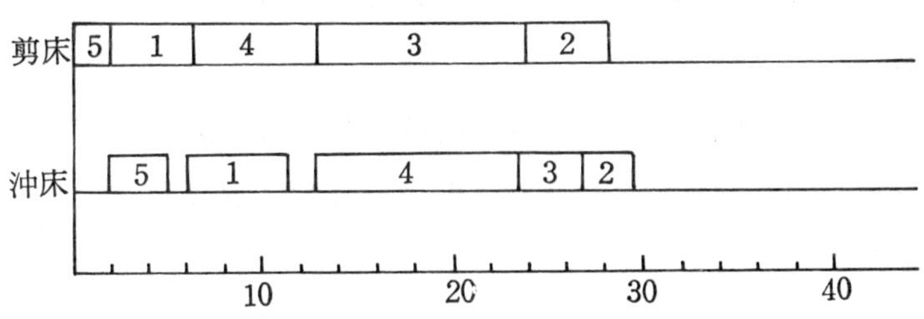

圖 3.25　順序 E-A-D-C-B 的甘特圖

3-4-3　優先派工法則

派工原則的考慮常常基於工作的特質如加工時間或操作數或基於工場本身的特性，何況有些法則尚可隨着工作的進度而變化，玆將常用的法則列如下:

1. FCFS——先到先服務。
2. SOT——最短作業時間，作業時間最短者先做。
3. DD——最早到期者優先。
4. 開始日——以到期日減前置時間，最短者優先。

5.STR——閒置時間剩餘最少，以目前日期減去到期日，再減去尙剩的作業爲 STR，STR 最少者優先。

6.加工時間剩餘——尙未操作時間總和最少者優先。

7.STR/OP——每一作業剩餘的閒置時間，STR/OP最短者優先。

8.CR——關鍵比值，先求目前日期與到期日之差，再除以剩餘的前置時間，CR 最小者優先。

9.QR——等待比值，計劃上剩餘的閒置時間除以計劃上剩餘的等待時間，QR 最小者優先。

10.LCFS——後到先服務。

11.隨機順序——隨管理者或操作者的喜好而選取工作。

若訂單已過了交期，可採用：

12.以超過交期日數加剩餘前置時間之和最大者優先。

13.以超過交期日數加剩餘加工時間之和最大者優先。

另外法則：

14.一工作之下一工作中心之工作量最少者優先。

玆以 CR 爲例，說明其應用：

$$CR=\frac{\text{現有到期日}-\text{現在日期}}{\text{剩餘前置時間}}$$

下表所示爲三個訂單的 CR 值：

訂單	到期日	剩餘日數	剩餘前置時間（日）	CR
A	日期 197	33	22	33/22=1.5
B	186	22	22	22/22=1.0
C	175	11	22	11/22=0.5

* 現在日期爲 164

現在讓我們考慮特定作業之 CR 值，如下表，假設其作業 10 已完成，尚剩餘 16 個工作天，則

$$\text{CR（全部作業）}=\frac{16}{7.5+5.3+5.4}=0.88$$

$$\text{CR（作　業 20）}=\frac{16-(5.3+5.4)}{7.5}=0.71$$

$$\text{CR（作　業 30）}=\frac{16-5.4}{5.3}=2.19$$

$$\text{CR（作　業 40）}=\frac{16}{5.4}=2.96$$

一訂單之 CR 值爲 1，表示進度正好；若 CR 值大於 1，表示進度超前，CR 值小於 1 則表示進度落後，因此 CR 愈小者愈優先。

工作中心	作業號碼	SU+RT	搬運時間	等待時間	總 時 間	CR
1	10	1.8	0.5	1.5	3.8	已完成
2	20	3.0	0.5	4.0	7.5	0.71
3	30	1.3	0.5	2.5	5.3	2.19
4	40	2.9	0.5	3.0	5.4	2.96
合計		9.0	2.0	11.0	22.0	

另舉一例說明派工法則之應用:

林記製造廠有一工作所擁有一車床（L)、鉆床（D)、銑床(M)及磨床（G)，其工作之到達依顧客訂單之順序，其工作到達之資料如下;

工作	到達時間	加工順序（加工時間）
1	0	L(10)—D(20)—G(35)
2	0	D(25)—L(20)—G(30)—M(15)
3	20	D(10)—M(10)
4	30	L(15)—G(10)—M(20)

註: L(10) 表示在車床上加工，其加工時間爲 10 單位。

爲了工作的安排方便，採用下述的圖形

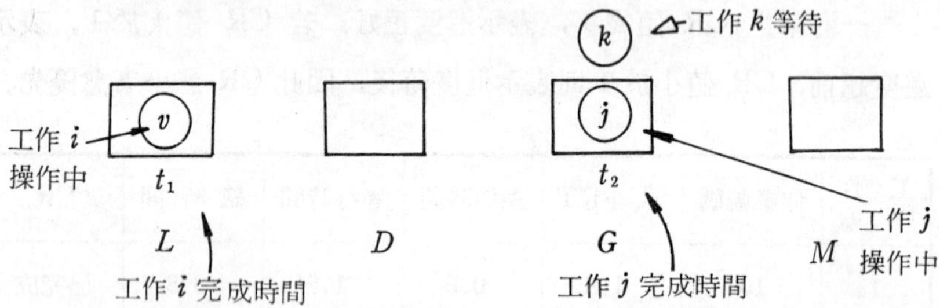

上圖中，吾人以方塊代表一機器，加工中的工作或等待中的工作均加圓圈，在方塊下方標示目前加工中工作的完成時間，吾人採用加工時間剩餘最少者優先派工法則。於時間 0 時，工作 1 及 2 到達，工作 1 立刻安排在車床上加工而工作 2 則排在鉆床上，其圖形如下:

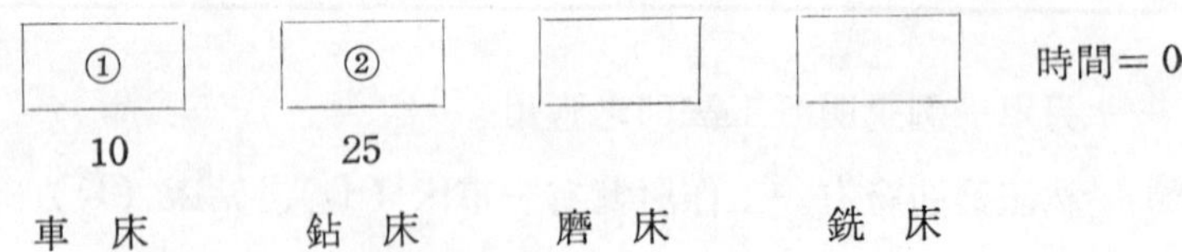

於分析此類問題時，將時間增加 5 單位，可能發生兩種狀況，其一新工作到達，另一爲某項工作已完成，如果無事發生，時間再繼續往前移。本例，當時間進行到 10 時，工作 1 完成， 但工作 2 仍未完

成，致工作 1 只有等待。

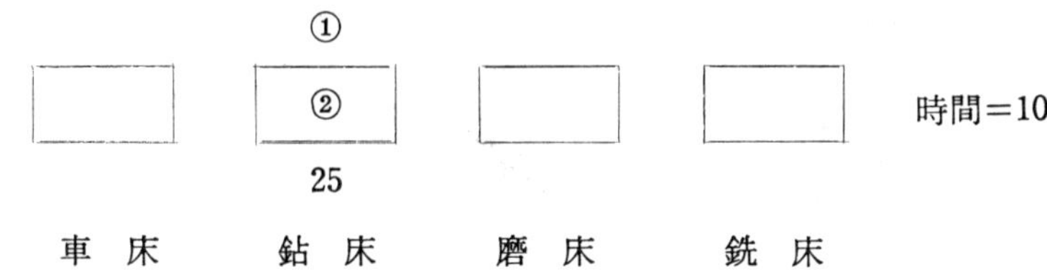

其次，到時間 20 時，工作 3 到達，加入鉆床的等候行列:

於時間25時，工作 2 在鉆床上的加工完成了，如今必須考慮工作 1 或 3，誰先派工，比較其剩餘加工時間:

工作 1 之剩餘時間=10+20+35=65

工作 3 之剩餘時間=10+10=20

故工作 3 優先

如此繼續下去，其全部過程如下，並繪製甘特圖，由圖中可知，全部工作於時間 120 全部完成。

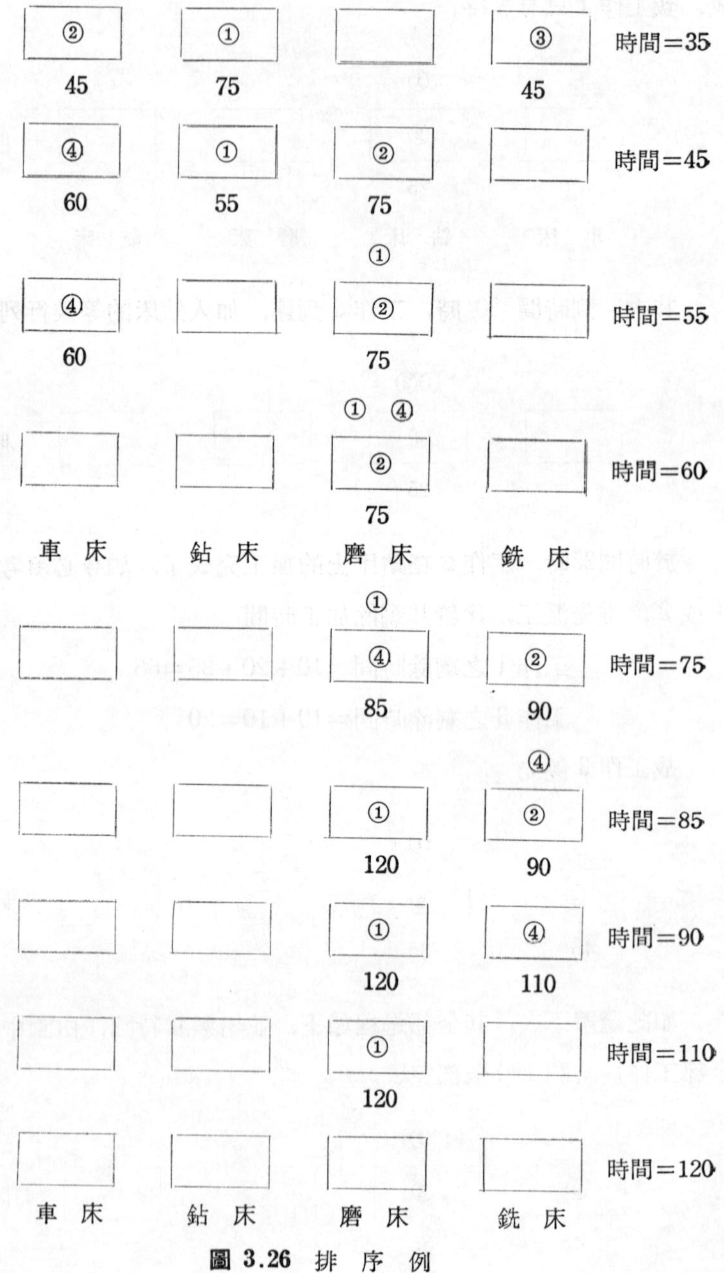
②
①
③
時間＝35
45
75
45
④
①
②
時間＝45
60
55
75
①
④
②
時間＝55
60
75
① ④
②
時間＝60
75
車 床
鉆 床
磨 床
銑 床
①
④
②
時間＝75
85
90
④
①
②
時間＝85
120
90
①
④
時間＝90
120
110
①
時間＝110
120
時間＝120
車 床
鉆 床
磨 床
銑 床

圖 3.26 排 序 例

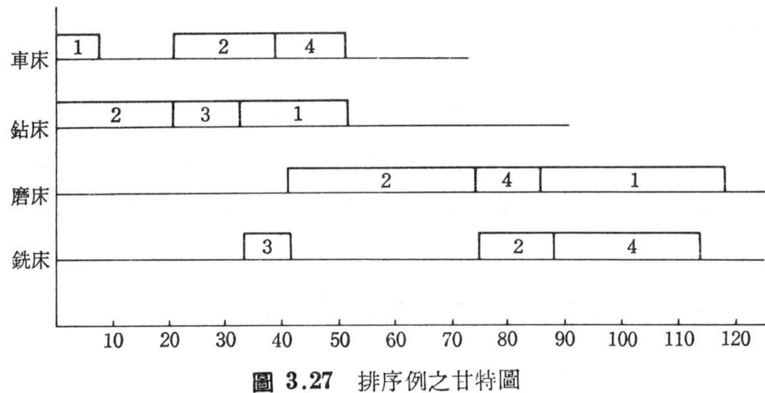

圖 3.27　排序例之甘特圖

3-4-4 派　　工

派工 (Dispatching) 係通知第一線主管有關工作的優先順序以及訂單執行生產的順序，目前國內常用方式係採用製造命令單（手寫的或電子計算機印出）或口頭或電話傳送，派工單必須每個工作中心一份，至於其派工頻率則隨訂單執行時間而異，若訂單執行生產時間在 1 天或以內，則常每天下達派工單，若訂單執行時間數天時，可以一週爲單位而派工，必要時，半週再修正一次。

下面所示係一派工單的例子:

工　　廠 02　　部　　門 27　　工作中心　M3

日　　期: 7月1日　　產　　能 85 小時

件　號	訂單號碼	數　　量	每件工時	總　工　時	CR
9706	S—4276	200	0.3	60	0.6
B1319	S—4518	100	0.8	80	1.0
H4276	S—4625	120	1.5	180	1.3

3-4-5 進度控制

俗云：事情不如意者十之八九，生產日程之執行更是如此，因此，作爲生產管制人員必須時時了解訂單進度是超前還是落後，那些訂單缺料，那些工作中心落後……等等，以便能掌握進度，採取對策，設法彌補落後。

通常，應用甘特圖以管制生產進度，如下圖 3.28 所示，於今日檢查時，發現機器 3 落後而機器 4 及 5 則超前。

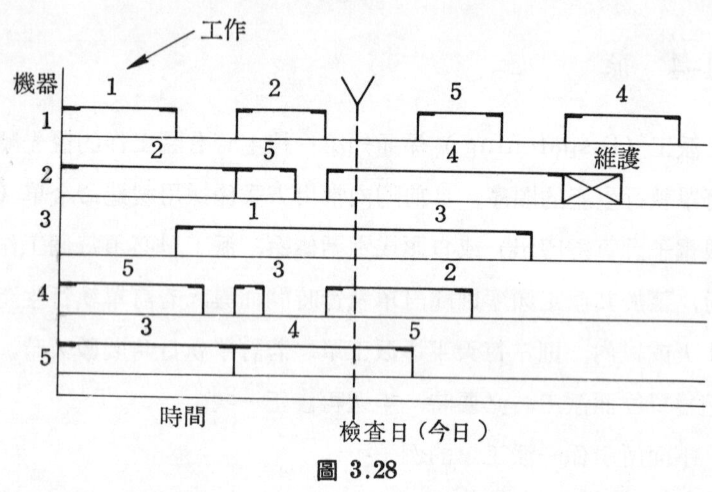

圖 3.28

此外吾人常用生產線平衡 (Line Balancing，亦稱LOB) 來管制生產的績效。生產線平衡特別適用於重複性及訂貨生產型的工廠，其使用上需要兩種情報，其一爲交運條件情報，其二爲每一生產階段的標準生產時間，LOB 的程序如下：

1. 依據已知的需求量，繪製累積生產圖，此圖係用以比較計劃生產進度及實際生產進度。

2. 擬定操作計劃，標明製程主要因素及每一操作的前置時間。

3.繪製進度圖以標示管制點之實際完成工作且以生產平衡線標示管制點應完成的工作水準。

4.比較 LOB 與實際進度，以便明瞭無法達成平衡線的原因，以謀對策。

玆舉一例以說明 LOB 術之應用:

表 3.38, 3.39所示乃吾人所需的情報。由表 3.38 及 3.39 繪成圖 3.29 的總體管制圖，圖中顯示第七週生產欠量爲 7，假設其生產結構如圖 3.30 所示，係將生產過程分解成各工作單元,、分派於各不同部門或工作站來執行，圖中結點所示卽爲工作站。

表 3.38 每週需要量及其累積數量

週數	需要量	累積需要量	週數	需要量	累積需要量
0	0	0	6	6	36
1	5	5	7	2	38
2	4	9	8	8	46
3	6	15	9	6	52
4	10	25	10	6	58
5	5	30	11	5	63

表 3.39 實際生產量

週數	實際生產量	週數	實際生產量
0	0	6	3
1	4	7	
2	4	8	
3	4	9	
4	8	10	
5	6	11	

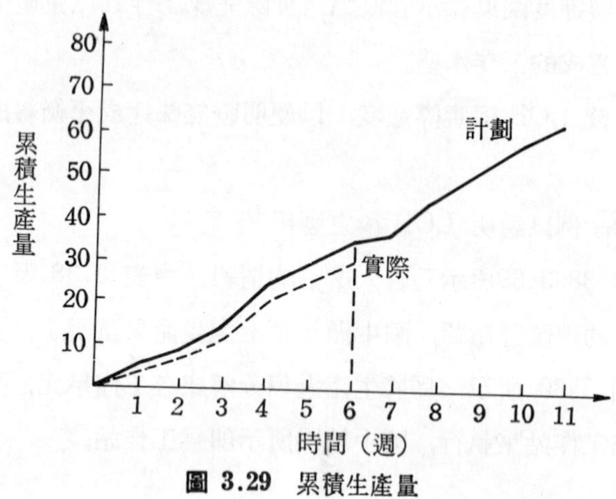

圖 3.29 累積生產量

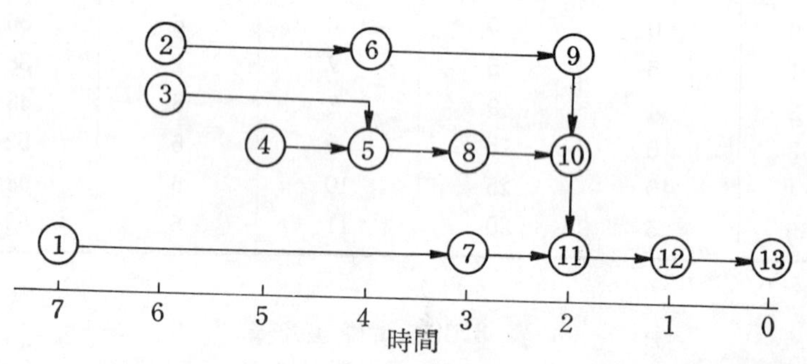

圖 3.30 操作計畫

在第四週，管制點13（最末道工作站）所需完成的總數量爲25，爲了達成此計畫，通過管制點 12 之工作量應爲 4+1 週的完成生產量，因點 12 及 13 間爲1週，故其數量爲 25+5=30，同理，管制點 11 之工作量爲 30+6=36，以此類推，其各管制點所需的生產量亦如表 3.40。

表 3.40　所需工作量（第四週）

管　制　點	需　要　量	管　制　點	需　要　量
1	63	8	38
2	58	9	36
3	58	10	36
4	52	11	36
5	46	12	30
6	46	13	25
7	38		

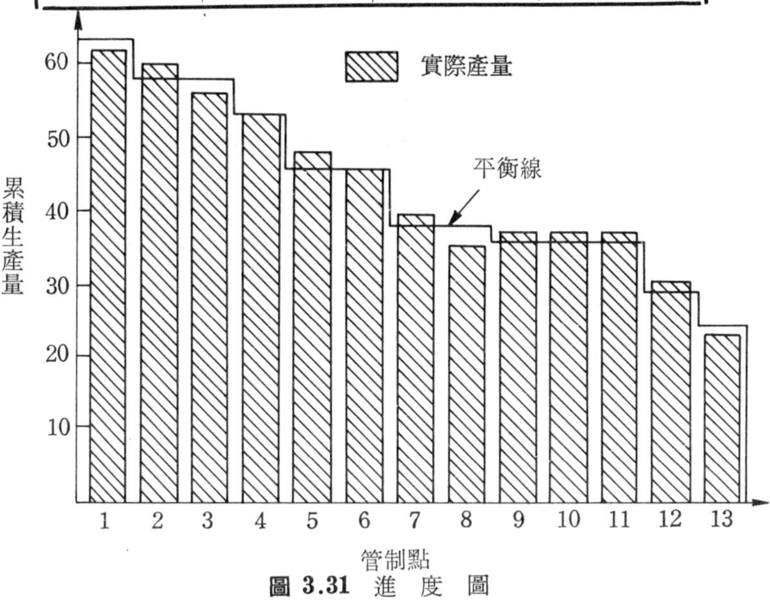

圖 3.31　進　度　圖

第四週的 LOB 圖可利用表 3.40 的資料繪製而成，如圖 3.31 所示，斜線部分表示第四週各管制點的實際累積生產量，未達成預定計畫的管制點可由圖中查得，然後採取有效對策。

3-5 物料管理

大多數廠商，物料在生產成本占著極高的比例，往往超過直接人工及製造費用之總和，因此，只要節省些許的物料成本即可大大的降低生產成本，更且物料價格有漲跌，不易變現且種類繁多等的特性，使得物料管理更形重要，物料管理包含採購、存貨控制、驗收、搬運及儲存等的功能，物料管理的目的在於適時、適地供應適質、適量、適價的物料，以使公司獲得最大利潤。

本章專就物料管理的採購及儲存功能加以討論，至於驗收及存貨控制則留待下章討論。

3-5-1 採　購

採購的目標在於 (1) 獲得適量的物料以使生產連續不斷，且保持物料成本於最低，(2) 獲得適當品質的物料，(3) 在符合品質要求的水準下獲得最低成本的物料，(4) 及時供應所需的物料，不僅使生產連緜不斷，且使物料不致超存。

3-5-1(1) 採購程序

採購之程序如下:

1.收到採購申請單

此係由生產人員所提出，註明所需物料名稱、規格、數量、需用日期及請購部門等資料。

2.分析供應的來源

採購部門通常存有各供應商的檔案，可供查閱合格的供應商。

3.分析供應商價格

分析各供應商的價格、折扣、運送及交貨日期等資料，此外，對供應商的可靠性、互惠條款、品質及其他因素均應加以考慮。

4.發出採購訂單

訂購單若爲供應商所接受卽成爲雙方約束的合約，因此，在發出訂購單之前需仔細檢查訂單上的資料是否正確，訂單上應包含訂購產品的說明和規格、單價及其付款、訂購數量、折扣、付款條件、運送指示、訂購日期、交貨日期、訂單號碼及公司簽章等等。

5.跟催訂購情報

供應商一旦接受我們的訂單，採購部門需隨時檢查供應商的生產進度及品質狀況，是否令人滿意。

6.收料

當物料送達時，收料部門應檢查數量，品管部門檢驗品質，若各項均令人滿意，卽可進行下一步驟。

7.完成登錄

將收到的物料情報登錄於存貨記錄卡上，交易卽告完成且付款給供應商。

3-5-1(2) 供應來源分析

供應商來源有：供應商的推銷人員及目錄或廣告、貿易雜誌、貿易指南、同業公會、電話簿及採購人員的檔案和經驗等等，並且應盡量找尋新的供應商，以增加選擇之機會。

其次就各可能供應商加以評估，以決定合格的供應商，依據「美國國家採購協會」(The National Association of Purchasing Agents) 於 1963 年發展的「供應商績效評估」(Evaluation of Supplier Performance)，該計劃係將採購的四項主要因素：價格、品質、交貨及服務儘量化成金錢價值，以比較各供應商，其步驟如下：

1.淨交運價格＝表列價格－折扣＋運費＋保險費、稅捐等。

2.品質成本比率$=\frac{\text{物料品質成本}}{\text{總採購價值}}$

物料品質成本係依據該供應商過去交貨的品質記錄而來，其成本包括鑑定成本及失敗成本。

3.申購成本比率$=\frac{\text{申購及維繫成本}}{\text{總採購價值}}$

申請及維繫成本係採購部門而來，包括協議、連繫費用、調查、額外運費、催查費用及進度報告等等。

4.交貨成本比率＝申請成本比率＋違約罰款

將延期交貨成本表成總採購價值的百分比

5.服務成本比率$=\frac{\text{最大評點}-\text{供應商評點}}{\text{最大評點}}$

服務成本係對供應商所提供的產品和服務的特殊因素的評價，其評點（Ratings）係將供應商缺乏該項目因素之罰款及費用化成百分點，下表所示係說明供應商服務成本比率之求法:

最大評點	因素	供應商評點
	供應商能力	
15	產品發展及進步	11
15	產品的領導地位及聲望	9
10	技術性能力	9
10	生產能力	8
10	財務償付能力及獲利力	8
	態度及其他因素	
5	勞工關係記錄	2
10	企業關係	8
5	現場服務及適應能力	2
10	保證條款	6
10	進度的連繫	7
100	合計	70

故其服務成本比率$=\frac{100-70}{100}=0.3$

6.淨值成本＝淨交運價格＋淨交貨價格×（2, 4, 5 比率之和），例如一供應商之表列價格為 114,300 元，折扣率 10%，運費為 600 元，則其淨交運價格＝114,300－114,300×10%＋600＝103,470元。

依據過去歷史資料可求得各比率，其和為

比率和＝2.2%（品質成本）＋1.2%（交貨成本）＋0.3%（服務成本）＝3.7%

故得淨值成本＝103,470＋103,470×0.037＝107,300 元

3-5-1(3) 價格的決定

對大多數工業產品而言，價格均為事先決定的，採購人員通常照價訂購，但對大量的訂單，尤其連續不斷的訂單，價格是可協商的，其程序，首先由各供應商出價，通常由最低價者獲得訂單，但有時則否，其理由如下:

1.高標者可能提供更好的售後服務。

2.高標者具有更好的廠房設備，其產品的品質較佳。

3.最低標者可能不可靠。

4.某些公司的互惠條件較低標者為佳。

5.低標者距離較遠，其運費抵銷了價格上的優勢。

6.由於過去有關信用、退貨折讓、折扣、緊急訂單的處理上的績效，有些高標供應商有更好的信譽。

7.採購部門可能遵行與區域供應商交易的政策，因可使其稅捐貢獻桑梓。

最後付予供應商的價格受到三項折扣的影響：交易、數量及現金折扣。

交易折扣（Trade Discounts）係依據採購者的類別而給予不同的折扣，其折扣因製造商、批發商或零售商而不同。

數量折扣 (Quantity Discounts) 係依據訂購數量而給予折扣，係隨訂購數量的遞增而降低單價，數量折扣係導因於大量採購在單位產品之銷售、運送及會計等成本之節省所致。

現金折扣 (Cash Discounts) 係因採購者付予現金而給予的折扣，其折扣亦因各行業而不同，在國內常見者爲五分的折扣。

3-5-1(4) 物料採購方法

物料採購方法有下列幾種:

1. 招標: 購置數量較多之物料，在市場情況允許下經常採取此種方法。投標前需登報公告，內容包括:

a. 招標事業之名稱。

b. 購料之種類。

c. 品質規格與數量。

d. 投標登記之截止日期與地點。

e. 開標時間 (包括幾月幾日幾時)。

f. 決標之方法。

g. 押標金數額及繳納方法。

h. 履行合約之保證。

i. 投標時採用何種單據。公營事業在登報公告後需預估底價，私人機構甚少執行此事。

爲防止意外事件發生，開標時應注意下列事項:

a. 設置投標箱，當衆驗明空箱後封箱加鎖。

b. 規定投標廠商必須於開標前幾小時 (普通以二小時) 繳足一切應繳之金額 (如標金)，並密封投標單，否則一切無效。

c. 在投標前後爲防止流氓之敲詐活動，應設法維持會場秩序。

在公營事業機構，當物料總値超過稽察限額之採購條件，在市場許可時，須採取招標方式（詳見行政院公佈之公營事業機關材料管理規則)。

2.比價：所謂比價卽由合乎供應條件之廠商中，選出價格最低者爲承購商。在公營機構，採購總値未超過稽察限額，或有其它原因而無法招標者，可採用比價之方法採購物料。

3.議價：此種採購方法是針對特殊物料，僅有獨家供應時所採行之方法。卽雙方協議合理之價格而完成購料之交易。

4.牌價收購：凡大量消耗之物料，且供應市場分散，單價低而供應之廠商衆多時可採此種方法。其辦法爲將物料規格與單價公佈（公告）之，由各地代表分別收購。

5.零購：價格極小，用量極少之物料，通常均由採購人員直接向市場洽購。

3-5-1(5) 集中採購與分散採購

很多公司採行集中採購，卽由一採購部門執行公司全部的採購事宜，其優點如下：

1.因所有訂單均由同一部門發出，故採購及存貨的管制較佳，同時可獲得現金折扣，利用經濟批量及使用訂購點之利益。

2.統一採購可購得數量折扣之利益。

3.集中採購的幕僚較分散採購者爲大，故採購人員可獲得專業化及分工的優點。

4.由於集中的大量採購，故可採用電腦來處理採購及倉儲作業。

5.集中採購可發展更好的供應商關係且能維持更好的供應商評估及踪催制度。

分散採購係依地理位置將採購作業分由各採購部門個別處理，其優點如下：

1.由生產觀點，分散採購能提供迅速的服務行動。

2.有些物料具有地區性需求差異存在，分散採購人員較熟悉此地區性的要求條件。

3.集中向一家供應商採購，易因供應商所遭遇的天災人禍而有中斷供應的危險。

4.分散採購因接近供應地區，其運送成本較低。

5.易建立地區性的良好信譽。

由於集中採購與分散採購各有其優點，故大多數公司均採行混合方式，即對高價值及大量的採購採用集中方式，而大多數的小訂單及緊急訂單採用分散採購方式處理。

3-5-1(6) 自製、外購或租用決策

製造廠商面臨自製或外購的決策問題，於下列條件成立時，自製優於採購:

1.生產成本較採購價格爲低。

2.產品的需求穩定且數量很大時，其生產投資回收迅速。

3.公司的製造設備、人才及經驗適於此一產品的生產。

4.可利用公司的閒置空間、設備及技術人才以製造此一產品。

5.供應商無法生產合乎品質規格的產品，而此產品對公司又極爲重要。

6.可由地區搜購原料產製另件而節省運輸成本。

7.公司突破性研究成功而欲保持商業機密。

雖然有那麼多理由支持自製，但下列理由顯示採購優於自製:

1.產品自製的設備投資額過大，公司在財務上無法負擔。

2.產品需求量變化太大造成生產上的諸多問題。

3.產品需求量很少時。

4.產品具有商業機密或專利權。

5.經濟的變動使得公司需迅速的消減費用，而採購恰能達成此一要求，但自製卻無法達成時。

6.由於陳廢而使設備失去價值或生產不划算。

7.自製時過高的重作和報廢率，但供應商卻能提供滿意品質及數量的保證。

另一種採購部門所面臨的決策爲購置設備及建築或租賃，租用辦公室、卡車、機器及工具的公司相當普遍，其理由如下:

1.設備之陳廢相當迅速，而陳廢的風險由所有者承擔。

2.設備的保養往往極爲特殊，例如電腦，其維護和修理通常由所有者負擔。

3.稅捐的擔負對承租人有利，因租金可作爲所得的扣除額，即作爲費用項目，若擁有設備，其折舊分好幾年才攤完。

4.租用設備在財務上的支出較購置爲少,若公司需要大量的設備，租用係獲得所需設備的快捷辦法。

另一種租用決策爲出售再租回合約 (Sale and lease-back agreement)，此種形式的合約在建築上相當普遍， 即一公司設計廠房，建造後售予保險公司，然後向保險公司長期租用。因對一公司而言，與其將資金凍結於固定資產上，倒不如作其他更有利的用途。

3-5-1(7) 價值分析

價值分析係檢核一產品之功能及價格以決定最具效率的規格且於達成預期功能下尋求最低的成本，近年來採購在這方面的發展極爲迅速，與其集中精力於最佳價格，倒不如集中於其價值分析的功能上，價值分析係尋求下列諸問題之解答:

產品的功能爲何，欲達成何種目標?

有什麼替代材料可用以生產此一產品?

如何簡化此一產品?

是否有其他更有利的製造方法?

是否可採用標準的、大量生產的零件以代替非標準零件?

對於產品的功能而言，有那些零件是多餘的?

這些問題的解答本質上係節省成本。價值分析的程序，首先檢查與成本有關的事實，此事實來自規格、藍圖及產品的檢視而得，其次與設計工程師討論以決定是否可改進產品的設計．公司裏的人們或顧客往往有新的創意以增加產品的價值及降低成本，一般而言，創意需從多方搜集，一旦搜集創意，就進行分析，一旦改善有希望，必須了解是否有能力生產此種改善的產品。最後需提出報告以說明導入改善及價值分析之績效改善等對成本之節省。

爲了使價值分析有效，價值分析員必須具備一些特性，諸如創造性思考、時時更新產品及新製程的知識，當他們檢視產品設計時，需決定其必要的功能及不同材料，工具設備及製程的影響，專注於特殊個案及儘可能的採用標準化產品，綜上所述，價值分析員必須具有良好的人際關係。

3-5-2　物料之驗收

物料到貨時，需經正常之驗收手續才能入庫，所謂驗收乃查驗收到物料之品質與數量，以爲允收或拒收之依據。

驗收工作之內容如下:

1.驗明承售廠商，有時同一項物料分向兩家以上廠商訂購，需先驗明承售或承製廠商。

2.驗證到貨日期與約定日期是否一致。

3.驗明物料之名稱及品質。

4.清點數量。

5.將驗收結果通知有關部門。

6.處理破損物料，宜立即依約處理。

7.退還不合格物料。

8.將物料加上標籤或塗印符號，以示區別。

9.作成有關之物料記錄。

驗收之依據項目如下:

1.合約: 合約中對物料規格，應有明確之規定，驗收時可依合約之規定檢驗之。

2.樣品: 樣品之送達，有的隨報價單而來，有的是在交貨時再抽出樣本。前者較無問題，後者須特別注意其抽出之樣本是否合乎合約所規定之規格，同時須會同蓋章加封，且買賣雙方各執一份，以備發生糾紛時，查究複驗之用。

驗收不合之處理，依各種情況分別處理如下所述:

1.驗收之數量與合約不符:

收到物料時若實收量不足，若所差數量不多時，可同意補繳扣款結案，否則責令其補充且賠償缺料所導致之損失，若實收數量超過合約所記載之數量，如所差數量不多，可同意照多交數量收貨，且補充購款，否則可將過多之物料退回。

2.運輸損耗之處理:

運輸損耗如規定由買方負責，則須在合約中規定損耗率之極限，若損耗超過此限度，則由承運經辦者或賣方負責，而運輸損耗者一律退回賣方。

3.拒收物料之退回:

物料經檢驗不合格後，需立即通知承購廠商自行運回，解除合約，責令其賠償，如賣方不運回，則可以依據合約之規定收取保管費或通知其如逾期不運回，將逕予拋棄。但若不合格之物料仍可修補或掉換，則可責令賣方修補或掉換，不必解除合約，以免雙方遭受重大損失。

4.違約罰款之催收:

賣方未能依約履行應盡之規定，依規定可令其繳出罰款，若賣方故意遲延不繳，則可依民事訴訟解決之。

3-5-3 物料的分類與編號

一公司的物料種類繁多，爲達有效的管理，必須作有系統的分類，其分類原則如下:

1.一致的原則: 即依據一定的標準來分類，由大分類至小分類，均依同一原理進行。

2.互斥的原則: 凡能歸入某類之物料，必須均能歸入該類，不可能再歸入其他類。

3.週延的原則: 務使所有的物料均能歸入某一類，不能有所遺漏。

4.並列的原則: 類似或關係密切者，應儘量歸入同一系列中。

5.漸進的原則: 分類必須依序展開，逐層細分，方能綱舉目張有條不紊。

依據上列原則，依照物料的某一特性，先將物料分幾大類，再依次層層細分成各小類，其層次的多少係依實際情況而定。通常可依下列特性而將物料分類:

1.按物料之性質及用途而分:

例如分爲（1）鋼，（2）鐵及鐵合金，（3）非金屬，（4）工具，(5)機器……等等。

2.依採購地之不同而分：

便於控制進料及採購之前置時間。

例如分爲（1）歐洲零件（2）美國零件（3）亞洲零件（4）國內零件……等等。

3.依物料是否直接用於產品而分：

例如分爲：（1）直接材料，（2）間接材料。

4.便於庫存及領發而分爲：

（1）原料，（2）半成品，（3）成品，（4）補給品。

5.依物料價值的高低而分類：

將物料依價值高低及年使用總值的不同分成若干類，而採用不同的管理方法，以達重點管理的目的，此又稱爲 ABC 分類，將於下節中說明。

物料之分類與編號是不可分的，物料經分類之後，應以簡單的符號加以辨別，其編號的原則如下：

1.簡單性：物料之編號，應力求簡化。

2.整體性：所有之物料均需有編號。

3.單一性：每一種物料僅有一編號。

4.彈性：物料若有增減，編號也能隨著增減。

5.組織性：所有物料編號應依序排列，不但可自編號查知物料卡，且可自物料之各類或性質，迅速查到其應有之編號。

6.充分性：所採用之字母、數字或記錄，必須有足夠的數量。

至於編號之方法，常用者有五種：

1.字母法：以一個或數個英文字母來代表一級分類，若干級連續，則代表全部的分類。

2.數字法：以一個或數個數字代表一級分類，通常分成數段，其間以橫線(—)連接。

3.記憶法：以物料英文原名之第一字母或其中可代表原文之一、二字母作爲編號之用，俾望文生義。

4.記號法：以特殊記號或標誌以代表一級分類，顯示物料之性質。

5.混合法：將上述各種方法混合使用，其中最常見的爲字母與數字之混合使用。

現以興隆紙業公司之原料爲例，說明其分類及編號，其原料之分類列如下表：

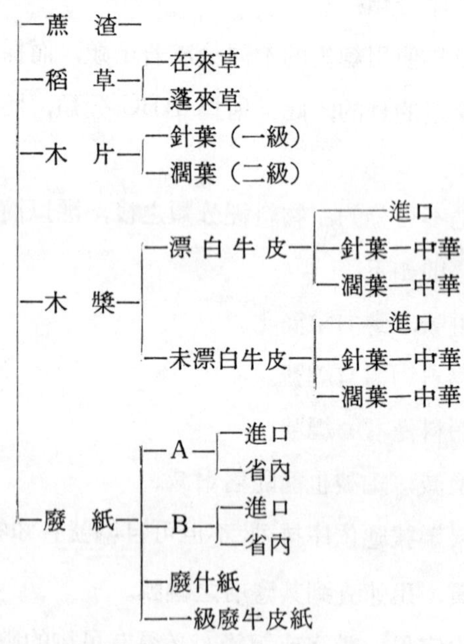

其物料編號係採用英文字母與數字的混合，該公司以A表示原料，B代表副料，C代表機物料，D代表成品，E代表雜項物品。原料係

採三級編號。

第一級　三位數: 第一位爲原料之代號。
　　　　　　　　第二、三位數代表原料之種類。

第二級　二位數: 表示原料種類之細部分類。

第三級　二位數: 代表原料之來源。

	第一級	第二級	第三級
說明	原料種類	細部分類	來源
例	稻草	在來草	省內
編號	A02	01	01

品名	編號	品名	編號
蔗渣	A01-00-01	中華針葉漂白牛皮木槳	A04-01-01
稻草一在來草	A02-01-01	中華濶葉漂白牛皮木槳	A04-02-01
稻草一蓬來草	A02-02-01	進口廢紙A（美國）	A05-01-10
木片一針葉	A03-01-01	進口廢紙B（香港）	A05-11-20
木片一濶葉	A03-02-01	省內廢紙A	A05-01-01
美國進口未漂牛皮木槳	A04-10-10	省內廢紙B	A05-11-01
中華針葉未漂牛皮木槳	A04-11-01	省內廢什紙	A05-21-01
中華濶葉未漂牛皮木槳	A04-12-01	省內一級廢牛皮紙	A05-31-01
美國進口漂白牛皮木槳	A04-00-10		

3-5-4　ABC分析

3-5-4(1) ABC 分析之基本原則

大部份工廠之物料都占總成本之比率甚高，物料數量既多且種類複雜，雖然付出相當大的心血和代價，仍無法使物料管理上軌道，究其原因，蓋未能把握重點之故。吾人若將工廠中的物料加以分類，其中少數幾項物料占了很大的金額，而其他項目固然很多，但所占金額則甚少，如此，則將吾人的時間和精力集中於這些「重要的少數項目」，施以嚴格的控制，此即爲A類物料，而對於那些「不重要的多數項目」，則採取較爲鬆懈的管制，此即爲C類物料，這就是所謂的ABC管理。

3-5-4(2) ABC 分析之步驟:

ABC 分析之步驟如下:

1.製作 ABC 分析卡，將物料名稱、規格、單價及年使用量等資料詳細填入 ABC 分析卡。

2.求出每年耗用金額。

每年耗用金額＝單價×每年預計使用量

3.將分析卡依耗用金額之大小，由大而小排列。

4.將 ABC 分析卡之各項資料轉記於分析表內。

5.計算各類物料每年累積使用金額及其所占百分比。

6.計算物料項目數百分比。

7.根據分析表之累積百分比，按實際情形找出分界點，分類之級可依事實需要而決定。

8.製作 ABC 分析圖，以累積項目百分比爲橫坐標，以累積耗用金額百分比爲縱坐標。

玆以泰旭公司七十四年度機物料（包括副料）爲例作 ABC 分析。玆訂:

A類: 10,000 元以上

B類: 2,000 元～10,000 元

C類: 2,000 元以下

類別	項目	項數比率	耗用金額	耗用金額比率
A	384	5.42%	37,580,188	90.31%
B	654	9.23%	2,940,962	7.07%
C	6,046	85.35%	1,091,490	2.62%
總計	7,084	100%	41,612,640	100%

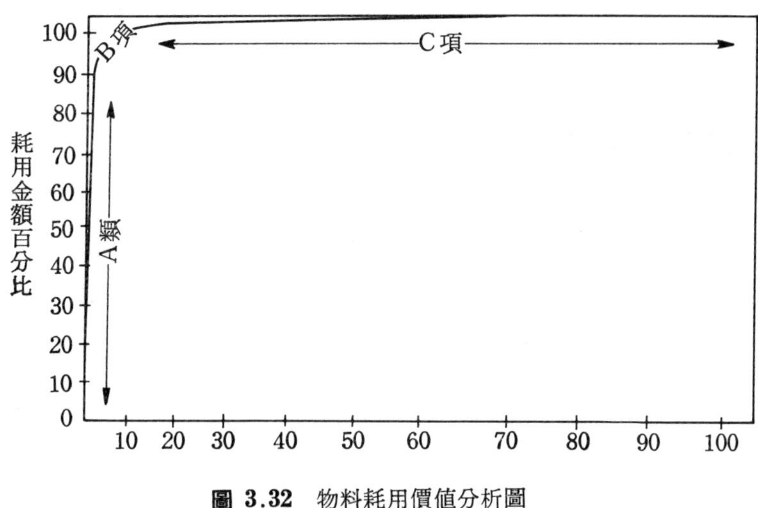

圖 3.32 物料耗用價值分析圖

3-5-5 倉 儲

3-5-5(1) 倉位佈置的原則

倉位佈置，一經決定，便無法變更，若欲變更將浪費大筆金錢，因此在倉位佈置前需詳加考慮下列事項:

1. 儘量減少物料之存放數量，使倉位佈置問題由繁趨簡。

2. 分析各種儲放物料之位置，針對其特性而設置各種櫥架與搬運工具，並算出最大需用倉位體積。

3.倉庫應具有彈性，即對於將來之變更及修補現有之倉庫佈置，應預作準備，俾使經費與勞力減至最低限度。

4.便於物料之搬進。

5.便於驗收工作之進行。

6.便於物料管理業務之進行。

7.便於物料盤點工作之進行。

8.便於發料工作之進行。

9.便於物料搬出工作之進行。

10.便於物料之儲存。

11.安全因素之考慮。

12.對於各種空容器，如何搬運與置放，應事先籌劃，如果某些物料，備有特殊容器裝置，則在佈置時需先考慮此特殊容器之擺置。

13.如利用機器（如輸送帶）爲物料進出倉庫之搬運工具，應準備一輔助路線，以便搬運機器損壞時，仍能使收發業務不致停頓。

14.設計倉位，需考慮物料增多或減少時，剩餘空間之利用問題與不足空間之解決辦法。

15.對於倉庫以外之物料堆置場地，應比照倉庫內之佈置方法執行之。

16.對於容易被竊之物料，應擺置於特殊地位，以便於保管。

3-5-5(2) 倉位編號

因庫房中物料項目繁多，若未事先對倉位作有系統之編號，以便明示各項物料之存儲位置，否則一旦銷用部門前來請領，倉儲人員就其記憶所及，前往找覓，費了大半天功夫，卻找不出所需之物料，爲避免此缺點，多數之倉庫，均就物料之性質，規定其儲存區域。欲建

立倉位編號制度，須注意下列各點:

1. 依一定順序將物料之倉庫、雨棚、露天堆置場，實行分類並編號之，且互相之間需有明確之區別，使人一看即知其爲何類。

2. 在編號之前，應先在儲存場地地面上，劃定標準儲存單位，最好爲方形，至於其面積大小，可依儲存物料之性質與尺寸而定。

3. 倉位編號之構成順序，宜有一定之系統，且此系統之決定應十分愼重，一經決定，儘可能經久不變。

4. 每一儲存區域與標準儲存單位，應有明白之標誌，且需明顯易見。

3-5-5(3)　倉儲空間規劃

倉庫之儲放容量，僅就其有效容積而言，其計算之公式如下:

設　A_1＝箱儲區域總面積

A_2＝櫃架儲區總面積

A_3＝散儲區總面積

F_1＝箱儲空間利用因數＝1

F_2＝櫃架儲存空間利用因數＝0.6

F_3＝散儲空間利用因數＝0.5

F_V＝容積噸當量＝40 立方公尺／容積噸

＝1.13 立方公尺／容積噸

H_E＝有效高度（搬運工具或人力可及之高度）

則全庫有效容積噸位

$$=\frac{(A_1F_1+A_2F_2+A_3F_3)H_E}{F_V}$$

儲放物料時，應在何處擺置某類物料，其所面臨之空間計劃問題

可就下列數種原則考慮之:

1.體積龐大、短期待運、流動性大的物料，或難以搬運之物料，應儲存於接近裝卸地點，或近門處。

2.數量多之物料，宜存於倉庫正中或後面，以便堆高。

3.少量物料，宜存於倉庫之角落，以免佔據太多的空間。

4.應具備必要之堆高工具，以便儘量利用空間。

5.參照儲存方法及搬運工具之特性而設置必要之走道，物料之儲存應注意下列事項:

1.防火: 其注意事項如下:

a. 自然物應注意通風。

b. 易燃物、爆炸物應隔離。

c. 購置適宜之防火器材與滅火之設備。

2.防損:

a. 防止掉落或撞擊。

b. 防止蟲害。

3.防濕、防銹、腐蝕。

4.防塵、防污。

5.防熱、防冷。

6.防止竊盜。

7.防止萎縮、惡化、廢棄。

3-5-5(4) 物料之儲存方式

物料之儲存方式可依物料之性質而決定之，依其特質先決定其應倉庫儲存、棚式儲存或露天儲存。再依其形狀決定其應櫃架儲存、散裝儲存，或箱裝儲存。若物料具有特別性質時，上述之方式均不適宜，則可針對其特性設計——合於其特性之儲存方式。

3-5-6 物料之領發

3-5-6(1) 領發種類:

領發之種類依其處理辦法，可分下列數種:

1. 以領發單據之處理手續分:

a. 單料領發。乃一張單據僅能領用一項物料。

b. 多料領發。乃一張單據可一次領出多項物料。

c. 定量定時分配，對每段時間需用之多項物料，由一張單據領取之。

2. 以領發物料之種類分:

a. 原料之領發。

b. 製品之領發。

3. 以提運辦法分:

a. 提取領發，由需要部門派人至倉庫搬取所領物料。

b. 配送領發，由倉儲部門派人將各部門所需物料，送至指定場所。

領料單之內容:

物料之領料單之格式，須依各事業之實際需要，設計出一定之格式，但其內容不外包含下列各項:

1. 出庫物料之編號、名稱、規格。

2. 出庫物料之數量。

3. 領料部門與運送場所。

4. 交貨之時間。

5. 物料之價格與負擔費用之會計科目或生產命令之號碼。

6. 有關部門負責人之簽章。

3-5-6(2) **領發原則:**

物料之領發，其處理原則如下:

1. 須憑規定之單據與手續。

2. 數量之點發需與領料單所述相符合。

3. 爭取時間，迅速點發物料。

4. 領出後，在搬運過程中應注意安全問題，以防止物料之損傷、遺失、偷竊。

5. 爲達到經濟原則，雇用之人員應儘量減少，且決不積壓任何工作。

3-5-7 呆廢料之處理

3-5-7(1) 呆廢料之發生原因

所謂呆料係指庫存物料中使用機會極少之物料，而廢料係指失去原有用途之庫存物料，其導致之原因如下:

1. 變質，如布匹、紙張之褪色，金屬之生銹，橡皮之硬化，木材之受蟲蛀等等。

2. 驗收之疏忽。

3. 變更設計或營業項目改變。

4. 不敷用，原有之設備，因業務擴大而不敷當時之需要。

5. 更新設備，因機械設備壽命已盡或技術進步，致爲求高效率之生產不得不將原設備報廢。

6. 剪截之零頭邊屑，經濟價值甚低，常被視爲廢料。

7. 拆解之包裝材料，經濟價值甚低，經常集中一處，以廢料處理之。

3-5-7(2) 呆廢料之預防方法

1.依物料本質，採用不同之存量控制方法，並依此決定儲存方法與設備，防止物料之變質。

2.驗收時力求細心，防止不合格物料之混入。

3.儘量將原有物料用完，除非不得已不要中途改用新物料。

4.推行標準化與簡單化運動，使物料之用途多，而發生呆料之可能性減少。

5.銷售、生產與物料三部門應密切配合，使產銷與供料不發生脫節現象。

6.妥善儲存物料防止物料損毀，注意預防保養，提高設備效率，裨益設備之壽命，不致令其速成廢機。

7.剪截需事先設計，務使零頭減至最少。

8.拆解之包裝材料，盡量想辦法利用之。

9.隨時處置呆廢料，以減少呆廢料之積壓資金與佔用庫房。

3-5-7(3) 呆料之確定標準

呆料之確定若缺乏具體標準，僅憑主觀之判斷，則其目的不易達成，且其衡量標準視各企業機構之物料性質而互異，因此須先確定每種物料之標準回轉率$\left(=\dfrac{\text{淨銷售或淨耗用量}}{\text{平均庫存量}}\right)$，依此可求出物料標準儲存日數$\left(=\dfrac{365}{\text{物料回轉率}}\right)$，若超出此標準，則可將其視爲呆料，一般事業機構大概均參考此標準建立一套確定物料之標準，如下所述:

某企業機構將其物料分成五大類，依此五大類物料之特質而訂定其呆料之確定標準。

a. 製成品，過去一年均未銷售者，應報告其主管，請列入呆料，並追查原因。

b. 工場設備，庫存四個月未曾領用者，應報告其主管，請列入呆料，並追查其原因。

c. 原料，購後三個月未用者，應報告其主管，請列入呆料，並追查原因。

d. 包裝材料、廣告材料，購後半年未曾使用者，應報告主管，列入呆料，並追查其原因。

e. 辦公設備，購後四個月未曾使用者，應報告主管，列入呆料，並追查原因。

上述標準可供一般機構參考之。

3-5-7(4) 廢料之確定

廢料之來源，主要為報廢之設備拆散之殘骸，至於資產使用至何種程度，方可報廢之，係屬於設備更新模式之研究範圍，於此不加贅述。報廢之來源有二，一為不能用之設備，二為不值得使用之設備。至於報廢之核准在權責上，價值在某一限度上之設備（由事業機構衡量實際情況決定之），須由高級主管機構核定之，而在此限度下之工具機件，可直接由主管部門呈部門首長核准。

至於庫存物料應行報廢者，理應由主管人員依據物料之實況，登記於表格，送請主管核准，認可後，再送耗用部門作最後之考核，再決定是否報廢。

3-5-7(5) 呆廢料之處置辦法

呆廢料之處置辦法如下:

1. 自行加工，設一廠房專門處理有價值之廢料，如碱業公司對廢氯之利用。

2. 調撥，某部門之呆廢料，可能為另一部門極需之物料，因此在此情況下可調撥利用之。

3. 併修，將數件報廢之機件拆開，將其完好之零件重新組合為吾人所需要之機件。

4.拆零利用，將報廢之機件拆散，將其完好之零件保存下來，以供保養同類零件之用。

5.讓予，將報廢之設備，讓予教育機構。

6.出售或交換。

7.銷燬，凡無價值者，應行銷燬或掩埋，以免佔據庫存空間。

3-6 生產管理報表

一公司的生產管理系統如前所述，其範圍相當廣泛，自產品的計劃、製程設計、工廠計劃、生產計劃和管制、人事管理以至成本管理均爲其中重要部份。其中所用的憑單及報表相當多，表單及報表的多少及內容，隨公司的規模大小、業務特性及管理的程度而異，下面僅就幾乎所有公司都需用到的報表及表單分列如下，以供參考。

表 3.41

______變更申請單

編號:

申請變更理由	設計圖編號	主管	
		申請人	
技術及有關單位研討		審核	
		研討人員簽章	
品管委員會審核			
裁決		核准者	

說　明: ①審核: 由研討單位主管負責審核後簽章。

②研討人員: 參加研討人員在此欄簽名。

③簽章: 由品管委員審核後簽名。

表 3.42

＿＿＿＿＿＿變更通知單

編號: 年 月 日

<table>
<tr><td colspan="2">受文單位</td><td colspan="8"></td></tr>
<tr><td colspan="2">副本</td><td colspan="8"></td></tr>
<tr><td colspan="2">根據</td><td colspan="3"></td><td colspan="2">變更性質</td><td colspan="3"></td></tr>
<tr><td rowspan="2">變更說明</td><td>舊有內容</td><td colspan="8"></td></tr>
<tr><td>更改內容</td><td colspan="8"></td></tr>
<tr><td colspan="2">原有資料處理</td><td colspan="8"></td></tr>
<tr><td colspan="2">副總經理</td><td></td><td>廠長</td><td></td><td>品管</td><td></td><td>主管</td><td></td><td>填表</td></tr>
<tr><td colspan="2">處理確認</td><td colspan="8"></td></tr>
</table>

說　明: ①根據: 塡明憑據何種證件發出變更通知。

②變更性質: 變更資料的期間時效，若屬暫時性能預先知其終止日，則須標明，若未能得知，則須追踪期間，塡明正確始迄日期，若爲永久性則標明永久性。

表 3.43

請購單

組別　　　　　　　　　　年　　月　　日

品　　別	規　　格	數　　量	用　　　　途	需要日期	備　　註

表 3.44 採　購　單

收貨日期	
編號	
准購單 No.	

供應商　　　　收　貨　單　　　　第一聯：收貨者→供應商

收貨欄	品　名	規格	數　量	單位	單　價	總　價	備　註
收貨須知	1. 物品進廠時交物管單位簽收。 2. 供應商必須以本單向本公司請款，否則不予付款。						
收貨者							

收貨日期	
編號	
准購單 No.	

供應商　　　　付　款　憑　單　　　　第二聯：(收貨者)→物管→(採購)→物管→品管→(總務)→會同單位→(會計)

收貨欄	品　名	規格	數　量	單位	單　價	總　價	品質判定
備註							
收貨者	品管判定簽章		會同單位		物管入帳簽章	採購消案簽章	總務簽章

收貨日期	
編號	
准購單No.	

供應商:　　　　　　　　管制單

收貨欄	品名	規格	數量	單位	單價	總價	物管入帳記號
備註							

收貨者		品管判定簽章		會同單位		物管入帳簽章				

第三聯：↓（物管）
（收貨者）↓物管↓品管↓會同單位

表 3.45

訂　購　單

廠商:

品　名	規　格	數　量	單位	單價	總　價	交貨日期	備註

一聯採購→供應商
二聯採購→供應商→寄回
三聯採購自存

交易條件

1. 受訂廠商必須確實遵守本訂單的交貨期，若有延誤，致使本公司遭受損失，本公司得按損失情況，要求適當賠償，不得異議。
2. 品質，規格須與約定或樣本相符，並經品管單位，依約定的進料抽樣方式（卽本公司進料檢驗標準所載的抽樣規定）檢驗合格，方准入庫請款。
3. 特採品的檢驗，耗損及其他造成公司的損失等費用，由受訂廠商負擔。
4. 檢驗後如發現品質不良時，受訂廠商於接獲本公司的退貨通知單後，七天內應將退貨部份攜回，並儘速補交，逾期如有遺失，本公司概不負責。
5. 交貨時，包裝應照本公司的要求。
6. 其他＿＿＿＿＿＿＿＿＿＿。

註一：請貴廠簽章後將第二聯寄回。

廠商簽章＿＿＿＿＿＿　　採購簽章＿＿＿＿＿＿

表 3.46

入　庫　單

年　月　日

派工單No	品　名	規　格	數　量	單位	分數	裝量	單位	備　註

一式兩聯：①現場→倉庫 ②現場→倉庫→現場存貨

點收人員＿＿＿＿　入庫人員＿＿＿＿

表 3.47

領　料　單

組別:　年　月　日　編號:

派工單位	品　名	規　格	數　量	單位	備　註

一式一聯：領用人→主管→倉管

主管＿＿＿＿　發料人＿＿＿＿　領用人＿＿＿＿

表 3.48

協力廠商訪問調查評價表

<table>
<tr><td>公司名稱</td><td colspan="3"></td><td>地　址</td><td colspan="3">TEL:</td></tr>
<tr><td>產　品</td><td colspan="3"></td><td>對本公司業務比率</td><td colspan="3">%</td></tr>
<tr><td rowspan="4">產品測試</td><td colspan="2">檢驗項目</td><td colspan="3">檢驗結果</td><td colspan="2">判定</td></tr>
<tr><td colspan="2"></td><td colspan="3"></td><td colspan="2"></td></tr>
<tr><td colspan="2"></td><td colspan="3"></td><td colspan="2"></td></tr>
<tr><td colspan="2"></td><td colspan="3"></td><td colspan="2"></td></tr>
<tr><td colspan="3">調查項目</td><td>給分</td><td colspan="3">調查項目</td><td>給分</td></tr>
<tr><td rowspan="5">技術水準</td><td></td><td>操作技術</td><td></td><td rowspan="5">品管制度</td><td colspan="2">員工品管概念</td><td></td></tr>
<tr><td></td><td>作業方法</td><td></td><td colspan="2">製程管制狀況</td><td></td></tr>
<tr><td></td><td>技術管理狀況</td><td></td><td colspan="2">檢驗設備管制狀況</td><td></td></tr>
<tr><td></td><td>機器整備狀況</td><td></td><td colspan="2">抽樣計劃與實施方案</td><td></td></tr>
<tr><td></td><td>機器保養維護</td><td></td><td colspan="2">品質保證</td><td></td></tr>
<tr><td rowspan="5">製造水準</td><td></td><td>生產能力</td><td></td><td rowspan="5">其他</td><td colspan="2">經營理念</td><td></td></tr>
<tr><td></td><td>計劃性</td><td></td><td colspan="2">員工素質</td><td></td></tr>
<tr><td></td><td>生產管制狀況</td><td></td><td colspan="2">現場環境</td><td></td></tr>
<tr><td></td><td>廠房佈置狀況</td><td></td><td colspan="2">價格政策</td><td></td></tr>
<tr><td></td><td>原料管制狀況</td><td></td><td colspan="2">信用保證</td><td></td></tr>
<tr><td>總　分</td><td colspan="7">（各小項滿分爲 5 分，總分滿分爲 100 分）</td></tr>
<tr><td>綜合意見</td><td colspan="7"></td></tr>
</table>

副　總：＿＿＿＿廠長：＿＿＿＿採購：＿＿＿＿主管：＿＿＿＿調查者：＿＿＿＿

表 3.49 派工單暨生產日報表

組別 ____________

應到人數: 間接: ____________ 直接: ____________ 實到人數: 間接: ____________ 直接: ____________

應開工工時: 間接: ____________ 直接: ____________ 實際開工工時: 間接: ____________ 直接: ____________

機號	台數	品名	規格	生產數量	工時	說明	實際產量	工時	操作者	異常原因說明	標準量	效率

廠長____________ 主管____________ 生管____________ 主管____________ 組長____________ 生管____________

表 3.50 轉 撥 單

派工單No.	品 名	規 格	轉撥量	單位	接收人	備 註

第一聯：轉撥單位→接收單位→轉撥單位→生管
第二聯：轉撥單位→接收單位→轉撥單位

點交人＿＿＿＿＿＿

表 3.51

組別　　　　　　　　　　　　　　　　　　　　　　月份生產

品名	數量	日期	1	2	3	4	5	6	7	8	9	10	11	12	13	14	15
		計劃															
		實績															
		效率															
		計劃															
		實績															
		效率															
		計劃															
		實績															
		效率															
		計劃															
		實績															
		效率															
		計劃															
		實績															
		效率															
		計劃															
		實績															
		效率															
		計劃															
		實績															
		效率															
		計劃															
		實績															
		效率															
		計劃															
		實績															
		效率															
		計劃															
		實績															
		效率															
		計劃															
		實績															
		效率															
		計劃															
		實績															
		效率															

實　績　效　率　表

16	17	18	19	20	21	22	23	24	25	26	27	28	29	30	31	上半月小計	下半月小計	總計

表 3.52

單位: kg 月 每一人工小

	1	2	3	4	5	6	7	8	9	10	11	12	13	14	15

時產量（值）分析表

16	17	18	19	20	21	22	23	24	25	26	27	28	29	30	31

表 3.53

停工待料因果分析表

組別:

品名	日期	損時	損量	總值	要因分析	責任歸屬	對策	說明

3-7　生產管理電腦化

一公司的生產及生管作業，尤其是大公司，均極爲龐大而複雜，其製造設備可能包含上百個以上的工作中心或機器，處理成千上萬個不同的另件，每個月有幾千萬或幾億的營業額，要處理如此龐雜的生產作業，採用電腦化是有其必要的。

現如上述將生產管理系統分爲產品計劃系統，製程計劃系統、工廠計劃系統、生產計劃系統及其相關的人事和成本管理系統，分別繪製其電腦化系統流程圖，以顯示其間的關連關係及界面關係，並簡要說明生管系統流程圖（一）及（二）各功能如下：

1.爲將廠內零件標準化，減少庫存壓力，在產品研究過程中，凡已有類似規格之零件，儘量劃歸爲相同規格。因而須查詢「零件標準資料檔」中的類似零件之規格。

2.產品創意經篩選通過，決定正式開發時，須製作開發進度，以 PERT 計劃之，建立 PERT 檔。

3.可利用 CAD 系統輔助產品設計，得零件規格圖，並發展材料規範及檢驗規範。

4.將試模完成的模具建成「模具資料檔」，作爲模具管理之用。

5.製程設計製作「操作說明書」，列示操作方法、使用設備、作業員人數、時間標準，將上述資料建成「操作標準檔」。

6.將 BOM 建成「產品結構檔」，列示各階物料的父一子關係及組成個數。

7.將保養計劃及修理政策建爲「預防保養日程檔」，並每日或週列印工作表，作爲工作指示。

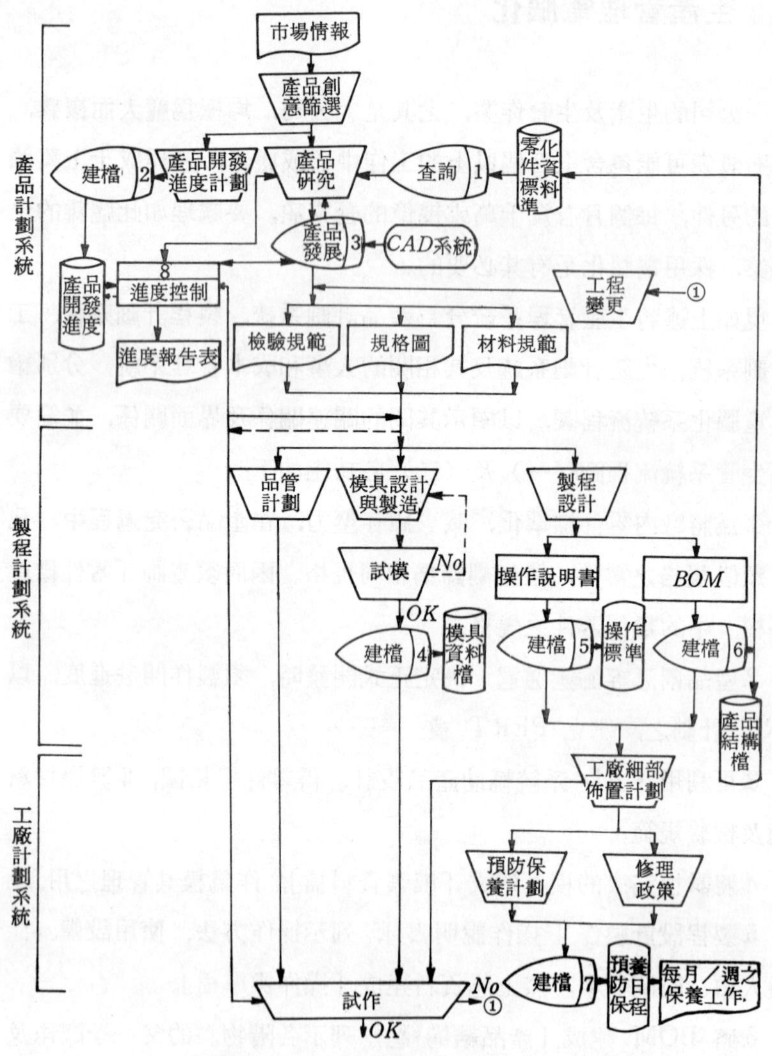

圖 3.33　生管系統流程圖(一)

8. 各階段之作業進度都須在控制之下，因此已完成項目要輸入更新，已延遲項目列印成表；並可將未來一週所須完成之工作項目列印出來，以爲警惕。

9. 將已接受之顧客訂單，建爲「預定出貨檔」，包括客戶編號、產品編號、訂貨數量、需求日期、單價、已出貨數量、出貨完成日期等。

10. 查詢「預定出貨檔」之各產品未來某時段的訂貨量。

11. 計算總生產排程中的各產品，各階物料的總需求量，和需求時間。子物料需求量＝父物料數量乘以單位用數量。子物料的需求時間＝父物料需求時間減去前置時間。

12. 總需求減去庫內存貨及待收存貨，卽爲淨需求。

13. 利用「操作標準檔」計算各時段之負荷需求，與廠內產能比較，並將之平準，平準化公式甚多，在此不贅述。

14. 將拉平負荷後之日程計劃確立下來，並依據日程發出製造命令。

15. 「製造命令」建檔爲「生產狀況檔」，包括製造單編號，產品或組件編號，需求日期及數量；人工、材料成本、累積生產完成數量、入庫數量等欄位暫時空白。

16. 根據採購計劃所發出的「採購單」建爲「採購檔」，包括採購單編號、物料編號、供應商編號、採購數量、預定進貨日期、已進貨數量等。

17. 可隨時查詢採購進貨狀況，並發出催料單。

18. 「發票」建爲「應付帳款檔」，包括單據編號、受款人編號、應付金額、應付日期、付款條件；作爲付款管理之用。

19. 驗收單用來更新「採購檔」和「庫存狀況檔」的數量。

20.領料單上標示需求該物料之產品編號、材料編號、數量、領用日期，從「庫存狀況檔」查得單價後，計算材料成本寫入「生產狀況檔」。生產日報表上的耗用人工乘上工資率是爲人工成本，亦寫入「生產狀況檔」。

21.產品入庫時，開出「入庫單」，更新「庫存狀況檔」的庫存數量及「生產狀況檔」的「入庫數量」。

22.隨時查詢「生產狀況檔」中累積生產數量和需求數量及需求日期，列印「生產進度表」。

23.當「生產狀況檔」中的「累積生產數量」等於「需求數量」時，將其人工成本和材料成本，與標準成本比較，從事差異分析。

24.查詢「預定出貨檔」和「庫存狀況」列印「本週預定出貨表」，可以標示是否某筆交易將出問題。

25.出貨時開「出貨單」和發票，建「應收帳款檔」，並更新「庫存狀況檔」的庫存數量，及「預定出貨檔」的已出貨數量。

習題

1.試述生產管理的意義及其與其他部門的關係。

2.試述生產計劃的基本概念。

3.何謂產能需求計劃？如何進行？

4.試述採購的程序。

5.試述物料分類的原則與方法。

6.試解釋下列名詞？

a.ABC 分析　　b.狄爾飛法　　c.專家意見

d.物料需求計劃　　e.每日有效產能　　f.途程檔

g.無限負荷　　h.SPT　　i.DD

j.派工　　k.交易折扣　　l.價值分析

7.已知下列的產品結構樹及主生產日程，所有未指定另件之生產前置時間為一週，未指定者之需求量亦為1件，試求其MRP。

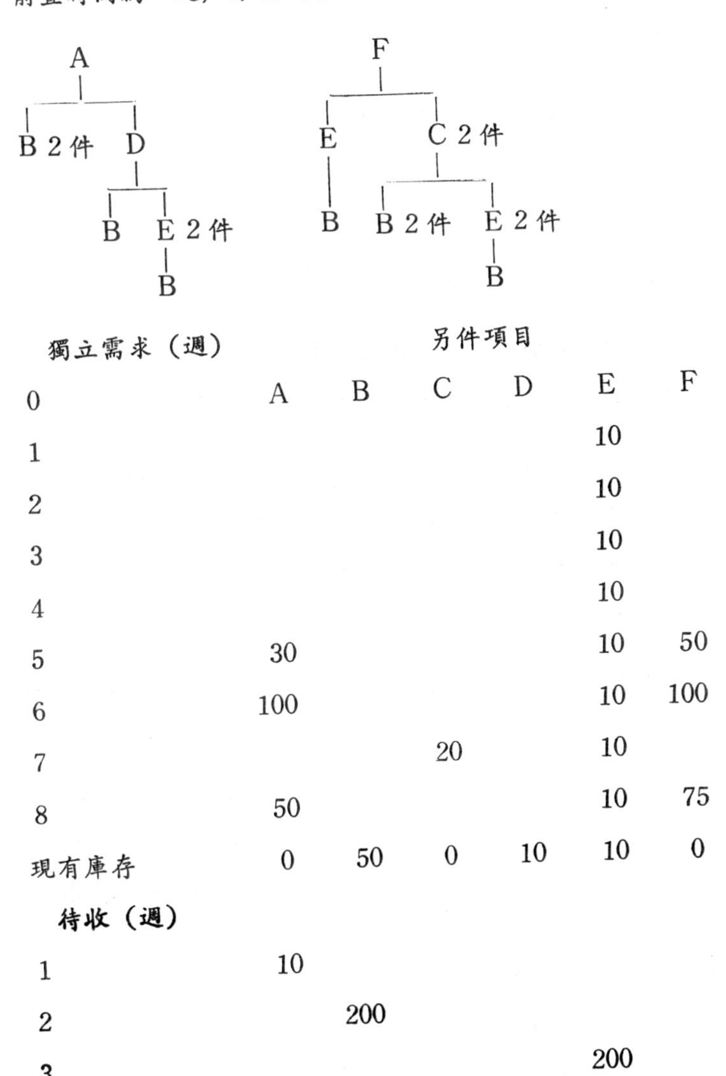

獨立需求（週）	另件項目					
0	A	B	C	D	E	F
1					10	
2					10	
3					10	
4					10	
5	30				10	50
6	100				10	100
7			20		10	
8	50				10	75
現有庫存	0	50	0	10	10	0

待收（週）	A	B	C	D	E	F
1	10					
2		200				
3					200	

4	20	
5		
6		20
7		
8		

8.一公司某產品的銷售額如下：

月　　份	1	2	3	4	5	6	7	8	9	10	11	12
銷貨額（千元）	105	135	120	105	90	120	145	140	100	80	100	110

①試以 $\alpha=0.3$ 求其指數平滑預測值。

②試求其 2 個月的移動平均預測值。

9.一公司生產 3 種產品，其七、八及九月份的總體生產計劃如下表所示，期初存貨 A 有 300 件，B 有 100 件，C 有 75 件，工廠每週的產能為 220 件，設安全存量為 25 件，試求其總體生產計劃。

月份	需求量	計劃生產量	產品組合		
			A	B	C
七	650	850	0.40	0.25	0.35
八	975	850	0.40	0.35	0.25
九	1000	850	0.30	0.50	0.20

10.以下列的時間資料，採用 (1) FCFS (2) SPT (3) DD 等方法以求其日程，針對每一方法分別求 (1) 平均完成時間 (2) 平均延誤時間 (3) 平均 2 件數等加以比較。

工作	操作時間（小時）	到期日（小時）
a	7	4
b	4	10
c	2	12
d	11	20
e	8	15

第四章　品質保證及管制

4-1　產品品質的重要性

工業革命以來，科技之發展日益千里。電子計算機之普徧使用，自動化之全面推行以及不斷的改良設備、技術、材料和管理技能，帶動工業界走向更新的里程，更廣泛地提高了人們的物質生活水準。因此，也產生了下列的影響：

1 品質水準：由於生活水準逐漸提高，顧客對產品品質的要求也愈加嚴格，愈加複雜。一方面需增加產品的功用和性能，如全自動洗衣機，遙控彩色電視機及高級音響器材；一方面需增加產品的均勻度，使不良品減至最少。

2 品質競爭：近年來，由於開發中國家的加緊工業化，已開發國家的努力求進步，加上國際貿易的迅速發展，使得工業產品間的競爭日趨劇烈。根據「優勝劣敗，適者生存」之原則，供應之產品及其品質愈能符合顧客之要求，品質愈均勻可靠，而產品價格也為顧客所樂意支付時，則此產品之競爭力愈強；易言之，品質競爭能力愈強。故任何產品欲在競爭劇烈之國際市場上站住腳跟，必須有良好的品質爲基礎。

3 可靠度：現代爲太空時代，複雜的太空船系統及軍用武器系統均需具高度之可靠度。此外，一些高度精密的民間工業，也極爲重視產品之可靠度。許多工業每每因缺乏可靠度，故在製造過程或實際使用中，損失了不少額外的金錢。

4 消費者保護主義的盛行：近年來，世界各工業先進國家對消費者保護日益重視，使得生產者品質的維護不得不如履薄冰。聯合國大會更於 1984 年 9 月 24 日正式提出「各國對消費者保護準則」草案，要求各會員國遵守，其重點如下：

(1) 維護身體的安全

(2) 保障使用者的經濟利益

(3) 成立消費者保護機構，政府應協助之

(4) 消費者的敎育和賠償

(5) 使消費者能取得有關產品的必要資料

5 產品責任，簡稱 PL：

所謂產品責任係指消費者於使用產品時，若身體、生命或財產受到損害，則生產的廠商必須負賠償的責任。此種因產品責任而造成訴訟而賠償的案件在先進工業國家已屢見不鮮，由是可知，社會對企業界的責任問題的要求是愈來愈嚴的。此外，由於產品的生產過程而帶來環境的汚染，影響了人類生活的品質，亦爲世界各國所立法而加以限制，使得企業界不得不投入大量資金來防止汚染的發生。

上述的問題我們可採用以科學的原理原則爲基礎的——「品質管制」來處理。

4-2 品質管制的演進

品質管制進展的過程可分為五個階段，每一階段從開始至實現，大約有廿年之久。

第一階段為「操作者之品質管制」。其期間在十九世紀末葉。此階段已知須確保零件之互換性及設定合理的公差界限。每一工人對整個產品製造負責，因此每一工人也須能完全管制其製品的品質。

第二階段為「領班的品質管制」。廿世紀初葉，科學管理泰斗，泰勒博士（Dr. Frederick W. Taylor）提倡採用標準工作方法與標準工作時間，並鼓勵作業及管理之分工。故工廠制度興起後，設立領班以監督同類工作的工人，並負責產品之品質。

第三階段為「檢驗員的品質管制」。第一次世界大戰，促使工廠規模愈趨龐大與複雜。每一領班要管理大量的工人，無法兼顧產品的品質；因此產生了專任的檢驗員，此為製造與檢驗分野的開端。1920年代，檢驗組織日趨龐大，須另設檢驗主管加以監督與管理。

第四階段為「統計的品質管制」。二次世界大戰期間，需要大量的軍需品，因而發展出更有效率的管制方法。這個方法是以統計理論為基礎，管制圖、抽樣檢驗、實驗計劃、統計推論與變異數分析皆為重要的管制工具，研究製程品質之水準及其變異程度，控制產品之品質於一定界限內。統計品質管制之最大貢獻為利用抽樣檢驗來代替前三個階段所實施的全數檢驗，節省了大量的檢驗成本，也提高了檢驗的效果。但統計品質管制的應用侷限於技術、製造、檢驗和品質等部門內，未發展成全面性的管理。

第五階段為「全面品質管制」。為費根堡（Feigenbaum）教授所提倡，大致是說凡與產品品質有關之各部門，由市場調查、產品設計至銷售與服務，均須對品質負責，成爲一整體之系統，而不只限於製造與技術部門。

4-3 品質管制的意義

4-3-1 品質的意義

品質管制之「品質」，並非最好的品質。（事實上，"最好”是很難下定義的。）費根堡教授對品質所下的定義如下:

「產品品質是工程及製造的綜合產品特性，此特性決定產品在使用時將能滿足顧客期望的程度。」

故品質爲顧客所滿意的品質，而且須廠商的生產技術與生產能量所能達到的水準。此外，也須考慮品質的均匀程度，因製程受不可避免的非機遇原因影響，難免有變異存在，故只可希望製造品質相當均匀的產品，使產品都落在某種公差之內。但訂立公差還須考慮到經濟因素，務必在產品成本與使用功能之間達成適當平衡的品質水準。

舉例說明：某製造工廠欲製造甲產品，面臨二種製造方法的選擇。第一種方法，可用現成的設備與一般之材料製造，售價爲 5 元，但其品質不能保證在任何高負荷的狀況下使用。第二種方法，必須購買特種設備及特種材料來製造，售價須提高至 20 元，其品質可保證在任何高負荷的狀況下使用。

經過銷售部門向甲產品消費市場調查的結果，發現甲產品的實際使用與負荷狀況無關， 但對價格則非常重視。因此， 這個製造工廠決定採用第一種方法來製造甲產品，這就是合於顧客要求之品質的產品。

在合理的進展下，產品能於使用期間成功地滿足顧客的要求（此即所謂"適用性" (Fitness for Use) 的達成），此進展包含的一些主要活動，描寫於「進展螺線」(Spiral of Progress) 上，見圖4.1。進展螺線的一個旋轉，始於產品的研究與發展，以便改進產品的適用性，經過此旋轉之後，由於使用的經驗，創立了一個新的觀念，故由旋轉的末端伸展出下一個旋轉，以達成更進一步的改良，然後一旋轉一旋轉的繼續下去。

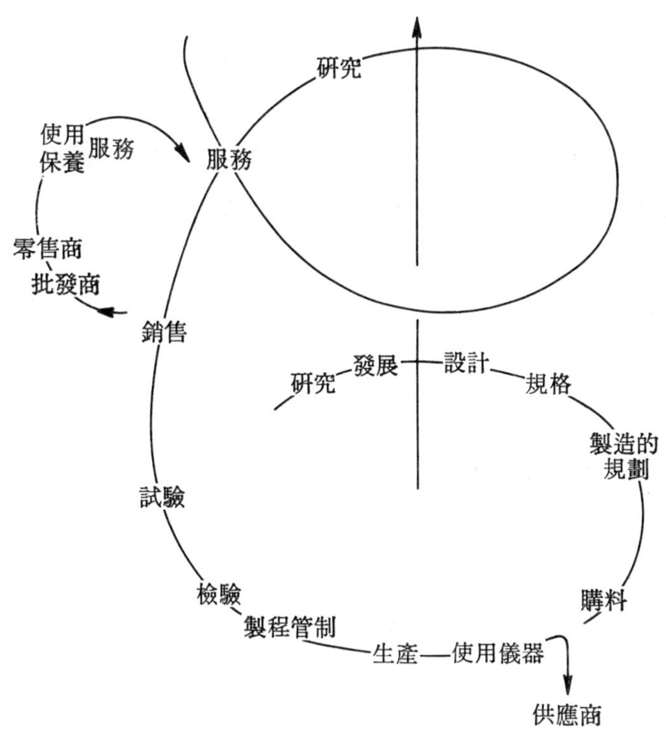

圖 4.1　品質之進展螺線

由圖 4.1 可知，適用性之達成需要許多特殊部門的許多人員參與品質的活動。有些人員是在廠內，有些則不是，諸如供應商，銷售商和消費者等。這些特殊部門除與品質功能相關外，和其他功能諸如成本、搬運、人事和技術等等也有關係。J. M. Juran 爲品質功能所下的定義如下:

「品質功能是達成適用性的各種活動的集合體，不論這些活動於何處執行。」

4-3-2　管制的意義

許多人致力於維持標準，以預防不利的改變。在醫學上，包括維持人體的溫度與血壓等等。工業上符合標準之形式有: 依照日程表運送產品，依照預算開銷費用，依照規格檢驗產品的品質。建立標準且採取適當的行動以符合此標準的程序通稱爲「管制」。此程序包含一系列的步驟如下:

1. 選擇管制的主題。

2. 選擇衡量的單位。

3. 設定標準值。

4. 設計與製造敏感的儀器，俾以既定的衡量單位來測定品質的特性。

5. 指導實際的測定方法。

6. 解釋測定值與標準值發生變異的原因。

7. 做決策並矯正變異發生的原因。

以上的步驟爲管制的程序，由此吾人可管制任何事務。換言之「假如你曉得如何管制，你就能管制任何事務」。

4-3-3 品質管制的意義

將上述的管制程序應用於產品品質的問題上，就是所謂的「品質管制」。故 J. M. Juran 對品質管制所下的定義爲:

「品質管制是一項管制的程序,由此吾人可衡量眞實的品質水準,並和標準值比較，然後採取必要的措施，以矯正其間的差異。」

品質管制是管理的功能之一，因此這項活動必須和生產管制及預算管制等功能一樣，視爲一種〝管理工具〞。以品質管制作爲管理工具的很多工業，已在產品品質及設計上產生了顯著的進步，並且降低了操作成本及損失。

品質管制已逐漸重視人羣關係，主要的目的在激發工作者對於產品品質的關心與責任感。產品品質的各項重要操作，從產品設計，發展至售後服務，在在都須經由人的雙手來完成，因此由熟練，謹愼且具有「品質意識」的人來執行上述的操作，對成功的品質管制最爲重要。

品質管制之演進已到達「全面品質管制」的階段。費根堡博士對之所下的定義爲:

「全面品質管制是將一個組織內各部門的品質發展、品質維持及品質改進的各項努力綜合起來,使生產及服務皆能在最經濟的水準上,使顧客完全滿意的一種有效制度。」

4-4 影響產品品質的基本因素

依據費根堡博士 (Dr. A. V. Feigenbaum) 的觀念認爲影響產品或勞務品質的基本因素有九項，即所謂的 9 個 M，其爲：市場（

Markets)、金錢(Money)、管理 (Management)、人員 (Men)、激勵 (Motivation)、材料 (Materials)、機器及機械化(Machines and Mechanization)、近代資訊的處理方法(Modern Information Methods) 以及遞昇的產品要求 (Mounting Product Requirement), 在上列的每一領域中, 今日的工業界均遭遇到前所未有衆多條件的影響加諸於其生產過程中, 玆分述如下:

1 市　場

今日進入市場的新產品及改良品, 其數量正以爆炸性的速度不斷的遞增, 此乃拜新科技發展之賜, 不僅是新產品不斷的發展, 新的材料、生產設備及生產方法亦層出不窮, 使得產品不僅愈來愈好, 更能滿足顧客的各種需求, 其產品的價格也愈來愈便宜, 大大的提昇了人類的生活水準。在此日趨廣濶及產品功能更形專業化的市場裏, 衆多公司面臨了劇烈的世界性產品競爭的洪流, 企業不僅需時時謀求品質的改善, 也必需具備高度的彈性以便迅速的改變生產的方向, 始能繼續生存下去。

2 金　錢

由於劇烈的競爭加上世界性的經濟不景氣削減了產品的邊際利潤, 同時, 由於自動化及機械化的需求, 迫使工業爲新設備及新製程投入大量的資金, 此一激增的工廠投資, 必須透過生產力的增加而償付, 然而, 由於品質管理的不良, 如產品的重作或報廢, 帶來生產上的重大損失, 吾人必須試圖改善品質管理以大量降低損失而增加產品的利潤, 品質管理就更形重要。

3 管　理

品質責任已分派於各專門部門, 行銷部門透過產品計劃以建立產品需求, 設計部門負責設計產品並建立產品的規範。製造工程部門發展並修正製程能力以建立工程規範，品管部門必須計劃整套的品管制度，以使最終產品能達到顧客的要求，也對產品售後負保證的責任，如此，使得高階層管理的責任加重，不僅擔負品質政策和方針，並負責品質政策修正的工作。

4 人　　員

隨着科技知識的快速成長及新科技領域，如電腦、電子工業等的開創而需要大量的專門人才，此一專業知識領域不僅數量劇增，範圍也擴大。專業化固然有其優點，但也有將產品品質責任細分的缺點，因此，必須有專業的品管人員去集合各專業化的知識來計劃、創造及運作生產系統以獲得所需的結果。

5 激　　勵

由於產品的日漸複雜，使得成品品質的良粗更受到全體員工的影響，依據人類激勵因素的研究發現，除了金錢報償外，今日的員工更需要工作的成就感及對其工作貢獻的肯定，因而帶來品質教育的需求及品質意識的改善和溝通。

6 材　　料

由於生產成本及品質的要求，今日工程師對其所採用的材料，在公差上的要求更爲緊密，並且爲了各種特殊的用途，採用了許多新的外來金屬及合金，使得材料的規格更緊，而材料的種類則更繁多。幾年前常用的目視檢查及厚度檢驗，今天已不再爲人所接受，而代之以如分光儀 (Spectrophotometer)、雷射 (Laser)、超音波儀器及切削試驗設備 (Machinability Test Equipment) 等快速、精密的化學及物理試驗設備，對於品質更能掌握。

7 機器及機械化

很多公司要求以降低成本及增加產量來應付競爭劇烈的市場，如此，迫使吾人採用更複雜且更依賴材質的製造設備。因此，良好的材料品質是充分利用設備及維持機器工作不停的重要因素。採用機械化及自動化來降低成本的公司愈多，則無論從降低成本的實效及提高人員和機器的生產力來看，良好的材料品質愈來愈重要。

8 近代資訊處理方法

電腦技術的快速發展使得資訊的收集、儲存、取用及處理等的便捷，前所未有；此一強有力的資訊技術提供製造過程及其機器設備良好的管制，也同時提供產品售後的良好服務和管制。這種新且不斷改進的資料處理方法使得管理階層有更多有用、正確、及時且預測性的資訊以供其決策時之用。

9 產品品質要求的提升

由於工程設計愈來愈複雜及製程需要更嚴密的管制，使許多從前所忽視且不爲人詬病的小事情，如今搖身一變而成爲重大事情，例如電子裝配場內的塵埃，傳達到精密工具機上的地面震動或在調整飛彈導向系統時的室溫變化，都足以造成近代生產的災害。

產品複雜性的增加和產品性能要求的提高，使得產品安全和可靠度的重要性獲得重視。在製程中必須經常注意和監視，以確保沒有什麼已知和未知的因素進入製程來降低產品或其組件的可靠度。原本可靠的設計，也只有在如此小心的警戒下才能達成其預期的可靠度。

因此，吾人必須注意到，影響品質的這許多因素也不斷的改變中，必須有強而有力且具彈性的品管方案來加以配合和使用，才能達成滿足顧客需要的目標。

4-5　產品發展的品質保證

4-5-1　新產品發展的程序

新產品發展的程序，因公司而異，但一般而言，可採用下列的步驟：

1.籌劃新產品發展並確定吾人所欲服務的顧客羣。

2.技術、生產、顧客使用及行銷分析之進行及設計，成本目標、產量及價格水準等之初步擬定。

3.寫出一般規格，其內容有：

(1) 小批量生產下的銷售計劃。

(2) 大量生產下的概略產品性能規格。

(3) 產品品質計劃內容的初步確定。

(4) 有關產品服務及保養目標、品質性能需求，產品壽命週期目標及其他有關的產品目標等的通盤性及概略的確定。

4.完成初步設計。

5.製作手造樣品，必須進行設計特性的廣泛試驗，包括其所用的零組件及副總成。

6.初步設計的檢討。設計特性的分類；測試程序的評估；製造及裝配能力的評估；成本目標的檢討；品質水準的確定；設計變更的考慮；製程因素的考慮。

7.完成中間設計，包括生產藍圖及手造樣品的製作。

8.中間設計品的測試及檢討，繼續進行特性分類及有關製造、裝配及測試的要求，也檢討行銷及價格之預估，考慮可能的設計變更。

9.最終設計完成，產生了最終的規格、標準、保證條款、品質計劃及生產藍圖等資料，壽命及性能試驗必須在最終設計完成前結束。組件、副總成及總成規格的完成；裝配檢驗計劃的發展；工具、治夾具的設計和製造以及定價的確定。

10.樣品試製及試組。

11.決定運送及服務程序。

12.針對現有及新購機器設備進行能力研究。

13.訓練現場作業員及領班，進行量產試作，以此樣品測試的結果更正設計規格。

14.最終設計檢討，產品、設備、製程及發展過程等結果的分析，檢討產品成本目標及壽命週期目標以確保達成〝依成本設計〞的目的，產品合格測試能滿意的完成，生產需用的工具，模具及設備均已備妥，並對最終設計的核准。

15.行銷布告的發出；產品資料手册，服務手册及訓練教材等的完成，所有都經過品質的考驗。

16核定產品的正式生產。

4-5-2 新產品發展實例

茲以一家製造小型精密電器調整器及繼電器的工廠爲例來說明新產品發展過程中所應作的品質保證工作，該工廠最近正要開發繼電器 4ZP96B3-12。

4-5-2(1) 初步設計

首先由工程部門發出"新產品設計通知"，如表 4.1 所示。在產品特性初步規格書寫之前，必須對產品概念作必要的研究，市場導向的品質要求及顧客使用方式的確定。也必須從 4ZP96B3-12 替代的產品或其類似產品的性能測試資料來加以分析，也從最好的競爭產品中獲得必要的資料。他必須與市場調查及行銷人員會商以使他們在新產品的發展計劃中對產品計劃及商業活動有適當的認識。

設計者必需查閱工業界、法規、ANSI 及其他機構所設定的標準，這些標準都是由可獲得高品質產品經驗累積而成的要件；也必須研讀製程、操作原理、材料等的新發展報告，以及一些新且具高可靠度的電子和機械另件的發展資料；利用討論、研讀報告及任何有效的方法去廣泛的利用過去的經驗。

然後設計者對於繼電器特性在成本與產品所能提供服務之間所反映的經濟平衡來做最後的決定。控制用繼電器的初步設計於是完成，這些文件上所載的特性即成爲內部自製另件及外購評估供應商的初步計劃的依據。因 4ZP96B3-12 爲生產量很大的商品，因此，設計者在成本平衡中所需面對的各種限制必須嚴加規定，於是所謂"依成本設計"(Design-to-Cost) 應變成產品設計的基本目標。

表 4.1　新產品設計通知表

新產品設計通知

#*XYZ*　日期 3/15/86

部門 #100

型式 #4ZP96B3-12

性能簡述:

飛機控制用繼電器

此一設計是否類似於現有產品?

說明: 其性能類似於 *4ZP83CZ* 但需具備較長的壽命週期及任務需求

預計數量: 25,000 * 件

完成設計約需: 6 個月

預計開始生產時間: 9 個月

附註: * 此係估計數量，可有 50%～75% 之誤差

張三　工程部經理

姓名　職位

到了此一階段，必須進行初步設計的檢討，由設計工程師召開一次檢討會議，參加的有品管工程師、生產及製造工程師、行銷、採購及產品服務人員等。設計者發展產品 4ZP96B3-12 之性能、概念及技術，並說其操作方法及零組件中那些最需要正確操作。也同時檢討產品的可靠度和可維護性計劃方案，也考慮產品的安全及產品責任的問題。建立產品中品質及成本間關係的目標，包括預防成本、鑑定成本及內外部失敗成本，也同時檢討產品壽命週期成本。

於會中，需考慮有關公差、替代零組件或材料以及加工和裝配上可能的困難等問題。

他們所討論的問題，諸如:

此零件的材料可否以磷青銅代替鈹銅?

此不穿孔的螺絲可否以穿孔螺絲代替?

此項±0.001英寸公差的孔必須採用鉸孔操作，能否改爲±0.003英寸公差而採用鑽孔?

彈簧上有電流，若改用磷青銅，其電阻是否會太大？穿孔是否會切斷太多的磁力線?

改用 ±0.003 英寸公差後，可否使銷軸配合滿意?

因爲即使很少量的水份也會影響其性能和壽命，繼電器的外殼是否確能做到防潮防濕的功能?

4-5-2(2) 測試及可靠度試驗

爲了解決上列問題，由製造單位依照初步設計製造手造樣品，由設計工程師來進行一系列的試驗，小組中其他的人可站在協助的地位。

於試驗中，吾人可採用各種統計方法來分析，以便獲得更正確、可靠的情報。其中一例係以次數分配來分析繼電器副總成在扭力下的強度試驗，此副總成係由一輥花件 (Knurled Parts) 壓入一酚塑膠零件 (Phenolic Plastic Parts) 的孔內，其數據及次數分配如圖 4.2 所示。

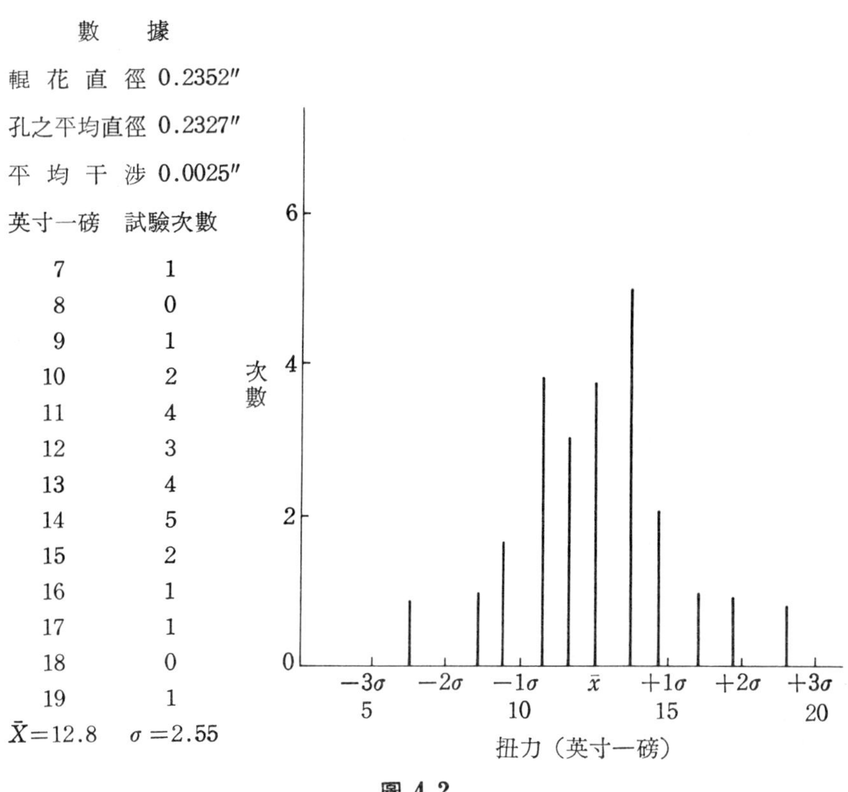

數　據

輥 花 直 徑 0.2352″

孔之平均直徑 0.2327″

平 均 干 涉 0.0025″

英寸一磅	試驗次數
7	1
8	0
9	1
10	2
11	4
12	3
13	4
14	5
15	2
16	1
17	1
18	0
19	1

$\bar{X}=12.8$　$\sigma=2.55$

圖 4.2

由圖4.2中可知，設計工程師所需最小扭力爲 5 英寸-磅($\bar{X}-3\sigma$)，但其值偶而會低於此值，應用此資料可調整其設計規格。

接着，他廣泛的做了一系列的試驗以評估其可靠度，必要時，想辦法提高其可靠度。這些試驗的結果可用以評估製造中產品可靠度的評估，而那些被破壞性試驗所得的失靈模式可用以控制連續生產的可靠度，這些試驗結果可回饋給設計工程師以便不斷的改進設計，表 4.2 所示為一頁中包含數種組件可靠度之試驗報告。

可靠度試驗可分為四部份:

(1) 產品設計的基本可靠度試驗

(2) 在製程中的產品可靠度。

(3) 組件的早期磨耗及可靠度

(4) 顧客使用時之產品可靠度和壽命週期

於初步設計階段，通常衡量產品的平均失效時距 (Mean Time Between Failure, 簡稱 MTBF) 及失效模式，效果及嚴重性分析 (Failure Mode, Effect and Criticality Analysis) 以便了解繼電器組件失靈的潛在因素。表 4.3 所示為 4ZP96B3-12 繼電器的 FMECA 試驗報告。

4-5-2(3) 中間設計

設計工程師必須頒發試驗方案的摘要報告以供中間設計會議之用，表 4.4 及 4.5 所示即為此報告中之兩頁。

依據測試結果，可繪製完成最終產品藍圖並頒行，此時即可進行:

(1) 生產單位製造幾件最終設計樣品，所謂幾件可由 20 到 100 件，端視產品的成本，複雜性及所欲獲得之分析精度而定，然後送交設計工程師試驗以了解其是否合格。

(2) 當(1)項作業進行之後，製造工程師就需完成生產時所需程序工具之計劃。

(3) 品管工程師則需完成品管計劃，其中包含檢驗及試驗的要求及操作指導書，以管制品質，表4.6所示即為一例。

(4) 品質資訊設備工程師則需完成初步設計或與供應商洽購品質管制設備，表 4.7 即為一例。

表 4.2

故　障　原　因	現用非破壞性試驗	將來非破壞性試驗
接觸點污染。 有機膜層的分解。 不正常的過大及過小電流或電壓。 接觸點磨損及變形。	接觸點電阻試驗。 直流電壓絕緣檢查。 用 gram gage 測定接觸點壓力。	發熱螺線管(solenoid) 的 IR 試驗。 用壓力電晶體作接觸點的壓力測定。

故障原因：一家製造廠指出：接觸點污染爲繼電器故障的主要原因。當繼電器在乾廻路（卽電流標準較低之處）應用時，此一原因尤爲顯著。卽使繼電器在完全密封之中，其內部有機物質的分解亦可造成膜層佈滿接觸面的90%。污染膜層的厚度視接觸材料的吸引特性而定。一個膜層的表面厚度可藉tunnel 效應（卽通過厚度約等於電子波長的底層材料而無能力損失的電子傳遞)透過。較厚的膜層可用磁場強度電壓刺穿(卽 wherer 作用）。後一作用亦稱 fritting， 係於膜層內電場變到甚大， 足以形成一個微小金屬橋穿過膜層時出現。深入金屬機件表面的油脂爲有機物質，分解形成污染膜層的主要原因。活性炭的 getters 可阻止有機材料分解形成膜層的故障發生。

繼電器故障的次一主要原因爲絕緣損壞。操作繼電器轉子的螺線管係用極細銅絲繞成。銅絲外面所包的絕緣極難均勻。不均勻的絕緣膜容易破裂引起發熱點及短路， 而使繼電器不能使用 。不能達到規格的繼電器卽爲有故障。其實例爲不正常的過大過小電流或電壓。過大電流或電壓卽爲操作繼電器所需的最大電流或電壓。過小電流或電壓卽爲鬆釋繼電器所需的最小電流或電壓。過大的接觸點壓力造成接觸面的不正常磨損，使繼電器的壽命大爲減少。在反跳時間內（卽記錄時間）的電弧燒毀足以造成傳遞材料的擾亂。後一作用爲接觸面變形及變弱的主要原因。爲避免過度反跳必須加入足够的壓力，但必須注意，不增加其腐蝕率。

表 4.3

4ZP96B3-12 控制用繼電器

失靈模式、效果及嚴重性分析

製表者：李　四
日　期：5/2/86
核　准：王　五
日　期：5/5/86

組件	可能的失靈	失靈原因	*P*	*D*	*S*	失靈效果	如何減少失靈
印刷電路板	線路錯誤	使用錯誤的零件	3	2	4	使用失性能	防誤裝配程序
主控制模板	連接器扭曲	不正確的成型濕度，不正確的裝配	1	2	4	繼電器控制失靈	製程測試進料檢驗
機構模板	金屬疲勞	錯誤的金屬處理	2	3	4	控制失靈	適當的熱處理製程管制
能源模板	線路失靈	冷焊帶來連接失靈	3	2	3	無作用	進料管制 電子組件焊接管制 製程管制
基板	外購塑膠件	成型錯誤 配料錯誤	1	4	5	安裝安全性	符合設計規程

備註：P＝發生的機率 *D*＝損害其週圍另件之可能性 *S*＝對產品失靈的嚴重性
1＝很低　2＝低或中等　3＝顯著　4＝高　5＝很高

表 4.4　4ZP96B3-12—品質管制研究

接觸裝置的校正及作用

研究目的

本項研究的目的爲預測在獲取接觸裝置所需校正及作用時由於零件尺寸或本質變異所造成的故障。每一種變異均在藍圖公差範圍以內，但變異的累積可產生極大影響。曾經試驗12個手工製造的機件，在樣本中未曾發現故障；但看不出各種可能變異的存在或已經累積。

所需研究的主要因素爲:

(1) 當繼電器提升後主彈簧撓曲的變異。

(2) 主彈簧及彈簧剛性的變異。

(3) 磁路各零件連接點空氣間隙的變異。

(4) 磁路各部份的磁性的變異。

(5) 線圈電阻的變異。

對所有可能的變異，僅採用一項產生補償的調整；即調整其電極零件。電極零件可以調整至產生所需的鬆釋電壓，其餘所有校正可以在必要時實施。

所需校正及作用如下:

(1) 提升電壓（冷）——15.0 伏特或以下。

(2) 封入電壓（冷）——低於提升電壓。

(3) 鬆釋電壓（冷）——4.8 至 3.2 伏特。

(4) 空氣間隙——0.015 英寸或以上。

(5) 在提升或鬆釋行程的任何部份無遲延現象。

(6) 在提升時無反跳現象。

本報告各頁的試驗結果摘錄如下:

表 4.5 4ZP96B3-12——品質管制研究

接觸裝置的校正及作用

試驗結果

結　果

線圈電阻在 24.0C 時爲 74.1 歐姆。

表 4.5-1 示在各種墳片厚度及在活柱提升位置的各種端隙下的提升電壓，鬆釋電壓及封入電壓。電壓係用一 74.1 歐姆電阻的電流平均值計算，間隙則係按必須轉動電阻零件以關閉間隙時的角度計算。如下表所示，唯一出現掛吊之點爲在提升時墳片厚度爲零及間隙爲 21.2mil 時；在此情形的封入數值大於提升數值。

表 4.5-1

墳片厚度 mils	間隙 mils	提升電壓 伏特	封入電壓 伏特	鬆釋電壓 伏特
0	17.5	13.75	13.15	4.01
5	17.3	14.20	13.95	3.87
11	18.1	15.25	14.00	3.91
16	18.1	15.55	14.22	3.82
0	20.1	15.95	15.13	3.93
5	20.1	18.10	18.05	3.95
11	20.1	17.50	15.35	3.97
16	20.1	17.45	15.40	4.09
20	20.1	17.60	16.10	4.04
26	20.3	18.15	15.30	3.99
31	20.3	18.85	15.50	4.05
40	19.05	19.80	15.39	3.93
45	19.05	21.10	15.50	3.96
52	19.05	20.57	15.98	4.08
56	19.05	21.10	15.95	3.88
61	19.05	22.79	17.97	3.89
0	21.2	15.50	16.85	5.90
31	10.5	16.35	12.95	2.48
61	0	18.20	10.66	2.04

表 4.5-2 示關閉接觸反跳試驗的結果。這些試驗係利用一電子反跳記錄器測定。試驗時電極間隙調整至 0.020 英寸及線圈電壓爲 28.0 伏特。所用接觸條的厚度爲 1/8 英寸，而非爲製造產品的 5/32 英寸。

表 4.5-2

圓筒速度	墳片厚度	無　反　跳	操　作　數　目		三 次 反 跳
			一 次 反 跳	二 次 反 跳	
快	0	34	0	0	0
快	0.031英寸	2	33	5	
慢	0.061英寸	0	30	7	11*

* 無法辨別爲二次或三次反跳，但看起來像是三次。

表 4.6　品質系統方案的一頁

品質系統方案

<u>操作員對於密封繼電器所實施的一般檢驗作業程序</u>

Ⅰ半總成

工作站應有的方法說明及／或其他書面補充說明，應包括以下各項:

A）安裝調整。

B）試驗或檢驗方法。

C）樣本數及操作員的檢查次數。

D）發現缺點時的處置說明。除另有規定外，一項缺點即可構成拒收。

E）說明操作員及檢驗者檢查時間的檢驗記錄單及／或樣本，以供稽核之用。

Ⅱ總成及過度檢查的調整

除檢查表另有規定外，每一繼電器應作下列檢驗及／或試驗:

A）頂端壓力

B）頂端間隙

C）提升及鬆釋

D）頂起（總成蓋好後）

E）接觸抵抗（密封後）

F）漏電試驗

Ⅲ稽核（巡廻）檢驗

每一繼電器生產線至少應有一個製程中的檢驗人員，對每一操作作下列稽核，以證明製程在管制之中

A）是否依各項操作的規定方法抽樣。

B）檢查操作員檢驗的記錄。

C）在記錄卡片的相關項次下蓋印，說明允收或拒收。

D）在記錄卡片上載明拒收時須採取必要行動，扣押材料，在各工作站以外繼續調查，以查明「製程越出管制」的程度。

在發現拒收的當時，立刻通知製造領班及品質管制領班，以便按照需要馬上採取修正行動。

張自強

督導員

品質管制部門

表 4.7 品質資料設備規格

特種裝配試驗器

APCAT

規　格

A. 目的

本規格的目的在列出一種資料設備的一般性要求。此項設備可在公司所製每一印刷電路總成的所有線路上實施一個靜態的及／或動態的功能試驗。

B. 一般規格

Ⅰ動力供應

a. D. C 電壓動力供應

本公司輸入 D.C 電壓標準 6 伏特的倍數；即 6 ,12,24,48及18。輸入電壓必須能在範圍內變化。

Ⅱ輸入動力計劃之要求條件

a. 所有 D.C 輸入電壓必須按照計劃在 ±20% 的全標度範圍內進入試驗器的分算盤。

b. A.C 功率供應必須能按計劃在 280 週波，250 週波及 312 週波±5% 進入試驗器的分電盤。

c. 單擊階梯脈波輸入必須能按照計劃在 1 至 10 脈波重複進行

Ⅲ計劃的負載要求條件

b. 以下電路必須連結至各輸出接頭，使在各閘輸出有定位電壓:

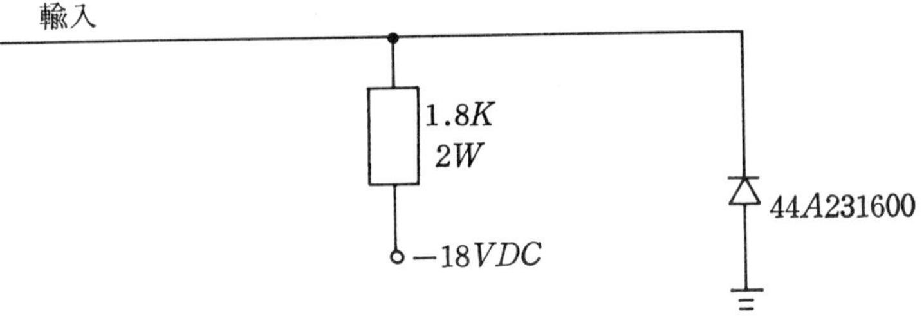

c. 繼電器等值電路:

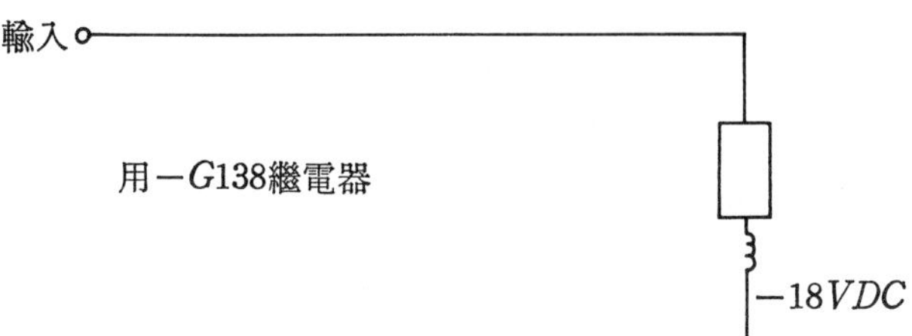

d. 在一未來日期（最少為 10 日）應有可以加入一等值負載電路的餘地。

IV. 輸出測定

a. 必須測定以下各項:

1. 輸出脈波升降時間自 0.5 至 5 微秒±5%。
2. 穩定情況 D.C 輸出電壓標準為 0 或 6 伏特± 5 %。
3. 每脈波時間（持續）自 1 微秒至 5 毫秒±2%一脈波寬度。
4. 自一個脈波的前端至次一脈波前端之間的遲延時間為自 1 微秒至 5 微秒。
5. 為建立及證明輸入脈動情況，必須測定脈波頻率至 2MC 及脈波寬度至 1 微秒。此可將示波器調整至開始試驗情況來完成。

V. 計畫的電阻比較:

a. 為試驗安裝在二極管閘波板上的二極管前進後退電阻，必須計畫標準電阻數值。

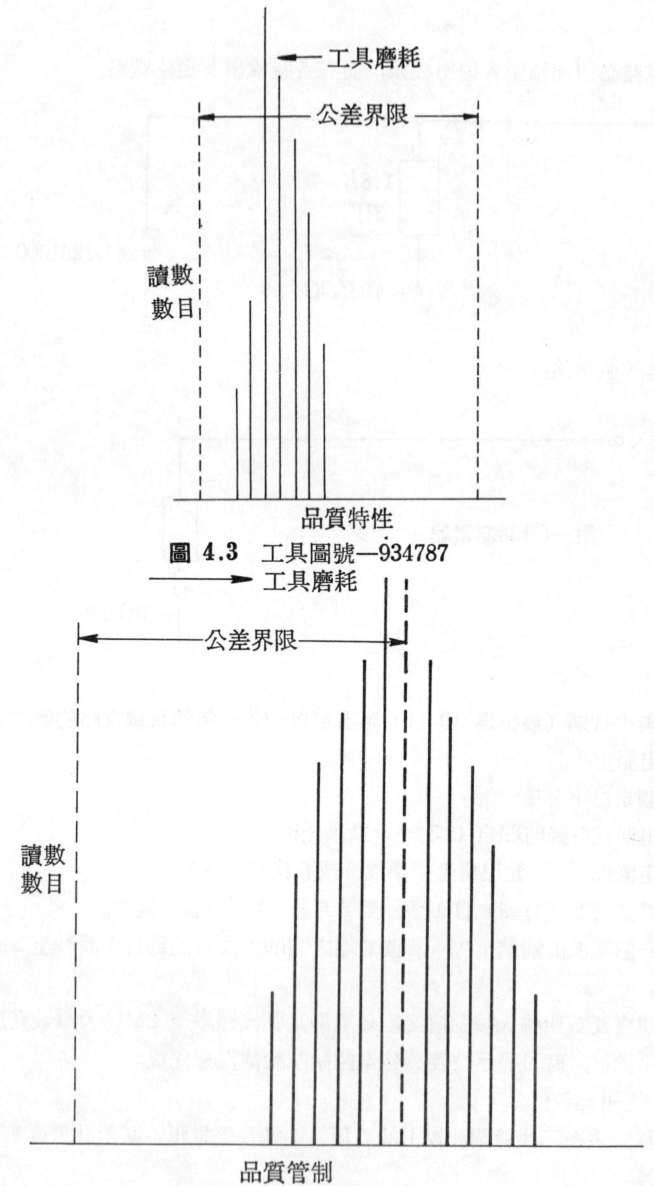

圖 4.3 工具圖號—934787

圖 4.4 工具圖號—934784

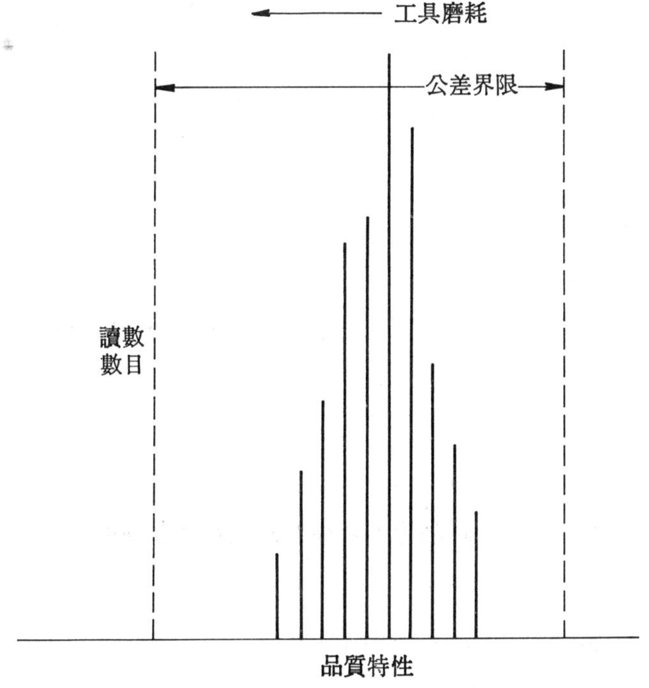

圖 4.5　工具圖號—934782

4-5-2(4) 最終設計

從第一批的量產試作所收集的資料，可引用統計方法來分析。利用次數分配來研究裝配作業中重要另件的重要尺寸，可以證實製程是否有足夠的能力生產合乎規格的產品。圖4.3到圖4.5係以統計方法分析三種衝床工具所製造的另件，其圖號爲 934782,934784 及 934787，此種工具乃專爲生產 4ZP96B3-12 機械另件而設計，每一種工具均可生產 50 個另件。

圖 4.5 所示的次數分配係由圖號 934782 工具所生產者，圖中所示，相當令人滿意。圖 4.4 之次數分配爲圖號 934784 的工具所產製，其另件無法符合規格，其工具需加修理或更換。圖號 934787 工具也需加修理或更換，但其理由不同，圖 4.3 所示，其另件在規格之

內，只是較接近工具磨耗的公差界限而已，如果繼續使用下去，很快的另件就要逸出界限而需更換，不符合經濟的原理，此種情形，只需將工具重新理平 (Set-Up) 即可。

經過上述的次數分配及可靠度分析後，設計工程師必須從中發現不良狀況和原因而加以消除。

一旦機械及電子另件齊備而可裝配成最終成品時，必須進行製程可靠度計畫，以作製程成熟度試驗 (Maturity Tests) 以確保製程能生產合乎可靠度的產品。此外，成品也需作顧客使用環境測試，以了解顧客使用的可靠度且評估產品壽命週期。

最終產品資格測試需依據公司品質計畫及資格準則來進行，此項工作由設計工程師及品管人員來共同執行及共同核定。

4-6 製程品質管制及保證

製程係由人員、設備、原料、方法及環境所構成的總合體，用以產出成品。製程管制之良窳，完全取決於製程的設計、操作狀況及是否持續不斷的改善製程，製程品質管制及保證系統通常包括下列各項:

(1) 繪製製程流程圖，以決定其管制站

(2) 擬定製程管制計畫

(3) 製程管制標準之建立

(4) 製程資料之收集、整理和分析

(5) 製程能力分析

(6) 異常現象之處理

(7) 製程中的人性因素

(8) 製程改善

(9) 品質稽核

(10)售後服務的品管

茲將製程品質管制及保證之流程圖繪製如下:

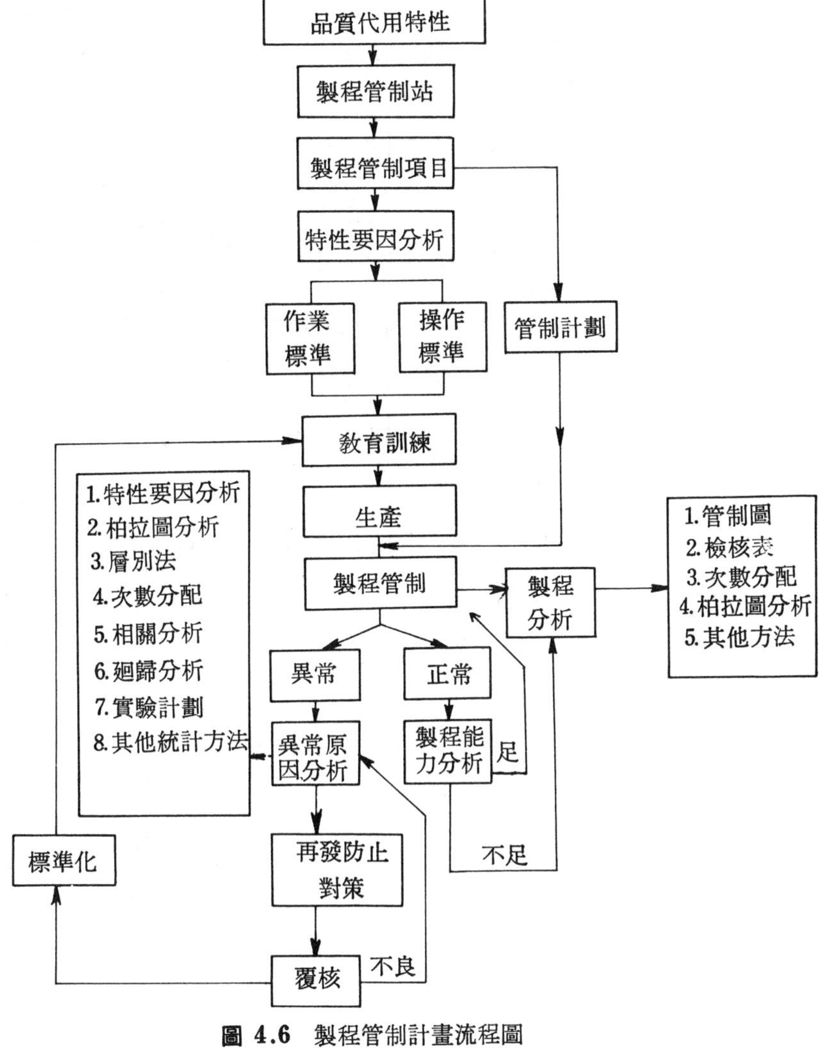

圖 4.6　製程管制計畫流程圖

現就上述管制系統中的重要項目，分述如下。

4-6-1 製造流程圖及其管制重點

製造流程圖係以簡單的符號來表示製造程序及其先後關係，同時標示其管制站及管制項目：

以一鏈條製造公司爲例，其製造流程圖如下：

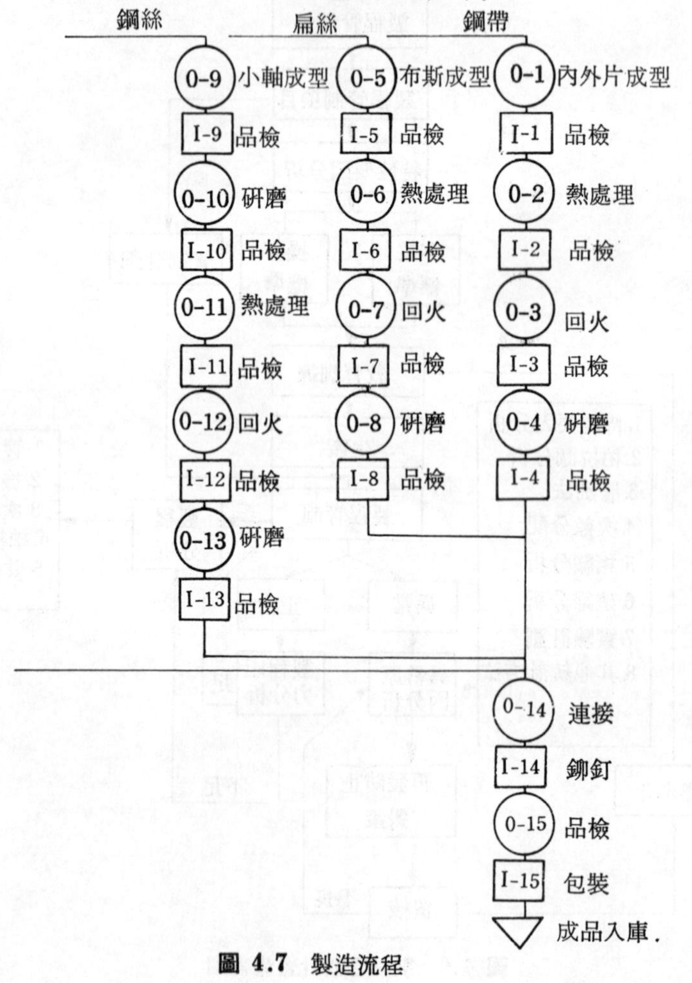

圖 4.7 製造流程

4-6-2　管制計畫

有關其管制項目、管制標準、檢驗儀器及方法、檢驗方式及管制方法等等，以下表說明之:

表 4.8　管制計劃

檢驗站	製程名稱	管制項目	檢驗儀器	檢驗標準	檢表時機			管制方法	備註
					初件	中間	最終		
I-1	內外片成型	節距	投影機	工作圖	○	○	○	$\bar{X}$-R	
		孔徑	投影機或塞規	工作圖	○	○	○	$\bar{X}$-R	
		外觀	目測	限度樣本	○	○	○		
I-9	小軸成型	長度	分厘卡	藍圖	○	○	○	$\bar{X}$-R	
		彎曲度	曲度量規	〃	○	○	○	〃	
		外徑	分厘卡	〃	○	○	○	〃	
		外觀	目測	限度樣本	○	○	○		
I-2	淬火	硬度	硬度計	檢驗規範			○	P	
I-5	布斯成型	內徑	塞規	〃	○	○	○	$\bar{X}$-R	
		外徑	分厘卡	〃	○	○	○	〃	
		高度	分厘卡	〃	○	○	○	〃	
I-13	連鉚接	內節寬度	塞規	〃	○	○	○	〃	
		平面差	分厘卡	〃	○	○	○	〃	
		外節寬度	〃	〃	○	○	○	〃	
		組立情形	目測	〃	○	○	○		
		鉚釘情形	〃	〃	○	○	○		

4-6-3 製程能力分析

在產品的生產過程中，統計方法可協助吾人了解製程的變異，分析此一變異與其規格間的相對關係，並協助製程減少此一變異，此種方法稱為製程能力分析。

所謂製程能力通常指製程的均齊程度，換言之，係指在各生產條件標準化且製程在統計的管制狀態下，製程所呈現有關品質及產量的能力。

製程能力分析係整體品質改善計畫中重要的一環，其功能如下：

1. 預估製程配合公差的能力
2. 協助產品設計人員修正製程
3. 協助建立製程管制的抽樣範圍
4. 確定新設備的功能需求
5. 選擇合格的供應商
6. 計畫製造流程
7. 減少製程中的變異

製程能力分析常用的方法有次數分配分析法及管制圖製程分析法等兩種，吾人將於本章中後段相關章節中加以敍述。

4-6-4 異常現象處理

茲將品質異常管制辦法列如下：

1. 目的：為追查品質發生異常原因，並探討其處理改善對策，以期能達到生產順暢，品質完美之境地。

2. 使用範圍：檢驗員或是發現的當事人，發現有超出正常規格外的情況時，立即發出異常追查單，即刻要求處理改善。

3.責任區分：發出異常追查單，追查處理改善的狀況，並商討預防措施，促使整個品質變異能在最短時間內予以消除，呈報廠長批示。

處理部門：每一部門發生變異時，得立即反應並商討處理對策，及預防措施，以消除異常的情況。

廠　　長：判定處理部門並督導處理部門消除變異，負責一切變異之責任。

4.管制程序圖

其管制之流程圖如下圖 4.8 所示

4-6-5　製程不良原因分析及改善

製程管制的重點在於分析製程不良的原因並因而採取解決對策，以使產品品質合乎規格。

製程不良原因分析常用者有特性要因圖、柏拉圖分析、層別法及次數分配法。茲簡述如下：

1.特性要因圖

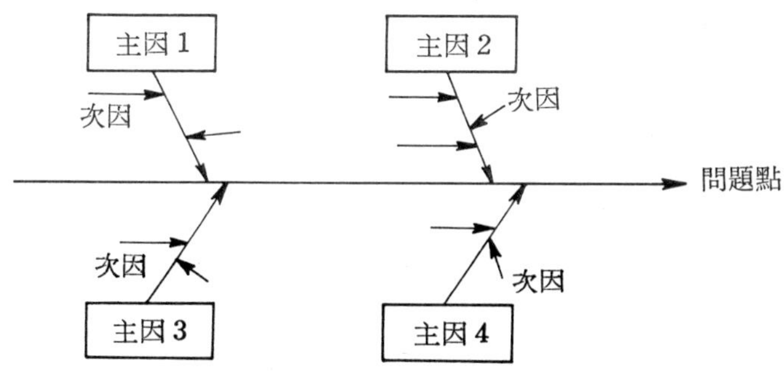

圖 4.8　特性要因圖

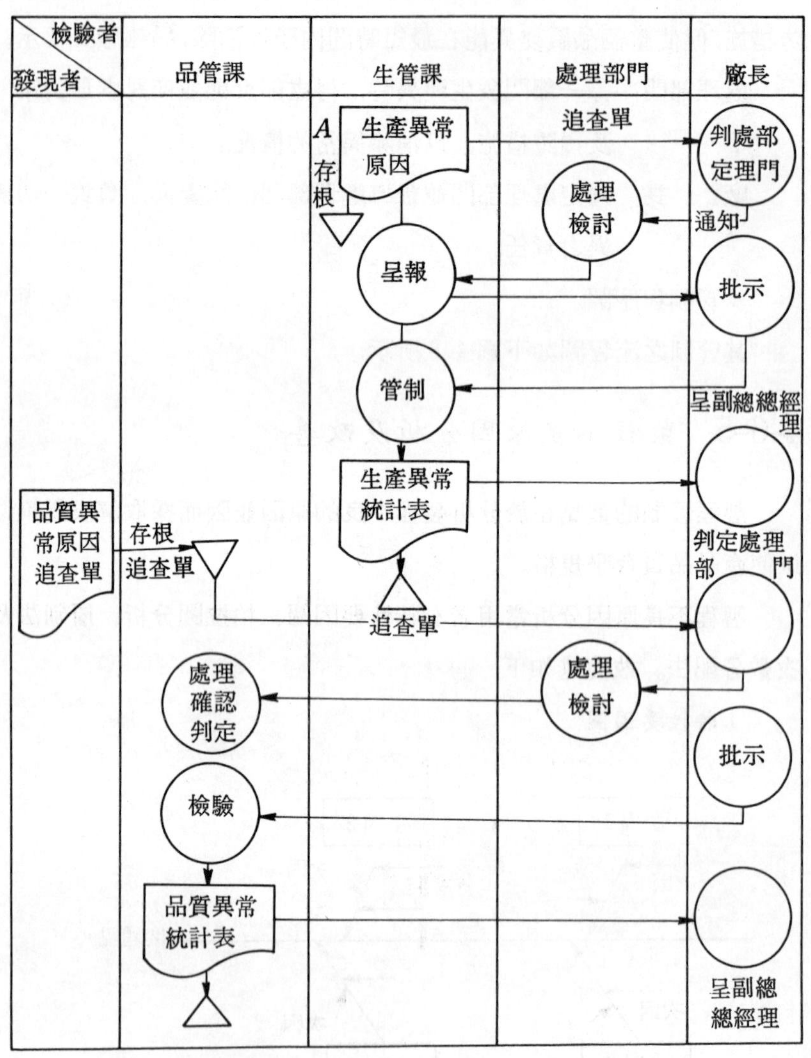

附註　▽暫存，△永存，○作業　表單

圖 4.9　管制流程圖

表 4.9　品質異常原因追查單

品質異常原因追查存根

編號		處理部門		發出時間		消費時間	
異常摘要							

※存查

……………………………………………………………………

品質異常原因追查單

編號：

處理部門：

異常情況	異常項目							發現者／檢驗員	
	異常單位							異常時間	
	管制標準							異常數量	
異常檢驗								品管意見	
處理後檢驗								品管判定	
本單發出時間	年	月	日	時				限定完成時間	年　月　日　時

現場措施		
	原因追查	時間:　主管:　經辦:
	矯正措施	時間:　主管:　經辦:
	異常數量處理	時間:　主管:　經辦:
預防措施		
廠長批示		

發現者→品管→廠長→處理部門→品管→廠長→品管

品質特性要因圖係說明一品質特性問題的影響因素及因素內的細分因素的圖形。因爲要使品質穩定，必須先使製程穩定，要使製程穩定，必須先瞭解品質特性與構成品質特性的各種因素的關係才能採取有效的措施，此圖係由日本品管權威石川馨博士在品管圈活動時所力倡，故又稱石川圖，更由於圖形狀似魚骨，有人稱爲魚骨圖。

2. 柏拉圖 (Pareto) 分析

在製造工廠，柏拉圖分析應用很普徧；因爲處理一項問題時，涉及的影響因素很多，而各項因素所佔比重亦不相同。若能採重點原則，管制少數較大的原因，問題卽已解決大半。否則一律視同平等處置，非但不經濟，可能仍無法解決。

柏拉圖於 1897 年由意大利 Viltredo Pareto 所創，首先用於所得曲線之繪製，認爲少數人擁有社會大部份的財富，只要控制那些少數財主，卽可控制該社會財富。此種重點控制的方法名爲柏拉圖法則。工廠利用此原理分析不良原因，將關鍵因素先行對策解決，其他次因則由於連帶關係而降低重要性或消失無踪。故又稱爲不良解析圖，如圖 4.10 所示。

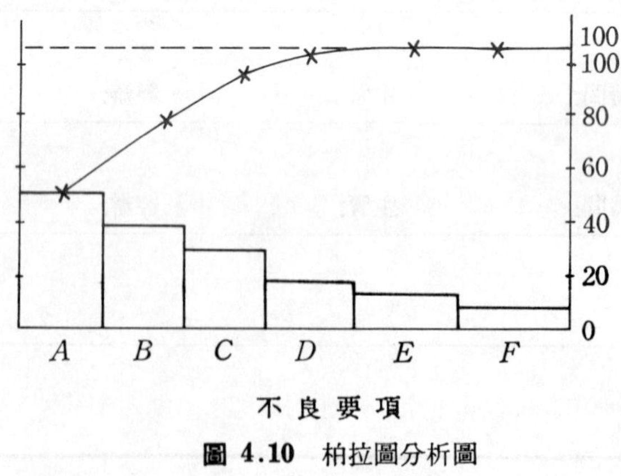

圖 4.10　柏拉圖分析圖

3. 層別法

以數臺機械製作同種製品時，各臺機械常有其個自的特徵或缺點。故所製作的製品也就由於不同的機械而有差異。這就是製品發生變異的主要原因。若能依照機械，分別搜集數據加以解析，必能獲得寶貴的情報。如果原料的種類、產地別、副料的種類、操作者、季節的不同等，會影響製程變動的原因存在時，自製程所得數據以原因別，分別繪製管制圖，亦同時可得到寶貴的情報，像這樣分成幾個層(Stratum)的方法，謂之層別法。

一般工廠所做層別的條件為

時間——月、日、夜、星期、時間、上、下午等。

作業員——組、日、夜班、操作法、技能、新舊、熟練程度、年齡、性別等。

機械、設備——臺、位置、新舊、型式、構造、工具等。

作業條件——溫度、壓力、濕度、速度、氣溫、天氣、作業順序、人員、機械等。

原料、材料、零件——供給者、前製程、羣體別、製造廠別等。

4. 次數分配 (Frequency distribution)，容於本章品管的基本統計方法再行敍述。

4-6-6 品質稽核

衡量產品品質水準係品質保證的重要功能之一，其方法係測定產品品質以確保符合規格的程度。品質稽核的目標如下：

1. 衡量品質系統的效率。

2. 衡量公司品質政策執行的效果。

3. 了解公司品質目標及顧客需求是否能滿足。

4.改善成本效果。

5.評估品管人員的績效。

6.發現潛在問題所在。

7.提供公司必要文件以使品管工作能確實的實行。

8.預測顧客對產品的反應。

9.減少顧客抱怨。

於進行品質稽核時，有下列數項法則必須遵循：

1.建立稽核時間進度表，並確實遵守實施。

2.品質稽核工作最好採用檢核表（Check List）方式爲之。

3.品質稽核的結果必須加以記錄和分析，並分送有關人員參考使用。

4.針對稽核過程中所發生的問題，必須要有追踪制度，以確保問題的解決。

5.從各不同功能領域選擇合格的稽核人員。

6.不宣佈卽進行稽核工作。

7.各單位及各班（Shifts）均需稽核。

公司內的品質稽核共有下列五項：

1.品質計畫管理稽核。

2.系統效果稽核。

3.政策執行稽核。

4.機能作業稽核。

5.檢驗效果稽核。

玆以流程圖說明其意義：

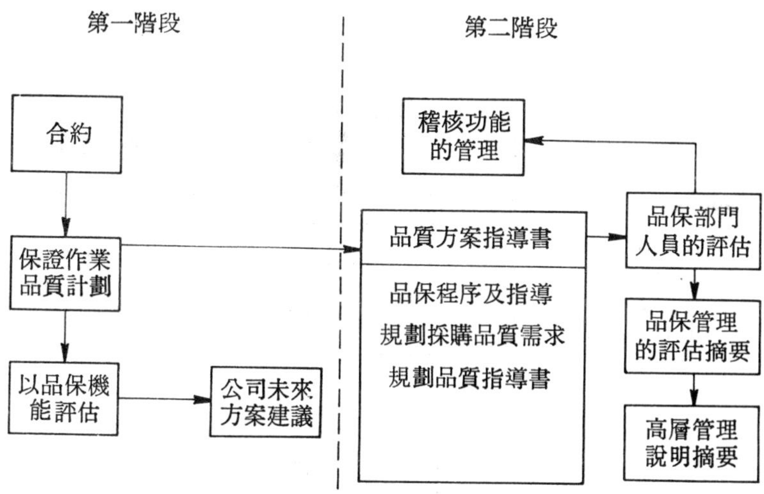

圖 4.11　品質計畫管理稽核

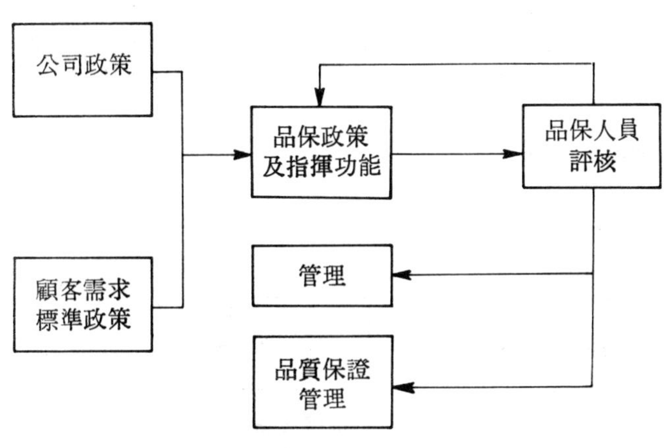

圖 4.12　系統效果稽核

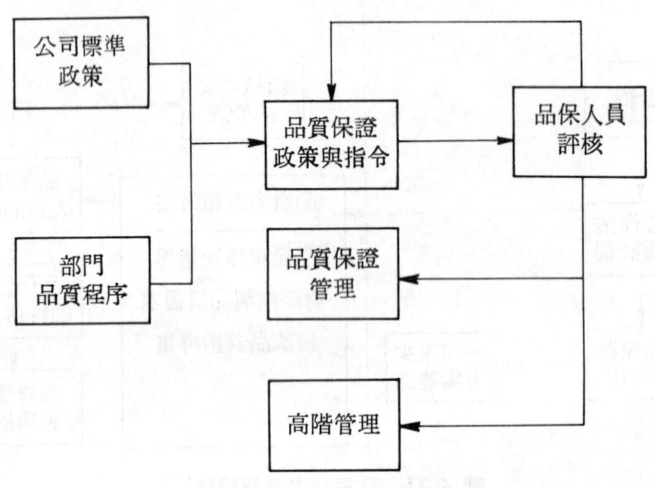

圖 4.13 政策執行稽核

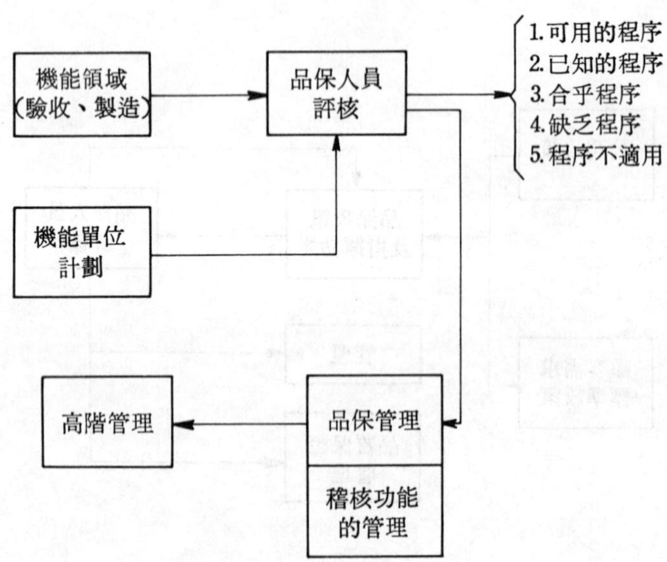

圖 4.14 機能作業稽核

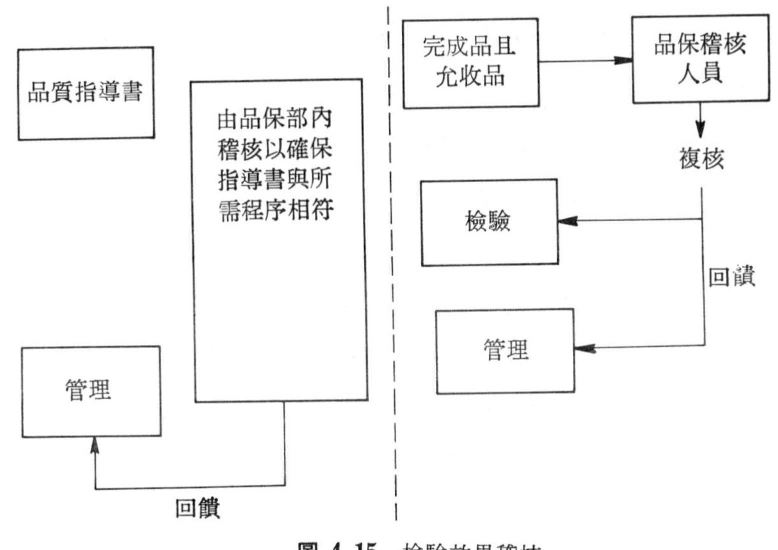

圖 4.15　檢驗效果稽核

4-7　品質管制圖

4-7-1　概　　論

管制圖爲應用於管制上之一種圖表。所顯示的只是製程品質好壞的信號。依據統計原理，訂定管制界限和中心線。中心線爲標準值，而管制界限是允許產品之品質特性在其間變動的範圍。假使檢查結果的統計量不超出管制界限，則應認爲統計量之平均值沒有變動，即製程呈穩定狀態。若超出管制界線，則應認爲統計量之平均值已發生變動，宜調查原因及採取行動，以消除品質之不良，並加以校正。

1.機遇原因與非機遇原因

吾人所能獲知的品質乃是規格、生產及檢驗的函數，因此，在生產過程中及檢驗時，品質可能發生許多變異。吾人利用品質管制技巧之目的在於探測品質變異的原因，然後採取必要的決策以改進品質。

使用品質發生變異的原因有二:

(1) 機遇原因（又稱共同原因)。

(2) 非機遇原因（又稱特殊原因)。

品質變異的機遇原因係指影響全部機器，全部操作員及全部單位（部門）的因素，係屬於整體性的原因，此種原因只有高階層管理當局才能加以改正。例如某一針織廠在製程最後階段的縫合工程，品質相當不良，利用管制圖來加以分析，顯示管制狀態良好，即所有的點均在管制界線之內， 經過分析、 調查才發現其原因係燈光不足， 即每一作業員看不清楚他所要縫製衣物的細目而造成的錯誤，此種燈光不足的原因，對每一作業員均有影響而非只對某一作業員發生影響而已，此即爲機遇原因，此時，吾人之決策，必須建議高階層管理當局加強燈光設備，或許這些作業員的視力已受到損害，僅僅加強燈光設備是不夠的，此時，似應爲視力不足的作業員配上一付眼鏡，才能解決品質問題。

又如在鐵路運輸礦砂的經驗上曾遭遇同一類的問題，本來每臺車載重量平均 70 噸，但其間的變量太大，最少者爲 66 噸，最大者爲 74 噸， 因此， 必須對每一臺車磅秤其重量，因而花費太多的成本，但當吾人檢視其管制圖時，發現其管制狀態良好，所有點均在上下管制界限之內，顯示其並非由於裝載工人個別差異所致，顯然爲機遇原因。經過工程師研究，設計一掛在高空中的平板，以便利除去超出車廂部份的礦砂， 如此一來， 使得每一臺車的載重量落在 70±1 噸之內，因而減少檢驗秤量的作業而降低了成本。

下列吾人列出一些可能的機遇原因，吾人尚可利用自己所處的特

殊情況而加以補充:

光線不良、震動、原料不合要求、管理錯誤、機器不合要求、溫度不適於製程、說明不完全及監督不週、伙食不佳、方法不合要求，從各生產線上來的產品，每一條線上的產量雖然很小，但其品質水準各異，混合而成進料時。

所謂非機遇原因是局部性的原因，即一臺機器，一位操作員或一羣操作員或部份原料所造成的錯誤，換言之，其原因大多數為人為因素所造成的，是可以避免的，因此，吾人必須儘快找出其原因所在，然後採取矯正的行動，以提高品質的均勻度，其探測方法可由管制圖上看到逸出管制界限的點，或由其中的趨勢和形態中發現跡象，然後利用工程上的知識及要因分析圖找出原因所在，並利用工程師知識或集體的智慧尋找解決此類原因的方法及措施，使品質水準及均勻度提高。

吾人利用管制圖的目的在於把機遇原因從非機遇原因中分離出來，以便明瞭找尋原因及消除原因的責任是屬於那一階層的人員，如果眞正的原因為機遇的原因，而錯誤的去責怪某一機器，某一操作員，則將引起更大的變異，可能把製程弄得更糟或使員工士氣低落。

消除變異的機遇原因與消除非機遇原因具有同等重要性，所以管理當局必須積極參與品質管制，如此才能消除機遇原因。

實施管制圖時常見的錯誤係認為把所有的非機遇原因消除之後，就把品質管制的工作完成了，事實上，尙有很多事情等著我們去做，即尋找機遇原因，並且決定消除那一種原因是行得通的。

鑑定機遇原因通常比非機遇原因困難得多，而其矯正亦較難。必須設計一套鑑定機遇原因的試驗方法，以便明瞭，更改使用原料的規格，添加新的機器設備，改變燈光強度，裝置空氣調節器是否經濟可行？

因此於實施品質管制時，管理當局負有重大的責任，①管理當局必須使工程師們接受統計訓練，以便能利用簡單而普通的統計技巧。②管理當局必須負責實驗以探測變異的非機遇原因。③然後對此等非機遇原因採取必要的矯正行爲。

2. 第一型誤差與第二型誤差

簡單的說，假使我們斷定羣體已經改變，而實際上並沒有改變，此種推斷所發生之錯誤，在統計學上稱爲"第一型誤差"（Type I Error)。

假使我們斷定羣體沒有改變，而實際上已經改變了，此種推斷所發生之錯誤，稱爲"第二型誤差"（Type II Error)。

(1) 第一型誤差

在常態分配下，超出平均值加減三個標準差之外的機率只有0.27%，通常我們把超出三個標準差以外之點，當作非機遇原因來處理，但有時由於抽樣的原因，使管制圖上的點落到三個標準差之外，因而

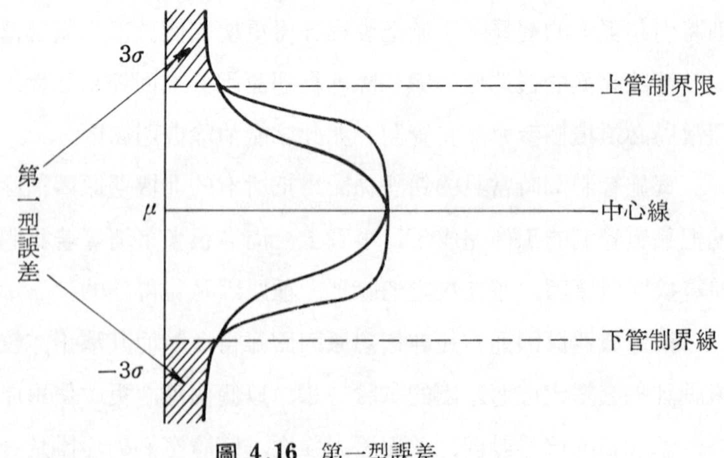

圖 4.16　第一型誤差

判定為已發生非機遇原因，但事實上並沒有非機遇原因發生，羣體仍然沒有變化，此種錯誤，稱為第一型誤差。上圖 4.14 斜線部份乃所謂的第一型誤差。

(2) 第二型誤差

假設羣體分配的均數為 μ_0，由於某種原因，其分配的均數已發生變化而遷移至 μ_1 或 μ_2。又吾人所設定之判定準則為以分配的均數 μ_0 加減三個標準差為基準。如下圖 4.15 所示，以 μ_1 或 μ_2 為均數的二個分配，顯然已發生變化，但當樣本值落於斜線區域內時，依據吾人的判斷準則，由於仍然在 $\mu_0 \pm 3\sigma$ 的範圍內，應判定其羣體未發生變化，此種錯誤，吾人稱之為第二型誤差。

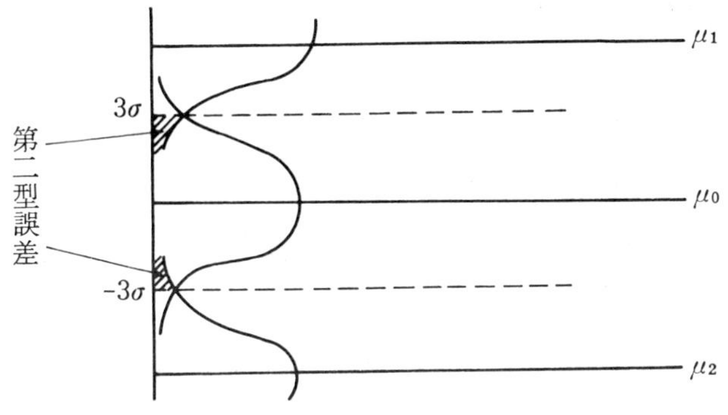

圖 4.17 第二型誤差

第一型誤差，使我們神經過敏，做些徒勞無益的工作，而第二型誤差，卻使我們錯過改正的機會，而導致更嚴重的後果。

3. 三個標準差準則

前面提及管制圖之作用在於辨別製程是否已經發生非機遇原因，但不論其判定的結果如何，總是冒著產生第一型誤差及第二型誤差之危險，而此種危險導致成本的增加。因爲，若製程未起變化，但樣本統計量在管制圖中顯示已發生變化，那麼就必須尋找原因，如此的浪費時間、人力及金錢，乃爲第一型誤差所造成的成本。反之，若製程已發生變化，但樣本統計量在管制圖中顯示未發生變化，當然不會尋找原因，讓此種非機遇原因繼續存在，使得製程不斷的生產不良品，此種失敗成本乃是第二型誤差所造成的。因此，管制界限的設定，必須依據此兩種對立成本間的經濟平衡。此兩種成本，隨著行業的不同，其值各異，但是經驗告訴我們，在大多數的情況下，採用三個標準界限 (3-Sigma Limits)，所達成此兩對立成本間的平衡，相當令人滿意。因此，管制界限之設定乃以平均數加減三個標準差爲基準，這就是所謂三個標準差準則。

4.管制圖的種類

數據可分爲計量值 (Variables) 及計數值 (Attributes)。所謂計量值乃是可以無限分割之數據，如長度、重量、強度、硬度、溫度、壽命……等等，而計數值乃是可以計數的數據，如不良品個數，缺點數等等。

依據品質特性數據的不同，可將管制圖分爲計量值管制圖及計數值管制圖，其內容列如下:

(1) 計量值管制圖

a. 平均數及全距管制圖。

b. 平均數及標準差管制圖。

c. 中位數及全距管制圖。

d. 移動平均及移動全距管制圖。

e. 個別值及移動全距管制圖。

(2) 計數值管制圖

a. 不良率管制圖。

b. 不良數管制圖。

c. 缺點數管制圖。

d. 單位缺點數管制圖。

4-7-2 計量值管制圖

4-7-2(1) 引 言

利用統計學的抽樣理論及三個標準差準則，即可設定管制圖的中心線及上、下管制界限。但是，應用管制圖作爲品質管制之工具時，必須兩圖並用，始臻成效；其中，一圖用以管制製程均數之變化，換言之，用以管制製程之品質水準，另一圖則用以管制變異的程度，易言之，用以管制製程品質的均勻度。例如 $\bar{X}$—R 管制圖乃是以 $\bar{X}$ 圖來管制製程的品質水準而以 R 圖來管制製程品質的均勻度。

4-7-2(2) 平均數及全距管制圖

利用統計學的抽樣理論及三個標準差準則，$\bar{X}$ 及 R 管制圖之各管制界限之公式如下：

1. $\bar{X}$管制圖：

(1) 羣體均數 μ 及標準差 σ 已知時，

$$UCL=\bar{\bar{X}}+3\sigma_{\bar{X}}=\mu+3\frac{1}{\sqrt{n}}\sigma=\mu+A\sigma，此處 A=\frac{3}{\sqrt{n}}$$

$$CL=\mu$$

$$LCL=\bar{\bar{X}}-3\sigma_{\bar{X}}=\mu-A\sigma$$

(2) 羣體未知時，則以樣本均數之均數 $\bar{\bar{X}}$ 及 $\bar{R}$ 來估計之

$$UCL=\overline{\overline{X}}+3\sigma_{\overline{X}}=\overline{\overline{X}}+3\frac{1}{d_2\sqrt{n}}\overline{R}=\overline{\overline{X}}+A_2\overline{R}$$

$$CL=\overline{\overline{X}}$$

$$LCL=\overline{\overline{X}}-3\sigma_{\overline{X}}=\overline{\overline{X}}-A_2\overline{R},\text{ 此處 } A_2=\frac{3}{d_2\sqrt{n}}$$

(3) 羣體未知時，則以樣本均數之均數 $\overline{\overline{X}}$ 及 $\overline{S}$ 來估計之:

$$UCL=\overline{\overline{X}}+3\sigma_{\overline{X}}=\overline{\overline{X}}+3\frac{\sigma}{\sqrt{n}}=\overline{\overline{X}}+\frac{3}{\sqrt{n}}\cdot\frac{\overline{S}}{C_2}$$

$$=\overline{\overline{X}}+A_1\overline{S}$$

$$CL=\overline{\overline{X}},$$

$$LCL=\overline{\overline{X}}-3\sigma_{\overline{X}}=\overline{\overline{X}}-A_1\overline{S},\ A_1=\frac{3}{C_2\sqrt{n}}$$

2. R 管制圖:

(1) 羣體已知

$$UCL=\overline{R}+3\sigma_R=d_2\sigma+3d_3\sigma=(d_2+3d_3)\sigma=D_2\sigma$$

$$CL=\overline{R}=d_2\sigma$$

$$LCL=\overline{R}-3\sigma_R=(d_2-3d_3)\sigma=D_1\sigma$$

(2) 羣體未知

$$UCL=\overline{R}+3\sigma_R=\overline{R}+3d_{3\sigma}$$

$$=\overline{R}+3d_3\cdot\frac{\overline{R}}{d_2}=\left(1+\frac{3d_3}{d_2}\right)\overline{R}=D_4\overline{R}$$

$$CL=\overline{R}$$

$$LCL=\overline{R}-3\sigma_R=\left(1-\frac{3d_3}{d_2}\right)\overline{R}=D_3\overline{R}$$

計算 $\overline{X}$ 及 R 管制圖所需之數值 A, d_2, A_2, D_1, D_2, D_3, D_4，請見附表 4-1 及 4-2

採用 $\overline{X}$ 及 R 管制圖之主要目的在於告訴吾人，製程於何時發生非機遇原因，且可於何處尋找其原因而加以改正，使製程趨於穩定狀態。因此，其重心不僅在於知道非機遇原因之發生，更重要者在於發現原因之所在，且謀求改善之道，正如 H. F. Dodge 所說:「統計的品質管制為 90% 之工程，而僅有 10% 之統計」。

4-7-3 平均數及標準差管制圖

$\overline{X}$ 管制圖之計算公式完全和 $\overline{X}-R$ 管制圖中之 $\overline{X}$ 管制圖相同。下面僅說明標準差管制圖之求法:

4-7-3(1) 標準差管制圖

1. 羣體已知

$$UCL=\overline{S}+3\sigma_S=C_2\sigma+3\frac{1}{\sqrt{2n}}\sigma=\left(C_2+\frac{3}{\sqrt{2n}}\right)\sigma$$

$$=B_2\sigma,\ \text{此處}\ B_2=C_2+\frac{3}{\sqrt{2n}}$$

$$CL=C_2\sigma$$

$$LCL=\overline{S}-3\sigma_S=\left(C_2-\frac{3}{\sqrt{2n}}\right)\sigma=B_1\sigma,$$

此處 $B_1=C_2-\dfrac{3}{\sqrt{2n}}$

2. 羣體未知

$$UCL=\overline{S}+3\sigma_S=\overline{S}+3\cdot\frac{1}{\sqrt{2n}}\sigma=\overline{S}+3\cdot\frac{1}{\sqrt{2n}}\cdot\frac{1}{C_2}\overline{S}$$

$$=\left(1+\frac{3}{C_2\sqrt{2n}}\right)\overline{S}=B_4\overline{S},\ \text{於此}\ B_4=1+\frac{3}{C_2\sqrt{2n}}$$

$$CL=\overline{S}$$

$$LCL=\overline{S}-3\sigma_S=\left(1-\frac{3}{C_2\sqrt{2n}}\right)\overline{S}=B_3\overline{S}$$

此處 $B_3=1-\dfrac{3}{C_2\sqrt{2n}}$

其常數 B_1 B_2 B_3 B_4 可自附表 4.2 及 4.3 中查得綜合以上 $\overline{X}$ R 及 σ 管制圖之計算公式，可列成下表:

表 4.10

方法	$\bar{X}$ 管制圖	R 管制圖	σ 管制圖
σ 和 μ 已知	$UCL_{\bar{X}}=\mu+A_\sigma$ $CL=\mu$ $LCL_{\overline{X}}=\mu-A_\sigma$	$UCL_R=D_2\sigma$ $CL=d_2\sigma$	$UCL_\sigma=B_2\sigma$ $CL=C_2\sigma$
以 $\overline{R}$ 和 $\overline{\overline{X}}$ 分別估計 σ 和 μ	$UCL_{\overline{X}}=\overline{\overline{X}}+A_2\overline{R}$ $CL=\overline{\overline{X}}$ $LCL_{\overline{X}}=\overline{\overline{X}}-A_2\overline{R}$	$LCL_R=D_1\sigma$ $UCL_R=D_4\overline{R}$ $CL=\overline{R}$	$LCL_\sigma=B_1\sigma$
以 $\overline{s}$ 和 $\overline{\overline{X}}$ 分別估計 σ 和 μ	$UCL_{\overline{X}}=\overline{\overline{X}}+A_1\overline{S}$ $CL=\overline{X}$ $LCL_{\overline{X}}=\overline{\overline{X}}-A_1\overline{S}$	$LCL_R=D_3\overline{R}$	$UCL_0=B_4\overline{S}$ $CL=\overline{S}$ $LCL_\sigma=B_3\overline{S}$

例: 一箱中裝有 998 個大小相等之籌碼，每一籌碼上均標有一數字，其值從 0 到 60，其次數依 0—60 之順序而呈常態分配，其均數爲 30，標準差爲 10。現自箱中，每次抽取一個籌碼，採放回方式，每四個爲一樣組，若抽取 25 組，其資料如表 4.10 所示。

表 4.11

樣組	數			字	$\bar{X}$	R	S
1	47	32	44	35	39.50	15	6.2
2	33	33	34	34	33.50	1	0.5
3	34	34	31	34	33.25	3	1.3
4	12	21	24	47	26.00	35	12.9
5	35	23	38	40	34.00	17	6.6
6	19	37	31	27	28.50	18	6.5
7	23	45	26	37	32.75	22	8.8

8	33	12	29	43	29.25	31	11.2
9	25	22	37	33	29.25	15	6.0
10	29	32	30	13	26.00	19	7.6
11	40	18	30	11	24.75	29	11.1
12	21	18	36	34	27.25	18	7.9
13	26	35	31	29	30.25	9	3.3
14	52	29	21	18	30.00	34	13.3
15	26	20	30	20	24.00	10	4.2
16	19	1	30	30	20.00	29	11.9
17	28	34	39	17	29.50	22	8.2
18	29	25	24	30	27.00	6	2.5
19	21	37	32	25	28.75	16	6.2
20	24	22	16	35	24.25	19	6.9
21	28	39	23	21	27.75	18	7.0
22	41	32	46	12	32.75	34	13.0
23	14	23	41	42	30.00	28	11.9
24	32	28	46	27	33.25	19	7.6
25	42	34	22	34	33.00	20	7.1
合				計	734.50	487	185.7

由上表可計算得

$$\bar{\bar{X}}=\frac{\Sigma\bar{X}}{25}=\frac{734.00}{25}=29.38$$

$$\bar{R}=\frac{\Sigma R}{25}=\frac{487}{25}=19.48$$

$$\bar{S}=\frac{\Sigma S}{25}=\frac{185.7}{25}=7.43$$

當 $n=4$ 時，由附表 4-1, 4-2, 4-3 查得

$$A_2=0.73$$

$$D_3=0$$

$$D_4=2.28$$

$B_3 = 0$

$B_4 = 2.27$

故 $UCL_{\bar{X}} = \bar{\bar{X}} + A_2\bar{R} = 29.38 + 0.73 \times 19.48 = 43.60$

$CL = \bar{\bar{X}} = 29.38$

$LCL_{\bar{X}} = \bar{\bar{X}} - A_2\bar{R} = 29.38 - 0.73 \times 19.48 = 15.16$

$UCL_R = D_4\bar{R} = 2.28 \times 19.48 = 44.41$

$CL = \bar{R} = 19.48$

$LCL_R = D_3\bar{R} = 0$

$UCL_\sigma = B_4\bar{S} = 2.27 \times 7.43 = 16.87$

$CL = \bar{S} = 7.43$

$LCL_\sigma = B_2\bar{S} = 0$

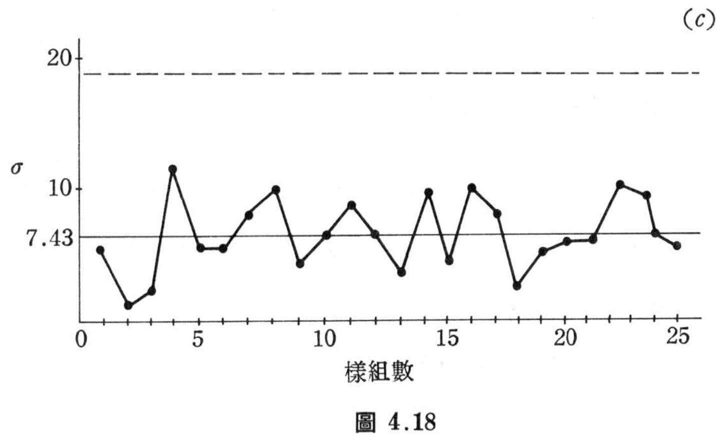

圖 4.18

圖 4.18 之 (a),(b),(c) 分別表示, $\bar{X}$,R 及 σ 管制圖，由三圖中顯示沒有任何點落在管制界限之外，表示管制良好。

圖 4.18 是就現有資料繪在圖上供解析之用，當圖上顯示正常時，則可將此管制圖之管制界限延長，以管制製程之未來狀態。當管制圖上有點落在管制界限外，即顯示脫離管制，此時應就不正常的原因加以研究並設法去除之，然後重新計算管制界限，直到所有不正常之因素都剔除爲止，才繼續延長管制界限，以作爲製程狀態之管制工具。

4-7-4　R 及 σ 管制圖之比較

R 及 σ 管制圖需配合 $\bar{X}$ 管制圖，同樣地，用以管制製程之變異程度。依據統計的理論，眞正表示製程變異的應爲標準差，但其計算繁冗，曾在管制圖推行史上，遭遇阻礙。其後以 R 管制圖代替 σ 管制圖，頗受工業界實施管制圖者的歡迎，因爲它具有①計算簡易②易於了解之優點。但當 n 很大時，樣組中偶發的極端值，使得 R 值偏大，此時不宜採用R管制圖，而應採用σ管制圖，一般而言，n以 15 爲基準，換言之，當 $n>15$ 時應採用σ管制圖。

4-7-5　中位數—全距管制圖

中位數管制圖是各樣組中的中位數（$\tilde{X}$）替代各樣組的平均數（$\bar{X}$），其優點是可免除樣本中極值的影響。以下是中位數管制圖之種類及其管制界限之計算公式:

1. $\tilde{X}-R$ 管制圖（以$\bar{\tilde{X}}$及$\bar{R}$爲中心線）

$\tilde{X}$＝表示樣組的中位數

$\bar{\tilde{X}}$＝表示k組樣組中位數的平均數

$\bar{R}$＝表示全距R的平均數

$\tilde{X}$管制圖

$$UCL_{\tilde{X}}=\bar{\tilde{X}}+m_3A_2\bar{R}$$

$$CL_{X}=\bar{\tilde{X}}=\frac{\Sigma\tilde{X}}{k}$$

$$LCL_{\tilde{X}}=\bar{\tilde{X}}-m_3A_2\bar{R}$$

R管制圖

$$UCL_R=D_4\bar{R}$$

$$CL_R=\bar{R}$$

$$LCL_R=D_3\bar{R}$$

在$\tilde{X}$管制圖中，除中位數$\tilde{X}$外，通常將個別測定值亦一併點繪在圖上以表示個別值之變動，此時另外加上規格界限及個別值管制界限，則更便於比較。如圖 4.19 乃利用表 4.11 之資料所繪成之中位數及個別值之混合管制圖。

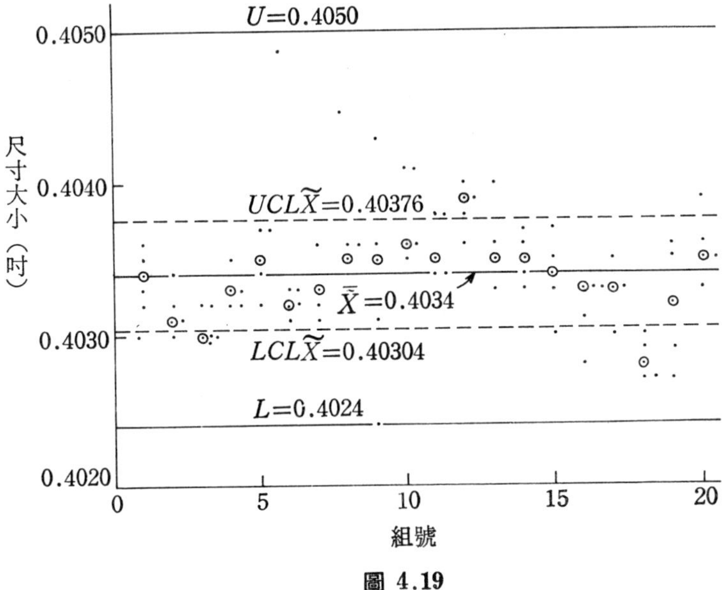

圖 4.19

2. $\tilde{X}-R$ 管制圖（以$\tilde{\tilde{X}}$及 $\tilde{R}$ 爲中心線）

$\tilde{X}$—表示樣組的中位數

$\tilde{\tilde{X}}$—表示 k 組樣組中位數的中位數

$\tilde{R}$ —表示全距 R 的中位數。

$\tilde{X}$管制圖

$$UCL_{\tilde{X}}=\tilde{\tilde{X}}+m_3A_3\tilde{R}$$

$$CL_{\tilde{X}}=\tilde{\tilde{X}}$$

$$LCL_{\tilde{X}}=\tilde{\tilde{X}}-m_3A_3\tilde{R}$$

R管制圖

$$UCL_R=D_6\tilde{R}$$

$$CL_R=\tilde{R}$$

$$LCL_R=D_5\tilde{R}$$

3. $\tilde{X}-R$ 管制圖（以$\tilde{\tilde{X}}$及 $\tilde{R}$ 爲中心線）

$\tilde{X}$=表示樣組的平均數

$\tilde{\tilde{X}}$=表示 k 組樣組平均數的中位數

$\tilde{X}$管制圖

$$UCL_{\tilde{X}}=\tilde{\tilde{X}}+A_3\tilde{R}$$

$$CL_{\tilde{X}}=\tilde{\tilde{X}}$$

$$LCL_{\tilde{X}}=\tilde{\tilde{X}}-A_3\tilde{R}$$

R管制圖

$$UCL_R=D_6\tilde{R}$$

$$CL_R=\tilde{R}$$

$$LCL_R=D_5\tilde{R}$$

中位數管制圖所用之係數列於附表 4.4

例: 引用表 4.11 之資料，做成表 4.12 之中位數管制圖計算表。表 4.12 之$\overline{X}$、R及$\tilde{X}$三行之數據按照大小順序排列於下:

$\overline{X}$=20.00, 24.00, 24.25, 24.75, 26.00, 26.00, 27.00, 27.25, 27.25, 28.50, 28.75, 29.25, 29.25, 29.50, 30.00, 30.00, 30.25, 32.75, 32.75, 33.00, 33.25, 33.25, 33.50, 34.00, 39.50

R=1, 3, 6, 9, 10, 15, 15, 16, 17, 18, 18, 18, 19, 19, 19, 20, 22, 22, 28, 29, 29, 31, 34, 34, 35

$\tilde{X}$=22.5, 23.0, 23.0, 24.0, 24.5, 25.0, 25.5, 27.0, 27.5, 28.5, 29.0, 29.0, 29.5, 30.0, 30.0, 31.0, 31.0, 31.5, 32.0, 33.5, 34.0, 34.0, 36.5, 36.5, 39.5

表 4.12

樣組	籌	碼	數	字	$\bar{X}$	R	$\widetilde{X}$
1	47	32	44	35	39.50	15	39.5
2	33	33	34	34	33.50	1	33.5
3	34	34	31	34	33.25	3	34.0
4	12	21	24	47	26.00	35	22.5
5	35	23	38	40	34.00	17	36.5
6	19	37	31	27	28.50	18	29.0
7	23	45	26	37	32.75	22	31.5
8	33	12	29	43	29.25	31	31.0
9	25	22	37	33	29.25	15	29.0
10	29	32	30	13	26.00	19	29.5
11	40	18	30	11	24.75	29	24.0
12	21	18	36	34	27.25	18	27.5
13	26	35	31	29	30.25	9	30.0
14	52	29	21	18	30.00	34	25.0
15	26	20	30	20	24.00	10	23.0
16	19	1	30	30	20.00	29	24.5
17	28	34	39	17	29.50	22	31.0
18	29	25	24	30	27.00	6	27.0
19	21	37	32	25	28.75	16	28.5
20	24	22	16	35	24.25	19	23.0
21	28	39	23	21	27.75	18	25.5
22	41	32	46	12	32.75	34	36.5
23	14	23	41	42	30.00	28	32.0
24	32	28	46	27	33.25	19	30.0
25	42	34	22	34	33.00	20	34.0
總				計	734.50	487	717.5
平				均	29.38	19.48	28.7

因此，$\bar{\bar{X}}=29.25$

$\tilde{R}=19$

$\tilde{\bar{\bar{X}}}=29.5$

1. $\tilde{X}-R$ 管制圖（以$\bar{\bar{X}}$及$\bar{R}$為中心線）

$\tilde{X}$管制圖

$$UCL_{\tilde{X}}=\bar{\bar{X}}+m_3A_2\bar{R}$$
$$=28.7+0.796\times 19.48=44.21$$
$$CL_{\tilde{X}}=\bar{\bar{X}}=28.7$$
$$LCL_{\tilde{X}}=\bar{\bar{X}}-m_3A_2\bar{R}$$
$$=28.7-0.796\times 19.48=13.19$$

R管制圖

$$UCL_R=D_4\bar{R}$$
$$=2.282\times 19.48=44.45$$
$$CL_R=\bar{R}=19.48$$
$$LCL_R=D_3\bar{R}=0$$

2. $\tilde{X}-R$ 管制圖（以$\tilde{\bar{\bar{X}}}$及$\tilde{R}$為中心線）

$\tilde{X}$管制圖

$$UCL_{\tilde{X}}=\tilde{\bar{\bar{X}}}+m_3A_3\tilde{R}$$
$$=29.5+0.828\times 19=45.23$$
$$CL_{\tilde{X}}=\tilde{\bar{\bar{X}}}=29.5$$
$$LCL_{\tilde{X}}=\tilde{\bar{\bar{X}}}-m_3A_3\tilde{R}$$
$$=29.5-0.828\times 19=13.77$$

R管制圖

$$UCL_R=D_6\tilde{R}$$
$$=2.375\times 19=45.13$$
$$CL_R=\tilde{R}=19$$
$$LCL_R=D_5\tilde{R}=0$$

3. $\tilde{X}-R$ 管制圖（以$\tilde{\tilde{X}}$及$\tilde{R}$爲中心線）

$\tilde{X}$管制圖

$$UCL_{\tilde{X}}=\tilde{\tilde{X}}+A_3\tilde{R}=29.25+0.758\times19=43.65$$

$$CL_{\tilde{X}}=\tilde{\tilde{X}}=29.25$$

$$LCL_{\tilde{X}}=\tilde{\tilde{X}}-A_3\tilde{R}$$

$$=29.25-0.758\times19=14.85$$

R管制圖

$$UCL_R=D_6\tilde{R}$$

$$=2.375\times19=45.13$$

$$CL_R=\tilde{R}=19$$

$$LCL_R=D_5\tilde{R}=0$$

以上三種中位數管制圖，現僅將第二種以$\tilde{\tilde{X}}$及$\tilde{R}$爲 中心線之$\tilde{X}-R$ 管制圖繪如圖 4.20。其他類似於此。

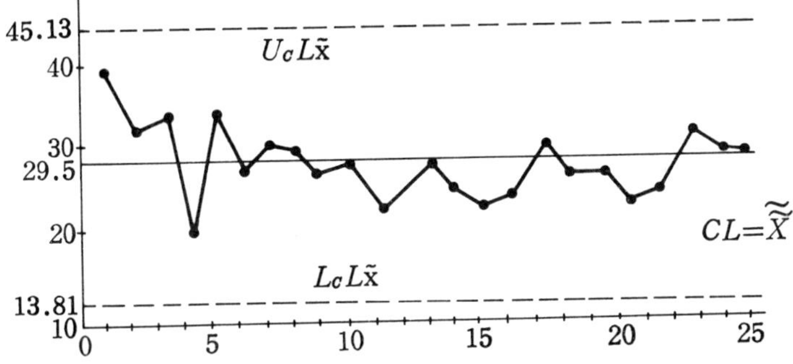

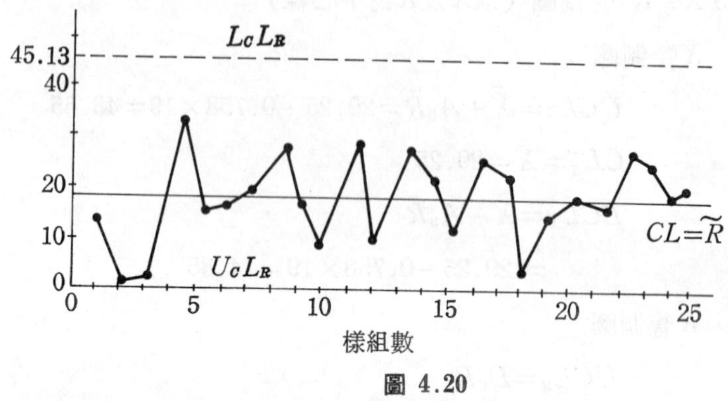

圖 4.20

4-7-6 移動平均及移動全距管制圖

移動平均及移動全距管制圖，特別適用於連續生產的化學工廠，用以管制原料及製程中產品的品質特性，其管制界限之計算及圖表之說明，大致與 $\overline{X}-R$ 管制圖相同，只有一些不同而已。

表 4.13 所示的資料為某化學工廠每天未反應之石灰 (cao) 百分率，表中顯示三天移動平均及移動全距之計算方式，例如:

$$0.160=\frac{1}{3}(0.24+0.13+0.11)$$

$$0.143=\frac{1}{3}(0.13+0.11+0.19), \cdots\cdots$$

又 $0.13=0.24-0.11$, $0.08=0.19-0.11$, …… 其他以此類推，可求得。

茲將個別值，三天移動平均及結合的 $\overline{X}$ 管制圖繪如圖 4.21，便於比較，圖中顯示，三天移動平均曲線遠較個別曲線平滑，移動平均的天數愈多，其曲線愈平滑。

有點落到移動平均及移動全距管制界限之外，其意義與傳統之

$\bar{X}-R$ 管制圖者相同。然而，移動平均與移動全距管制圖上連續諸點並非彼此獨立的，因此，成串諸點落到管制界限外之意義，與傳統的 $\bar{X}-R$ 管制圖不同。例如圖 4.22 上有連續三點落到管制界限外，差不多相當於 R 圖上有一點掉到管制界限外，在移動平均及移動全距管制圖上，若有成串的點在中心線上方或下方時，其不如在 $\bar{X}$-R 圖上來得嚴重。

表 4.13

日　期	每天值	3天 移動總和	3天 移動平均	3天 移動全距	結合 (一般 $\bar{X}$ 及 R 圖用)
9月1日	0.24				
2	0.13				
3	0.11	0.48	0.160	0.13	A
4	0.19	0.43	0.143	0.08	B
5	0.16	0.46	0.153	0.08	C
6	0.17	0.52	0.173	0.03	A
7	0.13	0.46	0.153	0.04	B
8	0.17	0.47	0.157	0.04	C
9	0.10	0.40	0.133	0.07	A
10	0.14	0.41	0.137	0.07	B
11	0.16	0.40	0.133	0.06	C
12	0.14	0.44	0.147	0.02	A
13	0.17	0.47	0.157	0.03	B
14	0.15	0.46	0.153	0.03	C
15	0.20	0.52	0.173	0.05	A
16	0.26	0.61	0.203	0.11	B
17	0.16	0.62	0.207	0.10	C
18	0.00	0.42	0.140	0.26	A
19	0.18	0.34	0.113	0.18	B
20	0.18	0.36	0.120	0.18	C
21	0.20	0.56	0.187	0.02	A
22	0.11	0.49	0.163	0.09	B

23	0.30	0.61	0.203	0.19	C
24	0.21	0.62	0.207	0.19	A
25	0.11	0.62	0.207	0.19	B
26	0.17	0.49	0.163	0.10	C
27	0.18	0.46	0.153	0.07	A
28	0.13	0.48	0.160	0.05	B
29	0.28	0.59	0.197	0.15	C
30	0.16	0.57	0.190	0.15	A
10月1日					
1	0.14	0.58	0.193	0.14	B
2	0.16	0.46	0.153	0.02	C
3	0.14	0.44	0.147	0.02	A
4	0.10	0.40	0.133	0.06	B
5	0.13	0.37	0.123	0.04	C
6	0.20	0.43	0.143	0.10	A
7	0.14	0.47	0.157	0.07	B
8	0.10	0.44	0.147	0.10	C
9	0.18	0.42	0.140	0.08	A
10	0.11	0.39	0.130	0.08	B
11	0.08	0.37	0.123	0.10	C
12	0.12	0.31	0.103	0.04	A
13	0.13	0.33	0.110	0.05	B
14	0.12	0.37	0.123	0.01	C
15	0.17	0.42	0.140	0.05	A
16	0.10	0.39	0.130	0.07	B
17	0.09	0.36	0.120	0.08	C

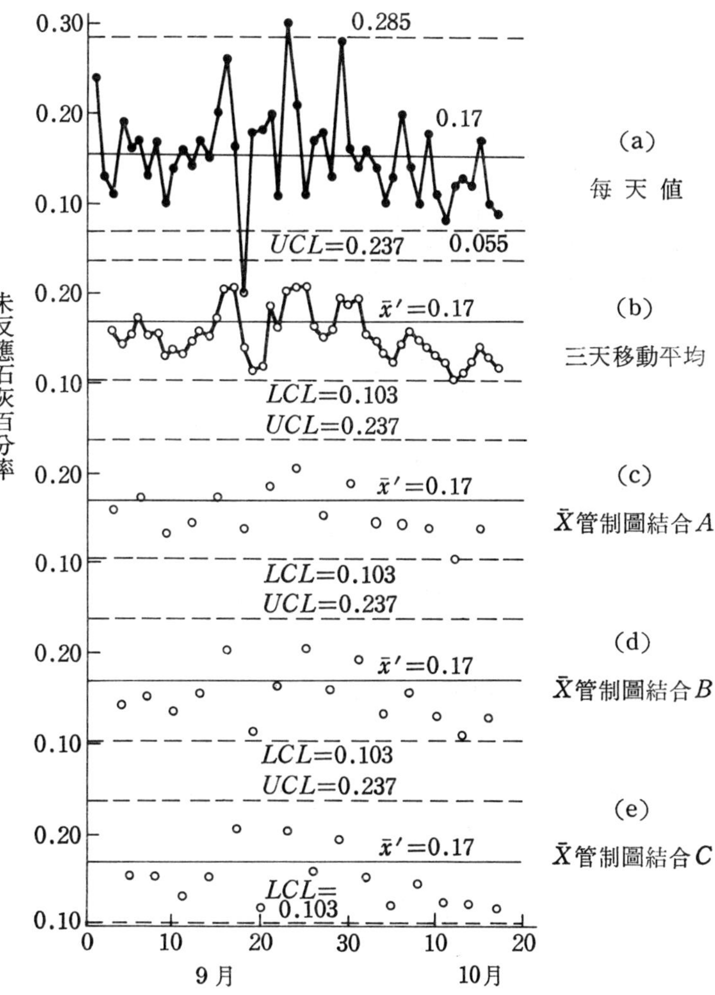
0.30
0.20
0.10
0.285
0.17
(a)
每 天 值
UCL=0.237
0.055
0.20
(b)
$\bar{x}'=0.17$
三天移動平均
0.10
LCL=0.103
UCL=0.237
0.20
(c)
$\bar{x}'=0.17$
$\bar{X}$管制圖結合A
0.10
LCL=0.103
UCL=0.237
0.20
(d)
$\bar{x}'=0.17$
$\bar{X}$管制圖結合B
0.10
LCL=0.103
UCL=0.237
(e)
0.20
$\bar{x}'=0.17$
$\bar{X}$管制圖結合C
LCL=
0.103
0.10
0
10
20
30
10
20
9月
10月
未反應石灰百分率

圖 4.21

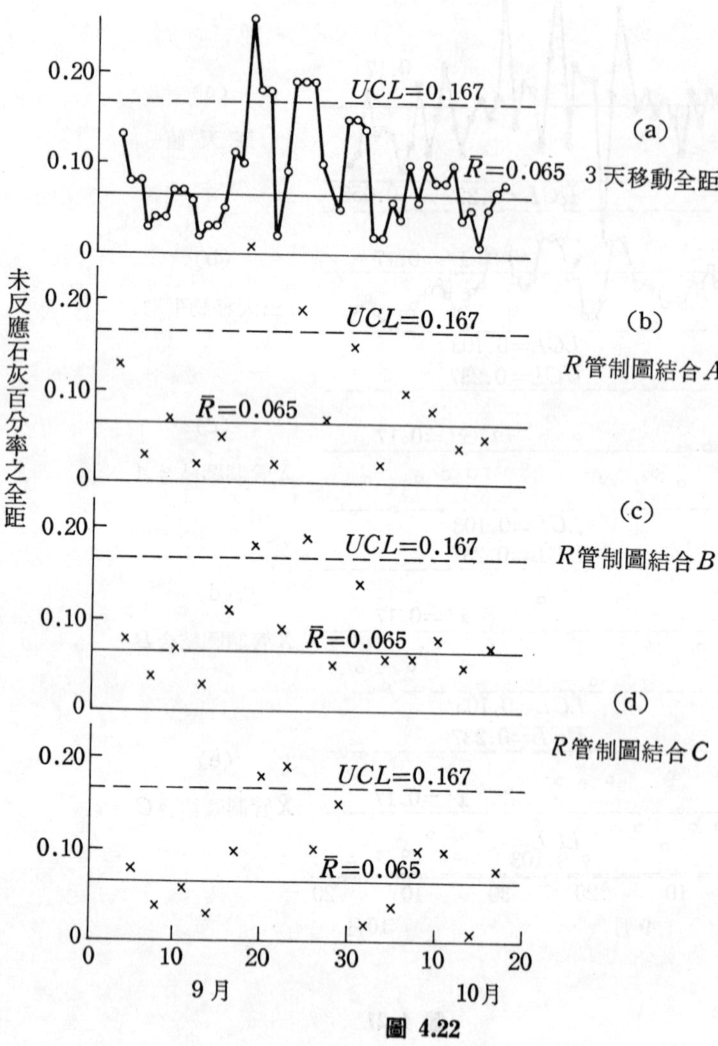

0.20
0.10
0
UCL=0.167
(a)
$\bar{R}$=0.065
3天移動全距
未反應石灰百分率之全距
(b)
R管制圖結合A
(c)
R管制圖結合B
(d)
R管制圖結合C
0
10
20
30
9月
10月

圖 4.22

4-7-7　機率管制圖

1. $\overline{X}$管制圖之機率界限

前面所提管制界限之設定乃依據三個標準差準則，此時，吾人必須冒 0.27% 第一型誤差之險。若願意的話，吾人可設定第一型誤差值，以建立管制界限，此即所謂的機率管制界限。機率管制圖通常只有三種，即 99.8%,99% 及 95% 機率管制圖，玆分述其公式如下:

(1) 99.8% 管制圖

$$UCL=\overline{\overline{X}}+3.09\sigma_{\overline{X}}=\overline{\overline{X}}+\frac{3.09}{3}\cdot 3\sigma_{\overline{X}}=\overline{\overline{X}}+1.03A_2\overline{R}$$

$$LCL=\overline{\overline{X}}-3.09\sigma_{\overline{X}}=\overline{\overline{X}}-1.03A_2\bar{R}$$

(2) 99% 管制圖

$$UCL=\overline{\overline{X}}+2.575\sigma_{\overline{X}}=\overline{\overline{X}}+\frac{2.575}{3}3\sigma_{\overline{X}}=\overline{\overline{X}}+0.858A_2\bar{R}$$

$$LCL=\overline{\overline{X}}-0.858A_2\bar{R}$$

(3) 95% 管制圖

$$UCL=\overline{\overline{X}}+1.96\sigma_{\overline{X}}=\overline{\overline{X}}+0.653A_2\bar{R}$$

$$LCL=\overline{\overline{X}}-1.96\sigma_{\overline{X}}=\overline{\overline{X}}-0.653A_2\bar{R}$$

2. R及 σ 管制圖之機率界限

不論羣體的分配是否爲常態，R及 σ 之分配皆非對稱，又因吾人設定 α 值且欲使超出上下管制界限之機率相等，則其上下管制界限至中心線的距離必然不相等，此時，需編製另一種常數表，以便於R及 σ 管制圖機率界限之計算，其值見附表 4.5。

例: 設已知 $\bar{R}=3.85$, $n=5$ 時，試建立 99.8% 之 $\bar{R}$ 及 σ 機率管制界限。當 $n=5$ 時，由附表 4.6 查得 $d_2=2.326$,

故　　$\sigma=\dfrac{\bar{R}}{d_2}=\dfrac{3.85}{2.326}=1.655$

σ 管制圖之 99.8% 之機率管制界限爲

$UCL=B_{.999}\ \sigma=1.92\times1.655=3.178$

$LCL=B_{.001}\ \sigma=0.13\times1.655=0.215$

R管制圖之 99.8% 之機率管制界限爲

$UCL=D_{.999}\ \sigma=5.48\times1.655=9.069$

$LCL=D_{.001}\ \sigma=0.37\times1.655=0.612$

4-7-8　個別值及移動全距管制圖

當測定值只有一個而又不能合理分組時，可採用個別值管制圖，因樣本只有一個，故其敏感度較低，必須配以移動全距管制圖。

管制界限之計算公式如下:

$$\bar{X}=\frac{\Sigma X}{k}$$

移動全距 $R_m=|X_i-X_{i+n-1}|$, $\overline{R}_m=\dfrac{\Sigma R_m}{k-n+1}$

X管制圖

$CL=\bar{X}$

$UCL=\bar{X}+E_2\bar{R}_m$

$LCL=\bar{X}-E_2\bar{R}_m$

R_m 管制圖

$CL=\bar{R}_m$

$UCL=D_4\bar{R}_m$

$LCL=D_3\bar{R}_m$

X管制圖係數 E_2，例如下:

n	2	3	4	5
E_2	2.660	1.772	1.457	1.290

例: 以表 4.12 中9月份前 10 天的資料爲例，以計算其 $X-R_m$ 管制圖。

日期	1	2	3	4	5	6	7	8	9	10	合計
X	0.24	0.13	0.11	0.19	0.16	0.17	0.13	0.17	0.10	0.14	1.54
R_m		0.11	0.02	0.08	0.03	0.01	0.04	0.04	0.07	0.04	0.44

$$\bar{X}=\frac{1.54}{10}=0.154$$

$$\bar{R}_m=\frac{0.44}{9}=0.049$$

X 管制圖

$$CL=\bar{X}=0.154$$

$$UCL=\bar{X}+E_2\bar{R}_m=0.154+2.66\times0.049=0.284$$

$$LCL=\bar{X}-E_2\bar{R}_m=0.154-2.66\times0.049=0.024$$

R_m 管制圖

$$CL=R_m=0.049$$

$$UCL=D_4\bar{R}_m=3.27\times0.049=0.160$$

$$LCL=D_3R_m=0$$

4-7-9　管制圖之判識

4-7-9(1) 正常管制圖之判識法

1.正常的管制圖，大多數的點集中在中心線之附近，且爲隨機散佈，同時在管制界限附近之點甚少。

2.通常25點中 0 點，35 點中 1 點以下，100 點中 2 點以下，逸出管制界限之外時，均爲穩定狀態之管制圖。因爲管制圖之上下界限間僅包含全部機率的 99.73%，故於大量樣本點，有極少的點逸出管制界限之外時，其製程仍可認爲在管制狀態之中。

下圖所示即爲正常的管制圖

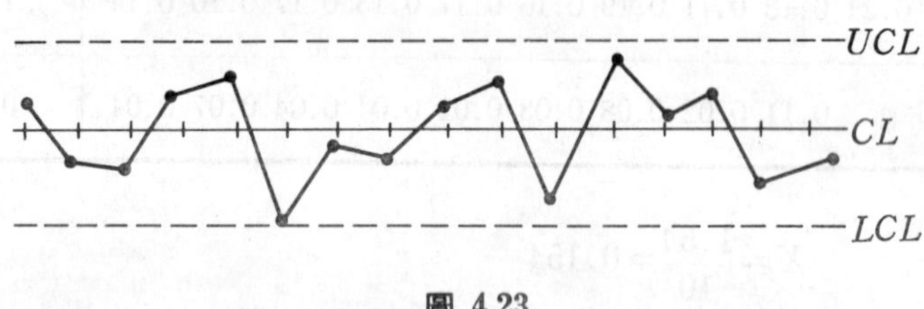

圖 4.23

4-7-9(2) 不正常管制圖之判識法

不正常管制圖之判斷乃是根據統計學的原理，當發現各樣本點的分佈不呈隨機性，或有點落在管制界限外時，即判定製程具有非機遇之變異原因:

1.有點逸出管制界限之外，則需追查其原因，如下圖 4.24

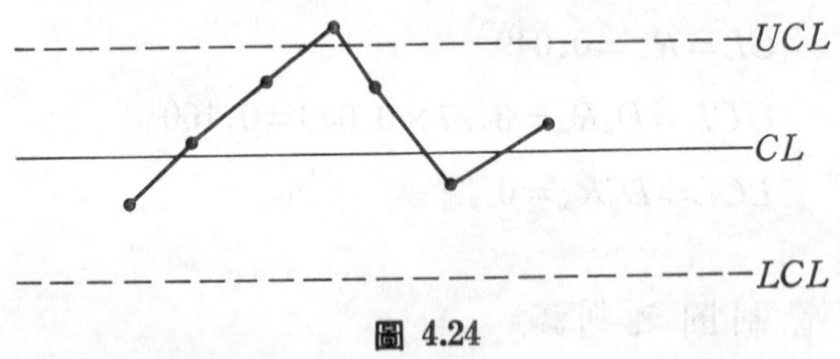

圖 4.24

2.點在中心線任何一方連續出現時，見圖 4.25，

連續 5 點……注意其以後的動態

連續 6 點……開始追查其原因

連續 7 點……必有非機遇原因，宜採取措施使其恢復管制狀態。

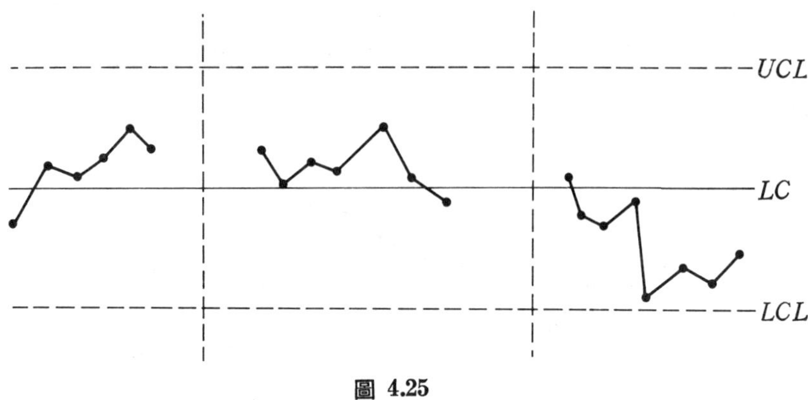

圖 4.25

3.點在任何一方出現較多時，必有原因，宜即調查。見圖 4.26

連續 11 點中有 10 點

連續 14 點中有 12 點

連續 17 點中有 14 點

連續 20 點中有 16 點

上述連串在任一種情況，其嚴重性均不若一點逸出管制界限外。

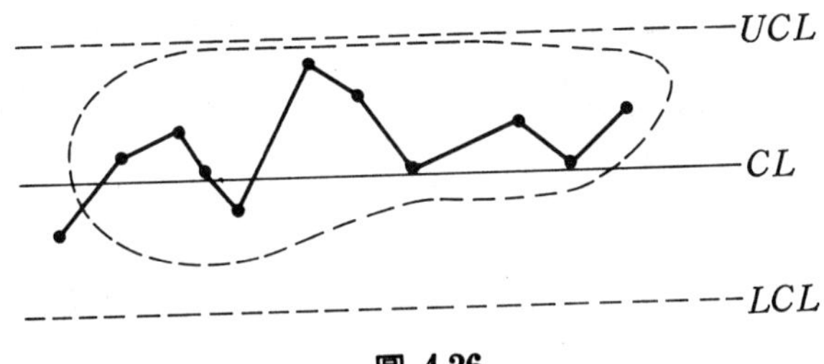

圖 4.26

4.管制圖中各點連續朝同一方向變動時：

A. 5 點時，宜加以注意

B. 6 點時，開始檢查

C. 7 點時，必有非機遇原因發生，宜採取行動。見圖 4.27 —

數列如爲隨機性，則各點在圖形中應時上下波動。如 6 點以上朝同一方向變動時，該數列仍爲隨機性之可能極少，故判斷其必有非機遇原因發生。

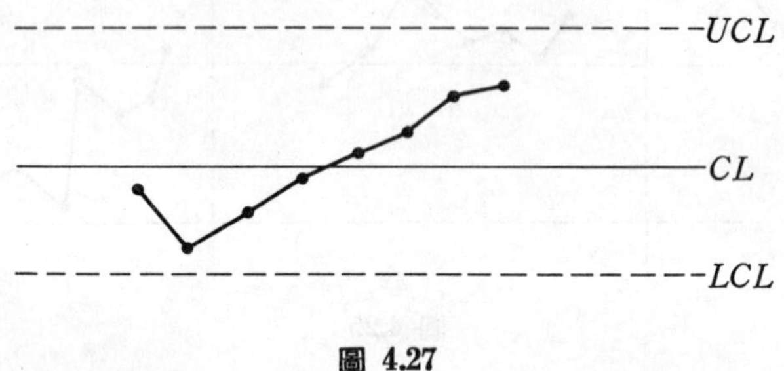

圖 4.27

5. 管制圖中各點位於 2σ 線及 3σ 線之間較多時，必有非機遇原因發生，宜卽加以檢查，如圖 4.28

A. 連續 3 點中有 2 點

B. 連續 7 點中有 3 點

C. 連續 10 點中有 4 點

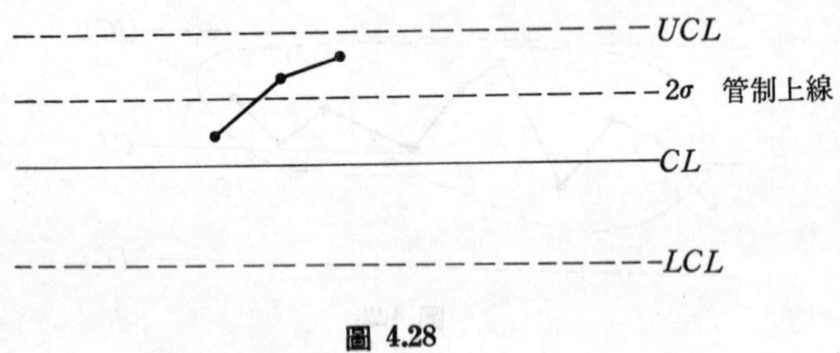

圖 4.28

4-7-10 計數值管制圖

4-7-10(1) 引 言

計量值管制圖固然可作爲診斷品質問題及找尋問題原因的有效工

具，但其應用範圍僅限於品質特性爲計量值時，因爲有些產品，只要知道其品質是否符合規格爲已足；更重要的是，雖然有些產品的品質特性爲計量值，但採用計量值管制圖既不經濟也不實用，例如一製造廠之產品種類繁多，而每一產品之品質特性尺寸相當多，如果採用計量值管制圖，可能需作十萬個管制圖，實在不合用。

爲了解決上述問題，吾人可採用計數值管制圖。計數值管制圖共有下列四種:

1. 不良率管制圖（p chart）。

2. 不良數管制圖（np chart）。

3. 缺點數管制圖（c chart）。

4. 單位缺點管制圖（u chart）。

計數值管制圖之優點如下:

1. 資料搜集的成本較低，因爲計數值管制圖所需的資料往往是現成，不必再行搜集。

2. 檢驗成本較低，若能採用通過及不通過量規，其成本將更爲節省。

3. 計算及繪圖的成本亦較低，因一檢驗站中的許多品質特性，可能只需要一個管制圖即可。

4-7-10(2) 不良率管制圖

在計數值管制圖中，應用最廣的要屬不良率管制圖，不良率p乃表示製品中所含不良品的百分比，即:

$$p=\frac{\text{不良品數}}{\text{總檢驗產品件數}}=\frac{m}{n}$$

式中n為樣本大小，而m為樣本中所含不良品的件數

前面曾提及，一件產品經檢驗的結果，要不是良品就是不良品，

其不良率 p' 所具有的分配爲二項分配，其平均數爲 p'，標準差爲 $\sqrt{\frac{p'(1-p')}{n}}$。依據三個標準差準則，不良率管制圖界限之計算公式如下:

一、羣體已知

$$UCL_P=p'+3\sqrt{\frac{p'(1-p')}{n}}$$

$$CL_P=p'$$

$$LCL=p'-3\sqrt{\frac{p'(1-p')}{n}}$$

二、羣體未知

羣體不良率 p' 未知時，樣本不良率的平均值 $\overline{p}$ 爲 p' 之不偏估計值，故

$$UCL_P=\overline{p}+3\sqrt{\frac{\overline{p}(1-\overline{p})}{n}}$$

$$CL_P=\overline{p}$$

$$LCL=\overline{p}-3\sqrt{\frac{\overline{p}(1-\overline{p})}{n}}$$

$$\overline{p}=\frac{\text{不良品總數}}{\text{總檢驗數}}$$

由於不良率管制圖所用的資料，大多數是現成的，易言之，因著其他目的而搜集的，故其樣本大小 n 往往不相等，通常採用下列三種方法來處理:

1.每一樣組建立一組管制界限而成變動界限管制圖。

2.估計不久將來的平均樣本大小，而以此平均數建立管制界限，若眞正的樣本大小與此估計值相差太大時，可就每一組再建立其個別的管制界限。

3.對於不同的樣本大小，在圖上同時建立幾組管制界限，通常以建立三組爲最佳， 其一以平均樣本大小爲依據， 其二爲以預期樣本大小之最小值，其三則以預期樣本大小之最大値爲依據而建立管制界限。

例: 對某一電氣裝置零件之一重要品質特性採行 100% 檢驗，歷時四個月，以便說明管制界限的計算及不良率標準值的訂定和修正法則。

經過變更設計，新的生產於六月上旬開始，每天計算不良率並繪於圖上，俟月底算出平均不良率 $\overline{p}$，即可建立每天之試用管制界限，然後設定一不良率標準值 p_0'，以管制未來的生產。七月份，依據每天檢驗件數 n，每天訂定新的管制界限。八月份，依據估計的平均產量建立一組管制界限，且於八月底，修正 p_0' 值，以便建立九月份的管制圖。

一、試用管制界限的計算:

表 4.14 所示乃六月份，每天檢驗數及不良品數的資料，每天之不良率乃以不良品數除以檢驗數而得。俟月底，計算出平均不良率 $\overline{p}$，即可繪製每天的管制界限，如圖 4.29 所示。

表 4.14

日期	檢驗數 n	不良品數	不良率 p	$3\sigma=\frac{3\sqrt{\overline{p}(1-\overline{p})}}{\sqrt{n}}$	UCL $\overline{p}+3\sigma$	LCL $\overline{p}-3\sigma$
6 6	3,350	31	0.0092	0.0062	0.0207	0.0083
7	3,354	113	0.0337	0.0062	0.0207	0.0083
8	1,509	28	0.0185	0.0092	0.0237	0.0053
9	2,190	20	0.0091	0.0077	0.0222	0.0068
11	2,678	35	0.0131	0.0069	0.0214	0.0076
12	3,252	68	0.0209	0.0063	0.0208	0.0082

13	4,641	339	0.0730	0.0053	0.0198	0.0092
14	3,782	12	0.0032	0.0058	0.0203	0.0087
15	2,993	3	0.0010	0.0066	0.0211	0.0079
16	3,382	17	0.0050	0.0062	0.0207	0.0083
18	3,694	14	0.0038	0.0059	0.0204	0.0088
19	3,052	8	0.0026	0.0065	0.0210	0.0080
20	3,477	27	0.0078	0.0061	0.0206	0.0084
21	4,051	44	0.0109	0.0056	0.0201	0.0089
22	3,042	70	0.0230	0.0065	0.0210	0.0080
23	1,623	12	0.0074	0.0089	0.0234	0.0056
25	915	9	0.0098	0.0119	0.0264	0.0026
26	1,644	1	0.0006	0.0087	0.0232	0.0058
27	1,572	22	0.0140	0.0090	0.0235	0.0055
28	1,961	3	0.0015	0.0081	0.0226	0.0064
29	2,440	3	0.0012	0.0073	0.0218	0.0072
30	2,086	1	0.0005	0.0079	0.0224	0.0066
計	60,688	880				

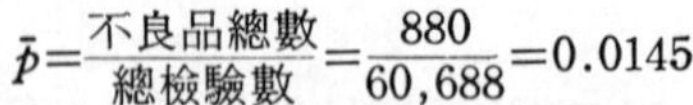

$$\bar{p}=\frac{\text{不良品總數}}{\text{總檢驗數}}=\frac{880}{60,688}=0.0145$$

$$3\sqrt{\bar{p}(1-\bar{p})}=3\sqrt{(0.0145)(0.9855)}=0.3586$$

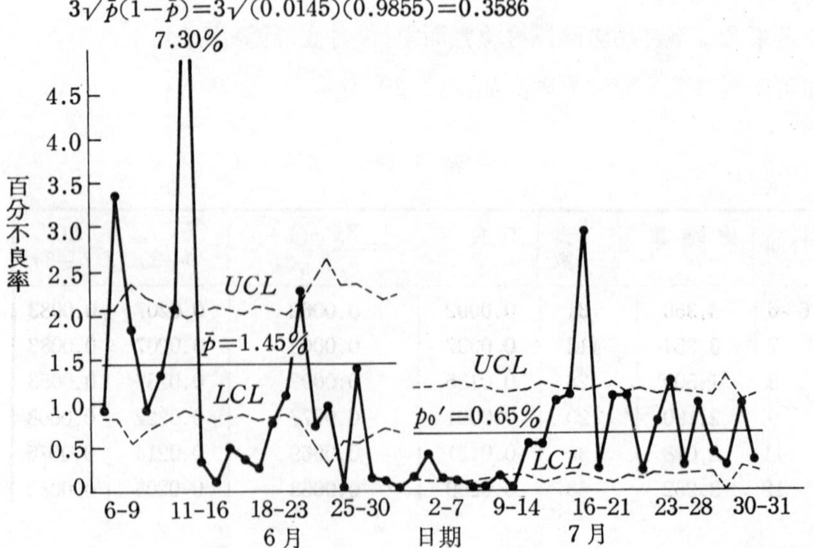

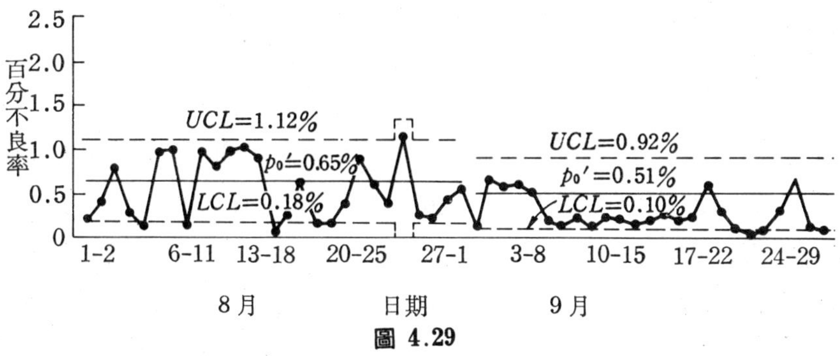

圖 4.29

二、決定標準值 p'_0。

因為有點脫離管制，且此種非機遇原因可去除，故將超出上管制界限之 7 日，12 日，13 日及 22 日的資料剔除，計算新的平均不良率 $\overline{p}=\frac{290}{46,399}=0.0063$。參考過去的資料，決定 $p'_0=0.0065$。

三、根據不良率標準值 p'_0 計算管制界限。

表 4.15 所示為七月份的資料，利用 $p'_0=0.0065$，即可計算每天之管制界限，用以管制該天的不良率，若有點逸出管制界限，即可採用必要行動。

四、依據平均樣本大小建立管制界限

每天建立一組管制界限，既費時又費力，因此，只要樣本大小的變異不太大時，即可建立平均樣本大小的管制界限，由七月份的資料顯示生產量相當穩定，因此，打算從八月份起，建立單一組管制界限。七月份每天的平均產量為 61701/25=2468，預估八月份平均產量為 2,600 件。又七月份平均不良率 $\overline{p}=393/61701=0.0064$，與原來的標準值 p'_0 相近，故標準值仍採用 $p'_0=0.0065$。

依據 p'_0 與 $\overline{n}$ 建立管制圖之後，對於管制圖上之點，必須詳細分析，以免判定錯誤。因爲，當實際樣本大小較$\overline{n}$爲大時，其眞正管制界限應較窄，而實際樣本大小較$\overline{n}$爲小時，其眞正管制界限應較寬敞。

例如八月二十七日之 $p=0.0116$，顯示在上管制界限 $UCL=0.0112$ 之上。但該天的實際產量僅有 1,205 件而已，據此以修正上管制界限得 $UCL=0.0134$，故顯示八月二十七日之p仍在管制之內。

五、再修正 p'_0 值

由八月份的資料得 $\overline{p}=373/73523=0.0051$，且所有的點全在管制之內。故設定 0.0051 爲九月份之標準值 p'_0。又因八月份之平均產量爲 73523/27=2723，估計九月份平均產量爲 2,700。然後，依據此 $p'_0=0.0051$ 及 $\overline{n}=2,700$ 以建立九月份之管制界限，其值如表 4.16 所示，且繪於圖 4.29 之 9 月份中。

九月份的資料顯示其品質更佳，不僅有二點逸出下管制界限，且有連串11點在中心線下方。其製程均數

$$\overline{p}=177/65978=0.0027,$$ 可作爲十月份之標準值

表 4.15

日　期	檢驗數 n	不良品數	不良率 p	$3\sigma=\frac{\sqrt{p'_0(1-p'_0)}}{\sqrt{n}}$	UCL $p'_0+3\sigma$	LCL $p'_0-3\sigma$
7月 2	2,228	4	0.0018	0.0051	0.0116	0.0014
3	2,087	9	0.0043	0.0053	0.0118	0.0012
5	2,088	3	0.0014	0.0053	0.0118	0.0012
6	1,746	2	0.0014	0.0058	0.0123	0.0007
7	2,076	1	0.0005	0.0053	0.0118	0.0012
9	2,164	1	0.0005	0.0052	0.0117	0.0012
10	2,855	5	0.0018	0.0045	0.0110	0.0020
11	2,560	5	0.0020	0.0048	0.0113	0.0017
12	2,545	14	0.0055	0.0048	0.0113	0.0017
13	1,874	1	0.0005	0.0056	0.0121	0.0009

14	2,329	24	0.0103	0.0050	0.0115	0.0015
16	2,744	30	0.0109	0.0046	0.0111	0.0019
17	2,619	77	0.0294	0.0047	0.0112	0.0018
18	2,211	5	0.0023	0.0051	0.0116	0.0014
19	1,746	19	0.0109	0.0058	0.0123	0.0007
20	2,628	28	0.0107	0.0047	0.0112	0.0018
21	2,366	5	0.0021	0.0050	0.0115	0.0015
23	2,954	33	0.0078	0.0044	0.0109	0.0021
24	2,586	32	0.0124	0.0047	0.0112	0.0018
25	2,790	8	0.0029	0.0046	0.0111	0.0019
26	2,968	30	0.0101	0.0044	0.0109	0.0021
27	3,100	13	0.0042	0.0043	0.0108	0.0022
28	1,359	4	0.0030	0.0065	0.0130	0.0000
30	3,940	39	0.0099	0.0038	0.0103	0.0027
31	3,138	11	0.0035	0.0043	0.0108	0.0022
計	61,701	393				

標準不良率　$p_0'=0.0065$

$3\sqrt{p_0'(1-p_0')}=3\sqrt{(0.0065)(0.9935)}=0.241$

表 4.16

日　期	檢驗數 n	不良品數	不良率 p	日　期	檢驗數 n	不良品數	不良率 p
8月 1	3,068	6	0.0020	9月 1	2,539	3	0.0012
2	776	3	0.0039				
3	2,086	16	0.0077	3	2,425	16	0.0066
4	3,652	10	0.0027	4	1,537	9	0.0058
				5	2,852	17	0.0060
6	2,606	3	0.0012	6	2,953	16	0.0054
7	2,159	21	0.0097	7	2,649	5	0.0019
8	2,745	27	0.0098	8	2,835	4	0.0014
9	2,606	3	0.0012				
10	2,159	21	0.0097	10	2,752	6	0.0022

11	2,745	22	0.0080	11	892	1	0.0011
13	3,114	30	0.0096	13	2,646	5	0.0019
14	1,768	18	0.0102	14	2,714	4	0.0015
15	3,208	29	0.0090	15	2,878	5	0.0017
16	2,629	2	0.0008				
17	3,576	9	0.0025	17	2,384	6	0.0025
18	2,262	15	0.0066	18	2,639	5	0.0019
				19	3,160	7	0.0022
20	3,294	5	0.0015	20	1,895	11	0.0058
21	3,026	5	0.0017	21	4,287	13	0.0030
22	2,713	10	0.0037	22	2,917	3	0.0010
23	2,687	24	0.0089				
24	3,824	23	0.0060	24	2,479	1	0.0004
25	3,265	12	0.0037	25	1,991	2	0.0010
				26	3,280	10	0.0030
27	1,205	14	0.0116	27	2,195	15	0.0068
28	3,035	7	0.0023	28	2,570	3	0.0012
29	2,793	6	0.0021	29	3,323	3	0.0009
30	3,295	14	0.0042	計	65,978	177	
31	3,227	18	0.0056				
計	73,523	373					

八月: 估計平均每天生產量: 2,600

標準不良率, $p_0'=0.0065$

$$3\sigma=\frac{3\sqrt{p_0'(1-p_0')}}{\sqrt{n}}=\frac{3\sqrt{(0.0065)(0.9935)}}{\sqrt{2,600}}$$

$$=0.0047$$

$$UCL=p_0'+3\sigma=0.0065+0.0047=0.0112$$

$$LCL=p_0'-3\sigma=0.0065-0.0047=0.0018$$

九月: 估計平均每天生產量: 2,700

標準不良率, $p_0'=0.0051$

$$3\sigma=0.0041$$

$$UCL=0.0051+0.0041=0.0092$$

$$LCL=0.0051-0.0041=0.0010$$

4-7-10(3) 不良數管制圖

當樣本大小不等時，非採用不良率管制圖不可，然而，當樣本大小相等時，既可採用不良率管制圖，亦可採用不良數管制圖。

若一件產品發生不良之機率為 p' 時，則檢驗 n 件產品之不良品個數具有二項分配，其均數為 np'，標準差為$\sqrt{np'(1-p')}$，故不良數 np 之管制界限公式如下:

一、羣體已知

$$UCL_{np}=np'+3\sqrt{np'(1-p')}$$

$$CL=np'$$

$$LCL_{np}=np'-3\sqrt{np'(1-p')}$$

二、羣體未知

羣體未知時，np 為 np 之不偏估計值，故

$$UCL_{np}=n\bar{p}+3\sqrt{n\bar{p}(1-\bar{p})}$$

$$CL=np$$

$$LCL_{np}=n\bar{p}-3\sqrt{n\bar{p}(1-\bar{p})}$$

例: 表 4.17 所示為航空器材金屬板之資料，因 p' 未知，故以$\bar{p}$代之。其管制界限之計算如下，並繪如圖 4.30

$$n\bar{p}=\frac{220}{12}=18.3$$

$$\bar{p}=\frac{220}{2,400}=0.0917$$

$$3\sigma_{np}=3\sqrt{n\bar{p}(1-\bar{p})}$$

$$=3\sqrt{(200)(0.0917)(0.9083)}$$

$$=12.2$$

$$UCL_{np}=n\bar{p}+3\sigma_{np}$$

$$=18.3+12.2=30.5$$

$$LCL_{np}=n\bar{p}-3\sigma_{np}$$

$$=18.3-12.2=6.1$$

表 4.17

生產次序	批大小 n	不良數 np
1	200	23
2	200	15
3	200	17
4	200	15
5	200	41
6	200	0
7	200	25
8	200	31
9	200	29
10	200	0
11	200	8
12	200	16
計	2,400	220

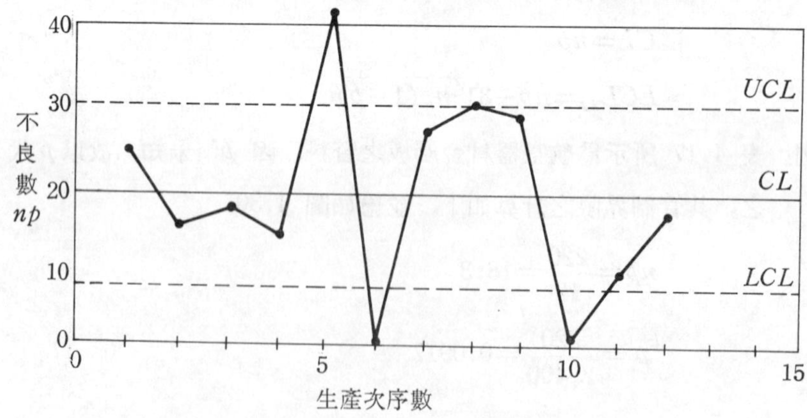

圖 4.30

np 管制圖之優點如下:

1.計算簡易

2.易於了解

然而，在製造工廠中，可能有些產品之樣本大小爲固定的，另一些爲變動的，爲了美觀劃一起見，應一律採用 p 管制圖。

4-7-10(4) 缺點數管制圖

工業上有很多產品，雖然一件產品發生缺點之機率很少，但由於其產量之龐大，其缺點發生之機會卻很大，故其缺點數 C' 乃歸依卜瓦松分配。例如機翼或燃料系統之不良鉚釘數，一定面積的鍍鋅板上所具有之瑕疵數目，單位面積的布料上所具有之缺點或汚點數等等，均歸依卜瓦松分配。

依據卜瓦松分配的理論可知，其均數爲 C' 而標準差$\sqrt{C'}$，故C管制圖之管制界限如下:

一、羣體已知

$$UCL_c=C'+3\sqrt{C'}$$

$$CL=C'$$

$$LCL_c=C'-3\sqrt{C'}$$

二、羣體未知

$$UCL_c=\overline{C}+3\sqrt{\overline{C}}$$

$$CL=\overline{C}$$

$$LCL_c=\overline{C}-3\sqrt{\overline{C}}$$

由於卜瓦松分配並非對稱的，故在上管制界限上方和下管制界限下方之機率並不相等。故缺點數管制圖常採用機率管制界限，常用者有 0.995 及 0.005 的管制界限。

例: 表 4.18 所示乃玻璃瓶之氣泡數，每一樣組只有一只玻璃瓶。前25只玻璃瓶之缺點總數爲 200，故其均數 $\overline{C}=\frac{200}{25}=8.0$，其試用管制界限如下:

$$UCL_c=\overline{C}+3\sqrt{\overline{C}}=8+3\sqrt{8}=16.5$$

$$CL_c=\overline{C}=8.0$$

$$LCL_c=\overline{C}-3\sqrt{\overline{C}}=8-3\sqrt{8}=0 \text{（定爲 0）}$$

將此結果繪如下圖 4.31

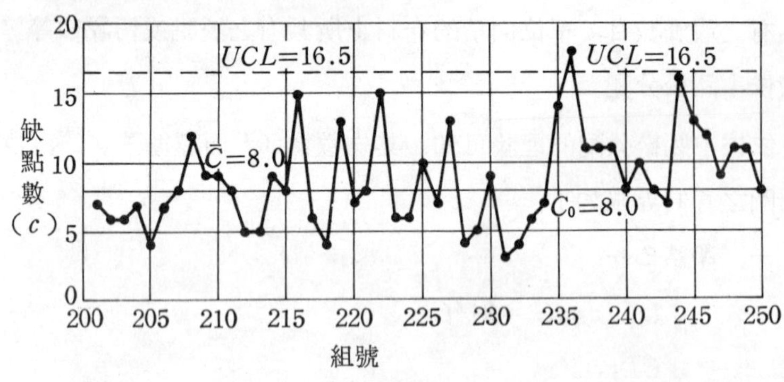

圖 4.31

圖 4.31 顯示，前 25 點全在管制界限之內，故設定 $\overline{C}$ 值爲標準值 $C_0'=8.0$，且將其管制界限延伸以管制下一期間之製程。後 25 點的資料顯示，有一點逸出上管制界限，最後的 16 點中有 12 點在標準值（中心線）之上，且有 3 點正好在中心線上，顯示製程之品質水準下降。

表 4.18

組　號	氣　泡　數	組　號	氣　泡　數
1	7	26	7
2	6	27	13
3	6	28	4
4	7	29	5
5	4	30	9
6	7	31	3
7	8	32	4
8	12	33	6
9	9	34	7
10	9	35	14
11	8	36	18
12	5	37	11
13	5	38	11
14	9	39	11
15	8	40	8
16	15	41	10
17	6	42	8
18	4	43	7
19	13	44	16
20	7	45	13
21	8	46	12
22	15	47	9
23	6	48	11
24	6	49	11
25	10	50	8
計	200	計	236

下列四種情況，採用 C 管制圖具有經濟性的優點:

1. 必須經由 100% 檢驗以剔除所有缺點時。

此時，採用 C 管制圖，可減少因矯正缺點而重作的成本，亦可減少由於認定缺點而花費之檢驗成本。

2.當產品允許一定缺點數存在而又希望使其減至最少時，C管制圖可採用定期性的生產檢驗，以便改進出廠品質水準。

3.適用於特殊產品品質變異之短期研究。

4.適用於驗收抽驗程序。

4-7-10(5) 單位缺點數管制圖

當每一組之樣本大小不相等時，不適用於採用C管制圖，因其中心線隨樣本之不同而異。此時，只得採用單位缺點數管制圖。單位缺點數 $u'=\dfrac{C'}{n}$。

因具有卜瓦松分配，故 u' 分配之均數及標準差分別爲:

$$E(u')=E\left[\frac{C'}{n}\right]=\frac{1}{n}E(C')=\frac{C'}{n}=u'$$

$$V(u')=V\left[\frac{C'}{n}\right]=\frac{1}{n^2}V(C')=\frac{C'}{n^2}$$

$$\therefore\quad u' \text{ 之標準差爲 } \sqrt{\frac{C'}{n^2}}=\sqrt{\frac{1}{n}\cdot\frac{C'}{n}}=\sqrt{\frac{u'}{n}}$$

故單位缺點數管制圖之界限如下:

一、羣體已知

$$UCL_u=u'+3\sqrt{\frac{u'}{n}}$$

$$CL_u=u'$$

$$LCL_u=u'-3\sqrt{\frac{u'}{n}}$$

二、羣體未知

$$UCL_u=\bar{u}+3\sqrt{\frac{\bar{u}}{n}}$$

$$CL_u=\bar{u}$$

$$LCL_u=\bar{u}-3\sqrt{\frac{\bar{u}}{n}}$$

例: 某種電子半總成之缺點數如下表 4.19 所示，因其樣本大小不等，故擬採用 u 管制圖。

$$\bar{u}=\frac{\Sigma C}{\Sigma n}=\frac{2,920}{847}=3.45$$

表 4.19

批 號	樣本大小	缺點數	單位缺點數	$3\frac{\sqrt{\bar{u}}}{\sqrt{n}}$	UCL	LCL
1	60	130	2.2	0.72	4.17	2.73
2	43	120	2.8	0.85	4.30	2.60
3	29	70	2.4	1.03	4.48	2.42
4	55	190	3.5	0.75	4.20	2.70
5	44	140	3.2	0.84	4.29	2.61
6	20	90	4.5	1.25	4.70	2.20
7	55	180	3.3	0.75	4.20	2.70
8	40	130	3.2	0.88	4.33	2.57
9	20	60	3.0	1.25	4.70	2.20
10	61	240	3.9	0.71	4.16	2.74
11	49	150	3.1	0.79	4.24	2.66
12	29	60	2.1	1.03	4.48	2.42
13	66	160	2.4	0.69	4.14	2.76
14	41	110	2.7	0.87	4.32	2.58
15	25	200	8.0	1.11	4.56	2.34
16	43	160	3.7	0.85	4.30	2.60
17	42	290	6.9	0.86	4.31	2.59
18	22	30	1.4	1.19	4.64	2.26
19	61	210	3.4	0.71	4.16	2.74
20	42	200	4.8	0.86	4.31	2.59
合 計	847	2,920				

其上下管制界限之計算如表 4.19 所示，將其結果繪圖如下（圖 4.32）

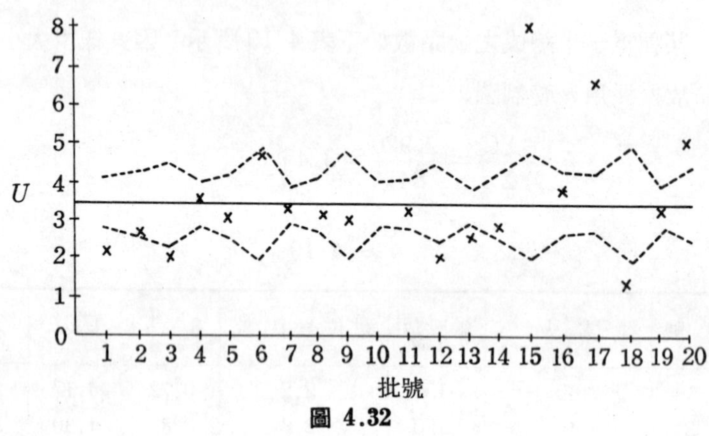

圖 4.32

4-8　製程能力分析

4-8-1　利用管制圖作製程能力分析

由管制圖可提供吾人估計:

(1) 製程均數（$\bar{\bar{X}}$或$\bar{X}$）②製程之變異$\left(\hat{\sigma}=\frac{\overline{R}}{d_2}或\frac{\overline{S}}{C_2}\right)$ 由是，可作製程能力分析

規格公差＝T

自然公差＝$6\hat{\sigma}$

其關係如下:

1. 自然公差遠小於規格公差，即 $6\hat{\sigma}\ll T$
2. 自然公差差不多等於規格公差，即 $6\hat{\sigma}\doteqdot T$
3. 自然公差大於規格公差，則 $6\hat{\sigma}>T$

現將上述三種關係分別說明於後:

1. $6\hat{\sigma} \ll T$ 之情況，如圖 4.33 所示:

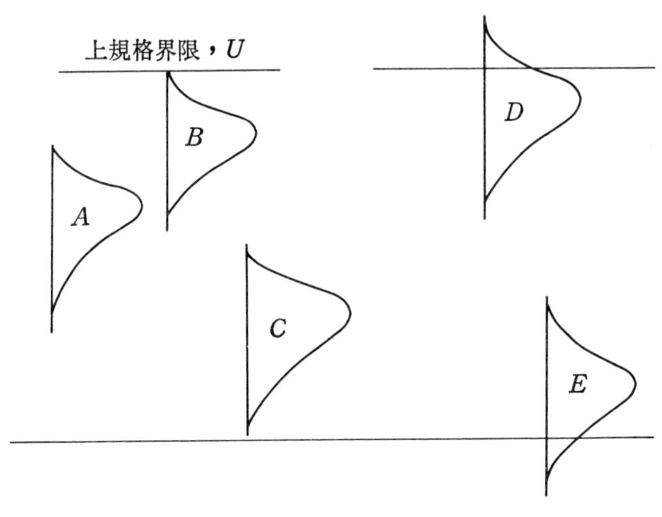

圖 4.33

圖中 A、B、C、D 及E表示製程分配之各不同中心位置，於 A、B、C 之情況，只要製程處於管制狀態下，則所有產品均能符合規格，此三種情況表示製程之理想條件，只要管制圖顯示此三種情況，就必須考慮各種可能之行動，而其選擇純依經濟性而決定。

例如，爲了經濟的原則，吾人可允許 $\bar{X}$脫離管制，但不能太遠，如圖 B、C 所示。換言之，其分配可允許在B與C間移動；如此，可以避免時常更換刀具及因尋找非機遇原因而造成延誤之成本。依據此種理論，吾人可採用「修正的管制界限」；有時，或可考慮緊縮規格界限。

若上述情況均不採用時，亦可減少管制圖取樣次數，以減少成本，或甚至不再使用管制圖。

如圖中D的情況，必有某些產品超出上規格界限，而E之情況，必有某些產品落於下規格界限之下。其解決之道在於改變製程之均數，使其儘量接近A之位置，一旦達成，又可依據上述情況加以處理。

2. $6\hat{\sigma} \doteqdot T$ 之情況如圖 4.34 所示:

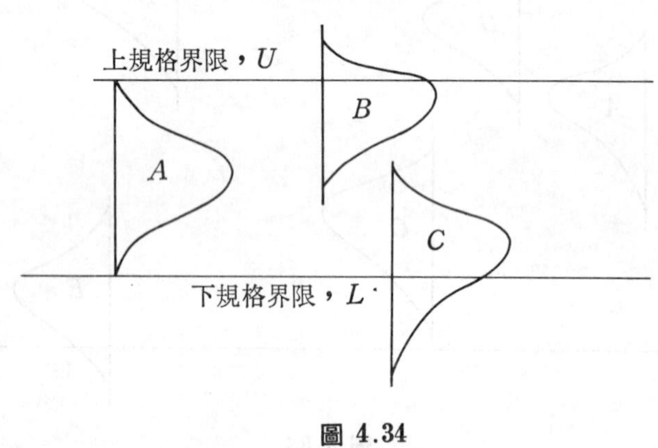

圖 4.34

只有當製程平均數正好在上下規格界限中心時，如A所示，差不多所有的產品都能符合規格；只要製程分配的均數稍爲移動，如B、C所示，則必有某些產品落到規格界限外，而屬於不合格。

顯然的，其對策需就製程中每一可能對製程均數有影響因素加以控制，以保持製程均數在規格界限中間。必須繼續使用 $\bar{X}$ 及 R 管制圖，且其樣組次數需多，時時注意是否有點脫離管制。當然，最佳的方法在於減少製程之變異數，有時也考慮規格公差是否太緊的問題。

3. $6\hat{\sigma} > T$ 之情況如圖 4.35 所示。

規格是如此的緊，縱使製程在管制之中且其均數在規格界限中間時，亦有些產品不符合規格，其解決方法有：①檢查規格是否訂得太緊，從產品的功能及顧客的要求來探討，若發現沒有如此緊的必要，

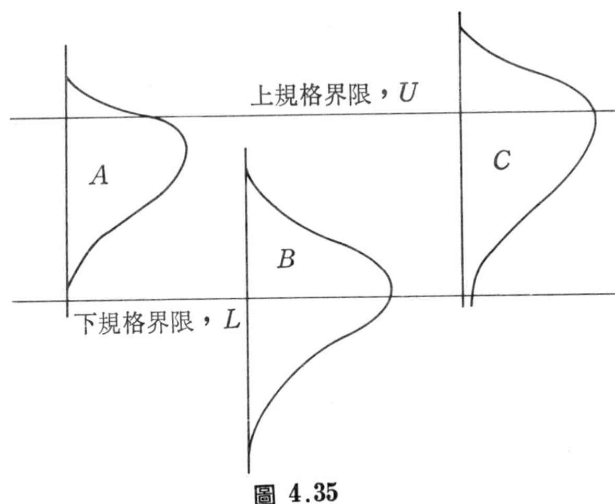

圖 4.35

則修正規格。②是否能減少製程之變異數，使製程分配全落在規格界限之內或減少在規格界限外之面積。當然，此法在管制過程中，必須維持製程均數不變。③若可能時，採用 100% 檢驗以剔除不合格之產品。④若為破壞性試驗，無法採行 100% 檢驗時，則只有改變製造方法。⑤有些工業，允許不合格之產品在既定百分率下，此時其管制方法在於維持製程均數不變。

4-8-2　製程能力評價

1. 製程能力評價公式如下：

表 4.20

代號	判　斷	計算公式		等級	
		雙邊規格時	單邊規格時		
C_u	準確度	$C_a=\dfrac{\bar{X}-\mu}{T/2}$	無	A B C D	$\lvert C_a\rvert\le 12.5\%$ $12.5\%<\lvert C_a\rvert\le 25\%$ $25\%<\lvert C_a\rvert\le 50\%$ $50\%<\lvert C_a\rvert$

C_p	精密度	$C_p=\frac{T}{6\hat{\sigma}}$	$C_p=\frac{U-\bar{X}}{3\hat{\sigma}}$ 或 $C_p=\frac{\bar{X}-L}{3\hat{\sigma}}$	A B C D	$1.33\leq C_p$ $1.00\leq C_p<1.33$ $0.67\leq C_p<1.00$ $C_p<0.67$
p	總　評	$u_1=3C_p\cdot(1+C_a)$ $u_2=3C_p\cdot(1-C_a)$ 由u_1 u_2查常態分配表得p_1與p_2, $p_1=p_1+p_2$	$u=3C_p$ 由u查表得p	A B C D	$p\leq0.44\%$ $0.44\%<p\leq1.22\%$ $1.22\%<p\leq6.68\%$ $6.68\%<p$

2.評價之決策

(1) 對準確度 C_a 之處置:

A級: 良好，繼續維持。

B級: 應予調整，改善爲A級，如 C_p 很好則採用修正管制界限。

C級: 作業員可能看錯規格，不按作業標準操作，須加強訓練，檢討規格及作業標準。

D級: 採取緊急措施，全面檢討可能之因素，必要時停機。

(2) 對精密度 C_p 之處置:

A級: 良好，繼續生產，改採修正管制界限，減少抽樣次數。

B級: 目前能力尚夠，但一不小心可能產生不良品，應注意製程平均的變動。

C級: 製程能力不夠，應從事製程改善，如設備的改善，材料改善，作業標準的檢討，人員訓練等。

D級：情形嚴重，應全面檢討可能因素，必要時停止生產。

(3) 對總評之處置：

總評乃根據 C_a 與 C_p 推定製程不良率，爲 BCD 級應就 C_a 與 C_p 分別檢討。

4-8-3　製程能力分析實例

玆舉一實例以說明其用法，一電子公司生產電子槍，其中有三個間距 R, G 及B極爲重要，現自製程中每次抽取樣本大小 $n=10$之樣本 28 組，得下列$\bar{X}$及R值：

表 4.21　品質特性 R, G 及B之數據

	R		G		B	
No.	$\bar{X}$	R	$\bar{X}$	R	$\bar{X}$	R
1	0.623	0.019	0.645	0.010	0.619	0.019
2	0.624	0.012	0.644	0.015	0.618	0.018
3	0.619	0.018	0.641	0.013	0.615	0.012
4	0.625	0.010	0.645	0.011	0.620	0.017
5	0.622	0.010	0.646	0.012	0.617	0.007
6	0.627	0.009	0.646	0.008	0.620	0.015
7	0.624	0.010	0.643	0.012	0.619	0.009
8	0.624	0.010	0.644	0.020	0.618	0.011
9	0.625	0.021	0.644	0.017	0.619	0.020
10	0.624	0.031	0.644	0.020	0.618	0.010
11	0.626	0.031	0.648	0.020	0.623	0.012
12	0.619	0.018	0.642	0.018	0.615	0.011
13	0.616	0.021	0.638	0.02	0.611	0.011
14	0.612	0.029	0.634	0.011	0.610	0.019
15	0.611	0.019	0.632	0.019	0.609	0.011
16	0.622	0.018	0.642	0.019	0.615	0.011
17	0.621	0.029	0.641	0.018	0.616	0.012

18	0.617	0.016	0.642	0.020	0.613	0.024
19	0.618	0.015	0.640	0.020	0.613	0.011
20	0.618	0.015	0.642	0.010	0.615	0.012
21	0.618	0.030	0.643	0.020	0.613	0.015
22	0.618	0.016	0.640	0.017	0.614	0.018
23	0.618	0.027	0.640	0.020	0.612	0.020
24	0.619	0.014	0.644	0.010	0.617	0.011
25	0.620	0.022	0.646	0.023	0.618	0.019
26	0.623	0.018	0.646	0.012	0.620	0.019
27	0.621	0.019	0.644	0.014	0.616	0.021
28	0.621	0.018	0.643	0.011	0.615	0.012
合計	17.375	0.525	17.989	0.440	17.248	0.407

1.品質特性: R, $n=10$, $m=28$, $U=0.63$, $L=0.59$

$\bar{X}$管理圖:

$$UCL=\bar{X}+A_2\bar{R}=0.625+(0.31)(0.0185)=0.6263$$

$$CL=\bar{X}=0.6205$$

$$LCL=\bar{X}-A_2\bar{R}=0.6205-0.0058=0.6147$$

R管理圖

$$UCL=D_4\bar{R}=(1.78)(0.0188)=0.0335$$

$$CL=\bar{R}=0.0188$$

$$LCL=D_3\bar{R}=(0.22)(0.0188)=0.0041$$

(1) 製程能力分析:

$$\hat{\sigma}=\frac{\bar{R}}{d_2}=\frac{0.0188}{3.078}=0.0061$$

$$6\hat{\sigma}=0.0366<U-L=0.04$$

$$P_U=P(X\geq 0.63)=P(Z\geq 1.56)=5.94\%$$

$$P_L=P(X\leq 0.59)=P(Z\leq -5)=0$$

(2) 製程能力評價

(a) $C_a=\frac{\bar{X}-\mu}{T/2}=\frac{0.6205-0.610}{0.02}=0.525$

(b) $C_p=\frac{T}{6z}=\frac{0.04}{6(0.0061)}=1.093$

評價爲B級

(c) $U_1=3C_p\cdot(1+C_a)=3(1.093)(1+0.525)=5.00$

$U_2=3C_p\cdot(1-C_a)=3(1.093)(1-0.525)=1.5575$

$P_1=0$ $\qquad\therefore\ P=P_1+P_2=5.94\%$

$P_2=5.94\%$

總評爲 C 級

2.品質特性: $G,\ n=10\ \ m=28\ \ U=0.67\ \ L=0.63$

$\overline{\overline{X}}=\frac{17.989}{28}=0.6425$

$\bar{R}=\frac{0.440}{28}=0.0157$

$\bar{X}$ 管理圖

$UCL=0.6425+(0.31)(0.0157)=0.6474$

$CL=0.6425$

$LCL=0.6425-(0.31)(0.0157)=0.6376$

R管理圖

$UCL=(1.78)(0.0157)=0.0279$

$CL=0.0157$

$LCL=(0.22)(0.0157)=0.0035$

(1) 製程能力分析

$\hat{\sigma}=\frac{\overline{R}}{d_2}=\frac{0.0157}{3.078}=0.0051$

$$6\hat{\sigma}=0.0306<T=0.04$$

$$P_u=P(X\geq 0.67)=P\left(Z\geq\frac{0.67-0.6425}{0.0051}\right)$$

$$=P(Z\geq 5.39)=0$$

$$P_L=P(X\leq 0.63)=P\left(Z\leq\frac{0.63-0.6425}{0.0051}\right)$$

$$=P(Z\leq -2.45)=0.71\%$$

(2) 製程能力評價

a. $C_a=\dfrac{\bar{X}-\mu}{T/2}=\dfrac{0.6425-0.65}{0.02}=-0.375$ 評價爲C

b. $C_p=\dfrac{T}{6z}=\dfrac{0.04}{0.0306}=1.307$ 評價爲B

c. $U_3=3C_p(1+C_a)=3(1.307)(1-0.375)=2.45$

$U_2=3C_p(1-C_a)=3(1.307)(1+0.375)=5.39$

$P_1=0.71\%$ $P_2=0$

3. 品質特性：B，$n=10$ $m=28$ $U=0.63$ $L=0.59$

$$\overline{\overline{X}}=\frac{17.248}{28}=0.616$$

$$\bar{R}=\frac{0.407}{28}=0.0145$$

$\bar{X}$ 管理圖

$$UCL=0.6160+(0.31)(0.0145)=0.6205$$

$$CL=0.6160$$

$$LCL=0.6160-(0.31)(0.0145)=0.6115$$

R管制圖

$$UCL=(1.78)(0.0145)=0.0258$$

$$CL=0.0145$$

$LCL=(0.22)(0.0145)=0.0032$

(1) 製程能力分析

$$\hat{\sigma}=\frac{\bar{R}}{d_2}=\frac{0.0145}{3.078}=0.0047$$

$6\hat{\sigma}=0.0283<T=0.04$

$$P_u=P(X\geq 0.63)=P\left(Z\geq\frac{0.63-0.616}{0.0047}\right)$$

$$=P(Z\geq 2.98)=1.4\%$$

$$P_L=P(X\leq 0.59)=P\left(Z\leq\frac{0.59-0.616}{0.0047}\right)$$

$$=P(Z\leq -5.53)=0$$

(2) 製程能力評價

a. $C_a=\dfrac{\bar{X}-\mu}{T/2}=\dfrac{0.616-0.61}{0.02}=0.3$

評價為 C

b. $C_p=\dfrac{T}{bz}=\dfrac{0.04}{0.0283}=1.413$

評價為 b

c. $U_1=3C_p(1+Ca)=3(1.413)(1+0.3)=5.512$

$U_2=3C_P(1-Ca)=3(1.413)(1-0.3)=2.97$

$P_1=0\quad P_2=1.5\%$

4-9　基本統計方法

4-9-1　次數分配

將產品品質特性的測定值，依據其變異的幅度，分成若干組，於每一組中出現的個數稱爲次數，然後依據各組數據代表值（即組中點）之大小順序，將各組次數排列成數字表格或劃記成圖形者稱爲次數分配 (Frequency Distribution)。

現以某種罐裝蕃茄汁之淨重爲例，說明如何將原始資料整理成次數分配。

下表所列乃罐裝蕃茄汁淨重之測定值，每天抽樣若干次，每次由該公司檢驗員到生產線抽取 5 罐，檢驗之，然後記錄其結果，精確到半兩，其時間爲11天，共有 260 個測定值。

現依照下列步驟以求其次數分配:

(1) 求全距 R

$$R=\text{最大數據}-\text{最小數據}=25.5-15.5=10$$

(2) 決定任二數據間之最小可能差異 d

則 $d=0.5$

(3) 決定歸類時，次數分配表中之可能最大組數 n

$$n=\frac{R}{d}+1=\frac{10}{0.5}+1=21$$

(4) 確定分組因子 C

若 n 爲 20 左右之數值時，則取 $C=1$

若 n 較 20 大得相當多時，則先將 n 除以 10 得一商 q，再將 q 除以 2 而得商 r，然後選取 r 與 q 間的正整數爲 C 值。C 之值以 10 或其倍數爲最佳，5 及其倍數次之，本題因 $n=21$ 故取 $C=1$

(5) 決定組距 h

$$h=c\times d=1\times 0.5=0.5$$

(6) 決定組限

表 4.22　罐裝蕃茄汁之淨重（單位為兩）

月日	淨重	月日	淨重	月日	淨重	月日	淨重	月日	淨重	月日	淨重	月日	淨重	月日	淨重
8 15	22.0	8 16	21.5	8 19	22.5	8 21	21.5	8 22	22.0	8 23	25.0	8 25	22.5	8 27	22.0
	22.5		20.5		19.5		25.0		17.5		20.0		19.5		23.5
	22.5		19.0		21.0		21.0		21.0		20.0		21.5		24.0
	24.0		19.5		21.5		19.0		22.0		20.5		20.5		22.0
	23.5		19.5		21.0		21.0		23.5		22.5		20.0		22.0
	20.5	8 18	21.0		21.5		22.5		22.0		20.5	8 26	23.5		23.5
	22.5		22.5		20.5		22.0		20.0		21.0		23.0		21.0
	22.5		20.0		22.0		23.0		20.5		21.0		24.5		23.5
	23.0		20.0		21.5		22.0		24.0		19.0		21.5		21.5
	21.5		20.0		23.5		23.5		21.5		21.0		20.5		23.0
	20.0		21.5		19.0		22.5		22.5		21.5		21.0		24.5
	20.5		23.0		21.5		22.0		21.0		22.0		21.0		21.5
	23.0		22.0		23.0		22.0		19.5		22.0		24.5		21.0
	22.0		23.0		21.0		19.5		21.5		20.0		23.0		24.5
	21.5		18.5		23.5		20.5		22.5		21.0		22.5		22.5
	21.0		20.0		21.0		18.5		20.0		21.5		24.5		
	22.0		19.5		20.5		22.0		22.0		22.0		21.5		
	22.0		21.0		19.5		22.5		20.0		21.5		21.5		
	23.0		20.0		22.0		21.0		21.5		20.5		22.5		
	22.0		20.5		21.0		21.5		20.0		22.5		22.5		
	22.5		19.0	8 20	20.0		21.5		21.0	8 25	22.5		24.0		
	19.5		21.0		23.5		20.5		19.5		24.5		21.0		
	22.5		21.0		24.0		20.5		22.0		25.5		24.0		
	22.0		21.0		20.5		16.5		20.0		20.5		22.0		
	21.0		20.5		21.5		21.5		20.0		21.0		20.5		
8 16	23.0	8 19	19.5		22.0		24.0	8 23	22.5		21.5	8 27	23.5		
	23.5		20.5		20.5		22.0		21.5		24.0		22.5		
	21.0		21.0		21.0		17.5		21.0		21.5		20.0		
	22.0		20.5		22.5		21.0		21.5		21.5		20.0		
	20.0		21.0		20.0		22.5		23.5		22.5		21.0		
	19.0		20.0		19.0		19.5		22.0		23.0		22.0		
	20.0		21.5		20.5		22.5		21.0		23.5		20.5		
	22.0		24.0		21.0		15.5		21.0		21.0		21.0		
	20.5		23.0		20.5		20.0		20.5		21.5		22.5		
	22.5		20.0		22.5		22.5		21.0		21.5		23.0		

由最小數據小半個組距爲最小一組之組限，然後依次增加一組距，直至將最大數據包含在內爲止。本題最小一組之下限爲 15.25，上限爲 15.75，直至最大一組之上限爲 25.75 爲

止，共有 21 組。

(7) 畫記各組之次數

(8) 加總各組之次數

茲將本例依上述之步驟，畫記並加總而得表 4.23。

決定分組的組數時，若組數太多時，亦造成各組次數之不規則且各組次數將無顯著的差別，若組數太少時，又易損失有價值的情報。組數之多寡，須視測定值總數之多寡而定，一般而言，以 15 到 25 之間為最適宜，但最少不得少於 8 組，而最多則不得多於 30 組。

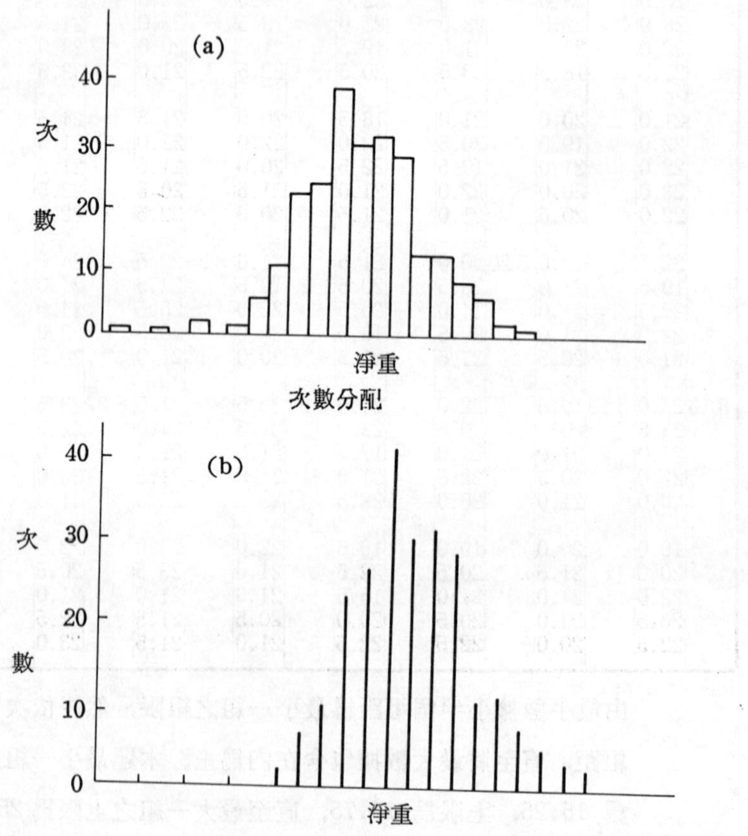

次數分配

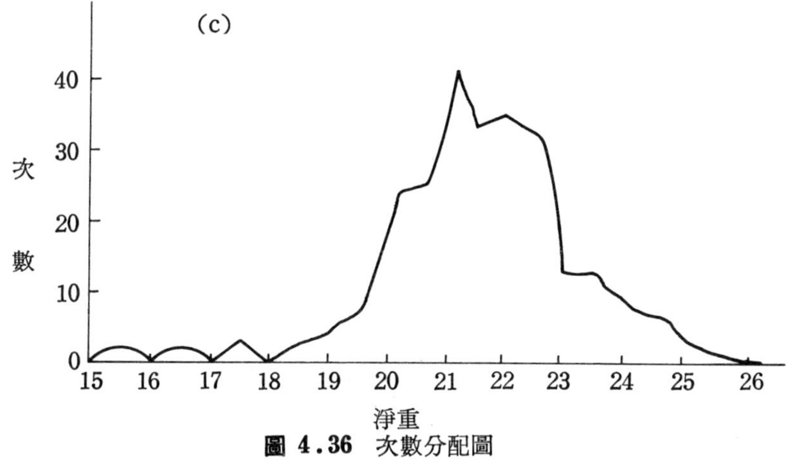

圖 4.36　次數分配圖

利用上述之次數分配表，可以繪成三種形式之次數分配圖，如圖4.36(a)，稱爲次數直方圖(Frequency Histogram)，如圖4.36(b)，稱爲次數條形圖 (Frequency Bar Chart)，而如圖 4.36(c)，則稱爲次數多邊形圖 (Frequency Polygon)，表中最後一欄爲累積次數(Cumulative Frequency)，亦可繪成累積次數分配圖，如圖4.37。

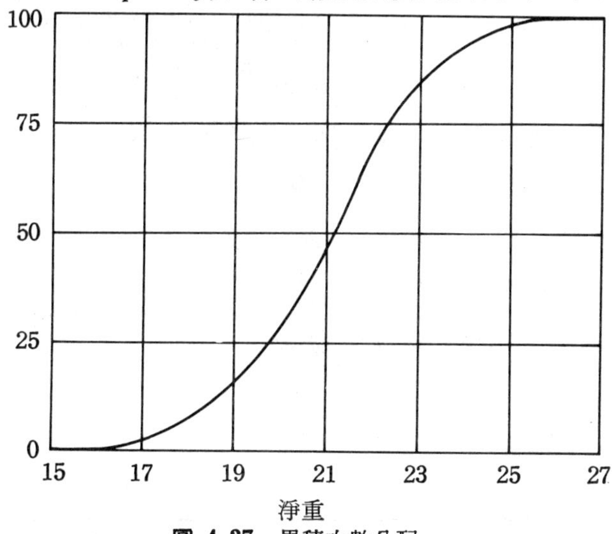

圖 4.37　累積次數分配

表 4.23　次數分配

組別	組　　界	組中點	畫　　記	次數	累積次數
1	15.25～15.75	15.5	/	1	1
2	15.75～16.25	16.0		0	1
3	16.25～16.75	16.5	/	1	2
4	16.75～17.25	17.0		0	2
5	17.25～17.75	17.5	//	2	4
6	17.75～18.25	18.0		0	4
7	18.25～18.75	18.5	//	2	6
8	18.75～19.25	19.0	卌 //	7	13
9	19.25～19.75	19.5	卌 卌 //	12	25
10	19.75～20.25	20.0	卌 卌 卌 卌 ////	24	49
11	20.25～20.75	20.5	卌 卌 卌 卌 卌 /	26	75
12	20.75～21.25	21.0	卌 卌 卌 卌 卌 卌 卌 卌 /	41	116
13	21.25～21.75	21.5	卌 卌 卌 卌 卌 卌 ///	33	149
14	21.75～22.25	22.0	卌 卌 卌 卌 卌 卌 ////	34	183
15	22.25～22.75	22.5	卌 卌 卌 卌 卌 卌 /	31	214
16	22.75～23.25	23.0	卌 卌 ////	14	228
17	23.25～23.75	23.5	卌 卌 ////	14	242
18	23.75～24.25	24.0	卌 ////	9	251
19	24.25～24.75	24.5	卌 /	6	257
20	24.75～25.25	25.0	//	2	259
21	25.25～25.75		/	1	260
合　計				260	

於分析製程時，通常採用下列四個步驟:

(1) 採取測定值

(2) 分析測定值

(3) 決定測定值能否代表一經濟的操作條件。

(4) 必要時採取改正行動

次數分配在此四個步驟中皆有其功能: 它對採取測定值提供一種有用的方式，並對分析測定值提供一種實用的方法，它可將最後的製程界限與規格界限 (Specification Limits) 加以比較，以顯示製程的經濟程度，同時，它提供一個可供採取行動的圖形或分析的線索。

4-9-2　分配之集中趨勢

以次數分配來表示測定值資料，往往相當龐大，費時且易造成錯誤，因此，吾人以兩種統計量，集中趨勢及離差 (Dispersion) 來表示分配之特性。

通常用以量度集中趨勢之統計量有平均數(Mean)，中位數(Median) 及衆數 (Mode)。

其中，衆數 (m_0) 乃於一羣數值中，出現次數最多之一數，故於已分組之資料中，以次數最多一組之組中點為衆數，如上述罐裝蕃茄汁淨重之實例中，其衆數 $m_0=21.0$。

至於中位數，乃將數據從小到大依次排列，位居中央之數即是。例如 22.0, 22.5, 23.5, 24.0, 25.0 等 5 個數據，其中位數為 $M_d=23.5$。若數據個數為偶數時，則以位居中間之二數據均數為中位數，例如 22.0, 22.5, 23.0, 23.5, 24.0, 24.5 等數據，則其中位數 $M_d=\frac{1}{2}(23.0+23.5)=23.25$。至於業已分組之資料，其中位數可依下列公

式求得，即

$$M_d=L+\frac{1}{f}\left[\frac{N}{2}-n_1\right]\times h_7$$

式中 L＝中位數所在組之下限， f＝中位數所在組之次數。h＝ 組距，n_1＝小於中位數所在組下限各組之次數和，N＝總次數。

玆以罐裝蕃茄汁淨重為例，以說明其中位數方求法:

$$\frac{N}{2}=\frac{260}{2}=130$$

由累積次數分配表中知中位數落在（21.25～21.75）組中，故

$$M_d=21.25+\frac{1}{33}(130-116)\times 0.5=21.462$$

至於均數之求法，可就下列二種情況來討論:

(一)未分組之資料

n 個數據 X_1 X_2……X_n 之均數 $\bar{X}$ 為

$$\bar{X}=\frac{1}{n}\sum_{i=1}^{n}X_i$$

例1. 設有數據 22.0, 22.5, 23.0, 23.5 及 24.0，則其均數

$$\bar{X}=\frac{1}{5}(22.0+22.5+23.0+23.5+24.0)=23.0$$

當然吾人可設定一均數 $\bar{X}'$ 以簡化其計算，例如於上例中，設定其均數 $\bar{X}'=20$ 則

$$\bar{X}=\bar{X}'+\frac{1}{5}(2.0+2.5+3.0+3.5+4.0)=23.0$$

(二)已分組之資料

就已分組之資料以求其均數，通常有二法，其一為普通法，另一為簡捷法。

1.普通法

採用下列公式以計算均數 $\bar{X}=\frac{\Sigma fX}{n}$，式中X表組中點，$f$ 表次數，n 表總次數。

例 2.　以罐裝蕃茄汁淨重爲例，表列其計算如下:

X	f	fX
15.5	1	15.5
16.0	0	0
16.5	1	16.5
17.0	0	0
17.5	2	35.0
18.0	0	0
18.5	2	37
19.0	7	133.0
19.5	12	234.0
20.0	24	480.0
20.5	26	533.0
21.0	41	861.0
21.5	33	709.5
22.0	34	748.0
22.5	31	697.5
23.0	14	322.0
23.5	14	329.0
24.0	9	216.0
24.5	6	147.0
25.0	2	50.0
25.5	1	25.5
合　　計	260	5589.5

$$\bar{X}=\frac{\Sigma fX}{n}=\frac{5589.5}{260}$$

$$=21.498$$

2. 簡捷法

簡捷法乃先設定一假設均數 $\bar{X}'$，然後求得各組中點與此假設均數之差 $d=\frac{X_i-\bar{X}'}{h}$ 卽可求得均數

$$\bar{X}=\bar{X}'+\frac{\Sigma fd}{n}\cdot h$$

例 3. 仍以罐裝蕃茄汁淨重為例，列表如下：

X	f	d	fd
15.5	1	−11	−11
16.0	0	−10	0
16.5	1	− 9	− 9
17.0	0	− 8	0
17.5	2	− 7	−14
18.0	0	− 6	0
18.5	2	− 5	−10
19.0	7	− 4	−28
19.5	12	− 3	−36
20.0	24	− 2	−48
20.5	26	− 1	−26
21.0	41	0	0
21.5	33	1	33
22.0	34	2	68
22.5	31	3	93
23.0	14	4	56
23.5	14	5	70
24.0	9	6	54
24.5	6	7	42
25.0	2	8	16
25.5	1	9	9
合　計	260		256

假設均數 $\bar{X}'$ 之設定，通常取次數最多之一組，本例取 $\bar{X}'=$ 21.0，故 d 欄之數值乃將 X 欄之數值分別減去 21.0 而得。如此，可求得 $\bar{X}=\bar{X}'+\frac{\Sigma fd}{n}\times h=21.0+\frac{259}{260}\times 0.5=21.498$

4-9-3 分配之離差

離差乃表示一分配離中之趨勢，常用之量度有全距 (Range) 及標準差 (Standard Deviation)。

全距乃一羣體中，最大數值與最小數值之差，即

$$R=X_{max}-X_{min}$$

例如有 5 個數值，22.0, 23.0, 23.5, 24.5, 25.0, 則其全距

$$R=25.0-22.0=3.0$$

至於標準差之計算方法，可分成未分組資料及已分組資料兩種情況來討論。

一、未分組資料

1. 普通法

利用變異數之基本定義 $S^2=\frac{1}{n}\Sigma(X-\bar{X})^2$，再開方之即得標準差 S。例如數據 22.0, 22.5, 23.0, 23.5, 24.0, 其均數為 $\bar{X}=23.0$, 故其變異數 $S^2=\frac{1}{5}[(22.0-23.0)^2+(22.5-23.0)^2+(23.0-23.0)^2+(23.5-23.0)^2+(24.0-23.0)^2]=0.5$

$$\therefore S=\sqrt{0.5}=0.707$$

2. 簡捷法

由變異數之基本定義可導得

$$S^2=\frac{1}{n}\Sigma(X-\bar{X})^2=\frac{1}{n}\Sigma X^2-\bar{X}^2$$

利用此式以求標準差，較上式為便捷，

仍以上述之數據為例，以求標準差

$$S^2=\frac{1}{5}[(22.0)^2+(22.5)^2+(23.0)^2+(23.5)^2$$

$$+(24.0)^2]-(23.0)^2$$

$$=\frac{1}{5}(2647.5)-529=0.5$$

$$\therefore \quad S=0.707$$

若每一個數據X同時減去同一數值如 20.0 時，然後再依此簡捷公式以求其標準差，則其計算更爲便捷。

$$S^2=\frac{1}{5}[(2.0)^2+(2.5)^2+(3.0)^2+(3.5)^2+(4.0)^2]$$

$$-\left[\frac{1}{5}(2.0+2.5+3.0+3.5+4.0)\right]^2$$

$$=\frac{1}{5}(47.5)-9=9.5-9=0.5$$

$$\therefore S=\sqrt{0.5}=0.707$$

二、已分組資料

1.普通法

採用公式 $S^2=\frac{1}{n}\Sigma fX^2-\bar{X}^2$ 以求其變異數，再求正方根。

例 4. 仍以罐裝蕃茄汁淨重爲例，將其計算表列如下：

X	f	X^2	fX^2
15.5	1	240.25	240.25
16.0	0	256.00	0
16.5	1	272.25	272.25
17.0	0	289.00	0
17.5	2	306.25	612.50
18.0	0	324.00	0
18.5	2	342.25	684.50
19.0	7	361.00	2,527.00
19.5	12	380.25	4,562.00
20.0	24	400.00	9,600.00

20.5	26	420.25	10,926.30
21.0	41	441.00	18,081.00
21.5	33	462.25	15,254.25
22.0	34	484.00	16,456.00
22.5	31	506.25	15,693.75
23.0	14	529.00	7,406.00
23.5	14	552.25	7,731.50
24.0	9	576.00	5,184.00
24.5	6	600.25	3,601.50
25.0	2	625.00	1,250.00
25.5	1	650.25	650.25
合　計	260		120,733.25

$$S^2=\frac{1}{n}\Sigma fX^2-\bar{X}^2=\frac{1}{260}(120733.25)-(21.498)^2$$

$$=2.20$$

$$\therefore\ S=\sqrt{2.20}=1.48$$

2.簡捷法

此法與前述均數之簡捷法相同，而以下列公式計算之:

$$S^2=\left[\frac{1}{n}\Sigma fd^2-\left(\frac{1}{n}\Sigma fd\right)^2\right]h^2$$

例 5.　仍以罐裝蕃茄汁淨重爲例:

X	f	d	fd	d^2	
15.5	1	−11	−11	121	121
16.0	0	−10	0	100	0
16.5	1	− 9	− 9	81	81
17.0	0	− 8	0	64	0
17.5	2	− 7	−14	49	98
18.0	0	− 6	0	36	0
18.5	2	− 5	−10	25	50
19.0	7	− 4	−28	16	112
19.5	12	− 3	−36	9	108
20.0	24	− 2	−48	4	96
20.5	26	− 1	−26	1	26
21.0	41	0	0	0	0
21.5	33	1	33	1	33
22.0	34	2	68	4	136
22.5	31	3	93	9	279
23.0	14	4	56	16	224
23.5	14	5	70	25	350
24.0	9	6	54	36	324
24.5	6	7	42	49	294
25.0	2	8	16	64	128
25.5	1	9	9	81	81
合　　計	260		259		2,541

$$S^2=\left[\frac{1}{n}\Sigma fd^2-\left(\frac{1}{n}\Sigma fd\right)^2\right]h^2$$

$$=\left[\frac{1}{260}\times 2541-\left(\frac{1}{260}\times 259)^2\right)\right](0.5)^2$$

$$=(9.773-0.992)\times 0.25=2.19525$$

$$\therefore\quad S=1.48$$

附表四 管制圖常數表

附表 4.1 由$\bar{R}$決定$\bar{X}$及R管制圖管制界限的常數

樣組大小	$\bar{X}$管制圖常數	R 管制圖常數	
		下管制限	上管制限
n	A_2	D_3	D_4
2	1.88	0	3.27
3	1.02	0	2.57
4	0.73	0	2.28
5	0.58	0	2.11
6	0.48	0	2.00
7	0.42	0.08	1.92
8	0.37	0.14	1.86
9	0.34	0.18	1.82
10	0.31	0.22	1.78
11	0.29	0.26	1.74
12	0.27	0.28	1.72
13	0.25	0.31	1.69
14	0.24	0.33	1.67
15	0.22	0.35	1.65
16	0.21	0.36	1.64
17	0.20	0.38	1.62
18	0.19	0.39	1.61
19	0.19	0.40	1.60
20	0.18	0.41	1.59

$$\begin{cases} UCL_{\bar{X}}=\bar{\bar{X}}+A_2\bar{R} \\ LCL_{\bar{X}}=\bar{\bar{X}}-A_2\bar{R} \end{cases}$$

$$\begin{cases} UCL_R=D_4\bar{R} \\ LCL_R=D_3\bar{R} \end{cases}$$

附表 4.2 由 σ 決定 $\bar{X}$，R 及 σ 管制圖管制界限的常數

樣組大小 n		R 管制圖常數		σ 管制圖常數	
		下管制限 D_1	上管制限 D_2	下管制限 B_1	上管制限 B_2
2	2.12	0	3.69	0	1.84
3	1.73	0	4.36	0	1.86
4	1.50	0	4.70	0	1.81
5	1.34	0	4.92	0	1.76
6	1.22	0	5.08	0.03	1.71
7	1.13	0.20	5.20	0.10	1.67
8	1.06	0.39	5.31	0.17	1.64
9	1.00	0.55	5.39	0.22	1.61
10	0.95	0.69	5.47	0.26	1.58
11	0.90	0.81	5.53	0.30	1.56
12	0.87	0.92	5.59	0.33	1.54
13	0.83	1.03	5.65	0.36	1.52
14	0.80	1.12	5.69	0.38	1.51
15	0.77	1.21	5.74	0.41	1.49
16	0.75	1.28	5.78	0.43	1.48
17	0.73	1.36	5.82	0.44	1.47
18	0.71	1.43	5.85	0.46	1.45
19	0.69	1.49	5.89	0.48	1.44
20	0.67	1.55	5.92	0.49	1.43
21	0.65			0.50	1.42
22	0.64			0.52	1.41
23	0.63			0.53	1.41
24	0.61			0.54	1.40
25	0.60			0.55	1.39
30	0.55			0.59	1.36
35	0.51			0.62	1.33
40	0.47			0.65	1.31
45	0.45			0.67	1.30
50	0.42			0.68	1.28
55	0.40			0.70	1.27
60	0.39			0.71	1.26
65	0.37			0.72	1.25
70	0.36			0.74	1.24
75	0.35			0.75	1.23
80	0.34			0.75	1.23
85	0.33			0.76	1.22
90	0.32			0.77	1.22
95	0.31			0.77	1.21
100	0.30			0.78	1.20

$$\begin{cases} UCL_{\bar{X}} = \bar{X}' + A\sigma \\ LCL_{\bar{X}} = \bar{X}' - A\sigma \end{cases} \quad \begin{cases} UCL_R = D_2\sigma \\ ℄ = d_2\sigma \\ LCL_R = D_1\sigma \end{cases} \quad \begin{cases} UCL\sigma = B_2\sigma \\ ℄ = C_2\sigma \\ LCL\sigma = B_1\sigma \end{cases}$$

附表 4.3　由 s 決定 $\bar{X}$ 及 σ 管制圖管制界限的常數

樣組大小	$\bar{X}$ 管制圖常數	σ 管制圖常數	
		下管制限	上管制限
n	A_1	B_3	B_4
2	3.76	0	3.27
3	2.39	0	2.57
4	1.88	0	2.27
5	1.60	0	2.09
6	1.41	0.03	1.97
7	1.28	0.12	1.88
8	1.17	0.19	1.81
9	1.09	0.24	1.76
10	1.03	0.28	1.72
11	0.97	0.32	1.68
12	0.93	0.35	1.65
13	0.88	0.38	1.62
14	0.85	0.41	1.59
15	0.82	0.43	1.57
16	0.79	0.45	1.55
17	0.76	0.47	1.53
18	0.74	0.48	1.52
19	0.72	0.50	1.50
20	0.70	0.51	1.49
21	0.68	0.52	1.48
22	0.66	0.53	1.47
23	0.65	0.54	1.46
24	0.63	0.55	1.45
25	0.62	0.56	1.44
30	0.56	0.60	1.40
35	0.52	0.63	1.37
40	0.48	0.66	1.34
45	0.45	0.68	1.32
50	0.43	0.70	1.30
55	0.41	0.71	1.29
60	0.39	0.72	1.28
65	0.38	0.73	1.27
70	0.36	0.74	1.26
75	0.35	0.75	1.25
80	0.34	0.76	1.24
85	0.33	0.77	1.23
90	0.32	0.77	1.23
95	0.31	0.78	1.22
100	0.30	0.79	1.21

$$\begin{cases} UCL_{\bar{X}}=\bar{\bar{X}}+A_1\bar{s} \\ LCL_{\bar{X}}=\bar{\bar{X}}-A_1\bar{s} \end{cases}$$

$$\begin{cases} UCL\sigma=B_4\bar{s} \\ LCL\sigma=B_3\bar{s} \end{cases}$$

附表 4.4 中位數及全距管制圖常數

樣組	個別值管制圖	平均數管制圖		中位數管制圖			全距管制圖			
樣本數	使用 $\bar{R}$	使用 $\bar{R}$	使用 $\widetilde{R}$	使用 $\widetilde{R}$	使用 $\bar{R}$	使用 $\widetilde{R}$	使用 $\bar{R}$		使用 $\widetilde{R}$	
n	E_3	A_2	A_3	m_3	m_3A_2	m_3A_3	D_4	D_3	d_m	D_6	D_5
2	2.660	1.880	2.224	1.000	1.880	2.224	3.267	—	0.954	3.864	—
3	1.772	1.023	1.091	1.160	1.187	1.265	2.575	—	1.588	2.744	—
4	1.457	0.729	0.758	1.092	0.796	0.828	2.282	—	1.978	2.375	—
5	1.290	0.577	0.594	1.198	0.691	0.712	2.115	—	2.257	2.179	—
6	1.184	0.483	0.495	1.135	0.549	0.562	2.004	—	2.472	2.055	—
7	1.109	0.419	0.429	1.214	0.509	0.520	1.924	0.076	2.645	1.967	0.078
8	1.054	0.373	0.380	1.160	0.432	0.441	1.864	0.136	2.791	1.902	0.139
9	1.010	0.337	0.343	1.223	0.412	0.419	1.816	0.184	2.916	1.850	0.187
10	0.975	0.308	0.314	1.177	0.363	0.369	1.777	0.223	3.024	1.808	0.227

附表 4.5　機率管制界限的常數

σ 管制圖常數

樣組大小 n	下管制限 $B_{.001}$	下管制限 $B_{.005}$	下管制限 $B_{.025}$	上管制限 $B_{.975}$	上管制限 $B_{.995}$	上管制限 $B_{.999}$
2	0.00	0.00	0.02	1.59	1.99	2.33
3	0.03	0.06	0.13	1.57	1.88	2.15
4	0.08	0.13	0.23	1.53	1.79	2.02
5	0.13	0.20	0.31	1.49	1.72	1.92
6	0.19	0.26	0.37	1.46	1.67	1.85
7	0.23	0.31	0.42	1.44	1.63	1.79
8	0.27	0.35	0.46	1.42	1.59	1.74
9	0.31	0.39	0.49	1.40	1.56	1.70
10	0.34	0.42	0.52	1.38	1.54	1.67

R 管制圖常數

樣組大小 n	下管制限 $D_{.001}$	下管制限 $D_{.005}$	下管制限 $D_{.025}$	上管制限 $D_{.975}$	上管制限 $D_{.995}$	上管制限 $D_{.999}$
2	0.00	0.01	0.04	3.17	3.97	4.65
3	0.06	0.13	0.30	3.68	4.42	5.06
4	0.20	0.34	0.59	3.98	4.69	5.31
5	0.37	0.55	0.85	4.20	4.89	5.48
6	0.53	0.75	1.07	4.36	5.03	5.62
7	0.69	0.92	1.25	4.49	5.15	5.73
8	0.83	1.08	1.41	4.60	5.25	5.82
9	0.97	1.21	1.55	4.70	5.34	5.90
10	1.08	1.33	1.67	4.78	5.42	5.97

附表 4.6 由 R 或 s 估計 σ 的常數

n	$d_2=\bar{R}/\sigma$	$c_2=\bar{s}/\sigma$
2	1.128	0.5642
3	1.693	0.7236
4	2.059	0.7979
5	2.326	0.8407
6	2.534	0.8686
7	2.704	0.8882
8	2.847	0.9027
9	2.970	0.9139
10	3.078	0.9227
11	3.173	0.9300
12	3.258	0.9359
13	3.336	0.9410
14	3.407	0.9453
15	3.472	0.9490
16	3.532	0.9523
17	3.588	0.9551
18	3.640	0.9576
19	3.689	0.9599
20	3.735	0.9619
21	3.778	0.9638
22	3.819	0.9655
23	3.858	0.9670
24	3.895	0.9684
25	3.931	0.9696
30	4.086	0.9748
35	4.213	0.9784
40	4.322	0.9811
45	4.415	0.9832
50	4.498	0.9849
55	4.572	0.9863
60	4.639	0.9874
65	4.699	0.9884
70	4.755	0.9892
75	4.806	0.9900
80	4.854	0.9906
85	4.898	0.9912
90	4.939	0.9916
95	4.978	0.9921
100	5.015	0.9925

$\sigma=\bar{R}/d_2$ 或 s/c_2

習　題

1. 試述品質的重要性。

2. 試述品質管制的意義。

3. 試以一實例說明製程品質管制。

4. 試述品質管制圖之功能。

5. 某紡紗廠採用$\bar{X}$及R圖管制棉紗之強度，樣本大小為5，共取25組，計算得$\sum\bar{X}=514.8$，$\sum R=120.0$，(1) 試計算$\bar{X}$及R圖之管制界限，(2) 設製程在管制狀態下，試估計其σ之值。

6. 利用$\bar{X}$及σ圖管制某電子零件之電阻，樣本大小$n=15$，共抽取12組，計算得$\sum\bar{X}=1307$，$\sum S=1915$，(1) 試計算$\bar{X}$及σ圖之管制界限？(2) 假設製程在管制狀況下，試估計其σ值。

7. 利用下表的資料，繪製$\bar{X}$及R管制圖，並檢視製程是否在管制狀況下？

日　期	組　號	溫				度
		1	2	3	4	5
4月25日	1	54	56	56	56	55
	2	51	52	54	56	49
	3	54	52	50	57	55
	4	56	55	56	53	50
	5	53	54	57	56	52
	6	53	47	56	55	54
	7	52	55	54	55	56
	8	56	53	53	54	55

	9	55	52	53	56	55
	10	50	54	53	55	55
4月26日	11	57	54	53	52	53
	12	52	52	54	53	55
	13	54	53	55	52	52
	14	54	55	54	53	55
	15	56	53	57	56	54
4月27日	16	58	57	56	54	54
	17	55	55	55	56	53
	18	54	57	54	55	54
	19	54	53	56	53	55
	20	53	55	57	56	53
	21	53	55	57	56	55
	22	59	54	53	54	55
	23	54	55	58	55	54
	24	56	53	51	55	55
	25	56	55	55	55	55

8.下表列有 15 組罐頭淨重之資料，試繪製$\bar{X}$，R及σ管制圖。其製程是否均勻？

組 號	X_1	X_2	X_3	X_4	X_5
1	22.0	22.5	22.5	24.0	23.5
2	20.5	22.5	22.5	23.2	21.5
3	20.0	20.5	23.0	22.0	21.5
4	21.0	22.0	22.0	23.0	22.0
5	22.5	19.5	22.5	22.0	21.0
6	23.0	23.5	21.0	22.0	20.0
7	19.0	20.0	22.0	20.5	22.5
8	21.5	20.5	19.0	19.5	19.5
9	21.0	22.5	20.0	22.0	22.0
10	21.5	23.0	22.0	23.0	18.5
11	20.0	19.5	21.0	20.0	20.5
12	19.0	21.0	21.0	21.5	20.5
13	19.5	22.5	21.0	20.5	22.0
14	20.0	21.5	24.0	23.0	20.0
15	22.5	19.0	20.5	22.5	21.0

9. 下表所列乃某製品特性X之均數及全距資料，其樣本大小$n=5$。若採用$\bar{X}-R$圖來管制:

組號	$\bar{X}$	R	組號	$\bar{X}$	R
1	177.6	23	11	179.8	9
2	176.6	8	12	176.4	8
3	178.4	22	13	178.4	7
4	176.6	12	14	178.2	4
5	177.0	7	15	180.6	6
6	179.4	8	16	179.6	6
7	178.6	15	17	177.8	10
8	179.6	6	18	178.4	9
9	178.8	7	19	181.6	7
10	178.2	12	20	177.6	10

(a) 決定$\bar{X}$及R圖之試用管制界限。

(b) 分析上列資料與管制圖，其初步結論如何?

(c) 設品質特性的規格為 171±11，且已知低於L為報廢，而高於U則需重作，報廢成本遠較重作成本為高，因此應儘量減少報廢率，試問製程均數目標值應訂於何處?

10.(a) 根據下表資料，計算$\bar{X}$及R圖之管制界限。

(b) 製程是否在管制狀態下。

(c) 甲產品之規格為 400±30，試分析管制圖，結論如何?

(d) 若繼續使用$\bar{X}$及R管制圖以管制未來，試問管制界限應如何建立?

組號	觀察值（甲產品）				
	a	b	c	d	e
1	390	393	395	405	420
2	376	381	381	383	401
3	380	387	395	397	407
4	377	383	387	390	393
5	393	395	403	405	414
6	376	388	395	397	400
7	387	400	400	403	410
8	391	392	394	397	405
9	390	391	395	401	405
10	379	391	393	394	410
11	390	397	400	406	428
12	380	382	389	391	399
13	375	383	392	395	404
14	387	390	398	400	408
15	390	395	395	397	403
16	382	399	401	406	406
17	390	395	395	400	410
18	381	390	394	397	399
19	387	389	398	401	415
20	372	378	396	400	405

11. 某電子公司製造 23 種不同的真空管，過去六個月來，*A*型管曾發生相當的麻煩，其 21 天的資料如下，試計算*P*管制圖之 20管制界限（$n=100$）。

天	A型管不良率	天	A型管不良率
1	0.22	12	0.46
2	0.33	13	0.31
3	0.24	14	0.24
4	0.20	15	0.22
5	0.18	16	0.22
6	0.24	17	0.29
7	0.24	18	0.31
8	0.29	19	0.21
9	0.18	20	0.26
10	0.27	21	0.24
11	0.31		

12. 某產品採行全數檢驗，其 16 小時之資料如下表所示，試計算 P 管制圖之 3σ 變動管制界限，並說明管制狀況。

小時	檢驗數	不良數	小時	檢驗數	不良數
1	48	5	9	32	5
2	36	5	10	40	2
3	50	0	11	47	2
4	47	5	12	47	4
5	48	0	13	46	1
6	54	3	14	46	0
7	50	0	15	48	3
8	42	1	16	39	0

13. 某公司購入 10 盒螺絲（每盒有數千個），自每一盒中隨機抽取 400 個來檢驗，其樣本的百分不良率分別為 0，0，0.5，0.75，0，2.0，0.25，0，0.25，及 1.25 試問這些螺絲是否在統計的管制狀況下？

14. 飛機起飛前最後檢驗，發現鬆動的鉚釘數如下表：

(1) 試求 $\overline{C}$，計算試用管制界限並繪圖。

(2) 估計 C_0' 之值。

飛機編號	鬆動鉚釘數	飛機編號	鬆動鉚釘數	飛機編號	鬆動鉚釘數
201	8	210	12	218	14
202	16	211	23	219	11
203	14	212	16	220	9
204	19	213	9	221	10
205	11	214	25	222	22
206	15	215	15	223	22
207	8	216	9	224	28
208	11	217	9	225	9
209	21				

15.利用下表的資料，估計u'並計算 u 管制圖的試用管制界限：

批　號	n	c
1	20	27
2	20	23
3	20	30
4	20	28
5	20	29
6	20	31
7	20	37
8	20	29
9	20	36
10	20	27

16.利用下表資料，試計算 np 管制圖之管制界限。

批　號	檢驗數	不良數
1	2,000	210
2	2,000	325
3	2,000	195
4	2,000	254
5	2,000	317
6	2,000	302
7	2,000	285
8	2,000	250
9	2,000	270
10	2,000	310
11	2,000	285
12	2,000	315
13	2,000	240
14	2,000	305
15	2,000	276
16	2,000	280
17	2,000	247
18	2,000	335
19	2,000	210
20	2,000	270

第五章　品質檢驗

5-1　檢驗的種類及重要性

每一公司或工廠都需要購買若干外來的材料及零件，因此，如何確保外來材料合於所需品質，乃是品質管制部門的重要課題。爲了明瞭外來材料是否合於品質，首先需將外來的材料加以檢驗，然後與既定的品質標準加以比較，以決定產品之允收與否。

檢驗可分爲全數檢驗及抽樣檢驗兩種，前者乃是將產品一一加以檢驗，然後允收其良品，退回其不良品，此種選剔作業稱爲全數檢驗。後者乃於一送驗批中隨機抽取一樣本加以檢驗，將其結果與判定準則比較以決定該送驗批爲允收或拒收，此種檢驗過程稱爲抽樣檢驗。

與全數檢驗相較，抽樣檢驗具有下列諸優點:

(1) 由於只檢驗部份產品，故其成本較低。

(2) 於檢驗作業中，減少搬運的損毀。

(3) 只需較少的檢驗員，故可減少人員之聘僱及訓練諸問題。

(4) 由於人員之工作負荷較輕且工作有趣，使得檢驗人員有多餘的時間和精力，開發其他重要的檢驗，同時保持更準確的檢驗記錄。

(5) 於破壞性的試驗，只能採用抽樣檢驗。

(6) 全數檢驗由於時間、人力及設備上的限制，無法對每一件產品之各重要品質特性加以檢驗，更由於工作的重複、單調，造成身心疲勞而使檢驗結果不可靠。然而抽樣檢驗可對每一產品樣本之重要品質均加以檢驗，故其結果較精確，更由於近代統計理論發展之完備，使得由小樣本推定羣體非常之可靠，因此，抽樣檢驗較全數檢驗可獲致更佳的品質保證。

(7) 整批的允收或拒收，使得抽樣檢驗對生產者具有激勵作用。

但抽樣檢驗亦有如下之缺點:

(1) 需冒允收壞批及拒收好批之風險。

(2) 增添一些計劃性的作業。

(3) 樣品所能提供的品質情報較全數檢驗爲少。

除了上述之優點外，有些情況，全數檢驗行不通，非採用抽樣檢驗不可，其情況可歸併成下列三項:

(1) 破壞性試驗: 此類產品，一經試驗卽行毀壞，如燈泡之壽命，鋼條之拉伸，火磚之壓縮，鉚釘之接合或焊接之強度等的試驗。

(2) 試驗成本太高，不划算: 一小桶釘子可能只有2～3%之不良品，釘釘檢驗毫無意義，因爲木匠自會發現不良的釘子而丢棄之。

(3) 時間不允許全數檢驗: 或由於生產量太大而無法做全數檢驗，或由於全數檢驗而使整個生產線爲了待料而停頓，亦非採用抽檢驗不可。

當然，由前述的理由可知，大多數情況均適用於抽樣檢驗，但有些特殊情況，卻以採用全數檢驗爲宜:

(1) 送驗批的數量太少，失去抽樣檢驗的意義。

(2) 檢驗簡單且易於實施時。

(3) 該不良材料對製品有致命影響，而不允許有不良品。

5-2　抽樣檢驗的概念

5-2-1　抽樣表

基於上述的理由，抽樣檢驗廣泛的應用於工業上外購材料的驗收，製程、成品、出貨等檢驗上。近二、三十年來，專家學者利用統計及機率的原理，發展各種抽樣表以供抽樣檢驗用。

抽樣表之應用，除了用以驗收外購材料外，爲了確保運交顧客的產品能達到其所需的品質起見，抽樣表亦可用於成品的最後最終檢驗。此外，爲了管制製程中的在製品，於管制圖無法有效應用時，採用抽樣表來管制，其成效相當良好。

抽樣表若依用途而分，有所謂的驗收抽樣及製程管制抽樣；若以抽樣方式而分，則所謂的分批抽樣，連續抽樣及逐次抽樣；若依品質特性而分，則有計數值抽樣及計量值抽樣；若依其所提供的品質保證而分，則有 *AQL* 型，*LTPD* 型及 *AOQL* 型等三種。

抽樣表乃由很多抽樣計劃組成的，於計數值抽樣表中，因著抽樣方法的不同，而有單次、雙次及多次抽樣計劃之分。

5-2-2　單次、雙次及多次抽樣計劃

爲了說明各種抽樣計劃之意義，先介紹下列各符號及其意義：送

驗批—由同類製品或半成品所組成之集合，作爲抽樣檢驗之對象者稱之。

N＝每一送驗批所含製品件數。

n＝由送驗批中抽取之樣本，其中所含製品的件數稱爲樣本大小 (Sample Size)，於雙次或多次抽樣時，通常以 $n_i(i=1,2,3,\ldots\ldots)$ 表第 i 樣本之大小。

m＝樣本中所含不良製品之件數，於多次抽樣時，以 m_i 表 i 樣本所含不良品件數。

c＝樣本中可允許之最大不良數或缺點稱爲允收數 (Acceptance Number)。

M＝送驗批中所含之不良品件數

P＝一送驗批之不良率

$\overline{P}$＝由樣本觀測所得各送驗批之平均不良率

P'＝各送驗批平均不良率眞值

P_a＝允收機率 (Probability of Acceptance)

(1) 單次抽樣

根據一次樣本的檢驗結果，來判定該送驗批爲允收或拒收。即由 N 中抽取 n 件樣本檢驗，其中含有不良數m，則

$m \leq c$ 允收該批

$m > c$ 拒收該批

例如有一單次抽樣計劃: $N=50$, $n=5$, $c=0$ 之意義爲「自一批 50 件產品中隨機抽取 5 件來檢驗，若其中不良數爲 0 時，允收該批，否則拒收之。」

(2) 雙次抽樣

自一批 N 件製品中. 第一次抽取樣本 n_1 件，其不良數爲 m_1,

則

$m_1 \leq c_1$ 允收該批

$m_1 > c_2$ 拒收該批

$c_1 < m_1 \leq c_2$ 作第二次抽樣

第二次抽取樣本 n_2 件，其不良數爲 m_2，則

$m_1 + m_2 \leq c_2$ 允收該批

$m_1 + m_2 > c_2$ 拒收該批

例如有一雙次抽樣計劃

$$\begin{cases} N=1,000 \\ n_1=36 \\ c_1=0 \\ n_2=59 \\ c_2=3 \end{cases}$$

其意義如下:

(a) 由 1000 件中抽取第一樣本 36 件加以檢驗。

(b) 若第一樣本之不良數爲 0，則允收該批。

(c) 若其不良數爲 4 件或 4 件以上時，則拒收該批。

(d) 若第一樣本之不良數爲 1， 2 或 3 時，第二次抽取樣本59件，加以檢驗。

(e) 二次共抽取樣本 95 件中，若不良數和爲 3 或少於 3 件時，則允收該批。

(f) 若其總不良數爲 4 件或 4 件以上時，則拒收該批。

(3) 多次抽樣

多次抽樣乃雙次抽樣之延續，只要抽樣次數在 3 次或 3 次以上才能決定該批之允收與否，通稱爲多次抽樣計劃，例如:

抽樣次數	樣本大小	累積樣本大小	允收數	拒收數
1	20	20	*	2
2	20	40	0	3
3	20	60	1	3
4	20	80	2	4
5	20	100	2	4
6	20	120	2	4
7	20	140	3	4

上例＊表示第一樣本不允收該批，換言之，當第一樣本檢驗之後，只能判定拒收該批或做第二次抽樣。同時於第七次抽驗後，必能決定該批允收或拒收之。

(4) 逐次抽樣

逐次抽樣乃每次僅自送驗批中抽取一件來檢驗，且每取樣一次就決定是允收、拒收或繼續抽樣，但其總檢驗件數並沒有限制。

下面將比較單次、雙次及多次抽樣計劃之優劣點，以作爲選擇抽樣計劃時之參考。

項目	單次	雙次	多次
對產品品質的保證	相同	相同	相同
對供應者心理上的影響	較差	普通	最好
檢驗費用	最多	中間	最少
行政費用（含訓練、抽樣及記錄等）	最少	中間	最多
檢驗人員的訓練	最易	較難	最慢
對製程均數估計之決策速度	最快	慢	較慢
檢驗人員及設備之使用率	最佳	較差	較差

5-2-3 OC 曲線及其特性

所謂 *OC* 曲線 (The Operating Characteristic Curve) 乃表示含各種不良率的製品批， 於一抽樣計劃下， 能被允收之機率。*OC* 曲線乃顯示一抽樣計劃能分辨好批與壞批之能力，故於決定抽樣計劃時， 特別重要， 通常以橫軸表示百分不良率 $p\%$， 縱軸表示允收機率 p_a，繪成圖形。圖5.1所示乃抽樣計劃 $n=100, c=2$ 之 *OC* 曲線。

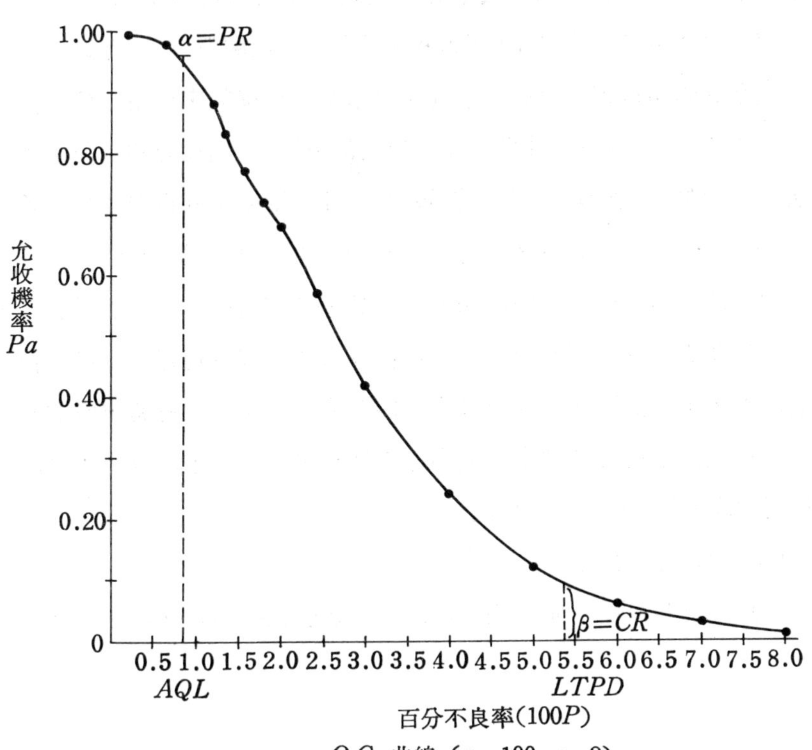

百分不良率 (100p)

圖 5.1 *OC* 曲線 ($n=100$, $c=2$)

(1) 允收水準（Acceptable Quality Level）簡記爲 AQL。所謂允收水準乃指令消費者滿意的送驗批所含有的最大不良率或百件缺點數稱之。換言之，若生產者之產品，其平均不良率小於或等於此 AQL 時，理應判定爲合格而允收之，通常訂定允收機率爲 95%時之不良率爲 AQL。

(2) 拒收水準 (Lot Tolerance Percent Defective) 簡稱 $LTPD$。所謂拒收水準乃指消費者認爲品質惡劣的送驗批所含有的最低不良率稱之，通常訂允收機率爲 10%時之不良率爲 $LTPD$。

(3) 生產者冒險率（Producer's Risk）簡稱爲 PR 而以 α 表之。生產者的品質相當良好，已達允收水準，理應判定合格，然而由於抽樣的關係，而誤使該批產品被拒收的機率，因爲此種錯誤使生產者蒙受損失，故稱爲生產者冒險率，此冒險率又稱爲第一型誤差 (Type I Error)，以 α 表示之，通常於 AQL 時，訂 $\alpha=5\%$。

(4) 消費者冒險率 (Consumer's Risk) 簡稱爲 CR 而以 β 代表之，生產者的品質相當惡劣，已達拒收水準，理應判定不合格而拒收之，但因抽樣的關係，而誤判定其爲合格之機率，此種錯誤使消費者蒙受損失，故稱爲消費者冒險率，亦稱爲第二型誤差，以 β 表之，一般訂 $LTPD$ 時之 $\beta=10\%$。

OC 曲線之特性如下:

1.按照批量N的一定比例抽樣，其對送驗批的品質保證不一致。

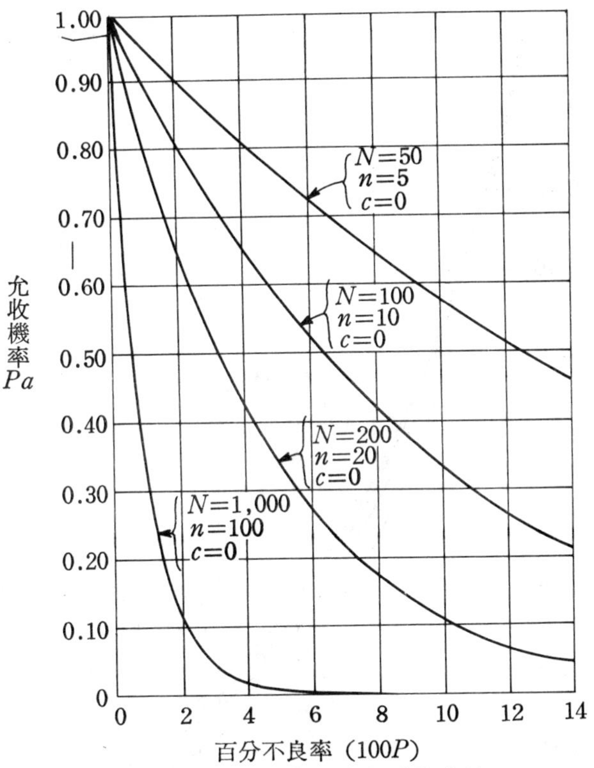

圖 5.2　按 N10%抽樣之 OC 曲線

如圖 5.2 所示的四個抽樣計劃均按批量N的百分之十抽樣，由其 OC 曲線可知，當不良率 $p=4\%$ 時，$N=1000$，$n=100$，$c=0$ 之允收機率僅有 1.35%，而 $N=50$，$n=5$，$c=0$ 時，其允收機率卻高達 81%，其餘兩抽樣計劃分別爲 42% 及 65%。

2.樣本大小保持不變可獲得相近之品質保證。

圖5.3所示之四種抽樣計劃，其批量大小雖分別爲1,000,200,100,50，但其樣本大小同爲 20，c 値亦同爲 0，由圖中之 OC 曲線可知，對品質的保證差不多相同。

3.任何抽樣計劃，無法完全避免不良品的介入。

任何抽樣均有誤差存在，於訂定抽樣計劃時，只能儘量使其抽樣

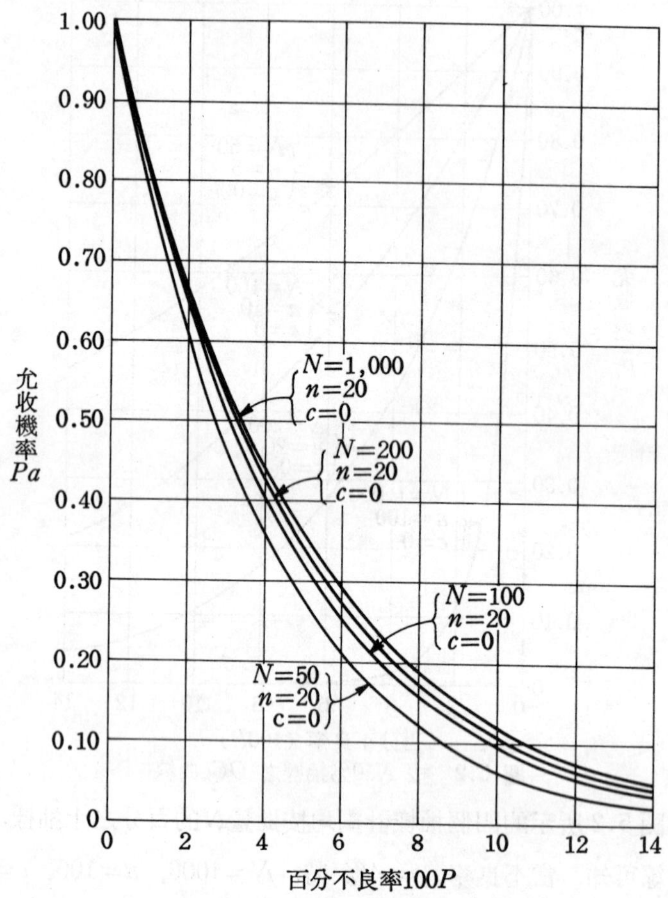

圖 5.3 n 不變抽樣之 OC 曲線

誤差減至最小。

4. 允收數 c 不必等於 0，且最好不爲 0

當 n 愈大，雖使 $c \geq 1$ 時，亦可得到與 $c=0$ 時相同的品質保證，但當 $c \geq 1$ 時，生產者在心理上較具安全感。

5. 樣品大小 n 愈大，其 OC 曲線愈陡，區分好批與壞批的能力愈強。

圖 5.4 所示之三個抽樣計劃，由其 OC 曲線知，n 愈大，曲線愈陡。當不良率 $p=0.6\%$ 時，於抽樣計劃 $n=75$, $c=1$ 之允收機率 $p_a=92.5\%$，於 $n=150$, $c=2$ 之 $p_a=93.7\%$，而於 $n=750$，$c=10$

時之 $p_a=99.3\%$，由常理可知，當不良率很低時，允收機率愈大之抽樣計劃愈佳，$p=0.6\%$之不良率可說相當低，故知抽樣計劃 $n=750$ 爲最佳，$n=75$ 者爲最差。

又當 $p=2\%$ 時，抽樣計劃 $n=75, c=1$ 之允收機率 $p_a=55.8\%$ $n=150$, $c=2$之$p_a=42.3\%$，而於 $n=750$ $c=10$ 時之 $p_a=11.8\%$，不良率愈大，其允收機率愈低之抽樣計劃愈佳，此時，亦以 $n=750$ 爲最佳而 $n=75$ 爲最差。故知不論送驗批之品質爲最好 ($p=0.6\%$) 或爲壞 ($p=2\%$)，均以抽樣計劃 $n=750$, $c=10$ 爲最佳，換言之，最能區分好批及壞批。

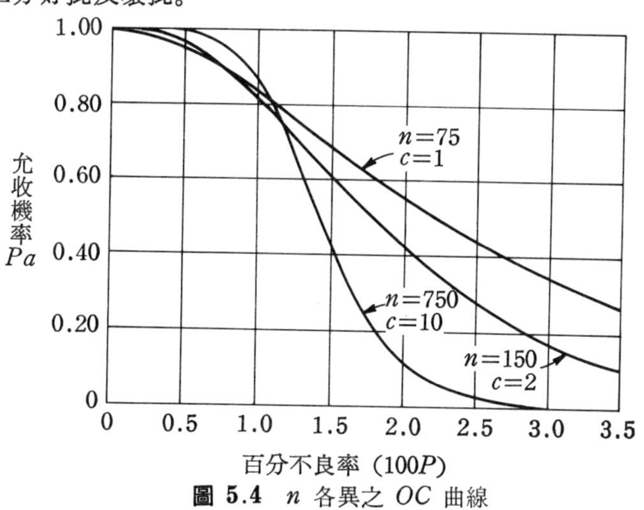

圖 5.4　n 各異之 OC 曲線

5-3　檢驗的統計方法

抽樣檢驗係利用統計方法以建立抽樣計劃俾進料時，可作爲抽樣及判定其良窳之依據，其所用的統計方法隨抽樣計劃之不同而異，但其原理仍引用統計學中假說檢定 (Test of Hypothesis) 的理論，即

眞實品質 \ 抽樣判定	合格	不合格
良好	$1-\alpha$	α
不良	β	$1-\beta$

當眞實品質爲良好時,可能由於抽樣誤差而誤判定其爲不良品批,造成拒收,此種誤差稱爲第一型誤差,亦稱爲生產者冒險率,若眞實品質爲不良時,而由於抽樣誤差而允收該批產品,其錯誤稱爲第二型誤差,又稱爲消費者冒險率。因此於設計抽樣計劃時,吾人常指定一不良率 p_0,爲消費者所願意接受者,且設定此不良率 p_0 時之冒險率爲 α,另外再指定一不良率 p_1 爲消費所不能接受者,定其允收機率,即第二型誤差爲 β,因此,吾人只要指定此二點,即($p_0, 1-\alpha$),)p_1, β)即可設計一抽樣計劃,符合吾人的願望或要求。

因當製程平均不良率爲p_0時,生產者所期望之允收機率爲$1-\alpha$,依據卜瓦松分配可知:

$$p_a\text{(生產者)}=\sum_{m=0}^{c}\frac{(n\ p_0)^m e^{-np_0}}{m!}=1-\alpha$$

同理,滿足點(p_1, β)時,得

$$p_a\text{(消費者)}=\sum_{m=0}^{c}\frac{(np_1)^m e^{-np_0}}{m!}=\beta$$

上列聯立方程式中,$p_0, p_1, 1-\alpha, \beta$ 等均已知,故由兩方程式必可求得兩未知數 n 及 c 之一組解。

由上列聯立方程式以求其單次抽樣計劃,依據 J. M. Cameron 之簡化法,有兩點值得加以說明,其一,當 α 及 β 都很小時且 p_0 及 p_1 之差亦很小時,則樣本大小 n 可能相當大。其二,由於 n 及 c 值均必須爲正整數,因此,無法求得一抽樣計劃同時通過此兩定點(p_0,

$1-\alpha$) 及 (p_1, β)。於是，吾人可使其通過其中一點而儘量接近另一點。

利用前述兩定點單次抽樣計劃一般表，可設計吾人所需的抽樣計劃，現舉一例以說明其方法:

例: 設製程不良率爲 $p_0=0.5\%$ 時之生產者冒險率 $\alpha=5\%$，$p_1=1.6\%$時之消費者冒險率 $\beta=10\%$，試設計一通過此兩點之單次抽樣計劃。

因 $\dfrac{p_1}{p_0}=\dfrac{1.6\%}{0.5\%}=3.2$，由表最後一行可知 3.2 介於 3.206 與 2.957 之間，因爲沒有正好等於 3.2 之值，故不能有一抽樣計劃同時通過該兩點。

由附表 5.15 (P.430) 中可知，比值爲 3.206 時之 $c=6$，而比值爲 2.957 時之 $c=7$，故其單次抽樣計劃之允收數要不是 6 就是 7。

現先令其通過點（0.5%, 95%）且儘量接近點 (1.6%, 10%) 即可求得兩個單次抽樣計劃，即

當 $c=6$ 時，$n=\dfrac{np_{0\cdot95}}{p_{0\cdot95}}=\dfrac{3.286}{0.005}=657$，此時

$$p_{0\cdot10}=p_1=\frac{np_{0\cdot10}}{n}=\frac{10.532}{657}=1.603\%$$

當 $c=7$ 時，$n=\dfrac{np_{0\cdot95}}{p_{0\cdot95}}=\dfrac{3.981}{0.005}=796$，此時

$$p_1=p_{0\cdot10}=\frac{np_{0\cdot10}}{n}=\frac{11.771}{796}=1.48\%$$

同理，可令其通過點 (1.6%, 10%) 且儘量接近點(0.5%, 95%)

當 $c=6$ 時，$n=\dfrac{np_{0\cdot10}}{p_{0\cdot1}}=\dfrac{10.532}{0.016}=658$，此時

$$p_0=p_{0\cdot95}=\frac{np_{0\cdot95}}{n}=\frac{3.286}{658}=0.499\%$$

當 $c=7$ 時, $n=\frac{np_{0\cdot10}}{p_{0\cdot10}}=\frac{11.771}{0.016}=736$, 此時

$$p_0=p_{0\cdot95}=\frac{np_{0\cdot95}}{n}=\frac{3.981}{736}=0.541\%$$

上面所求得之四個抽樣計劃可列如表 5.1:

表 5.1

C	n	$100p_1$	$100p_2$
6	657	0.5	1.603
7	796	0.5	1.48
6	658	0.499	1.6
7	736	0.541	1.6

由表5.1可知, 通過兩定點之抽樣計劃以 (657, 6) 及 (658, 6) 爲最佳, 其餘兩個各有其特色。此乃本例之特有情況, 一般而言, 此四個抽樣計劃, 均無法分出軒輊, 該選取那一抽樣計劃, 應由決策主管來決定。

5-4　AQL 的意義

如前節所述, 消費者於建立一抽樣計劃時, 常引用所謂的允收水準 (Acceptable Quality Level), 簡稱爲 AQL, 這是生產者的最壞品質水準或最大不良率而爲消費者所願意接受的製程均數， AQL 爲生產者製程平均數特性, 此 AQL 可設定爲前節抽樣計劃之 p_0。

AQL 如何訂定, 迄今仍無統一的原則, 理論上說來, 應由消費者決定或與生產者共同協商而來, 其他決定方法分述於後:

1.AQL 之選擇，依各種商品，各種特性都不同，美軍軍方爲

嚴重特性 $AQL=0$

主要特性 $AQL=0.1\%$

次要特性 $AQL=0.65\%$

2.在 MIL-STD-105B 表中，美人 Fnell 提出一個選擇公式，如表 5.2 所示。105D 表另有單獨批處理方式，如附表 5.11 (P.425-426)。

$$p=\frac{\text{檢驗一件製品之費用}}{\text{一件不良品所造成之損失}}$$

表 5.2

p 檢驗費用：損失	選用之 AQL
1:900	0.01
1:400	0.035
1:300	0.065
1:200	0.10
1:150	0.15
1:90	0.25
1:65	0.40
1:50	0.40～0.65
1:33	0.65～1.0
1:25	1.0 ～1.5
1:12	2.4 ～4.0
1:9	4.0 ～6.5

3.根據 Hansen 的說明，可以從過去品質資料，取過去製程平

均不良率或比它略小 (0.7×0.8) 之值設爲 *AQL*。

4.根據 Feigenbaum 建議視損益平衡點之數值依照下表選定 *AQL*。

表 5.3

BEP(%)	*AQL*
0.5～1	0.25
1～1.75	0.65
1.75～3	1
3～4	2.5
4～6	4
6～10.5	6.5
10.5～17	10

5.根據 Juran 有關尺寸公差之 *AQL* 選定原則:

小於±0.001　　　*AQL*:0.25%
大於 0.001　　　*AQL*:2.5%

6.另有一個利用損益平衡點（BEP）選定 *AQL* 之原則就是:

就某一個樣本代號的各條 *OC* 曲線中，如圖 5.5 所示，在橫座標軸

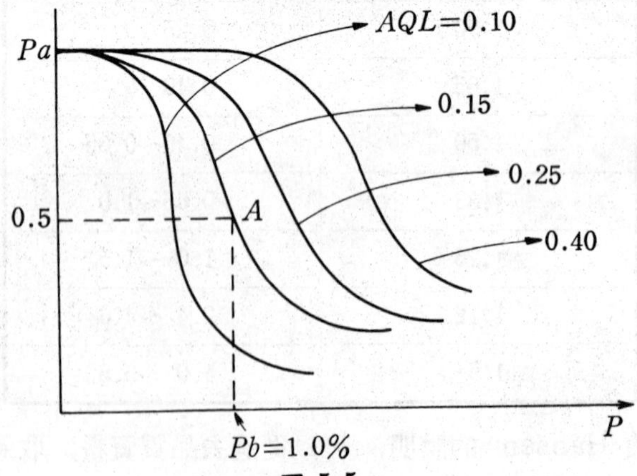

圖 5.5

上對應 BEP 不良率（如圖 5.5 之 1.0%）之點畫一條縱線，取其與 $p_0=0.5$ 橫線之交點（如圖 5.5 中 A 點），再找到最近這點之 OC 曲線之 AQL 值（如圖 5.5 之 $AQL=0.15$）。若這點介於兩條曲線之間，取其比較低者，以求保障品質。

7. 有關損益平衡點（BEP）的觀念，除了上述用於選定 AQL 的允收／拒收損益平衡點以外，還有另一個建立在全數檢點或抽樣的損益平衡點，用來檢討抽樣檢驗的適當時機。這個損益平衡方程式可以用下式表示：$NI=nI+(N-n)PA$

其中，N＝批量　　I＝檢驗一個產品之費用

n＝樣本數　A＝處理不良品之額外費用

這個關係式可以用下圖表示：

圖 5.6 中橫實線表示全數檢驗所需的費用，斜實線表示抽樣檢驗所需的費用。由這個圖可以看出在 p_b 的右邊，抽樣貴於全數檢驗，宜全數檢驗。p_b 的供應商填寫是否同意不運；左邊，抽樣比全數檢驗便宜，宜採用抽樣檢驗。

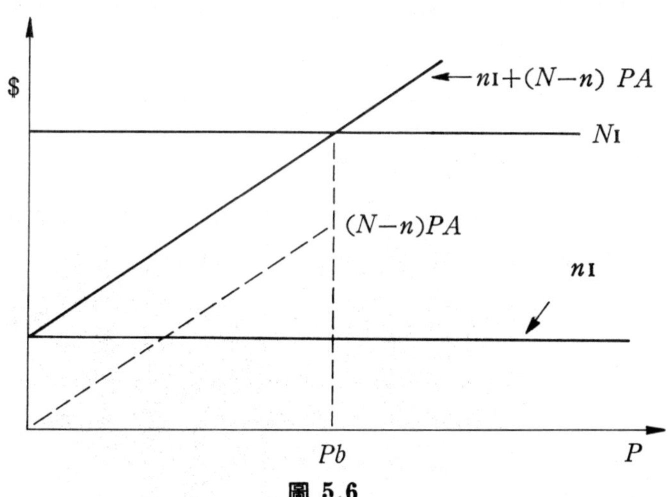

圖 5.6

5-5 美軍 MIL-STD-105D

5-5-1 AQL 的特性

AQL 制最初所提出，到目前尚爲美軍標準所採用之特性，有下列數點:

(1) 爲了建立產品特定品質特性的允收準則，必須決定一可以允收的製程平均百分不良率， 此不良率稱爲允收水準 (Acceptable Quality Level)，簡稱爲 *AQL*。

(2) 送驗批的製程平均數$\overline{p} \leq AQL$時,對生產者的保護相當良好。

(3) 然而，若製程平均數$\overline{p}$較 *AQL* 爲差時，對消費者的保護不令人滿意。爲了補救此種缺點,對品質歷史較差的送驗批,可採用嚴格檢驗 (Tightened Inspection) 以代替正常檢驗 (Normal Inspection)，後者乃於「正常」情況，用以保護生產者之允收準則。

(4) 對於嚴重性不同之缺點提供不同的允收準則，故缺點之分類爲 *AQL* 制的基本特性。

(5) 對於品質歷史良好的送驗批， 可採用減量檢驗 (Reduced Inspection) 以降低消費者的成本。

(6) 爲了建立批量與樣本大小間的關係，必須權衡大批取樣的困難與決策錯誤所造成嚴重後果間的利害，因此，其間的關係，依據經驗的份量遠甚於機率數學的考慮。

5-5-2 檢驗程序

其程序如下:

(1) 決定品質基準

明確規定檢驗單位之良品與不良品基準或缺點的基準。

(2) 決定允收水準 AQL

1.AQL 之決定已如 5-4 所述。

2.AQL 値在 10% 以下時，可用百分不良率或百件缺點數表之，若在 10% 以上時，只能採用百件缺點數表示。

(3) 決定檢驗水準

1.檢驗水準乃用以決定批量與樣本大小間的關係，如有特殊要求，應由負責當局指定之。

2.一般檢驗水準有Ⅰ、Ⅱ、Ⅲ等三級，列入附表 5.1 (P.412) 以供查考。除非有特別規定，一律採用檢驗水準Ⅱ。無需太高判斷時，可採用檢驗水準Ⅰ；若需較高判斷時，則可採用檢驗水準Ⅲ。

3.尙有特殊檢驗水準 S-1, S-2, S-3 及 S-4, 它們適用於較小的樣本且允許有較大的抽樣風險時。

(4) 選定樣本代字

樣本大小以樣本代字來標示，由附表 5.1 可査出某一批量及指定檢驗水準之樣本代字。

(5) 決定抽樣方法

抽樣方法共有單次、雙次及多次抽樣等三種，可任意選用一種，其決定之依據，已如前所述。

(6) 決定檢驗程度

1.檢驗開始時，除非負責當局另有指示，一律採用正常檢驗。

2.由正常檢驗轉成嚴格檢驗

於實施正常時，連續送檢的五批中有二批被拒收時，改用嚴格檢驗。

3.由嚴格檢驗轉成正常檢驗

當實施嚴格檢驗時，連續送驗的五批，全部允收，則採用正常檢驗。

4.由正常檢驗轉成減量檢驗

當實施正常檢驗，如能符合下列各項條件時，可改用減量檢驗。

a.最近採用正常檢驗的 10 批中並無任何一批被判拒收時。

b.由最近送驗的 10 批所抽取的樣本中，其不良品（或缺點）之總數，與附表 5.12 中所定的數目相同或較少時。

於使用雙次或多次抽樣時，必需包含所有抽驗樣本，而非僅只「第一」樣本。

c.生產力穩定時。

d.負責當局認爲減量檢驗爲必要時。

5.由減量檢驗轉爲正常檢驗。

於實施減量檢驗時，若發生下列情形之一，則改用正常檢驗:

a.有一批拒收。

b.樣品中的不良品數介於允收數與拒收數間的未定區時，可允收該批，但自下一批改用正常檢驗。

c.生產率呈現不規則或停滯時。

d.其他情形下，認爲恢復正常檢驗適宜時。

(7) 查出抽樣計劃

a.由上列條件，選取適當的表。

b. 在表中查出所指定的樣本代字。

c. 由表中查出所指定的 AQL 值。

d. 由樣本代字所在的列及 AQL 值所在的行相交處，可查得允收數 Ac 及拒收數 Re，又由樣本大小欄中可查得 n 值。

(8) 抽取樣本

(9) 測定樣本以決定該批是允收或拒收。

例 1. 設 $AQL=1.5\%$, $N=1,000$ 及採用檢驗水準Ⅱ時，試求其正常檢驗。因此 $N=1,000$ 且採用檢驗水準Ⅱ，故由附表 5.1 中查得本代字爲 J 。由附表 5.2 中查得單次抽樣計劃爲 $n=80$。Ac=3, Re=4。由附表 5.5 中查得雙次抽樣及附表 5.8 查得多次抽樣計劃如下:

表 5.4

雙　　次	樣本大小	累積樣本大小	允收數	拒收數
第　一	50	50	1	4
第　二	50	100	4	5
多次				
第　一	20	20	*	3
第　二	20	40	0	3
第　三	20	60	1	4
第　四	20	80	2	5
第　五	20	100	3	6
第　六	20	120	4	6
第　七	20	140	6	7

例 2. $N=500$, $AQL=2.5\%$，檢驗水準Ⅱ，求嚴格檢驗之抽樣計劃。由附表 5.3，附表 5.6 及附表 5.9 中分別查得單次，雙次及其抽樣計劃如下：

表 5.5

樣本數	樣本大小	累積樣本大小	允收數	拒收數
單 次	50		2	3
雙 次				
第 一	32	32	0	3
第 一	32	64	3	4
多 次				
第 一	13	13	*	2
第 二	13	26	0	3
第 三	13	39	0	3
第 四	13	52	1	4
第 五	13	65	2	4
第 六	13	78	3	5
第 七	13	91	4	2

例 3. $N=1,500$, $AQL=6.50\%$，檢驗水準Ⅰ，求減量檢驗的抽樣計劃。由附表 5.1 中查得樣本代字為 H，然後由附表 5.4，附表 5.7 及附表 5.10 分別查得其單次、雙次及多次抽樣計劃如下：

表 5.6

樣本數	樣本大小	累積樣本大小	允收數	拒收數
單 次	20		3	6
雙 次				
第 一	13	13	1	5
第 二	13	26	4	7
多 次				
第 一	5	5	*	4
第 二	5	10	0	5
第 三	5	15	1	6
第 四	5	20	2	7
第 五	5	25	3	8
第 六	5	30	4	9
第 七	5	35	6	10

5-5-3 有關 105D 表應用之問題

1. 相同 AQL 送驗批的允收機率

前面曾提及，於AQL制中，當生產者的製程平均數$\bar{p} \leq AQL$時，採行正常檢驗之目的在於保護生產者。然而具有相同 AQL 值之所有抽樣計劃之生產者冒險率並不相同，下示之 OC 曲線圖5.7，$AQL=1\%$之四個正常檢驗單次抽樣計劃，由圖中可知，當其不良率爲 1 % 時，其樣本大小 n 愈小，則生產者冒險率愈大。

當然，n 愈小,、消費者允收壞批之機率亦愈大，例如 $p5\%$ 之送驗批，於 $n=13$, $c=0$ 時之允收機率爲 52.2% 而於 $n=500$, $c=$

10 時，其允收機率只有 0.1%。而且，當 $c=0$ 時，其抽樣計劃之 OC 曲線沒有反曲點，為一向上凹的曲線。因此，若選取 $c=0$ 之抽樣計劃以降低生產者冒險率時，消費者冒著允收壞批之機率更大。例如使 $p=1\%$ 時，允收機率 $p_a=95\%$ 之抽樣計劃為 $n=5$，$c=0$，此時，縱使送驗批之不良率高達 12% 時，其允收機率竟高達 54.9%。

因此，於設計 AQL 制時，必須通盤考慮整條 OC 曲線而不應只考慮 OC 曲線上之一點。於 AQL 制之正常檢驗抽樣計劃，當不良率為 AQL 時之允收機率由 0.88 到 0.99 不等。

基於上述的分析，H.F. Dodge 建議，應摒棄 $c=0$ 之正常檢驗單次抽樣計劃。

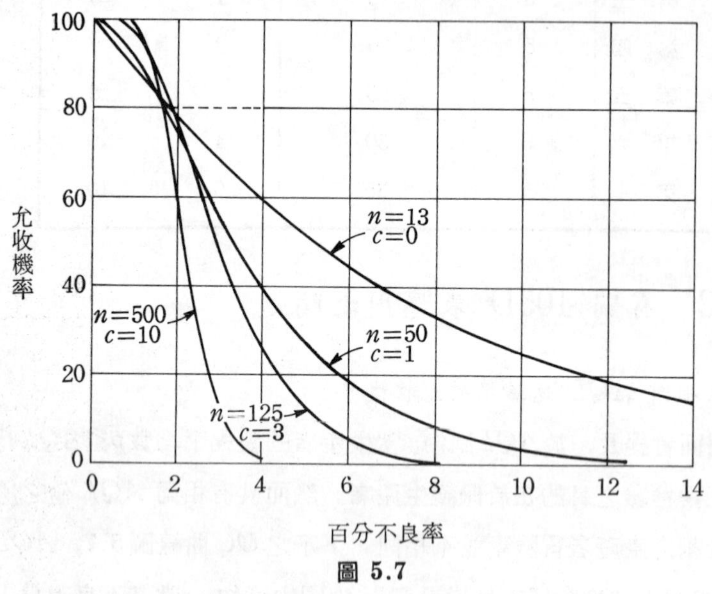

圖 5.7

2.正常、嚴格及減量檢驗之 OC 曲線

設 $N=1,500$，檢驗水準Ⅱ時，其樣本代字為K，若其 $AQL=1\%$，則 MIL 標準之單次抽樣計劃如下:

表 5.7

檢驗程度	樣本大小	允收數	拒收數
正常檢驗	125	3	4
嚴格檢驗	125	2	3
減量檢驗	50	1	4

將上列三個抽樣計劃之 OC 曲線繪如下圖:

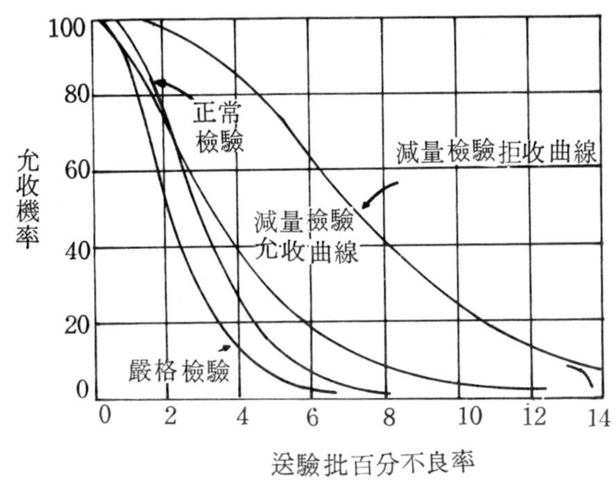

圖 5.8　送驗批百分不良率

由上圖可見，減量檢驗必有兩條 OC 曲線，左邊的曲線表允收機率且下一批仍繼續採用減量檢驗，右邊的曲線表示拒收之機率，因此，介於此兩曲線間之機率爲未定區，此時，得允收，但自下一批開始，轉換爲正常檢驗。

減量檢驗之允收曲線對消費者的保護，差不多與正常檢驗相同，因此，除非製程均數好到足以通過正常檢驗，否則無法繼續採行減量檢驗。但其右邊之拒收曲線則顯示任何送驗批採行減量檢驗比採用正常檢驗具有更大的允收機率。

仔細觀察嚴格檢驗之 OC 曲線顯示，較 AQL 相當差之送驗批仍有相當大的機會被允收，例如於無異品質 $p_{0\cdot 50}$ 時之不良率爲 2.2%。

3.截略檢驗 (Curtailed Sampling Inspection)

於採行雙次及多次抽樣計劃時，已抽樣樣本之不良品數已達拒收數，即立即停止抽驗以節省時間及費用。例如有下列之雙次抽樣計劃:

表 5.8

樣本大小	允收數	拒收數
125	3	7
125	8	9

若於第一樣本中發現有 6 個不良品，需抽取第二樣本，當檢驗完15件產品時已發現有 3 個良品，立即停止檢驗，因爲其不良品數已達拒收數 9，如此，截略檢驗節省了 110 件產品之檢驗費用，送驗批品質愈差，樣本大小愈大，其所節省之費用愈大。

4.平均抽驗件數

平均抽驗件數 (Average Sample Numbers) 乃表示每一送驗批於決定允收或拒收之前之平均抽取樣本數，其值與送驗批不良率有關，直接代表主要之抽驗費用，通常簡稱爲 ASN。

下列所介紹之 ASN 計算方法乃假設其不採用截略檢驗時之情況。

(1) 單次抽樣計劃之 ASN 爲樣本大小 n。

(2) 雙次抽樣計劃之 ASN。

設第一樣本已判定允收或拒收之機率分別爲 p_a, p_r, 則需作第二次抽樣之機率爲 $1-p_a-p_r$, 故其

$$ASN=n_1(p_a+p_r)+(n_1+n_2)(1-p_a-p_r)$$
$$=n_1+n_2(1-p_a-p_r)$$

例如: 樣本代字爲 J，$AQL=0.65\%$ 時之雙次抽樣計劃如下表所示，設有一送驗批之不良率 $p=1\%$ 時，則由卜瓦松分配表知，當 $np=50\,(0.01)=0.5$ 時之允收機率 $p_a=0.607$，其拒收機率 $p_r=0.090$

表 5.9

樣本大小	允收數	拒收數
50	0	2
50	1	2

故　　$1-p_a-p_r=0.303$

$$ASN=(0.607+0.090)(50)+(0.303)(100)=65.2$$

(3) 多次抽樣計劃之 ASN 的計算方法可依雙次抽樣計劃類推，只是計算較繁而已。

例如: 樣本代字爲 J，$AQL=0.65\%$ 時之多次抽樣計劃如下表所示，吾人欲求送驗批不良率 $p=1\%$ 時之 ASN 值。

表 5.10

累積樣本大小	允收數	拒收數
20	*	2
40	*	2
60	0	2
80	0	3
100	1	3
120	1	3
140	2	3

利用卜瓦松分配表可計算上列抽樣之允收及拒收機率，例如下表:

表 5.11

樣本	p_a	p_r	p_a+p_r
第一	0.000	0.018	0.018
第二	0.000	0.045	0.045
第三	0.549	0.060	0.609
第四	0.000	0.006	0.006
第五	0.220	0.015	0.235
第六	0.000	0.016	0.016
第七	0.058	0.013	0.071
合計	0.827	0.173	1.000

由上表之 p_a+p_r 值，可求得其

$$\begin{aligned}ASN=&20(0.018)+40(0.045)+60(0.609)\\&+80(0.006)+100(0.235)+120(0.016)\\&+140(0.071)=74.5\end{aligned}$$

5.缺點之分類

依據 ABC 標準，將缺點分成三級

(1) 嚴重缺點 (Critical Defect)

根據經驗或判斷，認爲此種缺點將導致使用者、裝配者、保養者之嚴重傷害或造成產品不能執行其功能時，稱爲嚴重缺點。

(2) 主要缺點 (Major Defect)

將喪失或減少成品使用效能時之缺點稱之。

(3) 次要缺點 (Minor Defect)

對成品之使用性能無重大影響之缺點稱之。依其相對重要性又分爲次要A及次要B兩類。產品若有嚴重缺點時，通常採用全數檢驗。然而，很少產品具有嚴重缺點，大多數僅有主要或次要缺點而已。

設某種螺栓 (Bolt) 包含有 5 個缺點屬於主要的，11 個缺點屬於次要A及 8 個缺點爲次要B。此種螺栓採用 MIL 標準之正常檢驗雙次抽樣計劃，其檢驗水準爲Ⅱ，$N=10,000$，其主要，次要A及次要B之 AQL 值分別 1.0%，4.0% 及 6.5%。

依據批量及檢驗水準可查得樣本代字爲L，然後由 MIL 標準表可查得其抽樣計劃如下:

表 5.12

累積樣本大小	主要		次要 A		次要 B	
	允收數	拒收數	允收數	拒收數	允收數	拒收數
125	2	5	7	11	11	16
250	6	7	18	19	26	27

由批中抽取 125 件爲第一樣本來加以檢驗，其結果如下:

主要 2 個

次要A有 10 個

次要B有 7 個

依據上述之抽樣計劃準則可知主要及次要B缺點均已通過。故第二樣本之 125 件螺栓，僅需檢驗其次要A缺點即可，若此樣本之次要A缺點數不超過 8 個時，允收該批，否則拒收之。

6. 拒收批之覆驗

當拒收批退回製造廠商時，若希望送請覆驗，必需經過 100% 檢驗，以剔除所有不良品或修理所有的缺點，然後才能送驗。

由下列簡單的機率計算，可見其不經選剔檢驗之毛病所在。該一送驗批之允收機率爲 0.80，由於覆驗時未經選剔檢驗，故每次送驗之允收機率均爲 0.80。則該送驗批經過兩次退貨再送請覆驗之允收機率爲:

第一次送驗之允收機率:	=0.80
第一次退貨而第二次允收之機率:	(0.2)(0.8)=0.16
第一、二次退貨而第三次允收之機率:	(0.2)(0.2)(0.8)=0.03
三次送驗之允收機率:	=0.99

由上述之允收機率可知，若未經選剔檢驗而連續送請覆驗，其允收機率相當高而導致消費者的損失。

7. 單獨一批抽樣計劃之選擇

前面曾提及，正常檢驗乃從長期觀點保護 $\bar{p} \leq AQL$ 之生產者，然而，若只有單獨一批送驗，縱使其不良率大於 AQL，其允收機率亦相當大，使消費者蒙受損失。因此，爲了保護消費者，MIL 標準乃基於既定的 AQL 值，指定消費者的冒險率而設計抽樣計劃，其指定之 β 值有 5% 及 10% 兩種，此種表稱爲限度品質表 (Limiting Quality Tables)，簡稱 LQ 表。

LQ 表之使用方法，乃於指定 AQL 行中找到 $LQ\ (100p_{0.10})$ 值，然後在左邊可查到其樣本代字，單次抽樣表中查得所需之抽樣計劃。

例如指定 $AQL=0.4\%$，$LQ=1.5\%$ 之樣本代字爲 p（由附表 5.11 查得)，再由附表 5.2 中查得其抽樣計劃$n=800$、$c=7$。

利用附表 5.15 可驗算之，即

$$p_{0.10}=\frac{np_{0.10}}{n}=\frac{11.771}{800}=0.0147\doteqdot 1.5\%$$

8.AQL 制抽樣計劃之 $AOQL$ 值

附表 5.13 及附表 5.14 乃 MIL 標準，於正常及嚴格檢驗情況下，用以計算 $AOQL$ 值之因素表，$AOQL$ 值之所以重要，乃因;

$$AOQL=\text{表中值}\times\left(1-\frac{n}{N}\right)(\%)$$

有聲望之生產者對其遭拒收之送驗批必會實施選剔檢驗。

*5-6　美軍 MIL-STD-414

5-6-1　引　　言

美軍標準 414 計量值抽驗表，乃假設品質特性測定值具有常態分配之 AQL 系統抽樣表。

414 表對變異之量度有三種方式：已知標準差 σ，估計標準差 S 及平均全距 $\bar{R}$。假如製程變異已知且由管制圖證實其製程穩定時，則採用已知變異數 σ，至於 σ 未知時，究意採用 S 或 $\bar{R}$ 乃一經濟問題，全距需要較大的樣本大小，但其計算簡單，變異數則所需樣本大小較小，但計算繁冗，故宜權衡此兩因素以決定採用何種方式。

414 表提供兩種程序，其一爲使用允收常數 K，另一程序爲估計批內不良率，前一種方法稱爲形式 1，後一種方法稱爲形式 2。一般而言，形式 2 較佳，因爲由正常檢驗轉換成嚴格檢驗或減量檢驗時，都必須先估計每批的不良率。

414 標準表依據變異的量度，規格形式（單邊或雙邊）及允收程序之形式而劃分，但雙邊規格只能用形式 2，414 標準表之結構如圖 5.3 所示。

MIL—STD—414 與 *MIL—STD—105D* 同爲 *AQL* 系統抽樣計劃，因此，具有很多相同點，玆列述如下:

1. 依據 *AQL* 指標而編製。

2. 具有不同程序之檢驗，即正常、嚴格及減量檢驗等。

3. 樣本大小由批量大小來決定。

4. 有多種檢驗水準可資採用，共有檢驗水準 I II III IV V 等五種，通常採用檢驗水準IV。

5. 採用樣本代字，而樣本代字由批量及檢驗水準決定。

6. 當 $\bar{p} \leq AQL$ 時，對生產者的保護甚佳。

當 $\bar{p}$ 較 *AQL* 大一些時，對消費者的保護不良，故需採用嚴格檢驗來補救。

5-6-2　「轉換法則」

MIL—STD—414 表旣爲 *AQL* 系統，有三種不同程序的檢驗，玆將其相互間的轉換法則，分述於後: 開始時，除非有特殊規定，否則一律採用正常檢驗。

1. 由正常檢驗轉換成嚴格檢驗。

符合下列兩條件時，採用嚴格檢驗:

(1) 自前 10 批中估計之製程均數 $\bar{p} > AQL$ 時。

(2) 製程均數 $\bar{p} > AQL$ 之批數大於一界限值 T 時。

例如: 設採用變異性未知，標準差法，樣本代字H，$AQL = 2.5$ %正常檢驗時，前 10 批之製程平均不良率分別爲: 4.01%，2.02%，4.46%，3.22%，3.27%，2.56%，1.79%，3.59%，1.58%，2.87%，

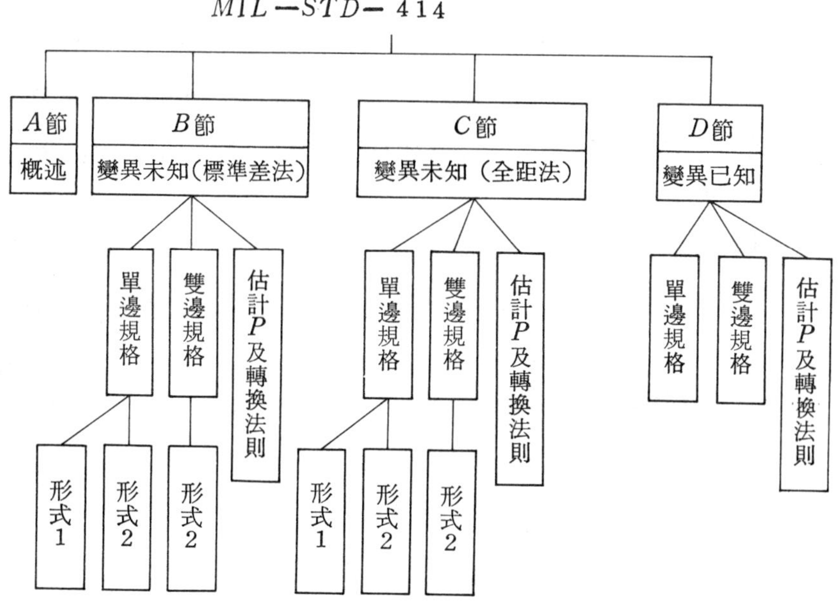

圖 5.9　*MIL—STD—*414 結構

此 10 批之製程均數 $\bar{p}=2.94\%$ 則 $\bar{p}=2.94\%>AQL=2.5\%$，符合條件 (1)，但是 (2) 條件並不符合，因爲前 10 批中只有 7 批之製程不良率大於 AQL，而其界限值由附表 5-21 知 $T=7$ 批，故本例之情況，仍繼續採用正常檢驗。

2. 由嚴格檢驗轉換成正常檢驗。

於實施嚴格檢驗時，若前 10 批之估計製程均數 $\bar{p}\leq AQL$ 時，改採用正常檢驗。

3. 由正常檢驗轉換成減量檢驗。

滿足下列三個條件時，實施減量檢驗:

(1) 前 10 批全部允收時

(2) 前一批之製程均數均小於附表 5.29 所規定之下界限值時。

(3) 生產率穩定。

例如: 設採用變異性未知標準差法, 樣本代字為 H, $AQL=2.5\%$ 時, 其前 10 批全部允收, 且估計製程均數 $\bar{p}=2\%$, 由附表5-29查得下界限值為 2.4%, 若已知其生產率相當穩定, 此時, 即可採行減量檢驗。

4. 由減量檢驗轉換成正常檢驗。

於實施減量檢驗時, 若有下列任一情況發生時, 改用正常檢驗。

(1) 有一批被拒收。

(2) 製程均數 $\bar{p}>AQL$ 時。

(3) 生產不規則或延誤時。

(4) 其他情況, 負責當局認為必須恢復正常檢驗時。

茲將上述之轉換法則繪成如下之流程圖:

5-6-3 一般抽驗程序

*MIL—STD—*414 表因著變異量度, 規格形式及允收程序之不同, 其抽驗程序大同小異, 茲就一般的情況描敍於後:

(1) 決定測定方法。

(2) 決定品質基準。

規定上規格界限 U 及下規格界限 L。

(3) 指定允收水準 AQL。

(4) 求 AQL 之代表值。

(5) 決定檢驗水準。

(6) 決定檢驗程度。

(7) 利用批量及檢驗水準以求樣本代字。

(8) 求抽樣計劃。

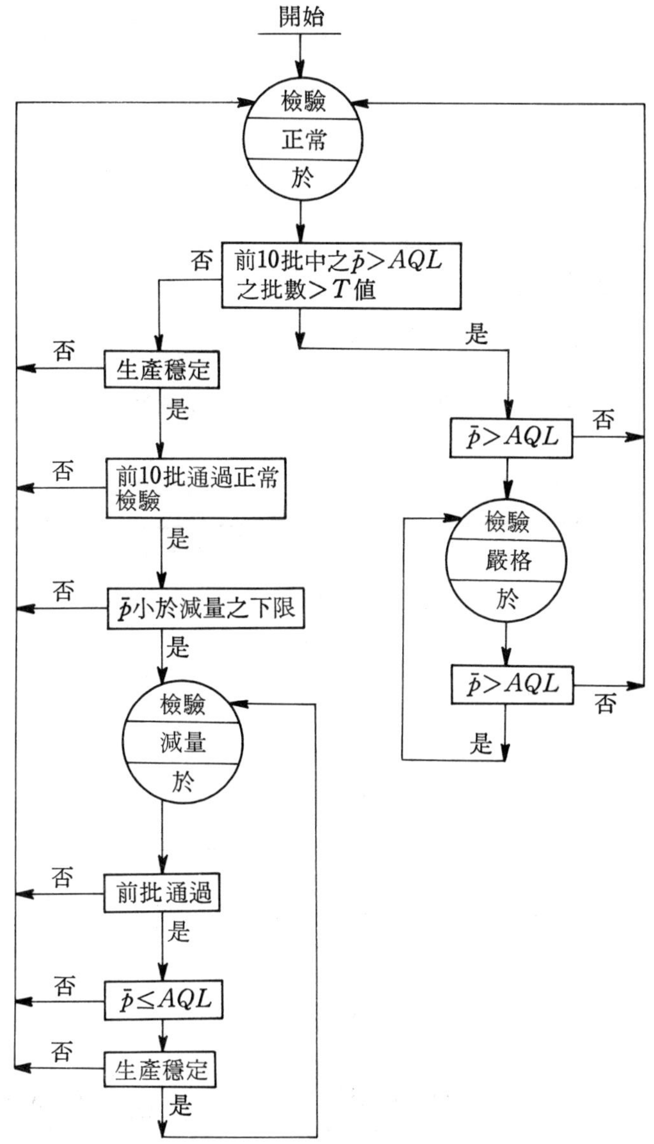

圖 5.10 轉換法則流程圖

由各表中查出 n，K，或M之值。

(9) 抽取樣本。

(10)測定樣本。

由測定值求樣本均數及標準差S或$\bar{R}$（σ未知時)。

(11)判定送驗批的品質。

(12)送驗批的處理。

合格則允收之，否則拒收之。

玆就上列程序中較重要者，列如下表，以便參考。

表 5.13 *MIL—STD—414* 之扼要程序

步驟	節	形式1	形式2
抽樣計劃		由各表查出n及K值	由適當表中查出n及M
決定準則	B S法	1.指定上規格 $T_u=\frac{U-\bar{X}}{s}$ 2.指定下規格 $T_L=\frac{\bar{X}-L}{s}$	1. $Q_u=\frac{U-\bar{X}}{s}$ 2. $Q_L=\frac{\bar{X}-L}{s}$
	C 全距法 ($\bar{R}$)	1.指定上規格 $T_u=\frac{U-\bar{X}}{\bar{R}}$ 2.指定下規格 $T_L=\frac{\bar{X}-L}{\bar{R}}$	1. $Q_u=\frac{(U-\bar{X})d_2^*}{\bar{R}}$ 2. $Q_L=\frac{(\bar{X}-L)d_2^*}{\bar{R}}$
	D σ　法	1.指定上規格 $T_u=\frac{U-\bar{X}}{\sigma}$ 2.指定下規格 $T_L=\frac{\bar{X}-L}{\sigma}$	1. $Q_u=\frac{(U-\bar{X})\mathrm{v}}{\sigma}$ 2. $Q_L=\frac{(\bar{X}-L)\mathrm{v}}{\sigma}$

估 計			由各表中利用 n 及 Q_u 或 Q_L 查出 p_u 或 p_L 值。
決 策	單邊規格	1.指定上規格 U $T_u \geq K$ 允收 $T_u < K$ 拒收 2.指定下規格 L $T_L \geq K$ 允收 $T_L < K$ 拒收	1. $p_u \leq M$ 允收 $p_u > M$ 拒收 2. $p_L \leq M$ 允收 $p_L > M$ 拒收
	雙邊規格		1.上下規格具有相同之 AQL $p_u + p_L \leq M$ 允收 $p_u + p_L > M$ 拒收 2.上下規格之 AQL 不同時符合下列三條件，允收，否則拒收。 $p_u \leq M_u$，$p_L \leq M_L$ $p \leq max\ (M_u, M_L)$

茲就上述各種情況，分別舉例說明如下:

5-6-4 例　　題

1. 未知變異性，單邊規格，標準差法。

例 1. 某產品抗牽強度之下規格界限爲 $L=200$psi，有一批 100 件該產品送請檢驗，採正常檢驗，檢驗水準 IV，其 $AQL=2.5\%$，現自批中抽取 10 件樣品，測定其抗牽強度分別爲 220, 218, 210, 207, 215, 205, 211, 203, 190, 221 決定是否該允收？

形式 1 之抽驗程序如下:

行	所需資料	算出值	說明
1.	樣本大小: n	10	
2.	測定值之和: ΣX	2100	
3.	測定值平方和: ΣX^2	441,794	
4.	修正項 (CF): $\frac{(\Sigma X)^2}{n}$	441,000	$(2100)^2/10$
5.	平方和 (SS): ΣX^2-CF	794	441794-441000
6.	變異數 (V): $\frac{SS}{n-1}$	88.22	794/9
7.	標準差不偏估計值 s: $\sqrt{V}$	9.39	$\sqrt{88.22}$
8.	樣本均數 $\bar{X}$: $\Sigma X/n$	210	2100/10
9.	下規格界限: L。	200	
10.	$T_L=\frac{\bar{X}-L}{s}$	1.065	$\frac{210-200}{9.39}$
11.	允收常數: K	1.41	查附表5.17
12.	允收準則: 比較 T_L 及 K 結論: 因 $T_L<K$, 拒收該批。	1.065<1.41	

形式 2

行	所需資料	算出值	說明
第 1	行至第 9 行與形 1 式相同		
10.	品質指標: $Q_L=\frac{\bar{X}-L}{s}$	1.065	(210−200)/9.39
11.	批不良率估計值: p_L	14.347%	查附表5.19
12.	最大允許不良率: M	7.29%查附表5.18	
13.	允收準則: 比較 p_L 與 M 結論: 因 $p_L>M$, 故拒收該批	14.347% >7.29%	

2. 變異性未知, 單邊規格, 全距法。

例 2. 某產品之抗牽強度之 $L=200$ psi, 一送驗批有 100 件產品, 採正常檢驗, 檢驗水準 IV, 其 $AQL=2.5\%$, 現自批中抽取 10 件樣本, 其測定值分別爲 220, 218, 210, 207, 215, 205,

211, 203, 190, 221, 試決定其是否允收？

形式 1

行	所　需　資　料	算出値	說　明
1.	樣本大小: n	10	
2.	測定値和: ΣX	2100	
3.	樣本均數: $\bar{X}$　$\dfrac{\Sigma X}{n}$	210	2100/10
4.	全距均數: $\bar{R}$　ΣR／樣組數	22	
5.	下規格界限: L	200	
6.	$T_L=\dfrac{\bar{X}-L}{\bar{R}}$	0.455	(210−200)/22
7.	允收常數: K	0.579	查附表5.23
8.	允收準則: 比較 T_L 與K	$0.455<0.579$	
	結論: 因 $T_L<K$，故拒收之。		

形式 2

行	所　需　資　料	算出値	說　明
	由第 1 行至第 5 行均與形式 1 相同		
6.	係數 d_2^*	2.405	
7.	品質指標: $Q_L=\dfrac{(\bar{X}-L)d_2^*}{\bar{R}}$	1.094	$\dfrac{(210-200)\times 2.405}{22}$
8.	批內不良率估計値: p_L	13.64	查附表5.24
9.	最大允許不良率: M	7.42	查附表5.25
10.	允收準則: 比較 p_L 與 M	$13.64>7.42$	
	結論: 因 $p_L>M$，故拒收該批。		

3. 變異性已知，單邊規格，標準差法。

例 3.　某產品抗牽強度下規格界限 $L=200$ psi，一送驗批有 100 件產品，採用正常檢驗，檢驗水準 IV，某 $AQL=2.5\%$，$\sigma=$ 10psi，現自批中抽取 5 件樣本，其抗牽強度測定値分別爲 220, 218, 210, 221, 215, 試決定其是否允收？

形式 1

行	所　需　資　料	算出值	說　明
1.	樣本大小：n	5	
2.	已知標準差 σ	10	
3.	測定值之和：ΣX	1084	
4.	樣本均數$\bar{X}$：$\Sigma X/n$	216.8	1084/5
5.	下規格界限L	200	
6.	$T_L=\dfrac{\bar{X}-L}{\sigma}$	1.68	$\dfrac{(216.8-200)}{10}$
7.	允收常數：K	1.39	查附表5.26(b)
8.	允收準則：比較 T_L 與K 結論：因 $p_L>K$，故允收該批。	1.68>1.39	

形式 2

行	所　需　資　料	算出值	說　明
	由第 1 行至第 5 行與形式 1 相同		
6.	係數：v	1.118	查附表一12(b)
7.	品質指標：$Q_u=\dfrac{(\bar{X}-L)v}{\sigma}$	1.878	$\dfrac{(216.8-200)(1.118)}{10}$
8.	批內不良率估計值：p_L	3.0188%	查附表5.28
9.	最大允許不良率：M	6.05%	查附表5.27(b)
10.	允收準則：比較 p_L 與M 結論：因 $p_L<M$，故允收該批。	3.0188% <6.05%	

4.變異性未知，雙邊規格，標準差法。

雙邊規格亦如同單邊規格，可分爲變異性未知時之標準差法及全距法，變異性已知之標準差法等三種，而每一種又有兩種情況，即有上下規格具有相同 AQL 值及上下規格之 AQL 值不同，因其計算方式與單邊規格相類似，於此，不再重述，僅就變異性未知，標準差法且上下規格具有不同之AQL 值的情況爲例，說明其方法，其他，讀者自行類推。

例 4.　設某種電子零件之電阻規格界限爲 650.0±30 歐姆。一送驗批共有 100 件，採用正常檢驗，檢驗水準 IV，其上規格之 $AQL=1.0\%$，下規格之 $AQL=2.5\%$。現自批中抽取 10 件樣本，其電阻之測定值分別爲643, 651, 619, 627, 658, 670, 673, 641, 638, 650，該送驗批是否允收？

行	所需資料	算出值	說明
1.	樣本大小：n	10	
2.	測定值之和：ΣX	6470	
3.	測定值平方和：ΣX^2	4188758	
4.	修正項 (CF)：$(\Sigma X)^2/n$	4186090	$(6470)^2/10$
5.	平方和 (SS)：ΣX^2-CF	2668	(4188758−4186090)
6.	變異數 (V)：$SS/n-1$	296.44	2668/9
7.	標準差不偏估計值 s：$\sqrt{V}$	17.22	$\sqrt{296.44}$
8.	樣本均數：$\bar{X}=\dfrac{\Sigma X}{n}$	647	6470/10
9.	上規格界限：U	680	
10.	下規格界限：L	620	
11.	品質指標：$Q_u=\dfrac{U-\bar{X}}{s}$	1.92	$\dfrac{680-647}{17.22}$
12.	品質指標：$Q_L=\dfrac{\bar{X}-L}{s}$	1.57	$\dfrac{647-620}{17.22}$
13.	超過U不良率估計值：p_u	1.62%	查附表5.19
14.	低於L不良率估計值：p_L	4.92%	查附表5.19
15.	總不良率估計值 $p=p_u+p_L$	6.54%	
16.	超過U之最大允許不良率：M_u	3.26%	查附表5.18
17.	低於L之最大允許不良率：M_L	7.29%	查附表5.18
18.	允收準則：		
	①比較 p_u 與 M_u	$1.62\%<3.26\%$	
	②比較 p_L 與 M_L	$4.92\%<7.29\%$	
	③比較 p 與 M_L	$6.54\%<7.29\%$	
	結論：$p_u<M_u$, $p_L<M_L$, $p<M_L$，故允收該批。		

(附表五)

MIL—STD—105D 表

附表 5.1 樣本代字 *MIL—STD—105D*

群體的大小	特別檢驗水準				普通檢驗水準		
	S-1	S-2	S-3	S-4	I	II	III
2-8	A	A	A	A	A	A	B
9-15	A	A	A	A	A	B	C
16-25	A	A	B	B	B	C	D
26-50	A	B	B	C	C	D	E
51-90	B	B	C	C	C	E	F
91-150	B	B	C	D	D	F	G
151-280	B	C	D	E	E	G	H
281-500	B	C	D	E	F	H	J
501-1,200	C	C	E	F	G	J	K
1,201-3,002	C	D	E	G	H	K	L
3,201-10,000	C	D	F	G	J	L	M
10,001-35,000	C	D	F	H	K	M	N
35,001-150,000	D	E	G	J	L	X	P
150,001-500,000	D	E	G	J	M	P	Q
500001 and over	D	E	H	K	N	Q	R

附表 5.2 正常檢驗（單次）——*MIL−STD−105D*

樣本代字	樣本大小	AQL（正常檢驗） 0.010	0.015	0.025	0.040	0.065	0.10	0.15	0.25	0.40	0.65	1.0	1.5	2.5	4.0	6.5	10	15	25	40	65	100	150	250	400	650	1,000
		Ac Re	Ac Re	Ac Re	Ac Re	Ac Re	Ac Re	Ac Re	Ac Re	Ac Re	Ac Re	Ac Re	Ac Re	Ac Re	Ac Re	Ac Re	Ac Re	Ac Re	Ac Re	Ac Re	Ac Re	Ac Re	Ac Re	Ac Re	Ac Re	Ac Re	Ac Re
A	2	↓	↓	↓	↓	↓	↓	↓	↓	↓	↓	↓	↓	↓	↓	0 1	↓	↓	1 2	2 3	3 4	5 6	7 8	10 11	14 15	21 22	30 31
B	3	↓	↓	↓	↓	↓	↓	↓	↓	↓	↓	↓	↓	↓	0 1	↓	↓	1 2	2 3	3 4	5 6	7 8	10 11	14 15	21 22	30 31	44 45
C	5	↓	↓	↓	↓	↓	↓	↓	↓	↓	↓	↓	↓	0 1	↑	↑	1 2	2 3	3 4	5 6	7 8	10 11	14 15	21 22	30 31	44 45	↑
D	8	↓	↓	↓	↓	↓	↓	↓	↓	↓	↓	↓	0 1	↑	↓	1 2	2 3	3 4	5 6	7 8	10 11	14 15	21 22	30 31	44 45	↑	↑
E	13	↓	↓	↓	↓	↓	↓	↓	↓	↓	↓	0 1	↑	↓	1 2	2 3	3 4	5 6	7 8	10 11	14 15	21 22	30 31	44 45	↑	↑	↑
F	20	↓	↓	↓	↓	↓	↓	↓	↓	↓	0 1	↑	↓	1 2	2 3	3 4	5 6	7 8	10 11	14 15	21 22	↑	↑	↑	↑	↑	↑
G	32	↓	↓	↓	↓	↓	↓	↓	↓	0 1	↑	↓	1 2	2 3	3 4	5 6	7 8	10 11	14 15	21 22	↑	↑	↑	↑	↑	↑	↑
H	50	↓	↓	↓	↓	↓	↓	↓	0 1	↑	↓	1 2	2 3	3 4	5 6	7 8	10 11	14 15	21 22	↑	↑	↑	↑	↑	↑	↑	↑
J	80	↓	↓	↓	↓	↓	↓	0 1	↑	↓	1 2	2 3	3 4	5 6	7 8	10 11	14 15	21 22	↑	↑	↑	↑	↑	↑	↑	↑	↑
K	125	↓	↓	↓	↓	↓	0 1	↑	↓	1 2	2 3	3 4	5 6	7 8	10 11	14 15	21 22	↑	↑	↑	↑	↑	↑	↑	↑	↑	↑
L	200	↓	↓	↓	↓	0 1	↑	↓	1 2	3 2	3 4	5 6	7 8	10 11	14 15	21 22	↑	↑	↑	↑	↑	↑	↑	↑	↑	↑	↑
M	315	↓	↓	↓	0 1	↑	↓	1 2	2 3	3 4	5 6	7 8	10 11	14 15	21 22	↑	↑	↑	↑	↑	↑	↑	↑	↑	↑	↑	↑
N	500	↓	↓	0 1	↑	↓	1 2	2 3	3 4	5 6	7 8	10 11	14 15	21 22	↑	↑	↑	↑	↑	↑	↑	↑	↑	↑	↑	↑	↑
P	800	↓	0 1	↑	↓	1 2	3 2	5 3	5 6	7 8	10 11	14 15	21 22	↑	↑	↑	↑	↑	↑	↑	↑	↑	↑	↑	↑	↑	↑
Q	1,250	0 1	↑	↓	1 2	2 3	3 4	4 6	7 8	10 11	14 15	21 22	↑	↑	↑	↑	↑	↑	↑	↑	↑	↑	↑	↑	↑	↑	↑
R	2,000	↑	↑	1 2	2 3	3 4	5 6	7 8	10 11	14 15	21 22	↑	↑	↑	↑	↑	↑	↑	↑	↑	↑	↑	↑	↑	↑	↑	↑

↓採用箭頭下第一個抽樣計劃

↑採用箭頭上第一個抽樣計劃

A_c＝允收數

R_e＝拒收數

附表 5.3 嚴格檢驗（單次）—*MIL—STD—105D*

樣本代字	樣本大小	AQL（嚴格檢驗）																																																			
		0.010		0.015		0.025		0.040		0.065		0.10		0.15		0.25		0.40		0.65		1.0		1.5		2.5		4.0		6.5		10		15		25		40		65		100		150		250		400		650		1,000	
		Ac	Re	Ac	Re	Ac	Re	Ac	Re	Ac	Re	Ac	Re	Ac	Re	Ac	Re	Ac	Re	Ac	Re	Ac	Re	Ac	Re	Ac	Re	Ac	Re	Ac	Re	Ac	Re	Ac	Re	Ac	Re	Ac	Re	Ac	Re	Ac	Re	Ac	Re	Ac	Re	Ac	Re	Ac	Re	Ac	Re
A	2	↓		↓		↓		↓		↓		↓		↓		↓		↓		↓		↓		↓		↓		↓		↓		↓		↓		↓		1	2	2	3	3	4	5	6	8	9	12	13	18	19	27	28
B	3	↓		↓		↓		↓		↓		↓		↓		↓		↓		↓		↓		↓		↓		↓		0	1	↓		↓		1	2	2	3	3	4	5	6	8	9	12	13	18	19	27	28	41	42
C	5	↓		↓		↓		↓		↓		↓		↓		↓		↓		↓		↓		↓		↓		0	1	↓		↓		1	2	2	3	3	4	5	6	8	9	12	13	18	19	27	28	41	42	↑	
D	8	↓		↓		↓		↓		↓		↓		↓		↓		↓		↓		↓		↓		0	1	↓		↓		1	2	2	3	3	4	5	6	8	9	12	13	18	19	27	28	41	42	↑		↑	
E	13	↓		↓		↓		↓		↓		↓		↓		↓		↓		↓		↓		0	1	↓		↓		1	2	2	3	3	4	5	6	8	9	12	13	18	19	27	28	41	42	↑		↑		↑	
F	20	↓		↓		↓		↓		↓		↓		↓		↓		↓		↓		0	1	↓		↓		1	2	2	3	3	4	5	6	8	9	12	13	18	19	↑		↑		↑		↑		↑		↑	
G	32	↓		↓		↓		↓		↓		↓		↓		↓		↓		0	1	↓		↓		1	2	2	3	3	4	5	6	8	9	12	13	18	19	↑		↑		↑		↑		↑		↑		↑	
H	50	↓		↓		↓		↓		↓		↓		↓		↓		0	1	↓		↓		1	2	2	3	3	4	5	6	8	9	12	13	18	19	↑		↑		↑		↑		↑		↑		↑		↑	
J	80	↓		↓		↓		↓		↓		↓		↓		0	1	↓		↓		1	2	2	3	3	4	5	6	8	9	12	13	18	19	↑		↑		↑		↑		↑		↑		↑		↑		↑	
K	125	↓		↓		↓		↓		↓		↓		0	1	↓		↓		1	2	2	3	3	4	5	6	8	9	12	13	18	19	↑		↑		↑		↑		↑		↑		↑		↑		↑		↑	
L	200	↓		↓		↓		↓		↓		0	1	↓		↓		1	2	2	3	3	4	5	6	8	9	12	13	18	19	↑		↑		↑		↑		↑		↑		↑		↑		↑		↑		↑	
M	315	↓		↓		↓		↓		0	1	↓		↓		1	2	2	3	3	4	5	6	8	9	12	13	18	19	↑		↑		↑		↑		↑		↑		↑		↑		↑		↑		↑		↑	
N	500	↓		↓		↓		0	1	↓		↓		1	2	2	3	3	4	5	6	8	9	12	13	18	19	↑		↑		↑		↑		↑		↑		↑		↑		↑		↑		↑		↑		↑	
P	800	↓		↓		0	1	↓		↓		1	2	2	3	3	4	5	6	8	9	12	13	18	19	↑		↑		↑		↑		↑		↑		↑		↑		↑		↑		↑		↑		↑		↑	
Q	1,250	↓		0	1	↓		↓		1	2	2	3	3	4	5	6	8	9	12	13	18	19	↑		↑		↑		↑		↑		↑		↑		↑		↑		↑		↑		↑		↑		↑		↑	
R	2,000	0	1	↑		↓		1	2	2	3	3	4	5	6	8	9	12	13	18	19	↑																															
S	3,150					1	2																																														

附表 5.4 減量檢驗（單次）—*MIL—STD—105D*

樣本代字	樣本大小	AQL（減量檢驗）																									
		0.010	0.015	0.025	0.040	0.065	0.10	0.15	0.25	0.40	0.65	1.0	1.5	2.5	4.0	6.5	10	15	25	40	65	100	150	250	400	650	1,000
		Ac Re	Ac Re	Ac Re	Ac Re	Ac Re	Ac Re	Ac Re	Ac Re	Ac Re	Ac Re	Ac Rc	Ac Re	Ac Re	Ac Re	Ac Re	Ac Re	Ac Re	Ac Re	Ac Re	Ac Re	Ac Re	Ac Re	Ac Re	Ac Re	Ac Re	Ac Re
A	2														↓	0 1		↓	1 2	2 3	3 4	5 6	7 8	10 11	14 15	21 22	30 31
B	2													↓	0 1	↑	↓	0 2	1 3	2 4	3 5	5 6	7 8	10 11	14 15	21 22	30 31
C	2												↓	0 1	↑	↓	0 2	1 3	1 4	2 5	3 6	5 8	7 10	10 13	14 17	21 24	↑
D	3											↓	0 1	↑	↓	0 2	1 3	1 4	2 5	3 6	5 8	7 10	10 13	14 17	21 24	↑	
E	5										↓	0 1	↑	↓	0 2	1 3	1 4	2 5	3 6	5 8	7 10	10 13	14 17	21 24	↑		
F	8									↓	0 1	↑	↓	0 2	1 3	1 4	2 5	3 6	5 8	7 10	10 13	↑	↑	↑			
G	13								↓	0 1	↑	↓	0 2	1 3	1 4	2 5	3 6	5 8	7 10	10 13	↑						
H	20							↓	0 1	↑	↓	0 2	1 3	1 4	2 5	3 6	5 8	7 10	10 13	↑							
J	32						↓	0 1	↑	↓	0 2	1 3	1 4	2 5	3 6	5 8	7 10	10 13	↑								
K	50					↓	0 1	↑	↓	0 2	1 3	1 4	2 5	3 6	5 8	7 10	10 13	↑									
L	80				↓	0 1	↑	↓	0 2	1 3	1 4	2 5	3 6	5 8	7 10	10 13	↑										
M	125			↓	0 1	↑	↓	0 2	1 3	1 4	2 5	3 6	5 8	7 10	10 13	↑											
N	200		↓	0 1	↑	↓	0 2	1 3	1 4	2 5	3 6	5 8	7 10	10 13	↑												
P	315	↓	0 1	↑	↓	0 2	1 3	1 4	2 5	3 6	5 8	7 10	10 13	↑													
Q	500	0 1	↑	↓	0 2	1 3	1 4	2 5	3 6	5 8	7 10	10 13	↑														
R	800	↑		0 2	1 3	1 4	2 5	3 6	5 8	7 10	10 13	↑															

附表 5.5 正常檢驗（雙次）—*MIL-STD-105D*

樣本代字	樣本	樣本大小	樣本累計	AQL（正常檢驗）																									
				0.010	0.015	0.025	0.040	0.065	0.10	0.15	0.25	0.40	0.65	1.0	1.5	2.5	4.0	6.5	10	15	25	40	65	100	150	250	400	650	1,000
				Ac Re	Ac Re	Ac Re	Ac Re	Ac Re	Ac Re	Ac Re	Ac Re	Ac Re	Ac Re	Ac Re	Ac Re	Ac Re	Ac Re	Ac Re	Ac Re	Ac Re	Ac Re	Ac Re	Ac Re	Ac Re	Ac Re	Ac Re	Ac Re	Ac Re	Ac Re
A				↓	↓	↓	↓	↓	↓	↓	↓	↓	↓	↓	↓	↓	↓	†	↓	↓	†	†	†	†	†	†	†	†	†
B	第一	2	2	↓	↓	↓	↓	↓	↓	↓	↓	↓	↓	↓	↓	↓	†	↑	↓	0 2	0 3	1 4	2 5	3 7	5 9	7 11	11 16	17 22	25 31
	第二	2	4																	1 2	3 4	4 5	6 7	8 9	12 13	18 19	26 27	37 38	56 57
C	第一	3	3	↓	↓	↓	↓	↓	↓	↓	↓	↓	↓	↓	↓	†	↑	↓	0 2	0 3	1 4	2 5	3 7	5 9	7 11	11 16	17 22	25 31	↑
	第二	3	6																1 2	3 4	4 5	6 7	8 9	12 13	18 19	26 27	37 38	56 57	
D	第一	5	5	↓	↓	↓	↓	↓	↓	↓	↓	↓	↓	↓	†	↑	↓	0 2	0 3	1 4	2 5	3 7	5 9	7 11	11 16	17 22	25 31	↑	↑
	第二	5	10															1 2	3 4	4 5	6 7	8 9	12 13	18 19	26 27	37 38	56 57		
E	第一	8	8	↓	↓	↓	↓	↓	↓	↓	↓	↓	↓	†	↑	↓	0 2	0 3	1 4	2 5	3 7	5 9	7 11	11 16	17 22	25 31	↑	↑	↑
	第二	8	16														1 2	3 4	4 5	6 7	8 9	12 13	18 19	26 27	37 38	56 57			
F	第一	13	13	↓	↓	↓	↓	↓	↓	↓	↓	↓	†	↑	↓	0 2	0 3	1 4	2 5	3 7	5 9	7 11	11 16	↑	↑	↑	↑	↑	↑
	第二	13	26													1 2	3 4	4 5	6 7	8 9	12 13	18 19	26 27						
G	第一	20	20	↓	↓	↓	↓	↓	↓	↓	↓	†	↑	↓	0 2	0 3	1 4	2 5	3 7	5 9	7 11	11 16	↑	↑	↑	↑	↑	↑	↑
	第二	20	40												1 2	3 4	4 5	6 7	8 9	12 13	18 19	26 27							
H	第一	32	32	↓	↓	↓	↓	↓	↓	↓	†	↑	↓	0 2	0 3	1 4	2 5	3 7	5 9	7 11	11 16	↑	↑	↑	↑	↑	↑	↑	↑
	第二	32	64											1 2	3 4	4 5	6 7	8 9	12 13	18 19	26 27								
J	第一	50	50	↓	↓	↓	↓	↓	↓	†	↑	↓	0 2	0 3	1 4	2 5	3 7	5 9	7 11	11 16	↑	↑	↑	↑	↑	↑	↑	↑	↑
	第二	50	100										1 2	3 4	4 5	6 7	8 9	12 13	18 19	26 27									
K	第一	80	80	↓	↓	↓	↓	↓	†	↑	↓	0 2	0 3	1 4	2 5	3 7	5 9	7 11	11 16	↑	↑	↑	↑	↑	↑	↑	↑	↑	↑
	第二	80	160									1 2	3 4	4 5	6 7	8 9	12 13	18 19	26 27										
L	第一	125	125	↓	↓	↓	↓	†	↑	↓	0 2	0 3	1 4	2 5	3 7	5 9	7 11	11 16	↑	↑	↑	↑	↑	↑	↑	↑	↑	↑	↑
	第二	125	250								1 2	3 4	4 5	6 7	8 9	12 13	18 19	26 27											
M	第一	200	200	↓	↓	↓	†	↑	↓	0 2	0 3	1 4	2 5	3 7	5 9	7 11	11 16	↑	↑	↑	↑	↑	↑	↑	↑	↑	↑	↑	↑
	第二	200	400							1 2	3 4	4 5	6 7	8 9	12 13	18 19	26 27												
N	第一	315	315	↓	↓	†	↑	↓	0 2	0 3	1 4	2 5	3 7	5 9	7 11	11 16	↑	↑	↑	↑	↑	↑	↑	↑	↑	↑	↑	↑	↑
	第二	315	630						1 2	3 4	4 5	6 7	8 9	12 13	18 19	26 27													
P	第一	500	500	↓	†	↑	↓	0 2	0 3	1 4	2 5	3 7	5 9	7 11	11 16	↑	↑	↑	↑	↑	↑	↑	↑	↑	↑	↑	↑	↑	↑
	第二	500	1,000					1 2	3 4	4 5	6 7	8 9	12 13	18 19	26 27														
Q	第一	800	800	†	↑	↓	0 2	0 3	1 4	2 5	3 7	5 9	7 11	11 16	↑	↑	↑	↑	↑	↑	↑	↑	↑	↑	↑	↑	↑	↑	↑
	第二	800	1,600				1 2	3 4	4 5	6 7	8 9	12 13	18 19	26 27															
R	第一	1,250	1,250	†	↑	0 2	0 3	1 4	2 5	3 7	5 9	7 11	11 16	↑	↑	↑	↑	↑	↑	↑	↑	↑	↑	↑	↑	↑	↑	↑	↑
	第二	1,250	2,500			1 2	3 4	4 5	6 7	8 9	12 13	18 19	26 27																

†採用單次抽樣計劃（或採用下面的雙次抽樣計劃）

附表 5.6　嚴格檢驗（雙次）—MIL-STD-105D

樣本代字	樣本	樣本大小	樣本累計	AQL（嚴格檢驗） 0.010 Ac Re	0.015 Ac Re	0.025 Ac Re	0.040 Ac Re	0.065 Ac Re	0.10 Ac Re	0.15 Ac Re	0.25 Ac Re	0.40 Ac Re	0.65 Ac Re	1.0 Ac Re	1.5 Ac Re	2.5 Ac Re	4.0 Ac Re	6.5 Ac Re	10 Ac Re	15 Ac Re	25 Ac Re	40 Ac Re	65 Ac Re	100 Ac Re	150 Ac Re	250 Ac Re	400 Ac Re	650 Ac Re	1,000 Ac Re
A				↓	↓	↓	↓	↓	↓	↓	↓	↓	↓	↓	↓	↓	↓	↓	↓	↓	↓	†	†	†	†	†	†	†	†
B	第一	2	2	↓	↓	↓	↓	↓	↓	↓	↓	↓	↓	↓	↓	↓	↓	†	↓	↓	0 2	0 3	1 4	2 5	3 7	6 10	9 14	15 20	23 29
	第二	2	4																		1 2	3 4	4 5	6 7	11 12	15 16	23 24	34 35	52 53
C	第一	3	3	↓	↓	↓	↓	↓	↓	↓	↓	↓	↓	↓	↓	↓	†	↓	↓	0 2	0 3	1 4	2 5	3 7	6 10	9 14	15 20	23 29	↑
	第二	3	6																	1 2	3 4	4 5	6 7	11 12	15 16	23 24	34 35	52 53	
D	第一	5	5	↓	↓	↓	↓	↓	↓	↓	↓	↓	↓	↓	↓	†	↓	↓	0 2	0 3	1 4	2 5	3 7	6 10	9 14	15 20	23 29	↑	↑
	第二	5	10																1 2	3 4	4 5	6 7	11 12	15 16	23 24	34 35	52 53		
E	第一	8	8	↓	↓	↓	↓	↓	↓	↓	↓	↓	↓	↓	†	↓	↓	0 2	0 3	1 4	2 5	3 7	6 10	9 14	15 20	23 29	↑	↑	↑
	第二	8	16															1 2	3 4	4 5	6 7	11 12	15 16	23 24	34 35	52 53			
F	第一	13	13	↓	↓	↓	↓	↓	↓	↓	↓	↓	↓	†	↓	↓	0 2	0 3	1 4	2 5	3 7	6 10	9 14	↑	↑	↑	↑	↑	↑
	第二	13	26														1 2	3 4	4 5	6 7	11 12	15 16	23 24						
G	第一	20	20	↓	↓	↓	↓	↓	↓	↓	↓	↓	†	↓	↓	0 2	0 3	1 4	2 5	3 7	6 10	9 14	↑	↑	↑	↑	↑	↑	↑
	第二	20	40													1 2	3 4	4 5	6 7	11 12	15 16	23 24							
H	第一	32	32	↓	↓	↓	↓	↓	↓	↓	↓	†	↓	↓	0 2	0 3	1 4	2 5	3 7	6 10	9 14	↑	↑	↑	↑	↑	↑	↑	↑
	第二	32	64												1 2	3 4	4 5	6 7	11 12	15 16	23 24								
J	第一	50	50	↓	↓	↓	↓	↓	↓	↓	†	↓	↓	0 2	0 3	1 4	2 5	3 7	6 10	9 14	↑	↑	↑	↑	↑	↑	↑	↑	↑
	第二	50	100											1 2	3 4	4 5	6 7	11 12	15 16	23 24									
K	第一	80	80	↓	↓	↓	↓	↓	↓	†	↓	↓	0 2	0 3	1 4	2 5	3 7	6 10	9 14	↑	↑	↑	↑	↑	↑	↑	↑	↑	↑
	第二	80	160										1 2	3 4	4 5	6 7	11 12	15 16	23 24										
L	第一	125	125	↓	↓	↓	↓	↓	†	↓	↓	0 2	0 3	1 4	2 5	3 7	6 10	9 14	↑	↑	↑	↑	↑	↑	↑	↑	↑	↑	↑
	第二	125	250									1 2	3 4	4 5	6 7	11 12	15 16	23 24											
M	第一	200	200	↓	↓	↓	↓	†	↓	↓	0 2	0 3	1 4	2 5	3 7	6 10	9 14	↑	↑	↑	↑	↑	↑	↑	↑	↑	↑	↑	↑
	第二	200	400								1 2	3 4	4 5	6 7	11 12	15 16	23 24												
N	第一	315	315	↓	↓	↓	†	↓	↓	0 2	0 3	1 4	2 5	3 7	6 10	9 14	↑	↑	↑	↑	↑	↑	↑	↑	↑	↑	↑	↑	↑
	第二	315	630							1 2	3 4	4 5	6 7	11 12	15 16	23 24													
P	第一	500	500	↓	↓	†	↓	↓	0 2	0 3	1 4	2 5	3 7	6 10	9 14	↑	↑	↑	↑	↑	↑	↑	↑	↑	↑	↑	↑	↑	↑
	第二	500	1,000						1 2	3 4	4 5	6 7	11 12	15 16	23 24														
Q	第一	800	800	↓	†	↓	↓	0 2	0 3	1 4	2 5	3 7	6 10	9 14	↑	↑	↑	↑	↑	↑	↑	↑	↑	↑	↑	↑	↑	↑	↑
	第二	800	1,600					1 2	3 4	4 5	6 7	11 12	15 16	23 24															
R	第一	1,250	1,250	†	↑	↓	0 2	0 3	1 4	2 5	3 7	6 10	9 14	↑	↑	↑	↑	↑	↑	↑	↑	↑	↑	↑	↑	↑	↑	↑	↑
	第二	1,250	2,500				1 2	3 4	4 5	6 7	11 12	15 16	23 24																
S	第一	2,000	2,000			0 2																							
	第二	2,000	4,000			1 2																							

† 採用單次抽樣計劃（或採用下面的雙次抽樣計劃）

附表 5.7　減量檢驗（雙次）—*MIL—STD—105D*

樣本代字	樣本	樣本大小	樣本累計	AQL（減量檢驗）																									
				0.010	0.015	0.025	0.040	0.065	0.10	0.15	0.25	0.40	0.65	1.0	1.5	2.5	4.0	6.5	10	15	25	40	65	100	150	250	400	650	1,000
				Ac Re	Ac Re	Ac Re	Ac Re	Ac Re	Ac Re	Ac Re	Ac Re	Ac Re	Ac Re	Ac Re	Ac Re	Ac Re	Ac Re	Ac Re	Ac Re	Ac Re	Ac Re	Ac Re	Ac Re	Ac Re	Ac Re	Ac Re	Ac Re	Ac Re	Ac Re
A B C															↓	↓ ‡	↓ ‡ ↑	‡ ↓	↓ ‡	↓ ‡ ‡	‡ ‡ ‡	‡ ‡ ‡	‡ ‡ ‡	‡ ‡ ‡	‡ ‡ ‡	‡ ‡ ‡	‡ ‡ ‡	‡ ‡ ‡	‡ ‡ ↑
D	第一	2	2											↓	‡	↑	↓	0 2	0 3	0 4	0 4	1 5	2 7	3 8	5 10	7 12	11 17	↑	
	第二	2	4															0 2	0 4	1 5	3 6	4 7	6 9	8 12	12 16	18 21	26 30		
E	第一	3	3										↓	‡	↑	↓	0 2	0 3	0 4	0 4	1 5	2 7	3 8	5 10	7 12	11 17	↑		
	第二	3	6														0 2	0 4	1 5	3 6	4 7	6 9	8 12	12 16	18 21	26 30			
F	第一	5	5									↓	‡	↑	↓	0 2	0 3	0 4	0 4	1 5	2 7	3 8	5 10	↑	↑	↑			
	第二	5	10													0 2	0 4	1 5	3 6	4 7	6 9	8 12	12 16						
G	第一	8	8								↓	‡	↑	↓	0 2	0 3	0 4	0 4	1 5	2 7	3 8	5 10	↑						
	第二	8	16												0 2	0 4	1 5	3 6	4 7	6 9	8 12	12 16							
H	第一	13	13							↓	‡	↑	↓	0 2	0 3	0 4	0 4	1 5	2 7	3 8	5 10	↑							
	第二	13	26											0 2	0 4	1 5	3 6	4 7	6 9	8 12	12 16								
J	第一	20	20						↓	‡	↑	↓	0 2	0 3	0 4	0 4	1 5	2 7	3 8	5 10	↑								
	第二	20	40										0 2	0 4	1 5	3 6	4 7	6 9	8 12	12 16									
K	第一	32	32					↓	‡	↑	↓	0 2	0 3	0 4	0 4	1 5	2 7	3 8	5 10	↑									
	第二	32	64									0 2	0 4	1 5	3 6	4 7	6 9	8 12	12 16										
L	第一	50	50				↓	‡	↑	↓	0 2	0 3	0 4	0 4	1 5	2 7	3 8	5 10	↑										
	第二	50	100								0 2	0 4	1 5	3 6	4 7	6 9	8 12	12 16											
M	第一	80	80			↓	‡	↑	↓	0 2	0 3	0 4	0 4	1 5	2 7	3 8	5 10	↑											
	第二	80	160							0 2	0 4	1 5	3 6	4 7	6 9	8 12	12 16												
N	第一	125	125		↓	‡	↑	↓	0 2	0 3	0 4	0 4	1 5	2 7	3 8	5 10	↑												
	第二	125	250						0 2	0 4	1 5	3 6	4 7	6 9	8 12	12 16													
P	第一	200	200	↓	‡	↑	↓	0 2	0 3	0 4	0 4	1 5	2 7	3 8	5 10	↑													
	第二	200	400					0 2	0 4	1 5	3 6	4 7	6 9	8 12	12 16														
Q	第一	315	315	‡	↑	↓	0 2	0 3	0 4	0 4	1 5	2 7	3 8	5 10	↑														
	第二	315	630				0 2	0 4	1 5	3 6	4 7	6 9	8 12	12 16															
R	第一	500	500	↑	↑	0 2	0 3	0 4	0 4	1 5	2 7	3 8	5 10	↑															
	第二	1,000	1,500			0 2	0 4	1 5	3 6	4 7	6 9	8 12	12 16																

† 採用單次抽樣計劃（或採用下面的雙次抽樣計劃）

附表 5.8 正常檢驗（多次）—*MIL—STD—105D*

樣本代字	樣本	樣本大小	樣本累計	AQL（正常檢驗）																									
				0.010	0.015	0.025	0.040	0.065	0.10	0.15	0.25	0.40	0.65	1.0	1.5	2.5	4.0	6.5	10	15	25	40	65	100	150	250	400	650	1,000
				Ac Re	Ac Re	Ac Re	Ac Re	Ac Re	Ac Re	Ac Re	Ac Re	Ac Re	Ac Re	Ac Re	Ac Re	Ac Re	Ac Re	Ac Re	Ac Re	Ac Re	Ac Re	Ac Re	Ac Re	Ac Re	Ac Re	Ac Re	Ac Re	Ac Re	Ac Re
A				↓	↓	↓	↓	↓	↓	↓	↓	↓	↓	↓	↓		↓	†		↓	†	†	†	†	†	†	†	†	†
B																↓	†	↓	↓	‡	‡	‡	‡	‡	‡	‡	‡	‡	‡
C																‡	↑	↑	‡	‡	‡	‡	‡	‡	‡	‡	‡	‡	↑
D	第一	2	2												†	↑	↓	# 2	# 2	# 3	# 4	0 4	0 5	1 7	2 9	4 12	6 16	↑	
	第二	2	4															# 2	0 3	0 3	1 5	1 6	3 8	4 10	7 14	11 19	17 27		
	第三	2	6															0 2	0 3	1 4	2 6	3 8	6 10	8 13	13 19	19 27	29 39		
	第四	2	8															0 3	1 4	2 5	3 7	5 10	8 13	12 17	19 25	27 34	40 49		
	第五	2	10															1 3	2 4	3 6	5 8	7 11	11 15	17 20	25 29	36 40	53 58		
	第六	2	12															1 3	3 5	4 6	7 9	10 12	14 17	21 23	31 33	45 47	65 68		
	第七	2	14															2 3	4 5	6 7	9 10	13 14	18 19	25 26	37 38	53 54	77 78		
E	第一	3	3											†	↑	↓	# 2	# 2	# 3	# 4	0 4	0 5	1 7	2 9	4 12	6 16	↑		
	第二	3	6														# 2	0 3	0 3	1 5	1 6	3 8	4 10	7 14	11 19	17 27			
	第三	3	9														0 2	0 3	1 4	2 6	3 8	6 10	8 13	13 19	19 27	29 39			
	第四	3	12														0 3	1 4	2 5	3 7	5 10	8 13	12 17	19 25	27 34	40 49			
	第五	3	15														1 3	2 4	3 6	5 8	7 11	11 15	17 20	25 29	36 40	53 58			
	第六	3	18														1 3	3 5	4 6	7 9	10 12	14 17	21 23	31 33	45 47	65 68			
	第七	3	21														2 3	4 5	6 7	9 10	13 14	18 19	25 26	37 38	53 54	77 78			
F	第一	5	5										†	↑	↓	# 2	# 2	# 3	# 4	0 4	0 5	1 7	2 9	↑	↑	↑			
	第二	5	10													# 2	0 3	0 3	1 5	1 6	3 8	4 10	7 14						
	第三	5	15													0 2	0 3	1 4	2 6	3 8	6 10	8 13	13 19						
	第四	5	20													0 3	1 4	2 5	3 7	5 10	8 13	12 17	19 25						
	第五	5	25													1 3	2 4	3 6	5 8	7 11	11 15	17 20	25 29						
	第六	5	30													1 3	3 5	4 6	7 9	10 12	14 17	21 23	31 33						
	第七	5	35													2 3	4 5	6 7	9 10	13 14	18 19	25 26	37 38						
G	第一	8	8									†	↑	↓	# 2	# 2	# 3	# 4	0 4	0 5	1 7	2 9	↑						
	第二	8	16												# 2	0 3	0 3	1 5	1 6	3 8	4 10	7 14							
	第三	8	24												0 2	0 3	1 4	2 6	3 8	6 10	8 13	13 19							
	第四	8	32												0 3	1 4	2 5	3 7	5 10	8 13	12 17	19 25							
	第五	8	40												1 3	2 4	3 6	5 8	7 11	11 15	17 20	25 29							
	第六	8	48												1 3	3 5	4 6	7 9	10 12	14 17	21 23	31 33							
	第七	8	52												2 3	4 5	6 7	9 10	13 14	18 19	25 26	37 38							
H	第一	13	13								†	↑	↓	# 2	# 2	# 3	# 4	0 4	0 5	1 7	2 9	↑							
	第二	13	26											# 2	0 3	0 3	1 5	1 6	3 8	4 10	7 14								
	第三	13	39											0 2	0 3	1 4	2 6	3 8	6 10	8 13	13 19								
	第四	13	52											0 3	1 4	2 5	3 7	5 10	8 13	12 17	19 25								
	第五	13	65											1 3	2 4	3 6	5 8	7 11	11 15	17 20	25 29								
	第六	13	78											1 3	3 5	4 6	7 9	10 12	14 17	21 23	31 33								
	第七	13	91											2 3	4 5	6 7	9 10	13 14	18 19	25 26	37 38								
J	第一	20	20							†	↑	↓	# 2	# 2	# 3	# 4	0 4	0 5	1 7	2 9	↑								
	第二	20	40										# 2	0 3	0 3	1 5	1 6	3 8	4 10	7 14									
	第三	20	60										0 2	0 3	1 4	2 6	3 8	6 10	8 13	13 19									
	第四	20	70										0 3	1 4	2 5	3 7	5 10	8 13	12 17	19 25									
	第五	20	100										1 3	2 4	3 6	5 8	7 11	11 15	17 20	25 29									
	第六	20	120										1 3	3 5	4 6	7 9	10 12	14 17	21 23	31 33									
	第七	20	140										2 3	4 5	6 7	9 10	13 14	18 19	25 26	37 38									

† 採用單次抽樣計劃（或採用下面的多次抽樣計劃）

‡ 採用雙次抽樣計劃（或採用下面的多次抽樣計劃）

\# 無法判斷合格或不合格

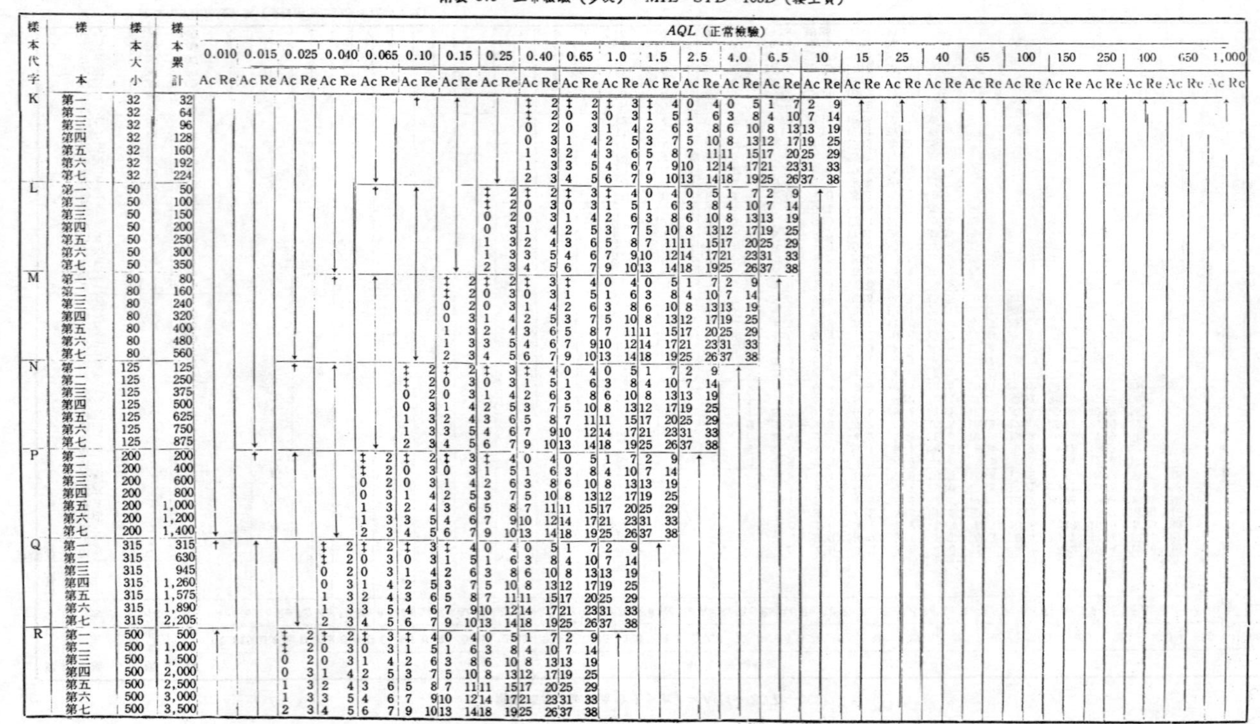

附表 5.9 正常檢驗（多次）--MIL—STD—105D（接上頁）

樣本代字	樣本	樣本大小	樣本累計	AQL（正常檢驗）																																															
				0.010		0.015		0.025		0.040		0.065		0.10		0.15		0.25		0.40		0.65		1.0		1.5		2.5		4.0		6.5		10		15		25		40		65		100		150		250		400		650		1,000	
				Ac	Re	Ac	Re	Ac	Re	Ac	Re	Ac	Re	Ac	Re	Ac	Re	Ac	Re	Ac	Re	Ac	Re	Ac	Re	Ac	Re	Ac	Re	Ac	Re	Ac	Re	Ac	Re	Ac	Re	Ac	Re	Ac	Re	Ac	Re	Ac	Re	Ac	Re	Ac	Re	Ac	Re	Ac	Re	Ac	Re
K	第一	32	32	↓		↓		↓		↓		↓		†		↑		↓		‡	2	‡	2	‡	3	‡	4	0	4	0	5	1	7	2	9	↑		↑		↑		↑		↑		↑		↑		↑		↑		↑	
	第二	32	64																	‡	2	0	3	0	3	1	5	1	6	3	8	4	10	7	14																				
	第三	32	96																	0	2	0	3	1	4	2	6	3	8	6	10	8	13	13	19																				
	第四	32	128																	0	3	1	4	2	5	3	7	5	10	8	13	12	17	19	25																				
	第五	32	160																	1	3	2	4	3	6	5	8	7	11	11	15	17	20	25	29																				
	第六	32	192																	1	3	3	5	4	6	7	9	10	12	14	17	21	23	31	33																				
	第七	32	224																	2	3	4	5	6	7	9	10	13	14	18	19	25	26	37	38																				
L	第一	50	50	↓		↓		↓		↓		†		↑		↓		‡	2	‡	2	‡	3	‡	4	0	4	0	5	1	7	2	9	↑		↑		↑		↑		↑		↑		↑		↑		↑		↑		↑	
	第二	50	100															‡	2	0	3	0	3	1	5	1	6	3	8	4	10	7	14																						
	第三	50	150															0	2	0	3	1	4	2	6	3	8	6	10	8	13	13	19																						
	第四	50	200															0	3	1	4	2	5	3	7	5	10	8	13	12	17	19	25																						
	第五	50	250															1	3	2	4	3	6	5	8	7	11	11	15	17	20	25	29																						
	第六	50	300															1	3	3	5	4	6	7	9	10	12	14	17	21	23	31	33																						
	第七	50	350															2	3	4	5	6	7	9	10	13	14	18	19	25	26	37	38																						
M	第一	80	80	↓		↓		↓		†		↑		↓		‡	2	‡	2	‡	3	‡	4	0	4	0	5	1	7	2	9	↑		↑		↑		↑		↑		↑		↑		↑		↑		↑		↑		↑	
	第二	80	160													‡	2	0	3	0	3	1	5	1	6	3	8	4	10	7	14																								
	第三	80	240													0	2	0	3	1	4	2	6	3	8	6	10	8	13	13	19																								
	第四	80	320													0	3	1	4	2	5	3	7	5	10	8	13	12	17	19	25																								
	第五	80	400													1	3	2	4	3	6	5	8	7	11	11	15	17	20	25	29																								
	第六	80	480													1	3	3	5	4	6	7	9	10	12	14	17	21	23	31	33																								
	第七	80	560													2	3	4	5	6	7	9	10	13	14	18	19	25	26	37	38																								
N	第一	125	125	↓		↓		†		↑		↓		‡	2	‡	2	‡	3	‡	4	0	4	0	5	1	7	2	9	↑		↑		↑		↑		↑		↑		↑		↑		↑		↑		↑		↑		↑	
	第二	125	250											‡	2	0	3	0	3	1	5	1	6	3	8	4	10	7	14																										
	第三	125	375											0	2	0	3	1	4	2	6	3	8	6	10	8	13	13	19																										
	第四	125	500											0	3	1	4	2	5	3	7	5	10	8	13	12	17	19	25																										
	第五	125	625											1	3	2	4	3	6	5	8	7	11	11	15	17	20	25	29																										
	第六	125	750											1	3	3	5	4	6	7	9	10	12	14	17	21	23	31	33																										
	第七	125	875											2	3	4	5	6	7	9	10	13	14	18	19	25	26	37	38																										
P	第一	200	200	↓		†		↑		↓		‡	2	‡	2	‡	3	‡	4	0	4	0	5	1	7	2	9	↑		↑		↑		↑		↑		↑		↑		↑		↑		↑		↑		↑		↑		↑	
	第二	200	400									‡	2	0	3	0	3	1	5	1	6	3	8	4	10	7	14																												
	第三	200	600									0	2	0	3	1	4	2	6	3	8	6	10	8	13	13	19																												
	第四	200	800									0	3	1	4	2	5	3	7	5	10	8	13	12	17	19	25																												
	第五	200	1,000									1	3	2	4	3	6	5	8	7	11	11	15	17	20	25	29																												
	第六	200	1,200									1	3	3	5	4	6	7	9	10	12	14	17	21	23	31	33																												
	第七	200	1,400									2	3	4	5	6	7	9	10	13	14	18	19	25	26	37	38																												
Q	第一	315	315	†		↑		↓		‡	2	‡	2	‡	3	‡	4	0	4	0	5	1	7	2	9	↑		↑		↑		↑		↑		↑		↑		↑		↑		↑		↑		↑		↑		↑		↑	
	第二	315	630							‡	2	0	3	0	3	1	5	1	6	3	8	4	10	7	14																														
	第三	315	945							0	2	0	3	1	4	2	6	3	8	6	10	8	13	13	19																														
	第四	315	1,260							0	3	1	4	2	5	3	7	5	10	8	13	12	17	19	25																														
	第五	315	1,575							1	3	2	4	3	6	5	8	7	11	11	15	17	20	25	29																														
	第六	315	1,890							1	3	3	5	4	6	7	9	10	12	14	17	21	23	31	33																														
	第七	315	2,205							2	3	4	5	6	7	9	10	13	14	18	19	25	26	37	38																														
R	第一	500	500	↑		↑		‡	2	‡	2	‡	3	‡	4	0	4	0	5	1	7	2	9	↑		↑		↑		↑		↑		↑		↑		↑		↑		↑		↑		↑		↑		↑		↑		↑	
	第二	500	1,000					‡	2	0	3	0	3	1	5	1	6	3	8	4	10	7	14																																
	第三	500	1,500					0	2	0	3	1	4	2	6	3	8	6	10	8	13	13	19																																
	第四	500	2,000					0	3	1	4	2	5	3	7	5	10	8	13	12	17	19	25																																
	第五	500	2,500					1	3	2	4	3	6	5	8	7	11	11	15	17	20	25	29																																
	第六	500	3,000					1	3	3	5	4	6	7	9	10	12	14	17	21	23	31	33																																
	第七	500	3,500					2	3	4	5	6	7	9	10	13	14	18	19	25	26	37	38																																

附表 5.9 嚴格檢驗（多次）—MIL—STD—105D（接上頁）

樣本代字	樣本	樣本大小	樣本累計	AQL（嚴格檢驗）																									
				0.010	0.015	0.025	0.040	0.065	0.10	0.15	0.25	0.40	0.65	1.0	1.5	2.5	4.0	6.5	10	15	25	40	65	100	150	250	400	650	1,000
				Ac Re	Ac Re	Ac Re	Ac Re	Ac Re	Ac Re	Ac Re	Ac Re	Ac Re	Ac Re	Ac Re	Ac Re	Ac Re	Ac Re	Ac Re	Ac Re	Ac Re	Ac Re	Ac Re	Ac Re	Ac Re	Ac Re	Ac Re	Ac Re	Ac Re	Ac Re
A				↓	↓	↓	↓	↓	↓	↓	↓	↓	↓	↓	↓			↓			↓	†	†	†	†	†	†	†	†
B																	↓	†		↓	‡	‡	‡	‡	‡	‡	‡	‡	‡
C																↓	†		↓	‡	‡	‡	‡	‡	‡	‡	‡	‡	↑
D	第一	2	2	↓	↓	↓	↓	↓	↓	↓	↓	↓	↓	↓	↓	†	↓	↓	# 2	# 2	# 3	# 4	0 4	0 6	1 8	3 10	6 15	↑	↑
	第二	2	4																# 2	0 3	0 3	1 5	2 7	3 9	6 12	10 17	16 25		
	第三	2	6																0 2	0 3	1 4	2 6	4 9	7 12	11 17	17 24	26 36		
	第四	2	8																0 3	1 4	2 5	3 7	6 11	10 15	16 22	24 31	37 46		
	第五	2	10																1 3	2 4	3 6	5 8	9 12	14 17	22 25	32 37	49 55		
	第六	2	12																1 3	3 5	4 6	7 9	12 14	18 20	27 29	40 43	61 64		
	第七	2	14																2 3	4 5	6 7	9 10	14 15	21 22	32 33	48 49	72 73		
E	第一	3	3	↓	↓	↓	↓	↓	↓	↓	↓	↓	↓	↓	†	↓	↓	# 2	# 2	# 3	# 4	0 4	0 6	1 8	3 10	6 15	↑	↑	↑
	第二	3	6															# 2	0 3	0 3	1 5	2 7	3 9	6 12	10 17	16 25			
	第三	3	9															0 2	0 3	1 4	2 6	4 9	7 12	11 17	17 24	26 36			
	第四	3	12															0 3	1 4	2 5	3 7	6 11	10 15	16 22	24 31	37 46			
	第五	3	15															1 3	2 4	3 6	5 8	9 12	14 17	22 25	32 37	49 55			
	第六	3	18															1 3	3 5	4 6	7 9	12 14	18 20	27 29	40 43	61 64			
	第七	3	21															2 3	4 5	6 7	9 10	14 15	21 22	32 33	48 49	72 73			
F	第一	5	5	↓	↓	↓	↓	↓	↓	↓	↓	↓	↓	†	↓	↓	# 2	# 2	# 3	# 4	0 4	0 6	1 8	↑	↑	↑	↑	↑	↑
	第二	5	10														# 2	0 3	0 3	1 5	2 7	3 9	6 12						
	第三	5	15														0 2	0 3	1 4	2 6	4 9	7 12	11 17						
	第四	5	20														0 3	1 4	2 5	3 7	6 11	10 15	16 22						
	第五	5	25														1 3	2 4	3 6	5 8	9 12	14 17	22 25						
	第六	5	30														1 3	3 5	4 6	7 9	12 14	18 20	27 29						
	第七	5	35														2 3	4 5	6 7	9 10	14 15	21 22	32 33						
G	第一	8	8	↓	↓	↓	↓	↓	↓	↓	↓	↓	†	↓	↓	# 2	# 2	# 3	# 4	0 4	0 6	1 8	↑	↑	↑	↑	↑	↑	↑
	第二	8	16													# 2	0 3	0 3	1 5	2 7	3 9	6 12							
	第三	8	24													0 2	0 3	1 4	2 6	4 9	7 12	11 17							
	第四	8	32													0 3	1 4	2 5	3 7	6 11	10 15	16 22							
	第五	8	40													1 3	2 4	3 6	5 8	9 12	14 17	22 25							
	第六	8	48													1 3	3 5	4 6	7 9	12 14	18 20	27 29							
	第七	8	56													2 3	4 5	6 7	9 10	14 15	21 22	32 33							
H	第一	13	13	↓	↓	↓	↓	↓	↓	↓	↓	†	↓	↓	# 2	# 2	# 3	# 4	0 4	0 6	1 8	↑	↑	↑	↑	↑	↑	↑	↑
	第二	13	26												# 2	0 3	0 3	1 5	2 7	3 9	6 12								
	第三	13	39												0 2	0 3	1 4	2 6	4 9	7 12	11 17								
	第四	13	52												0 3	1 4	2 5	3 7	6 11	10 15	16 22								
	第五	13	65												1 3	2 4	3 6	5 8	9 12	14 17	22 25								
	第六	13	78												1 3	3 5	4 6	7 9	12 14	18 20	27 29								
	第七	13	91												2 3	4 5	6 7	9 10	14 15	21 22	32 33								
J	第一	20	20	↓	↓	↓	↓	↓	↓	↓	†	↓	↓	# 2	# 2	# 3	# 4	0 4	0 6	1 8	↑	↑	↑	↑	↑	↑	↑	↑	↑
	第二	20	40											# 2	0 3	0 3	1 5	2 7	3 9	6 12									
	第三	20	60											0 2	0 3	1 4	2 6	4 9	7 12	11 17									
	第四	20	80											0 3	1 4	2 5	3 7	6 11	10 15	16 22									
	第五	20	100											1 3	2 4	3 6	5 8	9 12	14 17	22 25									
	第六	20	120											1 3	3 5	4 6	7 9	12 14	18 20	27 29									
	第七	20	140											2 3	4 5	6 7	9 10	14 15	21 22	32 33									

† 採用單次抽樣計劃（或採用下面的多次抽樣計劃）

‡ 採用雙次抽樣計劃（或採用下面的多次抽樣計劃）

\# 無法判斷合格或不合格

附表 5.9 嚴格檢驗（多次）—*MIL—STD—105D*（接上頁）

樣本代字	樣本	樣本大小	樣本累計	AQL（嚴格檢驗）																									
				0.010	0.015	0.025	0.040	0.065	0.10	0.15	0.25	0.40	0.65	1.0	1.5	2.5	4.0	6.5	10	15	25	40	65	100	150	250	400	650	1,000
				Ac Re	Ac Re	Ac Re	Ac Re	Ac Re	Ac Re	Ac Re	Ac Re	Ac Re	Ac Re	Ac Re	Ac Re	Ac Re	Ac Re	Ac Re	Ac Re	Ac Re	Ac Re	Ac Re	Ac Re	Ac Re	Ac Re	Ac Re	Ac Re	Ac Re	Ac Re
K	第一	32	32	↓	↓	↓	↓	↓	↓	†	↓	↓	‡ 2	‡ 2	‡ 3	‡ 4	0 4	0 6	1 8	↑	↑	↑	↑	↑	↑	↑	↑	↑	↑
	第二	32	64										‡ 2	0 3	0 3	1 5	2 7	3 9	6 12										
	第三	32	96										0 2	0 3	1 4	2 6	4 9	7 12	11 17										
	第四	32	128										0 3	1 4	2 5	3 7	6 11	10 15	16 22										
	第五	32	160										1 3	2 4	3 6	5 8	9 12	14 17	22 25										
	第六	32	192										1 3	3 5	4 6	7 9	12 14	18 20	27 29										
	第七	32	224										2 3	4 5	6 7	9 10	14 15	21 22	32 33										
L	第一	50	50	↓	↓	↓	↓	↓	†	↓	↓	‡ 2	‡ 2	‡ 3	‡ 4	0 4	0 6	1 8	↑	↑	↑	↑	↑	↑	↑	↑	↑	↑	↑
	第二	50	100									‡ 2	0 3	0 3	1 5	2 7	3 9	6 12											
	第三	50	150									0 2	0 3	1 4	2 6	4 9	7 12	11 17											
	第四	50	200									0 3	1 4	2 5	3 7	6 11	10 15	16 22											
	第五	50	250									1 3	2 4	3 6	5 8	9 12	14 17	22 25											
	第六	50	300									1 3	3 5	4 6	7 9	12 14	18 20	27 29											
	第七	50	350									2 3	4 5	6 7	9 10	14 15	21 22	32 33											
M	第一	80	80	↓	↓	↓	↓	†	↓	↓	‡ 2	‡ 2	‡ 3	‡ 4	0 4	0 6	1 8	↑	↑	↑	↑	↑	↑	↑	↑	↑	↑	↑	↑
	第二	80	160								‡ 2	0 3	0 3	1 5	2 7	3 9	6 12												
	第三	80	240								0 2	0 3	1 4	2 6	4 9	7 12	11 17												
	第四	80	320								0 3	1 4	2 5	3 7	6 11	10 15	16 22												
	第五	80	400								1 3	2 4	3 6	5 8	9 12	14 17	22 25												
	第六	80	480								1 3	3 5	4 6	7 9	12 14	18 20	27 29												
	第七	80	560								2 3	4 5	6 7	9 10	14 15	21 22	32 33												
N	第一	125	125	↓	↓	↓	†	↓	↓	‡ 2	‡ 2	‡ 3	‡ 4	0 4	0 6	1 8	↑	↑	↑	↑	↑	↑	↑	↑	↑	↑	↑	↑	↑
	第二	125	250							‡ 2	0 3	0 3	1 5	2 7	3 9	6 12													
	第三	125	375							0 2	0 3	1 4	2 6	4 9	7 12	11 17													
	第四	125	500							0 3	1 4	2 5	3 7	6 11	10 15	16 22													
	第五	125	625							1 3	2 4	3 6	5 8	9 12	14 17	22 25													
	第六	125	750							1 3	3 5	4 6	7 9	12 14	18 20	27 29													
	第七	125	875							2 3	4 5	6 7	9 10	14 15	21 22	32 33													
P	第一	200	200	↓	↓	†	↓	↓	‡ 2	‡ 2	‡ 3	‡ 4	0 4	0 6	1 8	↑	↑	↑	↑	↑	↑	↑	↑	↑	↑	↑	↑	↑	↑
	第二	200	400						‡ 2	0 3	0 3	1 5	2 7	3 9	6 12														
	第三	200	600						0 2	0 3	1 4	2 6	4 9	7 12	11 17														
	第四	200	800						0 3	1 4	2 5	3 7	6 11	10 15	16 22														
	第五	200	1,000						1 3	2 4	3 6	5 8	9 12	14 17	22 25														
	第六	200	1,200						1 3	3 5	4 6	7 9	12 14	18 20	27 29														
	第七	200	1,400						2 3	4 5	6 7	9 10	14 15	21 22	32 33														
Q	第一	315	315	↓	†	↓	↓	‡ 2	‡ 2	‡ 3	‡ 4	0 4	0 6	1 8	↑	↑	↑	↑	↑	↑	↑	↑	↑	↑	↑	↑	↑	↑	↑
	第二	315	630					‡ 2	0 3	0 3	1 5	2 7	3 9	6 12															
	第三	315	945					0 2	0 3	1 4	2 6	4 9	7 12	11 17															
	第四	315	1,260					0 3	1 4	2 5	3 7	6 11	10 15	16 22															
	第五	315	1,575					1 3	2 4	3 6	5 8	9 12	14 17	22 25															
	第六	315	1,890					1 3	3 5	4 6	7 9	12 14	18 20	27 29															
	第七	315	2,205					2 3	4 5	6 7	9 10	14 15	21 22	32 33															
R	第一	500	500	†	↑	↓	‡ 2	‡ 2	‡ 3	‡ 4	0 4	0 6	1 8	↑	↑	↑	↑	↑	↑	↑	↑	↑	↑	↑	↑	↑	↑	↑	↑
	第二	500	1,000				‡ 2	0 3	0 3	1 5	2 7	3 9	6 12																
	第三	500	1,500				0 2	0 3	1 4	2 6	4 9	7 12	11 17																
	第四	500	2,000				0 3	1 4	2 5	3 7	6 11	10 15	16 22																
	第五	500	2,500				1 3	2 4	3 6	5 8	9 12	14 17	22 25																
	第六	500	3,000				1 3	3 5	4 6	7 9	12 14	18 20	27 29																
	第七	500	3,500				2 3	4 5	6 7	9 10	14 15	21 22	32 33																
S	第一	800	800			‡ 2																							
	第二	800	1,600			‡ 2																							
	第三	800	2,400			0 2																							
	第四	800	3,200			0 3																							
	第五	800	4,000			1 3																							
	第六	800	4,800			1 3																							
	第七	800	5,600			2 3																							

附表 5.10 減量檢驗（多次）—*MIL—STD—105D*

AQL（減量檢驗），各格為 Ac Re

樣本代字	樣本	樣本大小	樣本累計	0.010	0.015	0.025	0.040	0.065	0.10	0.15	0.25	0.40
A B C D E				↓	↓	↓	↓	↓	↓	↓	↓	↓
F	第一	2	2	↓	↓	↓	↓	↓	↓	↓	↓	↓
	第二	2	4									
	第三	2	6									
	第四	2	8									
	第五	2	10									
	第六	2	12									
	第七	2	14									
G	第一	3	3	↓	↓	↓	↓	↓	↓	↓	↓	‡
	第二	3	6									
	第三	3	9									
	第四	3	12									
	第五	3	15									
	第六	3	18									
	第七	3	21									
H	第一	5	5	↓	↓	↓	↓	↓	↓	↓	‡	↑
	第二	5	10									
	第三	5	15									
	第四	5	20									
	第五	5	25									
	第六	5	30									
	第七	5	35									
J	第一	8	8	↓	↓	↓	↓	↓	↓	‡	↑	↓
	第二	8	16									
	第三	8	24									
	第四	8	32									
	第五	8	40									
	第六	8	48									
	第七	8	56									
K	第一	13	13	↓	↓	↓	↓	↓	‡	↑	↓	# 2
	第二	13	26									# 2
	第三	13	39									0 2
	第四	13	52									0 3
	第五	13	65									0 3
	第六	13	78									0 3
	第七	13	91									1 3

樣本代字	樣本	0.65	1.0	1.5	2.5	4.0	6.5	10	15	25	40	65	100	150	250	400	650	1,000
A B C D E		↓	↓ ‡	↓ ‡ ↑	↓ ‡ ‡	↓ ‡ ‡ ⊐	‡ ‡ ⊐ ⊐	↓ ‡ ⊐ ⊐	↓ ‡ ‡ ‡ ⊐ ⊐	‡ ‡ ‡ ‡ ⊐ ⊐	‡ ‡ ‡ ‡ ⊐ ⊐	‡ ‡ ‡ ‡ ⊐ ⊐	‡ ‡ ‡ ‡ ⊐ ⊐	‡ ‡ ‡ ‡ ⊐ ⊐	‡ ‡ ‡ ‡ ⊐ ⊐	‡ ‡ ‡ ‡ ⊐	‡ ‡ ‡ ‡	‡ ‡ ‡
F	第一	‡	↑	↓	# 2	# 2	# 3	# 3	# 4	# 4	0 5	0 6	↑	↑	↑	↑	↑	↑
	第二				# 2	# 3	# 3	0 4	0 5	1 6	1 7	3 9						
	第三				0 2	0 3	0 4	0 5	1 6	2 8	3 9	6 12						
	第四				0 3	0 4	0 5	1 6	2 7	3 10	5 12	8 15						
	第五				0 3	0 4	1 6	2 7	3 8	5 11	7 13	11 17						
	第六				0 3	1 5	1 6	3 7	4 9	7 12	10 15	14 20						
	第七				1 3	1 5	2 7	4 8	6 10	9 14	13 17	18 22						
G	第一	↑	↓	# 2	# 2	# 3	# 3	# 4	# 4	0 5	0 6	↑	↑	↑	↑	↑	↑	↑
	第二			# 2	# 3	# 3	0 4	0 5	1 6	1 7	3 9							
	第三			0 2	0 3	0 4	0 5	1 6	2 8	3 9	6 12							
	第四			0 3	0 4	0 5	1 6	2 7	3 10	5 12	8 15							
	第五			0 3	0 4	1 6	2 7	3 8	5 11	7 13	11 17							
	第六			0 3	1 5	1 6	3 7	4 9	7 12	10 15	14 20							
	第七			1 3	1 5	2 7	4 8	6 10	9 14	13 17	18 22							
H	第一	↓	# 2	# 2	# 3	# 3	# 4	# 4	0 5	0 6	↑	↑	↑	↑	↑	↑	↑	↑
	第二		# 2	# 3	# 3	0 4	0 5	1 6	1 7	3 9								
	第三		0 2	0 3	0 4	0 5	1 6	2 8	3 9	6 12								
	第四		0 3	0 4	0 5	1 6	2 7	3 10	5 12	8 15								
	第五		0 3	0 4	1 6	2 7	3 8	5 11	7 13	11 17								
	第六		0 3	1 5	1 6	3 7	4 9	7 12	10 15	14 20								
	第七		1 3	1 5	2 7	4 8	6 10	9 14	13 17	18 22								
J	第一	# 2	# 2	# 3	# 3	# 4	# 4	0 5	0 6	↑	↑	↑	↑	↑	↑	↑	↑	↑
	第二	# 2	# 3	# 3	0 4	0 5	1 6	1 7	3 9									
	第三	0 2	0 3	0 4	0 5	1 6	2 8	3 9	6 12									
	第四	0 3	0 4	0 5	1 6	2 7	3 10	5 12	8 15									
	第五	0 3	0 4	1 6	2 7	3 8	5 11	7 13	11 17									
	第六	0 3	1 5	1 6	3 7	4 9	7 12	10 15	14 20									
	第七	1 3	1 5	2 7	4 8	6 10	9 14	13 17	18 22									
K	第一	# 2	# 3	# 3	# 4	# 4	0 5	0 6	↑	↑	↑	↑	↑	↑	↑	↑	↑	↑
	第二	# 3	# 3	0 4	0 5	1 6	1 7	3 9										
	第三	0 3	0 4	0 5	1 6	2 8	3 9	6 12										
	第四	0 4	0 5	1 6	2 7	3 10	5 12	8 15										
	第五	0 4	1 6	2 7	3 8	5 11	7 13	11 17										
	第六	1 5	1 6	3 7	4 9	7 12	10 15	14 20										
	第七	1 5	2 7	4 8	6 10	9 14	13 17	18 22										

‡ 採用單次抽樣計劃（或採用下面的双次抽樣計劃）

⊐ 採用雙次抽樣計劃（或採用下面的多次抽樣計劃）

無法判斷合格或不合格

附表 5.10 減量檢驗（多次）—MIL—STD—105D（接上頁）

樣本代字	樣本	樣本大小	樣本累計	AQL（減量檢驗）																									
				0.010	0.015	0.025	0.040	0.065	0.10	0.15	0.25	0.40	0.65	1.0	1.5	2.5	4.0	6.5	10	15	25	40	65	100	150	250	400	650	1,000
				Ac Re	Ac Re	Ac Re	Ac Re	Ac Re	Ac Re	Ac Re	Ac Re	Ac Re	Ac Re	Ac Re	Ac Re	Ac Re	Ac Re	Ac Re	Ac Re	Ac Re	Ac Re	Ac Re	Ac Re	Ac Re	Ac Re	Ac Re	Ac Re	Ac Re	Ac Re
L	第一	20	20	↓	↓	↓	↓	‡	↑	↓	# 2	# 2	# 3	# 3	# 4	# 4	0 5	0 6	↑	↑	↑	↑	↑	↑	↑	↑	↑	↑	↑
	第二	20	40								# 2	# 3	# 3	0 4	0 5	1 6	1 7	3 9											
	第三	20	60								0 2	0 3	0 4	0 5	1 6	2 8	3 9	6 12											
	第四	20	80								0 3	0 4	0 5	1 6	2 7	3 10	5 12	8 15											
	第五	20	100								0 3	0 4	1 6	2 7	3 8	5 11	7 13	11 17											
	第六	20	120								0 3	1 5	1 6	3 7	4 9	7 12	10 15	14 20											
	第七	20	140								1 3	1 5	2 7	4 8	6 10	9 14	13 17	18 22											
M	第一	32	32	↓	↓	↓	‡	↑	↓	# 2	# 2	# 3	# 3	# 4	# 4	0 5	0 6	↑	↑	↑	↑	↑	↑	↑	↑	↑	↑	↑	↑
	第二	32	64							# 2	# 3	# 3	0 4	0 5	1 6	1 7	3 9												
	第三	32	96							0 2	0 3	0 4	0 5	1 6	2 8	3 9	6 12												
	第四	32	128							0 3	0 4	0 5	1 6	2 7	3 10	5 12	8 15												
	第五	32	160							0 3	0 4	1 6	2 7	3 8	5 11	7 13	11 17												
	第六	32	192							0 3	1 5	1 6	3 7	4 9	7 12	10 15	14 20												
	第七	32	224							1 3	1 5	2 7	4 8	6 10	9 14	13 17	18 22												
N	第一	50	50	↓	↓	‡	↑	↓	# 2	# 2	# 3	# 3	# 4	# 4	0 5	0 6	↑	↑	↑	↑	↑	↑	↑	↑	↑	↑	↑	↑	↑
	第二	50	100						# 2	# 3	# 3	0 4	0 5	1 6	1 7	3 9													
	第三	50	150						0 2	0 3	0 4	0 5	1 6	2 8	3 9	6 12													
	第四	50	200						0 3	0 4	0 5	1 6	2 7	3 10	5 12	8 15													
	第五	50	250						0 3	0 4	1 6	2 7	3 8	5 11	7 13	11 17													
	第六	50	300						0 3	1 5	1 6	3 7	4 9	7 12	10 15	14 20													
	第七	50	350						1 3	1 5	2 7	4 8	6 10	9 14	13 17	18 22													
P	第一	80	80	↓	‡	↑	↓	# 2	# 2	# 3	# 3	# 4	# 4	0 5	0 6	↑	↑	↑	↑	↑	↑	↑	↑	↑	↑	↑	↑	↑	↑
	第二	80	160					# 2	# 3	# 3	0 4	0 5	1 6	1 7	3 9														
	第三	80	240					0 2	0 3	0 4	0 5	1 6	2 8	3 9	6 12														
	第四	80	320					0 3	0 4	0 5	1 6	2 7	3 10	5 12	8 15														
	第五	80	400					0 3	0 4	1 6	2 7	3 8	5 11	7 13	11 17														
	第六	80	480					0 3	1 5	1 6	3 7	4 9	7 12	10 15	14 20														
	第七	80	560					1 3	1 5	2 7	4 8	6 10	9 14	12 17	18 22														
Q	第一	125	125	‡	↑	↓	# 2	# 2	# 3	# 3	# 4	# 4	0 5	0 6	↑	↑	↑	↑	↑	↑	↑	↑	↑	↑	↑	↑	↑	↑	↑
	第二	125	250				# 2	# 3	# 3	0 4	0 5	1 6	1 7	3 9															
	第三	125	375				0 2	0 3	0 4	0 5	1 6	2 8	3 9	6 12															
	第四	125	500				0 3	0 4	0 5	1 6	2 7	3 10	5 12	8 15															
	第五	125	625				0 3	0 4	1 6	2 7	3 8	5 11	7 13	11 17															
	第六	125	750				0 3	1 5	1 6	3 7	4 9	7 12	10 15	14 20															
	第七	125	875				1 3	1 5	2 7	4 8	6 10	9 14	13 17	18 22															
R	第一	200	200	↑	↑	# 2	# 2	# 3	# 3	# 4	# 4	0 5	0 6	↑	↑	↑	↑	↑	↑	↑	↑	↑	↑	↑	↑	↑	↑	↑	↑
	第二	200	400			# 2	# 3	# 3	0 4	0 5	1 6	1 7	3 9																
	第三	200	600			0 2	0 3	0 4	0 5	1 6	2 8	3 9	6 12																
	第四	200	800			0 3	0 4	0 5	1 6	2 7	3 10	5 12	8 15																
	第五	200	1,000			0 3	0 4	1 6	2 7	3 8	5 11	7 13	11 17																
	第六	200	1,200			0 3	1 5	1 6	3 7	4 9	7 12	10 15	14 20																
	第七	200	1,400			1 3	1 5	2 7	4 8	6 10	9 14	13 17	18 22																

附表 5.11　p_a=10%的限度品質（單次正常檢驗）

百分不良率（100 $P_{0.10}$）

樣本代字	樣本大小	AQL 0.010	0.015	0.025	0.040	0.065	0.10	0.15	0.25	0.40	0.65	1.0	1.5	2.5	4.0	6.5	10
A	2															68	
B	3														54		
C	5													37			58
D	8												25			41	54
E	13											16			27	36	44
F	20										11			18	25	30	42
G	32									6.9			12	16	20	27	34
H	50								4.5			7.6	10	13	18	22	29
J	80							2.8			4.8	6.5	8.2	11	14	19	24
K	125						1.8			3.1	4.3	5.4	7.4	9.4	12	16	23
L	200					1.2			2.0	2.7	3.3	4.6	5.9	7.7	10	14	
M	315				0.73			1.2	1.7	2.1	2.9	3.7	4.9	6.4	9.0		
N	500			0.46			0.78	1.1	1.3	1.9	2.4	3.1	4.0	5.6			
P	800		0.29			0.49	0.67	0.84	1.2	1.5	1.9	2.5	3.5				
Q	1,250	0.18			0.31	0.43	0.53	0.74	0.94	1.2	1.6	2.3					
R	2,000			0.20	0.27	0.33	0.46	0.59	0.77	1.0	1.4						

附表 5.11 $p_a=10\%$ 的限度品質（單次正常檢驗）（接上頁）

樣本代字	樣本大小	每100單位的缺點數 AQL 0.010	0.015	0.025	0.040	0.065	0.10	0.15	0.25	0.40	0.65	1.0	1.5	2.5	4.0	6.5	10	15	25	40	65	100	150	250	400	650	1,000
A	2															120			200	270	330	460	590	770	1,000	1,400	1,900
B	3														77			130	180	220	310	390	510	670	940	1,300	1,800
C	5													46			78	110	130	190	240	310	400	560	770	1,100	
D	8												29			49	67	84	120	150	190	250	350	480	670		
E	13											18			30	41	51	71	91	120	160	220	300	410			
F	20										12			20	27	33	46	59	77	100	140						
G	32									7.2			12	17	21	29	37	48	63	88							
H	50								4.6			7.8	11	13	19	24	31	40	56								
J	80							2.9			4.9	6.7	8.4	12	15	19	25	35									
K	125						1.8			3.1	4.3	5.4	7.4	9.4	12	16	23										
L	200					1.2			2.0	2.7	3.3	4.6	5.9	7.7	10	14											
M	315				0.73			1.2	1.7	2.1	2.9	3.7	4.9	6.4	9.0												
N	500			0.46			0.78	1.1	1.3	1.9	2.4	3.1	4.0	5.6													
P	800		0.29			0.49	0.67	0.84	1.2	1.5	1.9	2.5	3.5														
Q	1,250	0.18			0.31	0.43	0.53	0.74	0.94	1.2	1.6	2.3															
R	2,000			0.20	0.27	0.33	0.46	0.59	0.77	1.0	1.4																

附表 5.12 減量檢驗的界限個數—*MIL—STD—105D*

最近10群體的樣本單位數	AQL																									
	0.010	0.015	0.025	0.040	0.065	0.10	0.15	0.25	0.40	0.65	1.0	1.5	2.5	4.0	6.5	10	15	25	40	65	100	150	250	400	650	1,000
20-29	†	†	†	†	†	†	†	†	†	†	†	†	†	†	†	0	0	2	4	8	14	22	40	68	115	181
30-49	†	†	†	†	†	†	†	†	†	†	†	†	†	†	0	0	1	3	7	13	22	36	63	105	178	277
50-79	†	†	†	†	†	†	†	†	†	†	†	†	†	0	0	2	3	7	14	25	40	63	110	181	301	
80-129	†	†	†	†	†	†	†	†	†	†	†	†	0	0	2	4	7	14	24	42	68	105	181	297		
130-199	†	†	†	†	†	†	†	†	†	†	†	0	0	2	4	7	13	25	42	72	115	177	301	490		
200-319	†	†	†	†	†	†	†	†	†	†	0	0	2	4	8	14	22	40	68	115	181	277	471			
320-499	†	†	†	†	†	†	†	†	†	0	0	1	4	8	14	24	39	68	113	189						
500-799	†	†	†	†	†	†	†	†	0	0	2	3	7	14	25	40	63	110	181							
800-1,249	†	†	†	†	†	†	†	0	0	2	4	7	14	24	42	68	105	181								
1,250-1,999	†	†	†	†	†	†	0	0	2	4	7	13	24	40	69	110	169									
2,000-3,149	†	†	†	†	†	0	0	2	4	8	14	22	40	68	115	181										
3,150-4,999	†	†	†	†	0	0	1	4	8	14	24	38	67	111	186											
5,000-7,999	†	†	†	0	0	2	3	7	14	25	40	63	110	181												
8,000-12,499	†	†	0	0	2	4	7	14	24	42	68	105	181													
12,500-19,999	†	0	0	2	4	7	13	24	40	69	110	169														
20,000-31,499	0	0	2	4	8	14	22	46	68	115	181															
31,500-49,999	0	1	4	8	14	24	38	67	111	186																
50,000 and over	2	3	7	14	25	40	63	110	181	301																

附表 5.13 平均出廠品質界限（單次正常檢驗）—*MIL—STD—105D*

樣本代字	樣本大小	AQL																									
		0.010	0.015	0.025	0.040	0.065	0.10	0.15	0.25	0.40	0.65	1.0	1.5	2.5	4.0	6.5	10	15	25	40	65	100	150	250	400	650	1,000
A	2															18			42	69	97	160	220	330	470	730	1,100
B	3														12			28	46	65	110	150	220	310	490	720	1,100
C	5													7.4			17	27	39	63	90	130	190	290	430	660	
D	8												4.6			11	17	24	40	56	82	120	180	270	410		
E	13											2.8			6.5	11	15	24	34	50	72	110	170	250			
F	20										1.8			4.2	6.9	9.7	16	22	33	47	73						
G	32									1.2			2.6	4.3	6.1	9.9	14	21	29	46							
H	50								0.74			1.7	2.7	3.9	6.3	9.0	13	19	29								
J	80							0.46			1.1	1.7	2.4	4.0	5.6	8.2	12	18									
K	125						0.29			0.67	1.1	1.6	2.5	3.6	5.2	7.5	12										
L	200					0.18			0.42	0.69	0.97	1.6	2.2	3.3	4.7	7.3											
M	315				0.12			0.27	0.44	0.62	1.00	1.4	2.1	3.0	4.7												
N	500			0.074			0.17	0.27	0.39	0.63	0.90	1.3	1.9	2.9													
P	800		0.046			0.11	0.17	0.24	0.40	0.56	0.82	1.2	1.8														
Q	1,250	0.029			0.067	0.11	0.16	0.25	0.36	0.52	0.75	1.2															
R	2,000			0.042	0.069	0.097	0.16	0.22	0.33	0.47	0.73																

附表 5.14 平均出廠品質界限（單次嚴格檢驗）—*MIL—STD—105D*

樣本代字	樣本大小	AQL																									
		0.010	0.015	0.025	0.040	0.065	0.10	0.15	0.25	0.40	0.65	1.0	1.5	2.5	4.0	6.5	10	15	25	40	65	100	150	250	400	650	1,000
A	2																			42	69	97	160	260	400	620	970
B	3															12			28	46	65	110	170	270	410	650	1,100
C	5														7.4			17	27	39	63	100	160	250	390	610	
D	8													4.6			11	17	24	40	64	99	160	240	380		
E	13												2.8			6.5	11	15	24	40	61	95	150	240			
F	20											1.8			4.2	6.9	9.7	16	26	40	62						
G	32										1.2			2.6	4.3	6.1	9.9	16	25	39							
H	50									0.74			1.7	2.7	3.9	6.3	10	16	25								
J	80								0.46			1.1	1.7	2.4	4.0	6.4	9.9	16									
K	125							0.29			0.67	1.1	1.6	2.5	4.1	6.4	9.9										
L	200						0.18			0.42	0.69	0.97	1.6	2.6	4.0	6.2											
M	315					0.12			0.27	0.44	0.62	1.0	1.6	2.5	3.9												
N	500				0.074			0.17	0.27	0.39	0.63	1.0	1.6	2.5													
P	800			0.046			0.11	0.17	0.24	0.40	0.64	0.99	1.6														
Q	1,250		0.029			0.067	0.11	0.16	0.25	0.41	0.64	0.99															
R	2,000	0.018			0.042	0.069	0.097	0.16	0.26	0.40	0.62																
S	3,150			0.027																							

附表 5.15 兩定點單次抽樣計劃一般表

c	$np_{0.95}$	$np_{0.95}$	$np_{0.90}$	$np_{0.50}$	$np_{0.10}$	$np_{0.05}$	$np_{0.01}$	$\frac{p_{0.10}}{p_{0.95}}$
0	0.010	0.051	0.105	0.693	2.303	2.996	4.605	44.890
1	0.149	0.355	0.532	1.678	3.890	4.744	6.638	10.946
2	0.436	0.818	1.102	2.674	5.322	6.296	8.406	6.509
3	0.823	1.866	1.745	3.672	6.681	7.754	10.045	4.890
4	1.279	1.970	2.433	4.671	7.994	9.154	11.605	4.057
5	1.785	2.613	3.152	5.670	9.275	10.513	13.108	3.549
6	2.330	3.286	3.895	6.670	10.532	11.842	14.571	3.206
7	2.906	3.981	4.656	7.669	11.771	13.148	16.000	2.957
8	3.507	4.695	5.432	8.669	12.995	14.434	17.403	2.768
9	4.130	5.426	6.221	9.669	14.206	15.705	18.783	2.618
10	4.771	6.169	7.021	10.668	15.407	16.962	20.145	2.497
11	5.428	6.924	7.829	11.668	16.598	18.208	21.490	2.397
12	6.099	7.690	8.646	12.668	17.782	19.442	22.821	2.312
13	6.782	8.464	9.470	13.668	18.958	20.668	24.139	2.240
14	7.477	9.246	10.300	14.668	20.128	21.886	25.446	2.177
15	8.181	10.035	11.135	15.668	21.292	23.098	26.743	2.122
16	8.895	10.831	11.976	16.668	22.452	24.302	28.031	2.073
17	9.616	11.633	12.822	17.668	23.606	25.500	29.310	2.029
18	10.346	12.442	13.672	18.668	24.756	26.692	30.581	1.990
19	11.082	13.254	14.525	19.668	25.902	27.879	31.845	1.954
20	11.825	14.072	15.383	20.668	27.045	29.062	33.103	1.922
21	12.574	14.894	16.244	21.668	28.184	30.241	34.355	1.892
22	13.329	15.719	17.108	22.668	29.320	31.416	35.601	1.865
23	14.088	16.548	17.975	23.668	30.453	32.586	36.841	1.840
24	14.853	17.382	18.844	24.668	31.584	33.752	38.077	1.817
25	15.623	18.218	19.717	25.667	32.711	34.916	39.308	1.795
30	19.532	22.444	24.113	30.667	38.315	40.690	45.401	1.707
35	23.525	26.731	28.556	35.667	43.872	46.404	51.409	1.641
40	27.587	31.066	33.038	40.667	49.390	52.069	57.347	1.590
45	31.704	35.441	37.550	45.667	54.878	57.695	63.231	1.548
50	35.867	39.849	42.089	50.667	60.339	63.287	69.066	1.515

附表 5.16(a)—*MIL—STD—414*

AQL 值變換表

AQL 值之範圍	應用以下 *AQL* 值
— 0.049	0.04
0.050— 0.069	0.065
0.070— 0.109	0.10
0.110— 0.164	0.15
0.165— 0.279	0.25
0.280— 0.439	0.40
0.440— 0.699	0.65
0.700— 1.09	1.0
1.10 — 1.64	1.5
1.65 — 2.79	2.5
2.80 — 4.39	4.0
4.40 — 6.99	6.5
7.00 —10.9	10.0
11.00 —16.4	15.0

附表 5.16(b)—*MIL—STD—414*

樣　本　代　字　表

批　　量	檢驗標準				
	Ⅰ	Ⅱ	Ⅲ	Ⅳ	Ⅴ
3— 8	B	B	B	B	C
9— 15	B	B	B	B	D
16— 25	B	B	B	C	E
26— 40	B	B	B	D	F
41— 65	B	B	C	E	G
66— 110	B	B	D	F	H
111— 180	B	C	E	G	I
181— 300	B	D	F	H	J
301— 500	C	E	G	I	K
501— 800	D	F	H	J	L
801— 1,300	E	G	I	K	L
1,301— 3,200	F	H	J	L	M
3,201— 8,000	G	I	L	M	N
8,001— 22,000	H	J	M	N	O
22,001—110,000	I	K	N	O	P
110,001—550,000	I	K	O	P	Q
550,001以上	I	K	P	Q	Q

附表 5.17

未知變異性時，正常及加嚴檢驗計劃之主抽樣表（單邊規格界限—形式1）

樣本大小代字	樣本大小	允收品質水準（正常檢驗）											
		T	.10	.15	.25	.40	.65	1.00	1.50	2.50	4.00	6.50	10.00
		k	k	k	k	k	k	k	k	k	k	k	k
B	3	↓	↓	↓	↓	↓	↓	↓	↓	1.12	.958	.765	.566
C	4	↓	↓	↓	↓	↓	↓	1.45	1.34	1.17	1.01	.814	.617
D	5	↓	↓	↓	↓	↓	1.65	1.53	1.40	1.24	1.07	.874	.675
E	7	↓	↓	↓	2.00	1.88	1.75	1.62	1.50	1.33	1.15	.955	.755
F	10	↓	↓	2.24	2.11	1.98	1.84	1.72	1.58	1.41	1.23	1.03	.828
G	15	2.53	2.42	2.32	2.20	2.06	1.91	1.79	1.65	1.47	1.30	1.09	.886
H	20	2.58	2.47	2.36	2.24	2.11	1.96	1.82	1.69	1.51	1.33	1.12	.917
I	25	2.61	2.50	2.40	2.26	2.14	1.98	1.85	1.72	1.53	1.35	1.14	.936
J	35	2.65	2.54	2.45	2.31	2.18	2.03	1.89	1.76	1.57	1.39	1.18	.969
K	50	2.71	2.60	2.50	2.35	2.22	2.08	1.93	1.80	1.61	1.42	1.21	1.00
L	75	2.77	2.66	2.55	2.41	2.27	2.12	1.98	1.84	1.65	1.46	1.24	1.03
M	100	2.80	2.69	2.58	2.43	2.29	2.14	2.00	1.86	1.67	1.48	1.26	1.05
N	150	2.84	2.73	2.61	2.47	2.33	2.18	2.03	1.89	1.70	1.51	1.29	1.07
P	200	2.85	2.73	2.62	2.47	2.33	2.18	2.04	1.89	1.70	1.51	1.29	1.07
		.10	.15	.25	.40	.65	1.00	1.50	2.50	4.00	6.50	10.00	
		允收品質水準（加嚴檢驗）											

所有 AQL 值均爲不合格百分率。T 表示此計劃專用於加嚴檢驗，並藉此符號以識別合適之 OC 曲線。

↓ 應使用箭頭下第一個抽樣計劃；即樣本大小及 k 值兩者。當樣本大小等於或超過批量時，必須檢驗批中之每一件產品。

附表 5.18　　標　準　差　法

未知變異性時，正常及加嚴檢驗計劃之主抽樣表（雙邊規格界限及形式2—單邊規格界限）

樣本大小代字	樣本大小	允收品質水準（正常檢驗）											
		T	.10	.15	.25	.40	.65	1.00	1.50	2.50	4.00	6.50	10.00
		M	*M*	*M*	*M*	*M*	*M*	*M*	*M*	*M*	*M*	*M*	*M*
B	3	↓	↓	↓	↓	↓	↓	↓	↓	7.59	18.86	26.94	33.69
C	4	↓	↓	↓	↓	↓	↓	1.53	5.50	10.92	16.45	22.86	29.45
D	5	↓	↓	↓	↓	↓	1.33	3.32	5.83	9.80	14.39	20.19	26.56
E	7	↓	↓	↓	0.422	1.06	2.14	3.55	5.35	8.40	12.20	17.35	23.29
F	10	↓	↓	0.349	0.716	1.30	2.17	3.26	4.77	7.29	10.54	15.17	20.74
G	15	0.186	0.312	0.503	0.818	1.31	2.11	3.05	4.31	6.56	9.46	13.71	18.94
H	20	0.228	0.365	0.544	0.846	1.29	2.05	2.95	4.09	6.17	8.92	12.99	18.03
I	25	0.250	0.380	0.551	0.877	1.29	2.00	2.86	3.97	5.97	8.63	12.57	17.51
J	35	0.264	0.388	0.535	0.847	1.23	1.87	2.68	3.70	5.57	8.10	11.87	16.65
K	50	0.250	0.363	0.503	0.789	1.17	1.71	2.49	3.45	5.20	7.61	11.23	15.87
L	75	0.228	0.330	0.467	0.720	1.07	1.60	2.29	3.20	4.87	7.15	10.63	15.13
M	100	0.220	0.317	0.447	0.689	1.02	1.53	2.20	3.07	4.69	6.91	10.32	14.75
N	150	0.203	0.293	0.413	0.638	0.949	1.43	2.05	2.89	4.43	6.57	9.88	14.20
P	200	0.204	0.294	0.414	0.637	0.945	1.42	2.04	2.87	4.40	6.53	9.81	14.12
		.10	.15	.25	.40	.65	1.00	1.50	2.50	4.00	6.50	10.00	
		允收品質水準（加嚴檢驗）											

所有 *AQL* 值均爲不合格百分率。T表示此計劃專用於加嚴檢驗，並藉此符號以識別合適之 *OC* 曲線。

↓ 應使用箭頭下第一個抽樣計劃；即樣本大小及M值兩者。當樣本大小等於或超過批量時，必須檢驗批中之每一件產品。

附表 5.19 使用標準差法，估計批不合格率用表（註 1）

Q_U 或 Q_L	樣本大小 3	4	5	7	10	15	20	25	30	35	50	75	100	150	200
.70	29.27	26.67	25.74	25.03	24.67	24.46	24.38	24.33	24.31	24.29	24.26	24.24	24.23	24.21	24.21
.71	28.92	26.33	25.41	24.71	24.35	24.15	24.06	24.02	23.99	23.96	23.95	23.92	23.91	23.90	23.90
.72	28.57	26.00	25.09	24.39	24.03	23.83	23.75	23.71	23.68	23.67	23.64	23.61	23.60	23.59	23.59
.73	28.22	25.67	24.76	24.07	23.72	23.52	23.44	23.40	23.37	23.36	23.33	23.31	23.30	23.29	23.28
.74	27.86	25.33	24.44	23.75	23.41	23.21	23.13	23.09	23.07	23.05	23.02	23.00	22.99	22.98	22.98
.75	27.50	25.00	24.11	23.44	23.10	22.90	22.83	22.79	22.76	22.75	22.72	22.70	22.69	22.68	22.67
.76	27.13	24.67	23.79	23.12	22.79	22.60	22.52	22.48	22.46	22.44	22.42	22.40	22.39	22.38	22.37
.77	26.77	24.33	23.47	22.81	22.48	22.30	22.22	22.18	22.16	22.14	22.12	22.10	22.09	22.08	22.08
.78	26.39	24.00	23.15	22.50	22.18	21.99	21.92	21.89	21.86	21.85	21.82	21.80	21.79	21.78	21.78
.79	26.02	23.67	22.83	22.19	21.87	21.70	21.63	21.59	21.57	21.55	21.53	21.51	21.50	21.49	21.49
.80	25.64	23.33	22.51	21.88	21.57	21.40	21.33	21.29	21.27	21.26	21.23	21.22	21.21	21.20	21.20
.81	25.25	23.00	22.19	21.58	21.27	21.10	21.04	21.00	20.98	20.97	20.94	20.93	20.92	20.91	20.91
.82	24.86	22.67	21.87	21.27	20.98	20.81	20.75	20.71	20.69	20.68	20.65	20.64	20.63	20.62	20.62
.83	24.47	22.33	21.56	20.97	20.68	20.52	20.46	20.42	20.40	20.39	20.37	20.35	20.35	20.34	20.34
.84	24.07	22.00	21.24	20.67	20.39	20.23	20.17	20.14	20.12	20.11	20.09	20.07	20.06	20.06	20.05
.85	23.67	21.67	20.93	20.37	20.10	19.94	19.89	19.86	19.84	19.82	19.80	19.79	19.78	19.78	19.77
.86	23.26	21.33	20.62	20.07	19.81	19.66	19.60	19.57	19.56	19.54	19.53	19.51	19.51	19.50	19.50
.87	22.84	21.00	20.31	19.78	19.52	19.38	19.32	19.30	19.28	19.27	19.25	19.24	19.23	19.22	19.22
.88	22.42	20.67	20.00	19.48	19.23	19.10	19.04	19.02	19.00	18.99	18.98	18.96	18.96	18.95	18.95
.89	21.99	20.33	19.69	19.19	18.95	18.82	18.77	18.74	18.73	18.72	18.70	18.69	18.69	18.68	18.68

Q_U 或 Q_L	樣本大小														
	3	4	5	7	10	15	20	25	30	35	50	75	100	150	200
.90	21.55	20.00	19.38	18.90	18.67	18.54	18.50	18.47	18.46	18.45	18.43	18.42	18.42	18.41	18.41
.91	21.11	19.67	19.07	18.61	18.39	18.27	18.22	18.20	18.19	18.18	18.17	18.16	18.15	18.15	18.15
.92	20.66	19.33	18.77	18.33	18.11	18.00	17.96	17.94	17.92	17.92	17.90	17.89	17.89	17.88	17.88
.93	20.20	19.00	18.46	18.04	17.84	17.73	17.69	17.67	17.66	17.65	17.64	17.63	17.63	17.62	17.62
.94	19.74	18.67	18.16	17.76	17.57	17.46	17.43	17.41	17.40	17.39	17.38	17.37	17.37	17.36	17.36
.95	19.25	18.33	17.86	17.48	17.29	17.20	17.17	17.15	17.14	17.13	17.12	17.12	17.11	17.11	17.11
.96	18.76	18.00	17.56	17.20	17.03	16.94	16.91	16.89	16.88	16.88	16.87	16.86	16.86	16.86	16.85
.97	18.25	17.67	17.25	16.92	16.76	16.68	16.65	16.63	16.63	16.62	16.61	16.61	16.61	16.60	16.60
.98	17.74	17.33	16.96	16.65	16.49	16.42	16.39	16.38	16.37	16.37	16.36	16.36	16.36	16.36	16.36
.99	17.21	17.00	16.66	16.37	16.23	16.16	16.14	16.13	16.12	16.12	16.12	16.11	16.11	16.11	16.11
1.00	16.67	16.67	16.36	16.10	15.97	15.91	15.89	15.88	15.88	15.87	15.87	15.87	15.87	15.87	15.87
1.01	16.11	16.33	16.07	15.83	15.72	15.66	15.64	15.63	15.63	15.63	15.63	15.62	15.62	15.62	15.62
1.02	15.53	16.00	15.78	15.56	15.46	15.41	15.40	15.39	15.39	15.39	15.38	15.38	15.38	15.38	15.38
1.03	14.93	15.67	15.48	15.30	15.21	15.17	15.15	15.15	15.15	15.15	15.15	15.15	15.15	15.15	15.15
1.04	14.31	15.33	15.19	15.03	14.96	14.92	14.91	14.91	14.91	14.91	14.91	14.91	14.91	14.91	14.91
1.05	13.66	15.00	14.91	14.77	14.71	14.68	14.67	14.67	14.67	14.67	14.68	14.68	14.68	14.68	14.68
1.06	12.98	14.67	14.62	14.51	14.46	14.44	14.44	14.44	14.44	14.44	14.45	14.45	14.45	14.45	14.45
1.07	12.27	14.33	14.33	14.26	14.22	14.20	14.20	14.21	14.21	14.21	14.22	14.22	14.22	14.22	14.23
1.08	11.51	14.00	14.05	14.00	13.97	13.97	13.97	13.98	13.98	13.98	13.99	13.99	14.00	14.00	14.00
1.09	10.71	13.67	13.76	13.75	13.73	13.74	13.74	13.75	13.75	13.76	13.77	13.77	13.77	13.78	13.78

註 1：表中數值均爲百分率。

附表 5.20 使用標準差法，估計批不合格率用表（註 1）

Q_U 或 Q_L	樣本大小														
	3	4	5	7	10	15	20	25	30	35	50	75	100	150	200
1.50	0.00	0.00	3.80	5.28	5.87	6.20	6.34	6.41	6.46	6.50	6.55	6.60	6.62	6.64	6.65
1.51	0.00	0.00	3.61	5.13	5.73	6.06	6.20	6.28	6.33	6.36	6.42	6.47	6.49	6.51	6.52
1.52	0.00	0.00	3.42	4.97	5.59	5.93	6.07	6.15	6.20	6.23	6.29	6.34	6.36	6.38	6.39
1.53	0.00	0.00	3.23	4.82	5.45	5.80	5.94	6.02	6.07	6.11	6.17	6.21	6.24	6.26	6.27
1.54	0.00	0.00	3.05	4.67	5.31	5.67	5.81	5.89	5.95	5.98	6.04	6.09	6.11	6.13	6.15
1.55	0.00	0.00	2.87	4.52	5.18	5.54	5.69	5.77	5.82	5.86	5.92	5.97	5.99	6.01	6.02
1.56	0.00	0.00	2.69	4.38	5.05	5.41	5.56	5.65	5.70	5.74	5.80	5.85	5.87	5.89	5.90
1.57	0.00	0.00	2.52	4.24	4.92	5.29	5.44	5.53	5.58	5.62	5.68	5.73	5.75	5.78	5.79
1.58	0.00	0.00	2.35	4.10	4.79	5.16	5.32	5.41	5.46	5.50	5.56	5.61	5.64	5.66	5.67
1.59	0.00	0.00	2.19	3.96	4.66	5.04	5.20	5.29	5.34	5.38	5.45	5.50	5.52	5.54	5.56
1.60	0.00	0.00	2.03	3.83	4.54	4.92	5.09	5.17	5.23	5.27	5.33	5.38	5.41	5.43	5.44
1.61	0.00	0.00	1.87	3.69	4.41	4.81	4.97	5.06	5.12	5.16	5.22	5.27	5.30	5.32	5.33
1.62	0.00	0.00	1.72	3.57	4.30	4.69	4.86	4.95	5.01	5.04	5.11	5.16	5.19	5.21	5.23
1.63	0.00	0.00	1.57	3.44	4.18	4.58	4.75	4.84	4.90	4.94	5.01	5.06	5.08	5.11	5.12
1.64	0.00	0.00	1.42	3.31	4.06	4.47	4.64	4.73	4.79	4.83	4.90	4.95	4.98	5.00	5.01
1.65	0.00	0.00	1.28	3.19	3.95	4.36	4.53	4.62	4.68	4.72	4.79	4.85	4.87	4.90	4.91
1.66	0.00	0.00	1.15	3.07	3.84	4.25	4.43	4.52	4.58	4.62	4.69	4.74	4.77	4.80	4.81
1.67	0.00	0.00	1.02	2.95	3.73	4.15	4.32	4.42	4.48	4.52	4.59	4.64	4.67	4.70	4.71
1.68	0.00	0.00	0.89	2.84	3.62	4.05	4.22	4.32	4.38	4.42	4.49	4.55	4.57	4.60	4.61
1.69	0.00	0.00	0.77	2.73	3.52	3.94	4.12	4.22	4.28	4.32	4.39	4.45	4.47	4.50	4.51

Q_U 或 Q_L	樣本大小														
	3	4	5	7	10	15	20	25	30	35	50	75	100	150	200
1.90	0.00	0.00	0.00	0.93	1.75	2.21	2.40	2.51	2.57	2.62	2.70	2.76	2.79	2.82	2.83
1.91	0.00	0.00	0.00	0.87	1.68	2.14	2.34	2.44	2.51	2.56	2.63	2.69	2.72	2.75	2.77
1.92	0.00	0.00	0.00	0.81	1.62	2.08	2.27	2.38	2.45	2.49	2.57	2.63	2.66	2.69	2.70
1.93	0.00	0.00	0.00	0.76	1.56	2.02	2.21	2.32	2.38	2.43	2.51	2.57	2.60	2.62	2.64
1.94	0.00	0.00	0.00	0.70	1.50	1.96	2.15	2.25	2.32	2.37	2.45	2.51	2.54	2.56	2.58
1.95	0.00	0.00	0.00	0.65	1.44	1.90	2.09	2.19	2.26	2.31	2.39	2.45	2.48	2.50	2.52
1.96	0.00	0.00	0.00	0.60	1.38	1.84	2.03	2.14	2.20	2.25	2.33	2.39	2.42	2.44	2.46
1.97	0.00	0.00	0.00	0.56	1.33	1.78	1.97	2.08	2.14	2.19	2.27	2.33	2.36	2.39	2.40
1.98	0.00	0.00	0.00	0.51	1.27	1.73	1.92	2.02	2.09	2.13	2.21	2.27	2.30	2.33	2.34
1.99	0.00	0.00	0.00	0.47	1.22	1.67	1.86	1.97	2.03	2.08	2.16	2.22	2.25	2.27	2.29
2.00	0.00	0.00	0.00	0.43	1.17	1.62	1.81	1.91	1.98	2.03	2.10	2.16	2.19	2.22	2.23
2.01	0.00	0.00	0.00	0.39	1.12	1.57	1.76	1.86	1.93	1.97	2.05	2.11	2.14	2.17	2.18
2.02	0.00	0.00	0.00	0.36	1.07	1.52	1.71	1.81	1.87	1.92	2.00	2.06	2.09	2.11	2.13
2.03	0.00	0.00	0.00	0.32	1.03	1.47	1.66	1.76	1.82	1.87	1.95	2.01	2.04	2.06	2.08
2.04	0.00	0.00	0.00	0.29	0.98	1.42	1.61	1.71	1.77	1.82	1.90	1.96	1.99	2.01	2.03
2.05	0.00	0.00	0.00	0.26	0.94	1.37	1.56	1.66	1.73	1.77	1.85	1.91	1.94	1.96	1.98
2.06	0.00	0.00	0.00	0.23	0.90	1.33	1.51	1.61	1.68	1.72	1.80	1.86	1.89	1.92	1.93
2.07	0.00	0.00	0.00	0.21	0.86	1.28	1.47	1.57	1.63	1.68	1.76	1.81	1.84	1.87	1.88
2.08	0.00	0.00	0.00	0.18	0.82	1.24	1.42	1.52	1.59	1.63	1.71	1.77	1.79	1.82	1.84
2.09	0.00	0.00	0.00	0.16	0.78	1.20	1.38	1.48	1.54	1.59	1.66	1.72	1.75	1.78	1.79

註 1：表中數值均爲百分率。

附表 5.21 嚴格檢驗時之T值表標準差法

樣本數代字	允收水準 *AQL* (不良率) .04	.065	.10	.15	.25	.40	.65	1.0	1.5	2.5	4.0	6.5	10.0	15.0	批數
B	*	*	*	*	*	*	*	*	*	2 4 5	3 5 6	4 6 8	4 7 9	4 8 11	5 10 15
C	*	*	*	*	*	*	*	2 3 5	2 4 6	3 5 7	3 6 8	4 7 9	4 7 10	4 8 11	5 10 15
D	*	*	*	*	*	*	2 4 5	3 4 6	3 5 7	3 6 8	4 6 9	4 7 10	4 7 10	4 8 11	5 10 15
E	*	*	*	*	2 4 5	3 4 6	3 5 6	3 5 7	4 6 8	4 6 9	4 7 9	4 7 10	4 8 11	4 8 11	5 10 15
F	*	*	*	3 4 6	3 5 6	3 5 7	3 6 8	4 6 8	4 6 9	4 7 9	4 7 10	4 8 11	4 8 11	4 8 11	5 10 15
G	3 4 6	3 5 6	3 5 6	3 5 7	3 6 7	4 6 8	4 6 9	4 7 9	4 7 9	4 7 10	4 7 10	4 8 11	4 8 11	4 8 11	5 10 15
H	3 5 6	3 5 7	3 5 7	3 6 8	4 6 8	4 6 9	4 7 9	4 7 9	4 7 10	4 7 10	4 8 11	4 8 11	4 8 11	4 8 11	5 10 15
I	3 5 7	3 6 7	4 6 8	4 6 8	4 6 9	4 7 9	4 7 9	4 7 10	4 7 10	4 7 10	4 8 11	4 8 11	4 8 11	4 8 11	5 10 15
J	3 6 8	4 6 8	4 6 8	4 6 9	4 7 9	4 7 9	4 7 10	4 7 10	4 7 10	4 8 11	4 8 11	4 8 11	4 8 11	4 8 11	5 10 15

K	4 6 8	4 6 8	4 6 9	4 6 9	4 7 9	4 7 9	4 7 10	4 7 10	4 8 10	4 8 11	4 8 11	4 8 11	4 8 11	4 8 11	5 10 15
L	4 6 8	4 6 9	4 6 9	4 7 9	4 7 9	4 7 10	4 7 10	4 7 10	4 8 10	4 8 11	4 8 11	4 8 11	4 8 11	4 8 11	5 10 15
M	4 6 9	4 7 9	4 7 9	4 7 9	4 7 10	4 7 10	4 7 10	4 7 10	4 8 11	4 8 11	4 8 11	4 8 11	4 8 11	4 8 11	5 10 15
N	4 7 9	4 7 9	4 7 10	4 7 10	4 7 10	4 7 10	4 8 11	4 8 11	4 8 11	4 8 11	4 8 11	4 8 11	4 8 11	4 8 11	5 10 15
O	4 7 10	4 7 10	4 7 10	4 7 10	4 7 10	4 8 11	4 8 11	4 8 11	4 8 11	4 8 11	4 8 11	4 8 11	4 8 11	4 8 11	5 10 15
P	4 7 10	4 7 10	4 7 10	4 8 10	4 8 11	4 8 11	4 8 11	4 8 11	4 8 11	4 8 11	4 8 11	4 8 11	4 8 11	4 8 12	5 10 15
Q	4 7 10	4 8 11	4 8 11	4 8 11	4 8 11	4 8 11	4 8 11	4 8 11	4 8 11	4 8 11	4 8 11	4 8 11	4 8 11	4 8 12	5 10 15

* 在此樣本數代字與 AQL 值情況下，本標準未備抽樣計劃

附表 5.22 標準差法

使用減量檢驗時，批內不良品百分率估計值之界限

樣本數代字	允收水準 *AQL* .04	.065	.10	.15	.25	.40	.65	1.0	1.5	2.5	4.0	6.5	10.0	15.0	批數
B	*	*	*	*	*		*	*	*	〔42〕**	〔28〕**	〔18〕**	〔12〕**	〔9〕**	
C	*	*	*	*	*		*	〔45〕**	〔31〕**	〔22〕**	〔15〕**	〔10〕**	〔7〕**	.77 15.00 ▲	5 10 15
D	*	*	*	*	*		〔33〕**	〔25〕**	〔18〕**	〔13〕**	〔9〕**	0.00 4.40 6.50	.74 9.96 10.00	6.06 15.00 ▲	5 10 15
E	*	*	*	*	〔25〕**	〔18〕**	〔14〕**	〔11〕**	.00 .10 .88	.00 .88 2.49	.13 2.65 4.00	1.38 5.96 6.50	4.24 10.00 ▲	9.09 15.00 ▲	5 10 15
F	*	*	*	▼ .000 .002	.000 .001 .029	.000 .016 .123	.000 .101 .369	.003 .317 .81	.044 .74 1.50	.306 1.80 2.50	1.05 3.56 4.00	2.81 6.50 ▲	5.79 10.00 ▲	10.47 15.00 ▲	5 10 15
G	▼ .000 .003	.000 .002 .010	.000 .006 .028	.000 .018 .062	.002 .057 .151	.011 .143 .315	.047 .330 .626	.136 .643 1.00	.323 1.14 1.50	.84 2.23 2.50	1.84 3.94 4.00	3.80 6.50 ▲	6.86 10.00 ▲	11.52 15.00 ▲	5 10 15
H	.000 .004 .013	.000 .010 .029	.002 .023 .058	.005 .048 .105	.017 .111 .215	.048 .225 .396	.123 .445 .65	.266 .785 1.00	.521 1.31 1.50	1.14 2.40 2.50	2.24 4.00 ▲	4.29 6.50 ▲	7.40 10.00 ▲	12.07 15.00 ▲	5 10 15
I	.001 .009 .021	.002 .020 .043	.006 .039 .077	.014 .071 .133	.037 .146 .248	.083 .274 .40	.185 .509 .65	.360 .863 1.00	.653 1.39 1.50	1.33 2.48 2.50	2.49 4.00 ▲	4.59 6.50 ▲	7.74 10.00 ▲	12.43 15.00 ▲	5 10 15

樣本數代字	允收水準 AQL														批數
	.04	.065	.10	.15	.25	.40	.65	1.0	1.5	2.5	4.0	6.5	10.0	15.0	
J	.002	.005	.012	.023	.054	.113	.233	.431	.750	1.47	2.66	4.81	7.98	12.69	5
	.013	.027	.050	.087	.169	.306	.550	.909	1.44	2.50	4.00	6.50	10.00	15.00	10
	.027	.052	.089	.146	.25	.40	.65	1.00	1.50	▲	▲	▲	▲	▲	15
K	.004	.008	.017	.032	.069	.137	.270	.483	.821	1.57	2.79	4.96	8.15	12.88	5
	.017	.033	.059	.099	.186	.328	.577	.940	1.47	2.50	4.00	6.50	10.00	15.00	10
	.032	.058	.097	.15	.25	.40	.65	1.00	1.50	▲	▲	▲	▲	▲	15
L	.005	.011	.022	.040	.082	.157	.300	.525	.876	1.64	2.88	5.08	8.29	13.03	5
	.020	.038	.065	.108	.199	.343	.596	.961	1.49	2.50	4.00	6.50	10.00	15.00	10
	.035	.063	.10	.15	.25	.40	.65	1.00	1.50	▲	▲	▲	▲	▲	15
M	.008	.016	.030	.052	.102	.187	.345	.587	.959	1.76	3.03	5.27	8.50	13.25	5
	.025	.045	.075	.120	.215	.364	.621	.989	1.50	2.50	4.00	6.50	10.00	15.00	10
	.04	.065	.10	.15	.25	.40	.65	1.00	▲	▲	▲	▲	▲	▲	15
N	.014	.026	.044	.072	.134	.235	.414	.681	1.082	1.92	3.24	5.52	8.81	13.60	5
	.031	.054	.087	.136	.236	.389	.65	1.00	1.50	2.50	4.00	6.50	10.00	15.00	10
	.04	.065	.10	.15	.25	.40	▲	▲	▲	▲	▲	▲	▲	▲	15
O	.018	.032	.053	.085	.153	.261	.453	.733	1.149	2.01	3.36	5.67	8.98	13.80	5
	.034	.058	.093	.143	.245	.40	.65	1.00	1.50	2.50	4.00	6.50	10.00	15.00	10
	.04	.065	.10	.15	.25	▲	▲	▲	▲	▲	▲	▲	▲	▲	15
P	.023	.039	.064	.101	.177	.296	.501	.799	1.237	2.13	3.52	5.87	9.22	14.07	5
	.038	.064	.10	.15	.25	.40	.65	1.00	1.50	2.50	4.00	6.50	10.00	15.00	10
	.04	.065	▲	▲	▲	▲	▲	▲	▲	▲	▲	▲	▲	▲	15
Q	.025	.044	.069	.108	.188	.312	.525	.830	1.276	2.19	3.59	5.96	9.32	14.19	5
	.04	.065	.10	.15	.25	.40	.65	1.00	1.50	2.50	4.00	6.50	10.00	15.00	10
	▲	▲	▲	▲	▲	▲	▲	▲	▲	▲		▲	▲	▲	15

附表 5.23 全距法

未知變異性時，正常及加嚴檢驗計劃之主抽樣表（單邊規格界限—形式 1）

樣本大小代字	樣本大小	允收品質水準（正常檢驗）											
		T	.10	.15	.25	.40	.65	1.00	1.50	2.50	4.00	6.50	10.00
		k	k	k	k	k	k	k	k	k	k	k	k
B	3							↓	↓	.587	.502	.401	.296
C	4						↓	.651	.598	.525	.450	.364	.276
D	5				↓	↓	.663	.614	.565	.498	.431	.352	.272
E	7			↓	.702	.659	.613	.569	.525	.465	.405	.336	.266
F	10	↓	↓	.916	.863	.811	.755	.703	.650	.579	.507	.424	.341
G	15	1.04	.999	.958	.903	.850	.792	.738	.684	.610	.536	.452	.368
H	25	1.10	1.05	1.01	.951	.896	.835	.779	.723	.647	.571	.484	.398
I	30	1.10	1.06	1.02	.959	.904	.843	.787	.730	.654	.577	.490	.403
J	40	1.13	1.08	1.04	.978	.921	.860	.803	.746	.668	.591	.503	.415
K	60	1.16	1.11	1.06	1.00	.948	.885	.826	.768	.689	.610	.521	.432
L	85	1.17	1.13	1.08	1.02	.962	.899	.839	.780	.701	.621	.530	.441
M	115	1.19	1.14	1.09	1.03	.975	.911	.851	.791	.711	.631	.539	.449
N	175	1.21	1.16	1.11	1.05	.994	.929	.868	.807	.726	.644	.552	.460
P	230	1.21	1.16	1.12	1.06	.996	.931	.870	.809	.728	.646	.553	.462
		.10	.15	.25	.40	.65	1.00	1.50	2.50	4.00	6.50	10.00	
		允收品質水準（加嚴檢驗）											

所有 AQL 值均爲不合格百分率。T 表示此計劃專用於加嚴檢驗，並藉此符號以識別合適之 OC 曲線。

↓ 應使用箭頭下第一個抽樣計劃；即樣本大小及 k 值兩者。當樣本大小等於或超過批量時，必須檢驗批中之每一件產品。

附表 5.24　全距法

未知變異性時，正常及加嚴檢驗計劃之主抽樣表（雙邊規格界限及形式 2—單邊規格界限）

樣本大小代字	樣本大小	因數 c	允收品質水準（正常檢驗）											
			T	.10	.15	.25	.40	.65	1.00	1.50	2.50	4.00	6.50	10.00
			M	M	M	M	M	M	M	M	M	M	M	M
B	3	1.910	↓	↓	↓	↓	↓	↓	↓	↓	7.59	18.86	26.94	33.69
C	4	2.234							1.53	5.50	10.92	16.45	22.86	29.45
D	5	2.474	↓	↓	↓	↓	↓	1.42	3.44	5.93	9.90	14.47	20.27	26.59
E	7	2.830				.28	.89	1.99	3.46	5.32	8.47	12.35	17.54	23.50
F	10	2.405			.23	.58	1.14	2.05	3.23	4.77	7.42	10.79	15.49	21.06
G	15	2.379	.136	.253	.430	.786	1.30	2.10	3.11	4.44	6.76	9.76	14.09	19.30
H	25	2.358	.214	.336	.506	.827	1.27	1.95	2.82	3.96	5.98	8.65	12.59	17.48
I	30	2.353	.240	.366	.537	.856	1.29	1.96	2.81	3.92	5.88	8.50	12.36	17.19
J	40	2.346	.252	.375	.539	.842	1.25	1.88	2.69	3.73	5.61	8.11	11.84	16.55
K	60	2.339	.244	.356	.504	.781	1.16	1.74	2.47	3.44	5.17	7.54	11.10	15.64
L	85	2.335	.242	.350	.493	.755	1.12	1.67	2.37	3.30	4.97	7.27	10.73	15.17
M	115	2.333	.230	.333	.468	.718	1.06	1.58	2.25	3.14	4.76	6.99	10.37	14.74
N	175	2.331	.210	.303	.427	.655	.972	1.46	2.08	2.93	4.47	6.60	9.89	14.15
P	230	2.330	.215	.308	.432	.661	.976	1.47	2.08	2.92	4.46	6.57	9.84	14.10
			.10	.15	.25	.40	.65	1.00	1.50	2.50	4.00	6.50	10.00	
			允收品質水準（加嚴檢驗）											

所有 AQL 值均爲不合格百分率。T 表示此計劃專用於加嚴檢驗，並藉此符號以識別合適之 OC 曲線。

↓ 應使用箭頭下第一個抽樣計劃；即樣本大小及 M 值兩者。當樣本大小等於或超過批量時，必須檢驗批中之每一件產品。

附表 5.25 使用全距法，估計批不合格率用表（註1）

Q_U 或 Q_L	樣本大小 3	4	5	7	10	15	25	30	35	40	60	85	115	175	230
.90	21.55	20.00	19.38	18.98	18.75	18.60	18.50	18.48	18.47	18.46	18.43	18.42	18.42	18.41	18.41
.91	21.11	19.67	19.07	18.69	18.47	18.32	18.22	18.21	18.20	18.19	18.17	18.17	18.16	18.15	18.15
.92	20.66	19.33	18.77	18.40	18.19	18.05	17.96	17.95	17.93	17.92	17.90	17.89	17.89	17.88	17.88
.93	20.20	19.00	18.46	18.11	17.91	17.78	17.69	17.68	17.67	17.66	17.65	17.63	17.63	17.62	17.62
.94	19.74	18.67	18.16	17.82	17.64	17.51	17.43	17.42	17.41	17.40	17.39	17.37	17.37	17.36	17.36
.95	19.25	18.33	17.86	17.54	17.36	17.24	17.17	17.16	17.15	17.14	17.13	17.12	17.12	17.11	17.11
.96	18.76	18.00	17.56	17.26	17.09	16.98	16.91	16.90	16.89	16.88	16.87	16.86	16.86	16.86	16.86
.97	18.25	17.67	17.25	16.97	16.82	16.71	16.65	16.64	16.63	16.63	16.62	16.61	16.61	16.60	16.60
.98	17.74	17.33	16.96	16.70	16.55	16.45	16.39	16.38	16.38	16.37	16.37	16.36	16.36	16.36	16.36
.99	17.21	17.00	16.66	16.42	16.28	16.19	16.14	16.13	16.13	16.12	16.12	16.11	16.11	16.11	16.11
1.00	16.67	16.67	16.36	16.14	16.02	15.94	15.89	15.88	15.88	15.88	15.87	15.87	15.87	15.87	15.87
1.01	16.11	16.33	16.07	15.87	15.76	15.68	15.64	15.63	15.63	15.63	15.63	15.62	15.62	15.62	15.62
1.02	15.53	16.00	15.78	15.60	15.50	15.43	15.40	15.39	15.39	15.39	15.39	15.38	15.38	15.38	15.38
1.03	14.93	15.67	15.48	15.33	15.24	15.18	15.15	15.15	15.15	15.15	15.15	15.15	15.15	15.15	15.15
1.04	14.31	15.33	15.19	15.06	14.98	14.94	14.91	14.91	14.91	14.91	14.91	14.91	14.91	14.91	14.91
1.05	13.66	15.00	14.91	14.79	14.73	14.69	14.67	14.67	14.67	14.67	14.68	14.68	14.68	14.68	14.68
1.06	12.98	14.67	14.62	14.53	14.48	14.45	14.44	14.44	14.44	14.44	14.44	14.45	14.45	14.45	14.45
1.07	12.27	14.33	14.33	14.27	14.23	14.21	14.20	14.21	14.21	14.21	14.21	14.22	14.22	14.22	14.22
1.08	11.51	14.00	14.05	14.01	13.98	13.97	13.97	13.98	13.98	13.98	13.99	13.99	13.99	14.00	14.00
1.09	10.71	13.67	13.76	13.75	13.74	13.73	13.74	13.75	13.75	13.75	13.76	13.77	13.77	13.78	13.78

註1：表中數值均爲百分率。

Q_U 或 Q_L	樣本大小														
	3	4	5	7	10	15	25	30	35	40	60	85	115	175	230
1.10	9.84	13.33	13.48	13.50	13.49	13.50	13.52	13.52	13.52	13.53	13.54	13.55	13.55	13.56	13.56
1.11	8.89	13.00	13.20	13.24	13.25	13.27	13.29	13.30	13.30	13.31	13.32	13.32	13.33	13.34	13.34
1.12	7.82	12.67	12.93	12.99	13.02	13.04	13.07	13.08	13.08	13.09	13.10	13.12	13.12	13.12	13.12
1.13	6.60	12.33	12.65	12.74	12.78	12.81	12.85	12.86	12.86	12.87	12.89	12.89	12.90	12.91	12.91
1.14	5.08	12.00	12.37	12.49	12.55	12.59	12.63	12.64	12.65	12.66	12.67	12.69	12.69	12.70	12.70
1.15	0.29	11.67	12.10	12.25	12.31	12.37	12.42	12.43	12.44	12.45	12.46	12.48	12.48	12.49	12.49
1.16	0.00	11.33	11.83	12.00	12.08	12.15	12.21	12.22	12.23	12.24	12.25	12.27	12.28	12.29	12.29
1.17	0.00	11.00	11.56	11.76	11.86	11.93	12.00	12.01	12.02	12.03	12.06	12.07	12.07	12.08	12.08
1.18	0.00	10.67	11.29	11.52	11.63	11.71	11.79	11.80	11.81	11.82	11.84	11.86	11.88	11.88	11.88
1.19	0.00	10.33	11.02	11.29	11.41	11.50	11.58	11.60	11.61	11.62	11.65	11.66	11.68	11.69	11.69
1.20	0.00	10.00	10.76	11.05	11.19	11.29	11.38	11.40	11.41	11.42	11.45	11.47	11.47	11.49	11.49
1.21	0.00	9.67	10.50	10.82	10.97	11.08	11.18	11.20	11.21	11.22	11.26	11.27	11.29	11.30	11.30
1.22	0.00	9.33	10.23	10.59	10.76	10.88	10.98	11.00	11.02	11.03	11.06	11.08	11.09	11.10	11.10
1.23	0.00	9.00	9.97	10.36	10.54	10.67	10.78	10.80	10.82	10.84	10.87	10.89	10.90	10.91	10.91
1.24	0.00	8.67	9.72	10.13	10.33	10.47	10.58	10.61	10.63	10.64	10.68	10.70	10.71	10.73	10.73
1.25	0.00	8.33	9.46	9.91	10.12	10.27	10.39	10.42	10.44	10.46	10.49	10.51	10.52	10.54	10.54
1.26	0.00	8.00	9.21	9.69	9.92	10.08	10.20	10.24	10.26	10.27	10.31	10.33	10.34	10.36	10.36
1.27	0.00	7.67	8.96	9.47	9.71	9.88	10.01	10.05	10.07	10.09	10.13	10.15	10.17	10.18	10.18
1.28	0.00	7.33	8.71	9.25	9.51	9.69	9.83	9.87	9.89	9.90	9.95	9.97	9.99	10.00	10.00
1.29	0.00	7.00	8.46	9.04	9.31	9.50	9.64	9.68	9.71	9.72	9.77	9.79	9.81	9.83	9.83

附表 5.26(a)

已知變異性時，正常及加嚴檢驗計劃之主抽樣表

（單邊規格界限—形式 1）

樣本大小代字	允收品質水準（正常檢驗）											
	T		.10		.15		.25		.40		.65	
	n	k	n	k	n	k	n	k	n	k	n	k
B	↓		↓		↓		↓		↓		↓	
C												
D											2	1.58
E							2	1.94	2	1.81	3	1.69
F					3	2.19	3	2.07	3	1.91	4	1.80
G	3	2.49	4	2.39	4	2.30	4	2.14	5	2.05	5	1.88
H	4	2.55	5	2.46	5	2.34	6	2.23	6	2.08	7	1.95
I	6	2.59	6	2.49	6	2.37	7	2.25	8	2.13	8	1.96
J	7	2.63	8	2.54	9	2.45	9	2.29	10	2.16	11	2.01
K	11	2.72	11	2.59	12	2.49	13	2.35	14	2.21	16	2.07
L	15	2.77	16	2.65	17	2.54	19	2.41	21	2.27	23	2.12
M	20	2.80	22	2.69	23	2.57	25	2.43	27	2.29	30	2.14
N	30	2.84	31	2.72	34	2.62	37	2.47	40	2.33	44	2.17
P	40	2.85	42	2.73	45	2.62	49	2.48	54	2.34	59	2.18
	.10		.15		.25		.40		.65		1.00	
	允收品質水準（加嚴檢驗）											

附表 5.26(b)

已知變異性時，正常及加嚴檢驗計劃之主抽樣表

（單邊規格界限—形式 1）

樣本大小代字	允收品質水準（正常檢驗）											
	1.00		1.50		2.50		4.00		6.50		10.00	
	n	k	n	k	n	k	n	k	n	k	n	k
B	↓		↓		↓		↓		↓		↓	
C	2	1.36	2	1.25	2	1.09	2	.936	3	.755	3	.573
D	2	1.42	2	1.33	3	1.17	3	1.01	3	.825	4	.641
E	3	1.56	3	1.44	4	1.28	4	1.11	5	.919	5	.728
F	4	1.69	4	1.53	5	1.39	5	1.20	6	.991	7	.797
G	6	1.78	6	1.62	7	1.45	8	1.28	9	1.07	11	.877
H	7	1.80	8	1.68	9	1.49	10	1.31	12	1.11	14	.906
I	9	1.83	10	1.70	11	1.51	13	1.34	15	1.13	17	.924
J	12	1.88	14	1.75	15	1.56	18	1.38	20	1.17	24	.964
K	17	1.93	19	1.79	22	1.61	25	1.42	29	1.21	33	.995
L	25	1.97	28	1.84	32	1.65	36	1.46	42	1.24	49	1.03
M	33	2.00	36	1.86	42	1.67	48	1.48	55	1.26	64	1.05
N	49	2.03	54	1.89	61	1.69	70	1.51	82	1.29	95	1.07
P	65	2.04	71	1.89	81	1.70	93	1.51	109	1.29	127	1.07
	1.50		2.50		4.00		6.50		10.00			
	允收品質水準（加嚴檢驗）											

所有 AQL 值均爲不合格百分率。

↓ 應使用箭頭下第一個抽樣計劃；即樣本大小及 k 值兩者。當樣本大小等於或超過批量時，必須檢驗批中之每一件產品。

附表 5.27(a) 已知變異性時，正常及加嚴檢驗計劃之主抽樣表
（雙邊規格界限及形式2—單邊規格界限）

樣本大	允收品質水準（正常檢驗）																	
	T			.10			.15			.25			.40			.65		
小代字	*n*	*M*	*v*	*n*	*M*	*v*	*n*	*M*	*v*	*n*	*M*	*v*	*n*	*M*	*v*	*n*	*M*	*v*
B		↓			↓			↓			↓			↓			↓	
C		↓			↓			↓			↓			↓			↓	
D		↓			↓			↓			↓			↓		2	1.28	1.414
E		↓			↓			↓		2	.310	1.414	2	.510	1.414	3	1.94	1.225
F		↓			↓		3	.369	1.225	3	.568	1.225	3	.959	1.225	4	1.88	1.155
G	3	.114	1.225	4	.290	1.155	4	.399	1.155	4	.681	1.155	5	1.09	1.118	5	1.76	1.118
H	4	.161	1.155	5	.296	1.118	5	.445	1.118	6	.721	1.095	6	1.14	1.095	7	1.75	1.080
I	6	.230	1.095	6	.321	1.095	6	.478	1.095	7	.756	1.080	8	1.14	1.069	8	1.80	1.069
J	7	.226	1.080	8	.330	1.069	9	.469	1.061	9	.760	1.061	10	1.14	1.054	11	1.73	1.049
K	11	.217	1.049	11	.326	1.049	12	.461	1.045	13	.721	1.041	14	1.08	1.038	16	1.62	1.033
L	15	.211	1.035	16	.308	1.033	17	.438	1.031	19	.673	1.027	21	1.00	1.025	23	1.51	1.023
M	20	.207	1.026	22	.296	1.024	23	.423	1.023	25	.655	1.021	27	.980	1.019	30	1.47	1.017
N	30	.193	1.017	31	.283	1.017	34	.397	1.015	37	.615	1.014	40	.921	1.013	44	1.39	1.012
P	40	.196	1.013	42	.285	1.012	45	.402	1.011	49	.620	1.010	54	.920	1.009	59	1.39	1.009
	.10			.15			.25			.40			.65			1.00		
	允收品質水準（加嚴檢驗）																	

附表 5.27(b)（續上表）已知變異性時，正常及加嚴檢驗計劃之主抽樣表

（雙邊規格界限及形式2—單邊規格界限）

樣本大小代字	允收品質水準（正常檢驗）																	
	1.00			1.50			2.50			4.00			6.50			10.00		
	n	M	v	n	M	v	n	M	v	n	M	v	n	M	v	n	M	v
B		↓			↓			↓			↓			↓			↓	
C	2	2.73	1.414	2	3.90	1.414	2	6.11	1.414	2	9.27	1.414	3	17.74	1.225	3	24.22	1.225
D	2	2.23	1.414	2	3.00	1.414	3	7.56	1.225	3	10.79	1.225	3	15.60	1.225	4	22.97	1.155
E	3	2.76	1.225	3	3.85	1.225	4	6.99	1.155	4	9.97	1.155	5	15.21	1.118	5	20.80	1.118
F	4	2.58	1.155	4	3.87	1.155	5	6.05	1.118	5	8.92	1.118	6	13.89	1.095	7	19.46	1.080
G	6	2.57	1.095	6	3.77	1.095	7	5.83	1.080	8	8.62	1.069	9	12.88	1.061	11	17.88	1.049
H	7	2.62	1.080	8	3.68	1.069	9	5.68	1.061	10	8.43	1.054	12	12.35	1.045	14	17.36	1.038
I	9	2.59	1.061	10	3.63	1.054	11	5.60	1.049	13	8.13	1.041	15	12.04	1.035	17	17.05	1.031
J	12	2.49	1.045	14	3.43	1.038	15	5.34	1.035	18	7.72	1.029	20	11.57	1.026	24	16.23	1.022
K	17	2.35	1.031	19	3.28	1.027	22	4.98	1.024	25	7.34	1.021	29	10.93	1.018	33	15.61	1.016
L	25	2.19	1.021	28	3.05	1.018	32	4.68	1.016	36	6.95	1.014	42	10.40	1.012	49	14.87	1.010
M	33	2.12	1.016	36	2.99	1.014	42	4.55	1.012	48	6.75	1.011	55	10.17	1.009	64	14.58	1.008
N	49	2.00	1.010	54	2.82	1.009	61	4.35	1.008	70	6.48	1.007	82	9.76	1.006	95	14.09	1.005
P	65	2.00	1.008	71	2.82	1.007	81	4.34	1.006	93	6.46	1.005	109	9.73	1.005	127	14.02	1.004
	1.50			2.50			4.00			6.50			10.00					
	允收品質水準（加嚴檢驗）																	

所有 AQL 值均爲不合格百分率。

↓ 應使用箭頭下第一個抽樣計劃；即樣本大小及M值兩者。當樣本大小等於或超過批量時，必須檢驗批中之每一件產品。

附表 5.28 已知變異性時，估計批不合格率用表（註1）

Q_U 或 Q_L		Q_U 或 Q_L		Q_U 或 Q_L		Q_U 或 Q_L		Q_U 或 Q_L		Q_U 或 Q_L		Q_U 或 Q_L		Q_U 或 Q_L		Q_U 或 Q_L		Q_U 或 Q_L		Q_U 或 Q_L		Q_U 或 Q_L		Q_U 或 Q_L		Q_U 或 Q_L		Q_U 或 Q_L		Q_U 或 Q_L	
.00	50.000																														
.01	49.601	.26	39.743	.51	30.503	.76	22.363	1.01	15.625	1.26	10.383	1.51	06.552	1.76	03.920	2.01	02.222	2.26	01.191	2.51	00.604	2.76	00.289	3.01	00.131	3.26	00.056	3.51	00.022	3.76	00.008
.02	49.202	.27	39.358	.52	30.153	.77	22.065	1.02	15.386	1.27	10.204	1.52	06.426	1.77	03.836	2.02	02.169	2.27	01.160	2.52	00.587	2.77	00.280	3.02	00.126	3.27	00.054	3.52	00.022	3.77	00.008
.03	48.803	.28	38.974	.53	29.806	.78	21.770	1.03	15.150	1.28	10.027	1.53	06.301	1.78	03.754	2.03	02.118	2.28	01.130	2.53	00.570	2.78	00.272	3.03	00.122	3.28	00.052	3.53	00.021	3.78	00.008
.04	48.405	.29	38.591	.54	29.460	.79	21.476	1.04	14.917	1.29	09.853	1.54	06.178	1.79	03.673	2.04	02.068	2.29	01.101	2.54	00.554	2.79	00.264	3.04	00.118	3.29	00.050	3.54	00.020	3.79	00.008
.05	48.006	.30	38.209	.55	29.116	.80	21.186	1.05	14.686	1.30	09.680	1.55	06.057	1.80	03.593	2.05	02.018	2.30	01.072	2.55	00.539	2.80	00.256	3.05	00.114	3.30	00.048	3.55	00.019	3.80	00.007
.06	47.608	.31	37.828	.56	28.774	.81	20.897	1.06	14.457	1.31	09.510	1.56	05.938	1.81	03.515	2.06	01.970	2.31	01.044	2.56	00.523	2.81	00.248	3.06	00.111	3.31	00.047	3.56	00.019	3.81	00.007
.07	47.210	.32	37.448	.57	28.434	.82	20.611	1.07	14.231	1.32	09.342	1.57	05.821	1.82	03.438	2.07	01.923	2.32	01.017	2.57	00.508	2.82	00.240	3.07	00.107	3.32	00.045	3.57	00.018	3.82	00.007
.08	46.812	.33	37.070	.58	28.096	.83	20.372	1.08	14.007	1.33	09.176	1.58	05.705	1.83	03.362	2.08	01.876	2.33	00.990	2.58	00.494	2.83	00.233	3.08	00.103	3.33	00.043	3.58	00.017	3.83	00.006
.09	46.414	.34	36.693	.59	27.760	.84	20.045	1.09	13.786	1.34	09.012	1.59	05.592	1.84	03.288	2.09	01.831	2.34	00.964	2.59	00.480	2.84	00.226	3.09	00.100	3.34	00.042	3.59	00.017	3.84	00.006
.10	46.017	.35	36.317	.60	27.425	.85	19.766	1.10	13.567	1.35	08.851	1.60	05.480	1.85	03.216	2.10	01.786	2.35	00.939	2.60	00.466	2.85	00.219	3.10	00.097	3.35	00.040	3.60	00.016	3.85	00.006
.11	45.620	.36	35.942	.61	27.093	.86	19.489	1.11	13.350	1.36	08.691	1.61	05.370	1.86	03.144	2.11	01.743	2.36	00.914	2.61	00.453	2.86	00.212	3.11	00.094	3.36	00.039	3.61	00.015	3.86	00.006
.12	45.224	.37	35.569	.62	26.763	.87	19.215	1.12	13.136	1.37	08.534	1.62	05.262	1.87	03.074	2.12	01.700	2.37	00.889	2.62	00.440	2.87	00.205	3.12	00.090	3.37	00.038	3.62	00.015	3.87	00.005
.13	44.828	.38	35.197	.63	26.435	.88	18.943	1.13	12.924	1.38	08.379	1.63	05.155	1.88	03.005	2.13	01.659	2.38	00.866	2.63	00.427	2.88	00.199	3.13	00.087	3.38	00.036	3.63	00.014	3.88	00.005
.14	44.433	.39	34.827	.64	26.109	.89	18.673	1.14	12.714	1.39	08.226	1.64	05.050	1.89	02.938	2.14	01.618	2.39	00.842	2.64	00.415	2.89	00.193	3.14	00.084	3.39	00.035	3.64	00.014	3.89	00.005
.15	44.038	.40	34.458	.65	25.785	.90	18.406	1.15	12.507	1.40	08.076	1.65	04.947	1.90	02.872	2.15	01.578	2.40	00.820	2.65	00.402	2.90	00.187	3.15	00.082	3.40	00.034	3.65	00.013	3.90	00.005
.16	43.644	.41	34.090	.66	25.463	.91	18.141	1.16	12.302	1.41	07.927	1.66	04.846	1.91	02.807	2.16	01.539	2.41	00.798	2.66	00.391	2.91	00.181	3.16	00.079	3.41	00.032	3.66	00.013	3.91	00.005
.17	43.251	.42	33.724	.67	25.143	.92	17.879	1.17	12.100	1.42	07.780	1.67	04.746	1.92	02.743	2.17	01.500	2.42	00.776	2.67	00.379	2.92	00.175	3.17	00.076	3.42	00.031	3.67	00.012	3.92	00.004
.18	42.858	.43	33.360	.68	24.825	.93	17.619	1.18	11.900	1.43	07.636	1.68	04.648	1.93	02.680	2.18	01.463	2.43	00.755	2.68	00.368	2.93	00.169	3.18	00.074	3.43	00.030	3.68	00.012	3.93	00.004
.19	42.465	.44	32.997	.69	24.510	.94	17.361	1.19	11.702	1.44	07.493	1.69	04.551	1.94	02.619	2.19	01.426	2.44	00.734	2.69	00.357	2.94	00.164	3.19	00.071	3.44	00.029	3.69	00.011	3.94	00.004
.20	42.074	.45	32.636	.70	24.196	.95	17.106	1.20	11.507	1.45	07.353	1.70	04.457	1.95	02.559	2.20	01.390	2.45	00.714	2.70	00.347	2.95	00.159	3.20	00.069	3.45	00.028	3.70	00.011	3.95	00.004
.21	41.683	.46	32.276	.71	23.885	.96	16.853	1.21	11.314	1.46	07.214	1.71	04.363	1.96	02.500	2.21	01.355	2.46	00.695	2.71	00.336	2.96	00.154	3.21	00.066	3.46	00.027	3.71	00.010	3.96	00.004
.22	41.294	.47	31.918	.72	23.576	.97	16.602	1.22	11.123	1.47	04.078	1.72	04.272	1.97	02.442	2.22	01.321	2.47	00.676	2.72	00.326	2.97	00.149	3.22	00.064	3.47	00.026	3.72	00.010	3.97	00.004
.23	40.905	.48	31.561	.73	23.270	.98	16.354	1.23	10.935	1.48	06.944	1.73	04.182	1.98	02.385	2.23	01.287	2.48	00.657	2.73	00.317	2.98	00.144	3.23	00.062	3.48	00.025	3.73	00.010	3.98	00.003
.24	40.517	.49	31.207	.74	22.965	.99	16.109	1.24	10.749	1.49	06.811	1.74	04.093	1.99	02.330	2.24	01.255	2.49	00.639	2.74	00.307	2.99	00.139	3.24	00.060	3.49	00.024	3.74	00.009	3.99	00.003
.25	40.129	.50	30.854	.75	22.663	1.00	15.866	1.25	10.565	1.50	06.681	1.75	04.006	2.00	02.275	2.25	01.222	2.50	00.621	2.75	00.298	3.00	00.135	3.25	00.058	3.50	00.023	3.75	00.009	4.00	00.003

註1：表中數值均爲百分率。

附表 5.29 使用減量檢驗時，批內不良品百分率估計值之界限

樣本數代字	允收水準AQL														批數
	.04	.065	.10	.15	.25	.40	.65	1.0	1.5	2.5	4.0	6.5	10.0	15.0	
B	*	*	*	*	*	*	*	*	*	[42]**	[28]**	[18]**	[12]**	[9]**	
C	*	*	*	*	*	*	*	[45]**	[31]**	[22]**	[15]**	[10]**	[7]**	.77 15.00 ▲	5 10 15
D	*	*	*	*	*	*	[33]**	[25]**	[18]**	[13]**	[9]**	0.00 4.40 6.50	.74 9.96 10.00	6.06 15.00 ▲	5 10 15
E	*	*	*	*	[25]**	[18]**	[14]**	[11]**	.00 .10 .88	.00 .88 2.49	.13 2.65 4.00	1.38 5.96 6.50	4.24 10.00 ▲	9.09 15.00 ▲	5 10 15
F	*	*	*	▼ .000 .002	.000 .001 .029	.000 .016 .123	.000 .101 .369	.003 .317 .81	.044 .74 1.50	.306 1.80 2.50	1.05 3.56 4.00	2.81 6.50 ▲	5.79 10.00 ▲	10.47 15.00 ▲	5 10 15
G	▼ .000 .003	.000 .002 .010	.000 .006 .028	.000 .018 .062	.002 .057 .151	.011 .143 .315	.047 .330 .626	.136 .643 1.00	.323 1.14 1.50	.84 2.23 2.50	1.84 3.94 4.00	3.80 6.50 ▲	6.86 10.00 ▲	11.52 15.00 ▲	5 10 15
H	.000 .004 .013	.000 .010 .029	.002 .023 .058	.005 .048 .105	.017 .111 .215	.048 .225 .396	.123 .445 .65	.266 .785 1.00	.521 1.31 1.50	1.14 2.40 2.50	2.24 4.00 ▲	4.29 6.50 ▲	7.40 10.00 ▲	12.07 15.00 =	5 10 15
I	.001 .009 .021	.002 .020 .043	.006 .039 .077	.014 .071 .133	.037 .146 .248	.083 .274 .40	.185 .509 .65	.360 .863 1.00	.653 1.39 1.50	1.33 2.48 2.50	2.49 4.00 ▲	4.59 6.50 ▲	7.74 10.00 ▲	12.43 15.00 ▲	5 10 15
J	.002 .013 .027	.005 .027 .052	.012 .050 .089	.023 .087 .146	.054 .169 .25	.113 .306 .40	.233 .550 .65	.431 .909 1.00	.750 1.44 1.50	1.47 2.50 ▲	2.66 4.00 ▲	4.81 6.50 ▲	7.98 10.00 ▲	12.69 15.00 ▲	5 10 15

* 在此樣本數代字與 AQL 值情況下，本標準未備抽樣計劃。

習　題

1. 何謂抽樣檢驗？其優劣點如何？

2. 試述 OC 曲線的意義及其特性。

3. 試述 AQL 的意義及其決定方法。

4. 設 $N=2500$, $AQL=4\%$且採用檢驗水準Ⅱ，試由 ABC 表中求 (a) 正常及 (b) 嚴格檢驗之單次抽樣計劃？

5. 試求上題之減量檢驗之單次抽樣計劃？設 $P=8\%$時，試求其 (a) 允收且繼續減量檢驗 (b) 允收但改正常檢驗及 (c) 拒收等的機率。

6. 設 $N=750$, $AQL=1.0\%$，檢驗水準Ⅱ，利用 ABC 標準表以求 (a) 正常檢驗及 (b) 嚴格檢驗之雙次抽樣計劃。

7. 於上題，試求 $P=1.5\%$時之允收機率？

8. 試求上題之減量檢驗之雙次抽樣計劃？

9. 採用單次抽樣計劃 $n=200$, $C=5$，其樣本代字為 L, $AQL=1\%$最近 10 批檢驗結果其不良品數分別為 3，0，2，0，1，1，4，1，2 及 3，生產率相當穩定，問是否構成改用減量檢驗之條件？

10. 某種電線之抗牵强度下規格界限 $L=62$ 磅，採用 414 標準表之正常檢驗，樣本代字 H, $AQL=1.0\%$，變異性未知，全距法，其 25 個樣本之測定值如下：

第一樣組：63, 69, 69, 67, 64

第二樣組：64, 65, 67, 68, 67

第三樣組：64, 70, 75, 66, 70

第四樣組：66，68，65，66，67

第五樣組：64，64，69，72，72

試問該批產品是否允收？

11. 上題若採變異性未知，標準差法，其所需之樣本為第一樣組至第四樣組 20 個，用形式 2 以決定該批產品是否允收？

12. 設採用 414 標準之正常檢驗，變異性已知，樣本代字 H，$AQL=1.5\%$，單邊規格 $L=60{,}000$psi，$\sigma=2{,}000$psi，若自一送驗批抽取 8 個樣本，其抗牽強度分別為：65060，66260，65240，61550，65760，64850，63880，60830；採用形式 2 以決定該送驗批是否允收？

13. 某尼龍絲之伸長上規格界限為 $U=0.270$ 吋，採用 MIL-STD-414 之正常檢驗，$N=1800$，$AQL=2.5\%$，變異性未知，標準差法。自該送驗批抽取 20 根，其結果如下：0.265，0.285，0.240，0.238，0.252，0.249，0.252，0.271，0.229，0.251，0.272，0.265，0.249，0.251，0.272，0.261，0.272，0.268，0.249，0.254。試用形式 2 決定其是否允收？

第六章　工業標準

6-1　工業標準的種類

標準係指事先訂定而為人所接受的準則、規範或法則，作為執行一項事務時所遵循之依據。即提供執行一項工作之一致性基準，可視為評估一項工作之計劃，因此，標準不僅含有期望工作該完成的狀態，且含有一致性或符合一定準則之觀念。

標準化的範圍相當廣泛，非本書所能盡述，但是主要的有：尺寸規格的標準化可獲得零件互換的利益；全力投入於生產幾種形態、尺寸及等級的產品，而為產銷之最佳配合；訂定採購規範；材料及產品的驗收檢驗規範；安全的法規以保護勞工的健康和安全；建築法則，術語標準以作為規格及合約之書寫規範。

有人常認為標準化阻碍進步，但事實上，健全的標準化為動態的而不是靜態的，為了促進產品在工業間運轉，標準在於協助製程保持動態的穩定性（Dynamic Stability），因此，工業之停滯不動，不是標準使用的結果而是員工無法接受新觀念的原因。

工業標準化包含產品與材料的區分；決定產品的特性、尺寸及性能；針對產品在設計上、生產上及使用上的因素提出規範及注意事項，因此，可獲得最大的工業效率。

標準的分類方法很多，其中一種係將標準分成下列四種：

1.標準設計及標準另件

此種標準的目的在於減少不必要的設計工作及製圖工作。標準設計係建立完成一項製造或裝配作業的一致性方法，且簡化繪圖工作。

標準另件之有別於其他另件，主要係標準另件並非專用於一形號的產品，而可適用於各種形號或產品，因而其產品及另件的藍圖亦標準化而登錄於標準手册上。

2.標準規格

標準規格爲檢驗及試驗的標準方法，此標準有時附於材料規範上，其優點如下：

(1) 提供生產者生產的標準並協助達成一致性的產品品質，減少庫存種類及數量，因而減少浪費和成本。

(2) 由於使用良好品質的標準另件，故可維持產品於所需的品質水準上。

(3) 大量生產標準化的產品而獲得經濟性。

(4) 標準常爲生產者及消費者知識的結晶，便於彼此溝通。

(5) 提供設計人員選擇材料及製造方法的依據

(6) 協助採購人員採購合格且便宜的材料。

3.品質標準

一旦建立合理的標準操作方法且付諸執行，通常是可生產出令人滿意的品質，滿意的品質必須藉衡量才能獲知。而衡量必須在事先訂定標準時才能執行，品質管制亦然，必須建立標準的規範和程序才能執行。

建立品質標準必須考慮的因素有：界定品質衡量的標準；產品品質責任的劃定；建立一致衡量的程序；決定不合格產品的責任所在；不合標準產品的原因所在，並立刻謀求解決對策。

4.績效標準

衡量一產品是否符合所需品質水準的最好方法係考慮其使用績效，因爲產品的操作特性如安全性及可靠度均透過產品使用的實際績效來表示。若能設定產品的使用績效的標準，且可獲得出廠品質，而又與標準符合，一切應該是相當完美的，此種標準通常寫在產品的採購合約上。

此外，尚有工作技藝標準可作爲訓練技術人員的準則，且可作爲勞工工作或產品達成的品質標準；而產品的限度樣品如色板則爲判定產品合格與否的標準，在實際的生產作業上都極爲重要。

標準的另一種分類法，係將標準分爲公司標準、團體標準、國家標準及國際標準。一公司內部遵守及執行的標準稱爲公司標準，其內容相當多，包括成品標準，材料及半成品標準、作業標準、檢驗標準、工具及機械保養標準、倉儲標準、包裝標準及業務標準。

團體標準係由團體學會所發展及採用的標準，例如日本電氣學會規格（JEC），日本電機工業學會規格（JEM），美國電氣學會規格（IEEE)，美國電機製造協會規格(NEMA)，及美國保險協會試驗規格（UL）等具國際性權威的團體標準，例如願銷往美國及加拿大的電氣產品，都必須取得 UL 標幟，否則進口商不敢購買，因不會有銷路。

國家標準係政府所訂定而爲全國性執行之標準或規格，例如日本工業規格的 JIS，美國規格協會的 USAS，英國規格學會的 BS，德國規格協會的 DIN，法國的 NF 以及我國的 CNS 等等。

國際標準則爲推廣至國際間相互遵循的標準，目前較著名的有國際標準化機構 (ISO) 及國際電氣標準 (IEC) 。

玆將世界各國檢驗規格代號及安全規格標誌列如下，以便參考。

表 6.1 各國檢驗規格代號

國名	規格代號	
國際機構	ISO	International Organization for Standardization
〃	IEC	International Electrotechnical commission
美國	NBS	National Bureau of Standards
〃	CS	Commercial Standards
〃	FS	Federal Specifications
美國(軍用)	MIL	Military Specifications
〃	MIL-STD	Military Standard-Book Form
〃	MS	Military Standard-Drawing
〃	Army	Army Specification
〃	USAF	Air Force Specification
〃	AN	Air Force-Navy Aeronautical Specification
〃	AND	Air Force-Navy Aeronautical Design Standard

美國(一般)	ASA	American Standards Association
〃	AB	American Bureau of Shipping
〃	ACS	American Chemical Society
〃	AIEE	American Institute of Electrical Engineers
〃	AMS	Aerospace Material Specification
〃	ASM	American Society for Metals
〃	ASME	American Society of mechanical Engineers
〃	ASTM	American Society for Testing Materials
〃	EIA	Electronic Industries Association
〃	IRE	Institute of Radio Engineers
〃	NAS	National Aerospace Standard
〃	MEMA	National Electrical Manufactures Association
〃	UL	Underwriter's Laboratories
英　　國	BS	British Standards
義 大 利	UNI	Unifications
印　　度	IS	Indian Standard
埃　　及	EOS	Egyption Organization for Standardization

澳　　洲	AS	Australian Standard
加 拿 大	CSA	Canadian Standards Association
瑞　　士	SNV	Schweizerische Normen-Vereinigung
丹　　麥	DS	Dansk Standard
德　　國	DIN	Deutsche Normen
巴　　西	NB	Normas Brasileiras
紐 西 蘭	NZSS	New Zealand Standard Specification
南 非 洲	SABS	South African Bureau of Standards
法　　國	NF	Norm Francaise
瑞　　典	SIS	Sveriges Standardiseringskommision
日　　本	JIS	日本工業規格
日本(軍用)	NDS	日本防衛廳規格
中華民國	CNS	中華民國國家標準
日　　本	EIAJ	日本電子機械工業會規格

國名	規格代理	各國安全規格標誌
現使用中	CEE	歐洲 在使用的 CEE 承認 MARK 國際安全規格未承認待承認的 MARK NETHERLANDS（荷蘭）KEMA 承認 MARK NORWAY（挪威）NEMKO 承認 MARK SWEDEN（瑞典）SEMKO 承認 MARK DENMARK（丹麥）DEMKO 承認 MARK FINLAND（芬蘭）承認 MARK WESTGERMANY（西德）VDE 承認 MARK SWISS（瑞士）SEV 安全規格承認 MARK AUSTRIA（奧地利）VÖE 承認 MARK
國際	未承認	
Austria	ÖVE	
Belgium	CEBEC	
Canada	CSA	
Denmark	DEMKO	
Finland	SFS	
France	USE	
Germany	VDE	
Italy	LMA	

國名	規格代理	各國安全規格標誌
Netherlands	KEMA	ENGLISH (英國) BSI 一般承認 MARK ENGLISH (英國) BEAB 承認 MARK FRANCE (法國) USE 一般承認 MARK BELGIUM (比利時) CEBEC 承認 MARK ITALY (義大利) LMA 承認 MARK SPAIN (西班牙) 規格協會 MARK 北美洲 Canada U. S A
Norway	NEMKO	
Spain	UNE	
Sweden	SEMKO	
Switzerland	SEV	
U. S. A	UL	
English	BS	
English	BEAB	

6-2 度量標準及檢校制度

品管功能的發揮取決產品及製程特性的數量化，而數量化則透過下列有系統的程序來完成:

1.標準度量單位的決定，以便將抽象的長度、重量等轉換成可以數量化的公尺及公斤。

2.經過標準度量單位校準的儀器設備及量具。

3.利用此儀器去度量產品或製程的特性，而以數量表示之。

6-2-1 標準度量單位

於 1968 年，建立一國際標準的度量制度（簡稱 SI 度量單位制度），將公制度量單位分成七項基本單位，外加兩項補助單位及相當多項的延伸單位，玆將其特性、度量單位，符號及計算公式列如下表 6.2 所示:

表 6.2 SI 度量單位

特性	度量單位	符號	公式
	基本單位		
1.長度	公尺 (meter)	m	
2.質量	公斤 (kilogram)	kg	
3.時間	秒 (second)	s	
4.電流	安培 (ampere)	A	
5.溫度	卡文 (kelvin) 度	°K	
6.光線	燭光 (candela)	cd	
7.物質量	摩爾 (mole)	m_0	

補 助 單 位

8.平面角度	弧度 (radian)	rad	
9.立體角度	立方弧度(steradian)	sr	

延 伸 單 位

10.面　　積	平方公尺	m^2	
11.體　　積	立方公尺	m^3	
12.頻　　率	赫滋 (Hertz)	Hz	(s^{-1})
13.密　　度	公斤／公尺^2	kg/m^3	
14.速　　度	公尺／秒	m/s	
15.角 速 度	弧度／秒	rad/s	
16.加 速 度	公尺／每秒^2	m/s^2	
17.角加速度	弧度／秒^2	rad/s^2	
18.力	牛頓	N	$kg \cdot m/s^2$
19.壓　　力	牛頓／m^2	N/m^2	
20.運動黏性	公尺^2／秒	m^2/s	
21.動力黏性	牛頓一秒／公尺^2	Ns/m^2	
22.熱　　能	焦耳	J	(N•m)
23.電　　力	瓦特	W	(J/s)
24.電　　荷	庫倫	C	(A•s)
25.電　　壓	伏特	v	(W/A)
26.電場強度	伏特／m	v/m	
27.電　　阻	歐姆	Ω	(V/A)
28.電　　容	法拉第	F	A•s/V
29.磁　　流	韋伯 (weber)	wb	(V•s)
30.電　　感	亨利 (henry)	H	(V•s/A)
31.磁流密度	特斯拉 (tesla)	T	(wb/m^2)
32.磁場強度	安培／m	A/m	
33.磁 動 力	安培	A	
34.發光通量	流明	lm	(cd•sr)
35.明 視 度	燭光／m^2	cd/m^2	
36.照　　明	勒克斯	lx	lm/m^2

6-2-2 度量標準

當品質特性度量之後，其尺寸必須與標準來比較，這標準可能是一把尺，一對卡鉗或是一組塊規，但它們所表示者係用以度量一物體的準則。

將標準依其功能水準而作的直線或分類，更易於說明和使人了解，其標準通常可分為五類：

1. 工作標準：此標準係說明在一工作中心該使用的量規，如現場所使用的塞規、分厘卡等。

2. 校準標準：係指用以校正工作標準的量具，如塊規。

3. 性能標準：此標準僅用於實驗室，需要作更精密的度量及校準其他標準之用。

4. 參考標準：此標準係經政府當局認定合格而准予使用者，可代替國家標準來使用。

5. 國家及國際標準：這是所有度量標準之最後依據。

6-2-3 檢校制度

度量標準會隨着使用，甚至儲存而減損其準確度，爲了維持其準確度，必須建立度量標準的檢校制度，玆將其各項管理工作分述於下。

1. 新儀器管制

公司當局可能購入新的標準及儀器設備，事先必須經過準確度確認才能開始使用。

2. 盤存及分類

任何管理制度始於對現在所有的標準、儀器及試驗設備作一次實地盤點，以了解其現有狀況，而且每一項標準或儀器均建立一張履歷卡，以表示其製造廠商、日期、機構及性能規格、編號、檢校記錄及其他有關的資料。

3.排定檢校日程

檢校日程的目的在於事先發現其準確度將偏離標準，而預作檢查和校正，儀器毀損主要導因於使用，其次係因時間的流逝而發生，故其排程方法有:

①依日曆排程: 這是最廣泛使用的方法，訂定固定檢查週期，如三個月檢查和校正一次。

②依據實際使用量: 依據實際使用的次數，例如檢驗的產品的個數來訂定。

③依據實際操作時數: 對電機設備而言，有時很容易度量其實際操作時數，可以設計一很簡單的庫倫計，以度量其累積電流，即可度量其累積使用時數。

4.記錄和分析

保持檢查和校正記錄是必要的，其記錄內容包括:

①儀器中所發現的缺點

②造成不準確的原因及狀況

③修理及校正時間

如能將上列資料作定期分析，則可達成:

①由於儀器所顯現的穩定性，可以減少檢校次數

②重新設計新的儀器以減少其重複失靈的原因。

6-3 品質標準及國家標準

任何一家公司或工廠，為了滿足其顧客的需求且符合國家或國際

標準，都必須建立其廠內標準，作為公司品質管制工作及產品品質衡量之執行和遵循之依據。因此，於訂定公司品質標準時，必須同時考慮下列因素：

1.符合且能滿足顧客的要求

2.符合公司的品質政策

3.達成公司的整體製程能力，換言之，其製造必須在品質、成本及交期的最佳條件下進行。

4.配合外購材料、另件及組件的品質能力

5.配合人性管理，易於執行

6.符合國家標準，以便合格的生產和銷售

7.符合國際標準，以提升公司地位，以增強其產品在世界市場的競爭力。

基於上面的分析，欲建立一公司的品質標準，除了需考慮對公司的狀況（事實上，是隨各公司本身的條件，如產品種類，製造設備和方法，公司組織和政策，以及很多其他的條件而異，於此無法一一加以敍述。）外，就需收集與公司產品有關的國家標準和國際標準。電子產品及電子行業的種類非常之多，無法將所有國家和國際標準一一詳加敍述，下面僅就與電子有關的國家和國際標準作概略性的介紹，讓讀者有個概念和方向去找尋所需的資料。

1.中國國家標準

中國國家標準，簡稱 CNS 有關品質管制方面的標準共有 30 種；而有關電子工程的一般標準有 203 種（自 C5001～C5203），其檢驗標準則有 253 種（自 C6001～C6253），其電子儀器零件之標準則有 178 種（自 C7001～C7178）。現僅列品質管制標準如下：

CNS Z 4001　品質管制常用符號

CNS Z 4002 品質管制指南
CNS Z 4003 分析數據用的管制圖法
CNS Z 4004 品質管制詞彙
CNS Z 4005 生產過程中管制品質用管制圖法
CNS Z 4006 計數值檢驗抽樣程序及抽樣表
CNS Z 4007 規定極限值之有效位數指示法
CNS Z 4008 機械性質試驗用術語之定義
CNS Z 4009 評估各批或各製程之平均品質所用樣本大小之選擇實務
CNS Z 4010～CNS Z 4017 有關假說檢定之標準
CNS Z 4018～CNS Z 4021 有關區間推定的標準
CNS Z 4022 隨機抽樣法
CNS Z 4023 計量值檢驗抽樣程序及抽樣表
CNS Z 4024 個別值與移動全距管制圖
CNS Z 4025～CNS Z 4028 有關假說檢定之標準
CNS Z 4029～CNS Z 4030 有關區間推定之標準

2.日本工業標準

日本工業規格，簡稱 JIS，JIS 有關驗收抽樣及管制圖之標準相當多，主要的有下列幾種:

JIS Z 9001 抽樣檢驗的一般原則
JIS Z 9002 計數規準型一次抽樣計劃
JIS Z 9003 計量規準型一次抽樣計劃（變異數已知）
JIS Z 9004 計量規準型一次抽樣計劃（變異數未知）
JIS Z 9006 計數選別型一次抽樣計劃
JIS Z 9008 計數連續生產型抽樣計劃

JIS Z 9009　計數規準型逐次抽樣計劃

JIS Z 9010　計量規準型逐次抽樣計劃（變異數已知）

JIS Z 9011　計數調整型一次抽樣計劃

JIS Z 9015　計數調整型抽樣計劃

JIS Z 9021　管理圖法

JIS Z 9022　中位數管制圖

JIS Z 9023　X管制圖

JIS Z 9041～JIS Z 9049　有關假說檢定之標準

JIS Z 9050～JIS Z 9053　有關區間推定之標準

JIS Z 9054～JIS Z 9057　有關假說檢定之標準

JIS Z 9058～JIS Z 9059　有關區間推定之標準

3.美軍標準

有關美軍標準，其項目之衆多更是不勝枚舉，茲以品質保證系統及常見的抽樣檢驗表列如下：

①計數值抽樣檢驗表　MIL-STD-105D

②計量值抽樣檢驗表　MIL-STD-414

③計數值連續生產型抽樣計劃　MIL-STD-1235

④品質保證術語及定義　MIL-STD-109

⑤品質計劃要件　MIL-Q-9858

⑥檢驗系統要件　MIL-I-45208

⑦校準系統要件　MIL-C-45662

⑧品質管制系統要件　MIL-T-50301

⑨供應商品質保證要件　MIL-STD-1535-USAF

⑩品保抽樣程序及方法　DSAM 8260.1

⑪品保形式及程序手册	DSAH 8230.1
⑫計數量多階連續抽樣程序及表	手册 H106
⑬計數量單階連續抽樣程序及表	手册 H107
⑭品質管制一般規格	MIL-Q-14461
⑮品質管制要件一般設備	MIL-Q-5923
⑯可靠度報告	MIL-STD-1304
⑰可靠度評估	MIL-STD-756
⑱可靠度試驗指數分配	MIL-STD-781
⑲電機設備之可靠度保證計劃	MIL-R-25717
⑳電子另件規格可靠度保證計劃	MIL-STD-790
㉑發展地面電機設備之可靠度要件	MIL-R-27070
㉒船用電機設備之可靠度要件	MIL-R-22732
㉓船用電子設備之可靠度要件	MIL-R-22732
㉔電子設備生產可靠度一般規格	MIL-R-19610
㉕集體電路可靠度評估	MIL-STD-1600
㉖壽命週期產品品質計劃要件	OD 46574

世界各先進工業國家對電子元件均訂有檢驗規格,以供業界使用,現將國內工業界常用的國家標準,包括中華民國的 CNS,日本的 JIS 及美國電子工業協會的規格系列列如下表 6.2,6.3,6.4。

表 6.3

電容器檢驗規格		
電容器檢驗規格	中華民國國家標準	——電解電容器（普通級）—CNS-2318
		——電解電容器（特殊級）—CNS-2319
		——固定陶質電容器（溫度補償）—CNS-3516
		——固定塑膠膜電容器（M特性）—CNS-4708
		——固定塑膠膜電容器（S特性）—CNS-4709
	（美國）電子工業協會	——電解電容器—EIA-RS-395-1
		——固定陶質電容器—EIA-RS-198-B
		——固定塑膠電容器—EIA-RS-164-A
	日本工業規格	——電解電容器—JIS-C-5141
		——固定陶質電容器（高介質）—JIS-C-6422
		——固定陶質電容器（溫度補償）—JIS-C-6423
		——固定塑膠膜電容器（M特性）—JIS-C-5113
		——固定塑膠膜電容器（S特性）—JIS-C-5114

表 6.4

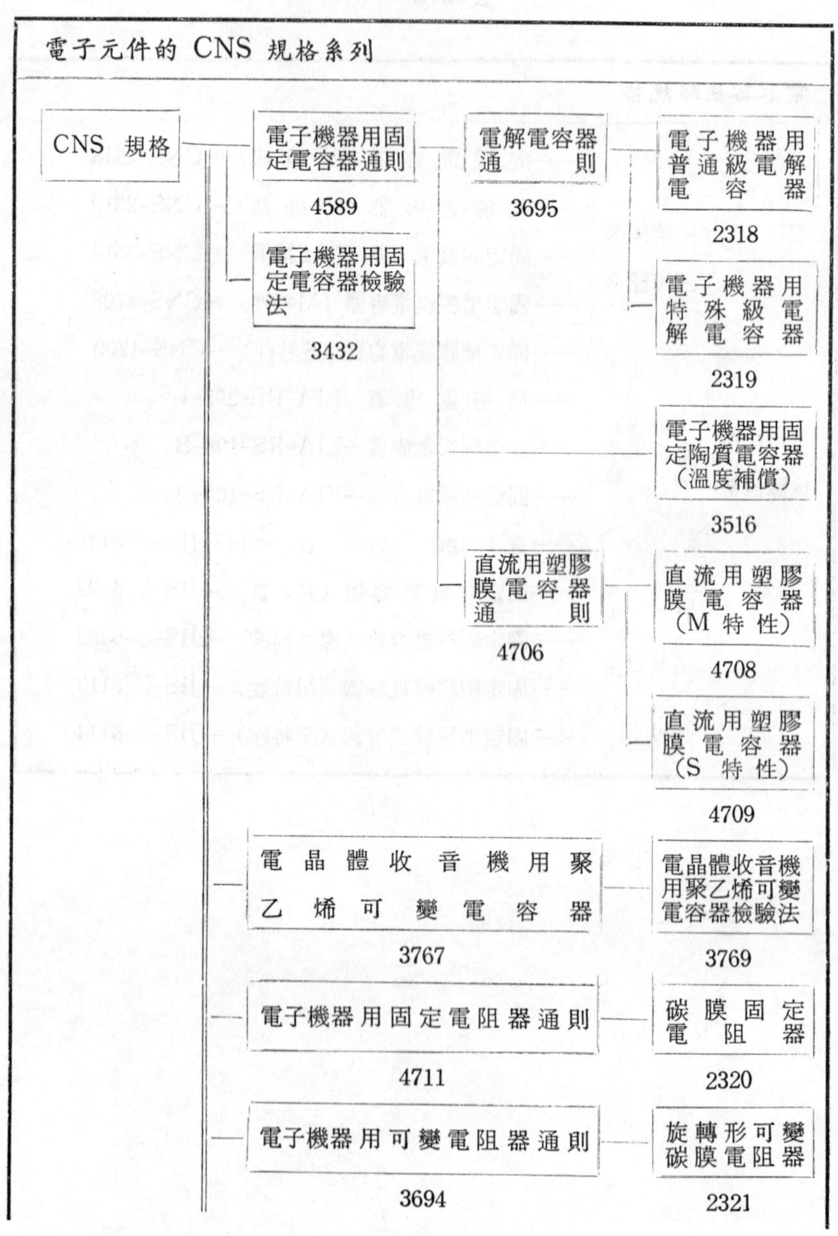
電子元件的 CNS 規格系列
CNS 規格
電子機器用固定電容器通則
4589
電子機器用固定電容器檢驗法
3432
電解電容器通則
3695
電子機器用普通級電解電容器
2318
電子機器用特殊級電解電容器
2319
電子機器用固定陶質電容器（溫度補償）
3516
直流用塑膠膜電容器通則
4706
直流用塑膠膜電容器（M 特性）
4708
直流用塑膠膜電容器（S 特性）
4709
電晶體收音機用聚乙烯可變電容器
3767
電晶體收音機用聚乙烯可變電容器檢驗法
3769
電子機器用固定電阻器通則
4711
碳膜固定電阻器
2320
電子機器用可變電阻器通則
3694
旋轉形可變碳膜電阻器
2321

- 電訊用小型電源變壓器檢驗法

1264

- 電晶體收音機用中頻變壓器檢驗法

3771

- 電晶體檢驗法

3997

- 小信號用二機體檢驗法

3998

- 電力揚聲器檢驗法

1265

- 電唱機拾音頭

表 6.5

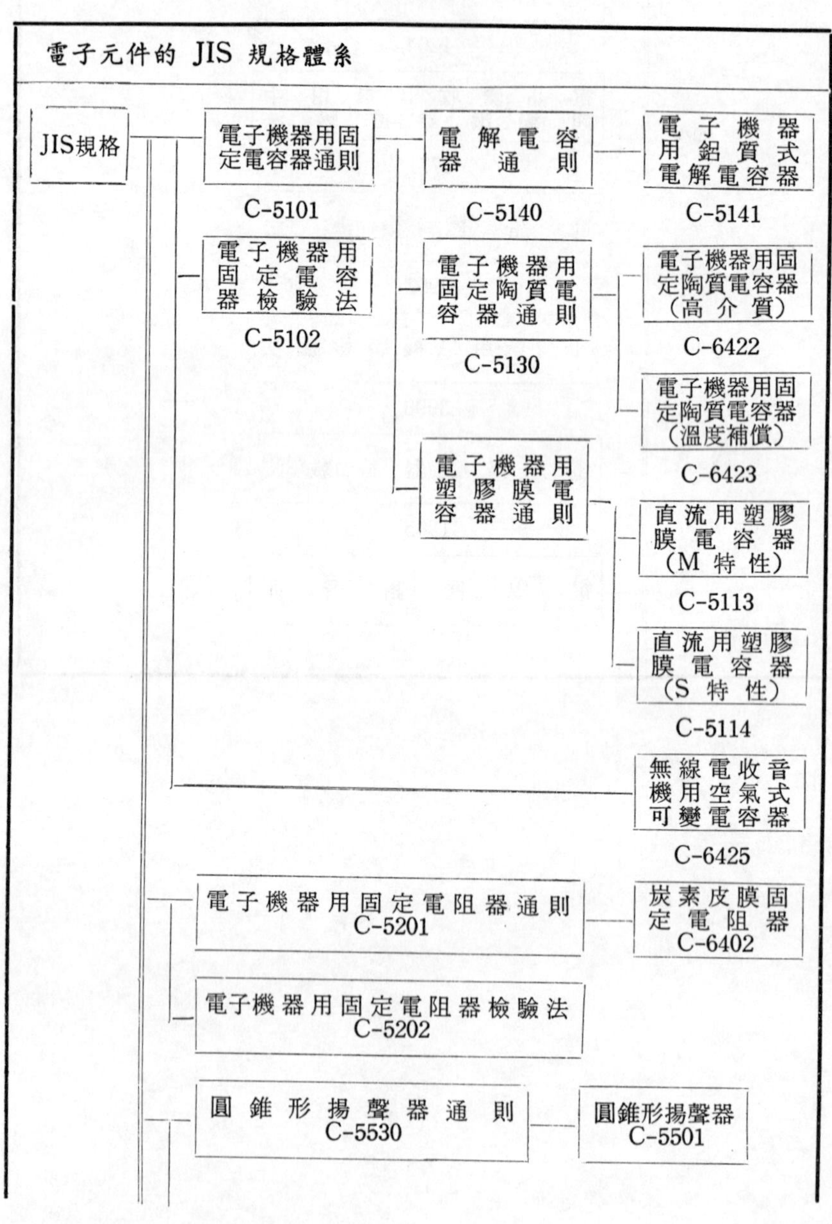
電子元件的 JIS 規格體系
JIS規格
電子機器用固定電容器通則
C-5101
電解電容器通則
C-5140
電子機器用鋁質式電解電容器
C-5141
電子機器用固定電容器檢驗法
C-5102
電子機器用固定陶質電容器通則
C-5130
電子機器用固定陶質電容器（高介質）
C-6422
電子機器用固定陶質電容器（溫度補償）
C-6423
電子機器用塑膠膜電容器通則
直流用塑膠膜電容器（M 特性）
C-5113
直流用塑膠膜電容器（S 特性）
C-5114
無線電收音機用空氣式可變電容器
C-6425
電子機器用固定電阻器通則
C-5201
炭素皮膜固定電阻器
C-6402
電子機器用固定電阻器檢驗法
C-5202
圓錐形揚聲器通則
C-5530
圓錐形揚聲器
C-5501

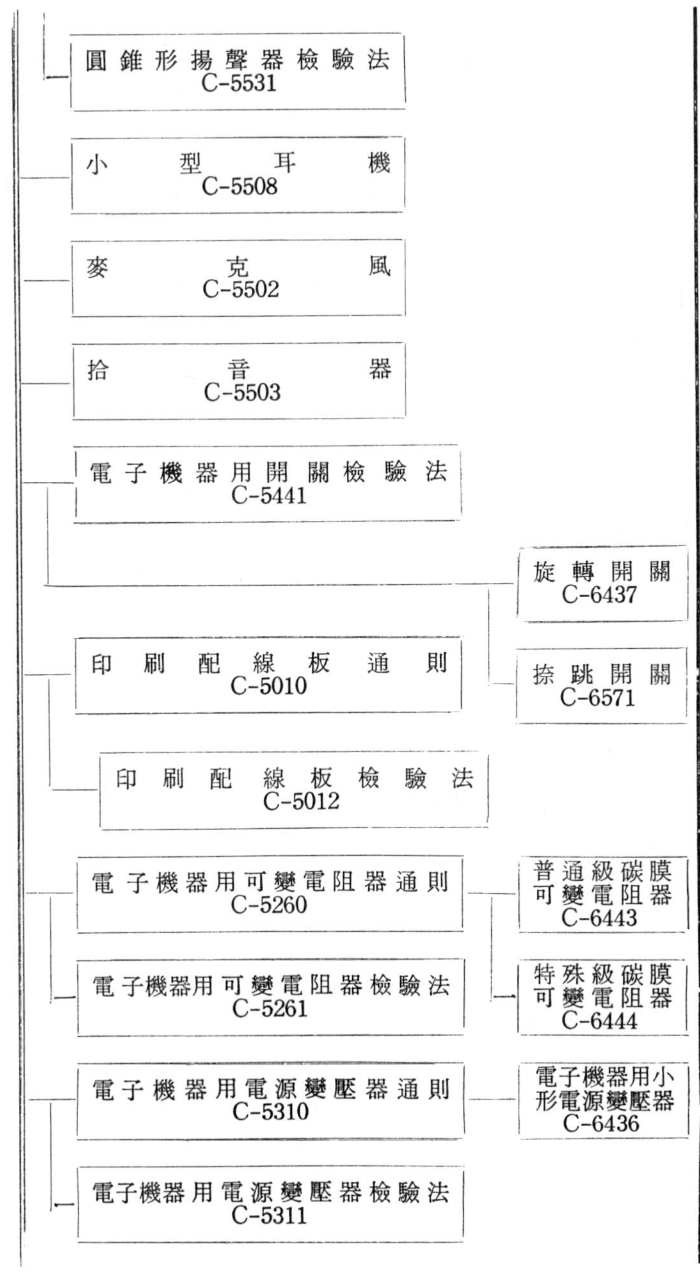
圓錐形揚聲器檢驗法
C-5531
小型耳機
C-5508
麥克風
C-5502
拾音器
C-5503
電子機器用開關檢驗法
C-5441
旋轉開關
C-6437
捺跳開關
C-6571
印刷配線板通則
C-5010
印刷配線板檢驗法
C-5012
電子機器用可變電阻器通則
C-5260
普通級碳膜可變電阻器
C-6443
電子機器用可變電阻器檢驗法
C-5261
特殊級碳膜可變電阻器
C-6444
電子機器用電源變壓器通則
C-5310
電子機器用小形電源變壓器
C-6436
電子機器用電源變壓器檢驗法
C-5311

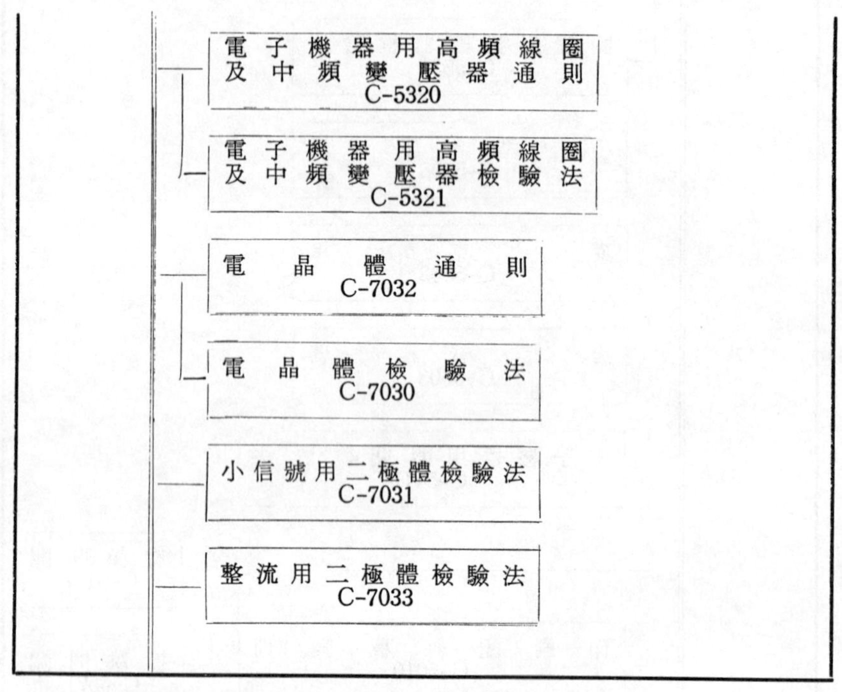

現以 JIS-C-6402 標準爲例，說明其標準之內容：

1.適用範圍：本標準適用於電氣通信機器，電氣測試器及其他電子應用機器用之碳膜固定電阻器。

2.額定：

額定電力：額定電力爲在周圍溫度 40°C（特性XYZ）及周圍溫度 70°C（特性A、B）以下能適用連續使用之最大電力值，而且爲能合於「負載壽命」所示之數値，對各形狀之額定電力如表 6.6(a)及（b）所示。

表 6.6 (a)

形　　狀	⅛L,⅛P	¼L,¼P	½L,½P	1L,1P	2L,2P
額定電力 W	0.125	0.25	0.5	1	2
最高使用電壓V	250	300	350	500	750
最高過負載電壓V	400	600	700	1000	1500
最高脈衝電壓V	500	750	1000	1500	2000

表 6.6 (b)

	3L	4L	8L
額定電力 W	3	4	8
最高使用電壓 V	750	750	1000
最高過負載電壓 V	1000	1500	2000

若周圍溫度超過上述溫度時額定電力之減少率如下圖。

額定電壓: 額定電壓爲對應於額定電力之直流或交流電壓，可由下列公式求得，若求得之額定電壓超過表 6.6 (a) 及 (b) 所示之最高使用電壓即以最高使用電壓爲額定電壓 $E=\sqrt{PR}$

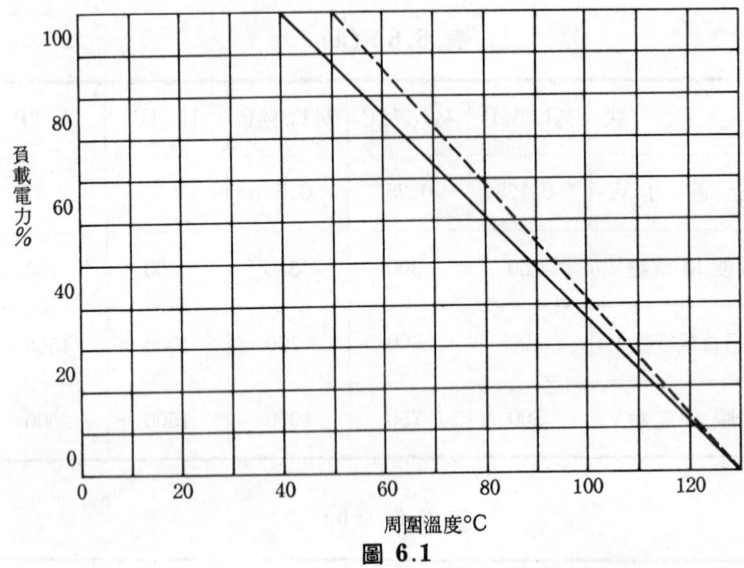

圖 6.1

近代電子產品愈來愈精密，其組成另組件愈來愈多，任何一個另組件的失靈可能導致整個產品的失靈，因此，電子產品的壽命及其可靠度成爲最重要的品質特性之一，尤其電子另件的可靠度又決定了產品可靠度的大小，因此，電子另組件的壽命就顯得特別的重要。

依據美軍 MIL-STD-202E 標準，係針對電子及電機另件建立一套完整的試驗方法，其中包含環境試驗以及物理與電氣方面的試驗；而其所涵蓋的零組件有電容器、電阻、開關、繼電器、變壓器及插座等。

標準所列的試驗項目，試驗方法和條件以及試驗的判定標準非常之多，限於篇幅，無法一一加以說明，茲就幾項試驗之內容加以說明，讓讀者能了解標準之概略，同時於其試驗判定標準中引入 CNS, JIS, NDS, MIL, IEC 及 EIA 等標準，以便加以比較。

(1) 鹽水噴霧（腐蝕）(Salt Spray) (101)

表 6.7

編號	項目		性能 特性 X	Y	Z	A	B
1	形別的額定電力及最高使用電壓。	⅛L，⅛P	0.125W，250V	0.125W，250V	0.125W，250V	0.125W，250V	0.125W，250V
		¼L，¼P	0.25W，300V	0.25W，300V	0.25W，300V	0.25W，300V	0.25W，300V
		½L，½P	0.5W，350V	0.5W，350V	0.5W，350V	0.5W，350V	0.5W，350V
		1L，1P	1W，500V	1W，500V	1W，500V	1W，500V	1W，500W
		2L，2P	2W，750V	2W，750V	2W，750V	2W，750V	2W，750V
		3L	—	3W，750V	3W，750V	—	—
		4L	—	4W，750V	4W，750V	—	—
		8L	—	5W，1000V	5W，1000V	—	—
2	額定電力在負載時之最高周圍溫度		40°C	40°C	40°C	70°C	70°C

3	使用溫度範圍		−55°C ～ +125°C	−40°C ～ +125°C	−25°C ～ +125°C	−55°C ～ +125°C	−40°C ～ +125°C
4	溫度係數 PPMC	100KΩ 未滿	+350 ～ −350	+350 ～ −500	+300 ～ −500	350 ～ −350	+350 ～ −500
		1MΩ 未滿	+350 ～ −500	+350 ～ −700	+350 ～ −700	+350 ～ −500	+350 ～ −700
		1MΩ 以上	+350 ～ −180	+350 ～ −1000	+350 ～ −1000	+350 ～ −800	+350 ～ −1000
5	電阻值最大容許變化量 ±1%	短時間過負荷	0.75	1	—	0.75	—
		耐濕負荷壽命(1)	5	10	10	5	10
		負荷壽命(2)	1～3	2～5	·2～5	2～4	3～6
		焊錫浸沾	0.5	1	1	0.5	1
		溫度循環	1	—	—	1	—
		耐振性	1	—	—	1	—
		脈衝特性	0.75	—	—	0.75	—
備註	(1) 51KΩ以上皆適用　(2) 其特性依表增減　(3) 100Ω 以上者適用						

鹽水噴霧試驗是利用霧狀鹽水噴在樣品上之試驗（如果認淸噴霧試驗箱的缺點及極限，値得做此試驗的價値）．本來此試驗之對象是附有保護被覆或無被覆的金屬，在海洋的環境中所受影響之模擬加速侵蝕試驗（而設定之規格）但一般都誤認，若通過此模擬試驗，則無論有否保護被覆的金屬，都能保證此試驗的權威性，這是過去被一般人所誤會的解釋，依據試驗的經驗判斷，對鹽水噴霧而浸蝕的抗阻性或其他媒介條件之浸蝕性或是海洋大氣或者海水所影響的結果判斷，本試驗無直接的關連性存在，但對於實際的使用試驗與在實驗室的模擬試驗之相比下，若已獲得像鋁合金之類，有實際實驗紀錄存在之條件下，本試驗則可當作各個樣品的比較，並作爲參考資料，有人以鹽水噴霧試驗作爲浸蝕性的比較或駕測材料的使用壽命的觀念，對這一點完全爲無依據不可信賴的，本試驗是一種對金屬或非金屬，評價材料被覆的均一性，若爲此目的而做的試驗才有意義，如前段所述，像鋁合金之類確有標準的實驗成績或紀錄數據，對同一批材料之比較而言，本試驗方能發生有效結果，同時可以當作同一批材料之選擇試驗，本試驗尙可應用在探知腐蝕生成物對其他金屬表面之汚染或檢查游離鐵的存在。

本試驗含意卽 Federal Standard 151 Metal Test Method (Federal 標準規格，金屬試驗法）所記載之 The Salt-Spray(fog) test 相同。

(2) 振動試驗（Vibration）(201)

振動試驗主要於電子機器在使用中所受振動之影響，而判定零組件之耐振力，零組件在使用中所受之振動，雖然非單振動性，如搬運中之振動，頻率範圍廣泛，振幅幅度以及搬運工具而有差別，因此要符合實際情形之振動條件，很難實現，本規格爲假設之一種，以一般遭

表 6.8 鹽水噴霧試驗

條件＼規格		CNS	JIS	NDS	MIL	IEC	EIA
試驗前處理							
試驗前測試							
前處理	金屬皮膜		適宜的清洗	同左	同左		適宜的清洗
	漆或非金屬皮膜		不可清洗				
	支持物或接觸部份		用適宜的皮膜保護	同左	同左		用適宜的皮膜保護
試驗前測試			個別規格	個別規格			
試驗條件	濃度		5±1% 或 20±2%鹽水	同左	同左		5±1% 或 20±2% 鹽水
	比重		5% 1.0268-1.0413	5% 1.029-1.041	5% 1.0268-1.0413		5% 1.027-1.041
			20% 1.126-1.157	20% 1.126-1.157	20% 1.126-1.157		20% 1.126-1.157
	PH		6.5-7.2(35°C)	同左	6.5-7.2 (33.9-36.1°C)		6.5-7.2(33.3-36.7°C)
	溫度		35±2°C	35^{+1}_{-2}°C	$35^{+1.1}_{-1.7}$°C		$35^{+1.1}_{-1.7}$°C
	壓力		0.7-1.8 kg/cm^2	0.85-1.27kg/cm^2	0.84-1.27kg/cm^2		0.84-1.27kg/cm^2
	噴霧量		16h 噴霧量之平均值	同左	同左		16h 噴霧量之平均值
			0.5-3.0cc/n				0.5-3.0cc/n
	樣品之支持		垂直爲準 15-30°C	同左	垂直爲準 15°		垂直爲準斜 15-30
	試驗時間		96±4h	A96±4h			16h 24h
			48±4h	B48±2h			48h 96h
			24±2h				240h 480h
			16±1h				720h±3%
最後處理			常溫水洗	乾燥或 38°C 以下之水清洗	37.8°C以下之水清洗		37.8°C 以下之水清洗
最後測試			個別規格	同左	同左		個別規格

遇之幅度爲基準而設定，振動試驗對零組件結構方面之設計甚有價值，而應用於預先保護措施，施於零阻件上之設計提供資料。振動試驗使機器各部份的鬆懈，機器性能的降低，增加機器使用中的雜音、劣化，以及物理性的應力而產生龜裂等，另外作爲機器之疲勞試驗，如 MIL-E-16 之檢驗規格中，以 25Hz 頻率做 96 小時長之試驗後，測機器之耐疲勞性，對選擇材料方面之設計工作上甚有幫助價值。

表 6.9 振動測驗

條件＼規格	CNS	JIS	NDS	MIL	IEC	EIA
試驗前處理						
試驗前測試		個別規格	同　左	同　左	同　左	同　左
試驗條件　固定法		原則上固定法 重量15kg以上或直徑14mm以上，或長度爲40mm以上之樣品須要固定				
試驗條件　頻率		10-55-10 Hz	同　左	同　左	同　左	同　左
試驗條件　振幅(全)		1.5mm	〃	1.52mm	1.5mm 0.75mm	1.52mm 0.76mm
試驗條件　循環時間		一　分	〃	同　左	一　分	一　分
試驗條件　一方向之時間		2h	〃	〃	2h 40min	2h 80min 40min
試驗條件　試驗方向		x.y.z 三方向	〃	〃	同　左	同　左
試驗條件　總共試驗時間		6h	〃	〃	6h 2h	6h 4h 2h

負荷電壓		個別規格	〃	儘量加上	個別規格	個別規格
件						
回　　復		個別規格	同　　左	同　　左	同　　左	同　　左
最後測試		個別規格	同　　左	同　　左	同　　左	同　　左

(3) 衝擊試驗 (Shock) (202)

衝擊試驗爲粗雜的操作，或在實驗室中由於粗心而掉下，或者運搬中所引起之落下等，模擬激烈的衝擊力之下，無論零件有否保護措施，或附有補助固定設備與否，經過本試驗後，判定零件之耐衝擊性，此種衝擊可以使機器或零件變亂性能，機器性的損壞與鬆懈，同時衝擊之振動性產生機件的龜裂，此試驗機本來的設計目的爲測試加速衝擊力而開發，以後才擴張並應用於小型零件之衝擊測試，此試驗機之設計係模擬於一般落下狀態或車輛在搬運途中跳躍的狀態，於實驗室裏再視顯示爲目的，經過衝擊試驗後，可獲得詳細資料，而幫助材料結構設計方面之參考。

表 6.10 衝擊試驗

條件 ＼ 規格	CNS	JIS						NDS			MIL	IEC
試驗前處理		個別規格										
試驗前測試		個別規格										
條件 ＼ 種類		A		B		C	D					
適用範圍		重量 20kg 以下		重量 10kg 以下		重量（小型） 2kg 以下	簡單試驗檢查構造缺點					
		體積 20×10cm		體積 20×10cm		小型						
試驗設備		砂鉛式衝擊機				硬質木材	衝擊用鐵鎚	砂鉛衝擊試驗機			同左	
試驗方法		自然落下		自然落下		落下在木材上	用鐵鎚輕打	自然落下			〃	
試驗條件		加速度 g	時間 ms	加速度 g	時間 ms	落下高度 cm	鐵鎚動程	加速度	時間	高度	〃	
		15	11	10	20以下	5	35-55mm	g	ms	cm	〃	
				15	〃	10		15	11	10	〃	
				20	〃	20						
		30	11	30	〃	30		30	11	33	〃	
		50	11	50	〃	50						
				75	〃			76	11	76	〃	
		100	4	100 +2%	〃							

表 6.11 衝擊條件

條件＼規格	CNS	JIS				NDS	MIC	IEC
落下方向		a 底面下				a 底面下	同左	
		b 前面下				b 前面下	〃	
		c 右面下				c 右面下	〃	
		d 背面下				d 背面下	〃	
		e 左面下				e 左面下	〃	
		f 上面下				f 上面下	〃	
一方向之試驗次數		3 次	3 次	3 次	5 次	3 次	3 次	
試驗總次數		18 次	9 次	3 次	18 次	18 次	18 次	
負荷電壓		個別規格				個別規格	個別規格	
最後測試		個別規格				個別規格	個別規格	

6-4 安全標準

安全標準是爲了不懂電學及電器性能之使用者而訂定的標準，從安全的觀點，針對電子另件、組件、產品及系統等制定標準以保護社會大衆的安全。

電氣造成人體及財產的損害主要係電擊造成人體傷害以及因過熱或漏電所可能引發的火災，造成財產及生命的損害。過熱主要導因於電流、安全係數及絕緣耐熱等因素，而電擊主要發生於設備內部的高電壓及絕緣電阻的劣化。基於此，爲了保障人類生命及財產安全，對材料之耐熱性、容許電流、絕緣等級，耐壓規定，機械強度及衝擊強度等等，都應有其規定的必要。

根據國際電氣標準IEC (International Electrotechnical Commission) 之安全規格 IEC 335，其適用範圍爲家用器具、產業用器具、烹調用電器、電熱器、馬達及電磁驅動之器具。

其考慮的安全規格之項目如下:

1. 絕緣: 考慮絕緣電阻、絕緣距離及絕緣耐電壓等。
2. 機構: 考慮電源接續、機械強度及預防電擊的結構等。
3. 安全: 考慮漏電流及電磁干擾等。
4. 運轉: 過載運轉及溫升。
5. 標示: 額定標示、絕緣機構。
6. 其他如耐熱、耐燃性、耐濕性及耐久性等。

上列各安全項目，隨其不同產品或器具均各有其安全標準，其內容相當多，不能一一加以敍述，茲以電線、電纜之安全電流爲例，隨着器具的額定電流之不同，其所用電線或電纜之公稱截面積不得小於

下表所列數值:

表 6.12

器具之額定電流 (A)	公稱截面積 (mm²)
6以下 (含)	0.75
6～10以下 (含)	1
10～16以下 (含)	1.5
16～25以下 (含)	2.5
25～32以下 (含)	4
32～40以下 (含)	6
40～63以下 (含)	10

我國國家標準 CNS 對電器、電子及其相關產品亦訂有其安全標準，只是分散各別產品的標準中，茲以 600V 塑膠 (聚氯乙烯) 絕緣電線爲例，電線需考慮的安全項目主要有: 耐電壓及絕緣電阻。

電線之耐電壓有二種試驗，其一爲火花試驗，其標準爲在 7500V 電壓需能耐 0.15 秒鐘以上時間才是合格的。另一爲水中耐電壓試驗，其耐壓數値隨導體外徑之不同而異，茲列如下:

表 6.13

產品類別	外徑 (約) mm	試驗電壓	耐壓最小時間
單線	0.8～3.2	1500	1分鐘
	4.0～5.0	2000	
絞線	1.2～3.6	1500	
	4.8～6.9	2000	
	7.8～13.0	2500	
	14.5～20.7	3000	
	23.4～28.8	3500	
花線		1000	

此外，花線尚需在空氣中耐電壓 3000V，其時間亦爲一分鐘。

又電線之絕緣電阻，其試驗分爲常溫（20°C）及高溫（60°C）兩種情況試驗其絕緣電阻值，規定最小絕緣電阻值，其標準亦隨產品類別而異，列表如下：

表 6.14

產品類別	外徑（約）mm	最小絕緣電阻 MΩkm	
		20°C	60°C
單線	0.8～1.6 2.0～5.0	60 40	0.2 0.15
絞線	1.2～1.8 2.4～4.8 6.0～9.0 10.0～16.1 18.2～28.8	60 40 30 20 10	0.2 0.15 0.1 0.07 0.03
花線		5	0.01
			75°C 下之絕緣電阻爲 0.005MΩkm 以上

6-5　外型及標誌標準

外型標準係針對產品的包裝而言，所謂包裝係指用適當的材料或容器以保護產品之價值及狀態，便利運送和儲存，並能發揮識別和招徠的功能，一般的觀念或認爲只有粉質或液體的產品才發生包裝問題，其實在各種生產事業中隨時而且到處都有包裝問題，我們日常所接觸的形形色色的箱子、瓶子、罐子、盒子、袋子等都是包裝物，包裝是生產事業營業活動的一部分，是一種科學，也是一種藝術，由於包裝精美與否所給顧客的印象，亦能影響產品的銷路，所以包裝設計的目的，乃使其隨時隨地做產品的優良廣告員，良好的包裝設計不論企業大小，都值得利用，玆將研究包裝設計應注意的事項列述如下:

6-5-1 良好的包裝應具有之功能

良好的包裝應依產品之性質和需要之不同，而發揮以下各項之功能:

1. 保護產品

貨品由生產者傳遞至消費者的過程中，或者當消費者保存貨品的時間，其中要經過相當長的時間或無數次的搬運，一定要有良好的包裝才能防止產品的損壞、散落、或污染，以保持產品的價值。

2. 便於使用

凡貨品應用罐子、瓶子、箱子或筒管之類的容器送達顧客手中後，最好能直接使用，而且一定要設計得使消費者感覺很方便合用，例如有噴嘴裝置的瓶罐等。

3. 維護安全

有些產品具有腐蝕性、爆炸性、或有異臭等，則包裝物必須要防止產品在傳遞過程中或使用期間，發生意外而傷害到周圍的人或物，以保障使用之安全，例如用鋼筒裝置液體煤氣等。

4. 利於識別

工業化的國度裏，工資昂貴，故零售市場中儘量減少人手，在沒有售貨員的超級市場 (Super-Market) 或自助商場 (Self-service Market) 中，包裝就需有替代廣告，或具有識別的功能，才能利於產品的出售。

5. 指示說明

有些產品因顧客不瞭解其功能或使用方法，而不敢冒然購買，故包裝上應儘可能附以挿圖或說明，以發生指示作用，例如藥瓶上的服法及功效說明等。

6.能反覆使用或作其他用途

有些包裝容器必須經久耐用，俾供經常使用以節省費用，例如液化煤氣桶，至於設計精美別緻的瓶罐則可作盛器，或其他容器，長年使用或陳列可產生高度的廣告作用，或推廣營業的機會。

6-5-2　包裝的種類

包裝依其性質之不同可分爲內部包裝與外部包裝兩種。

1.內部包裝

內部包裝係指爲維持產品之品質，避免水浸、熱潮、透光或撞擊等損傷， 以適於材料或以保護產品之狀態及功效， 故此種包裝之設計，應異於其他廠商之同種或同類商品之包裝，宜具有識別及誘人的吸引力。

2.外部包裝

外部包裝係指將產品裝入箱、盒、袋或桶等容器內，予以捆縛附予標記，以便運送或保管，故其包裝材料應堅固，且需完全保護產品之品質，並應注意其重量及體積，以求搬動及運輸之方便。

6-5-3　包裝容器及材料之選擇

通常使用之包裝容器約有以下幾項:

1.紙製品——如紙袋、紙盒、紙箱及紙筒等。

2.塑膠製品——如塑膠袋、塑膠盒、塑膠箱及塑膠筒等。

3.玻璃製品——如玻璃瓶、玻璃罐等。

4.木製品——如木盒、木箱、木桶等。

5.金屬製品——如各種金屬的桶、罐、盒、箱等。

常用的包裝材料有以下幾項:

1.防水材料——如柏油紙、塑膠紙、鋁箔及其他化學製品。

2.防油材料——如防油紙及防油纖維膜等。

3.襯墊材料——如橡膠海綿體、塑膠泡棉、毛墊、木絲、玻璃絲及瓦楞紙板等。

4.打包材料——如紙帶、鋼絲、鋼條及各種釘扣等。

5.封接材料——如膠紙、膠帶及各種黏料。

包裝的主要目的已如上述,簡言之,則為保護商品、便利使用、維護安全、利於識別、指示說明及能反覆使用或作其他用途等,因此,包裝容器及包裝之材料必須依產品之性質及包裝之目的而加以適當的選擇。

由以上的分析可知包裝設計不但需要考慮視覺的藝術,還應當考慮到包裝的功能,所以包裝之設計,應從包裝之製作到顧客買受之間的全部過程,及有關的各個步驟。包裝之本身雖不附帶任何價值,但要能保護產品的價值,從「防護」的觀點看,包裝的作用在使貨品不受損害,從「銷售」方面看,包裝可對消費者發生吸引力,所以包裝又可以分為工業包裝及商業包裝兩種,工業包裝着重於保護,如機器之裝運,商業包裝着重在銷售,如消費品之包裝,當然有些產品,如化學藥品等之包裝則應具有以上兩種性質,既要保護產品,又要利於銷售。

6-5-4 標誌標準

當產品已獲得安全且適當的保護之後，就必須考慮如何如期如數的送達收貨人手中，因此，如果產品外部包裝的標誌不當或錯誤，可能造成送錯地點、延遲交貨或因搬運方法失當而造成產品的損傷，其對公司及顧客的損失可說非常之大。

有關產品的標誌，通常在其外箱上標誌產品名稱、數量、裝箱日期、裝箱單號碼、運送地點、承製廠商名稱及地址、訂單號碼等等，當然買賣雙方另有特殊規定者，亦當標誌之。

此外，外箱上尚需標誌者有搬運注意的標誌，如「切勿受潮」，「勿用手鈎」等等。另外包裝的內容物若爲危險物品時，亦應標誌。茲將 CNS 上所規定的標誌圖案及意義列如下，以供參考。

運搬用圖案標誌

圖 6.2　易碎物品，小心運搬

圖 6.3　勿用手鈎

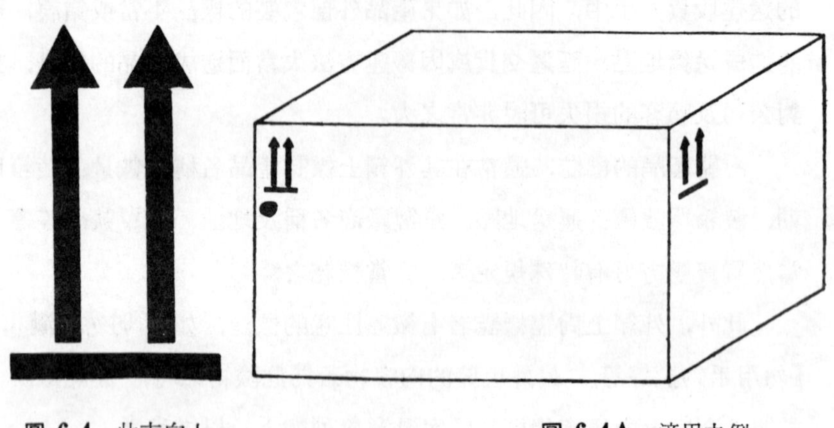

圖 6.4 此方向上　　圖 6.4A 適用之例

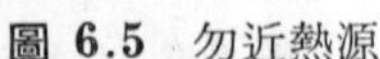

圖 6.5 勿近熱源

圖 6.6 吊索位置

圖 **6.6A**　適用之例

圖 **6.7**　切勿受潮

FOTO

圖 6.8 易感光之照相材料，儲存勿近熱源及放射性來源

圖 6.9

危險物之標誌

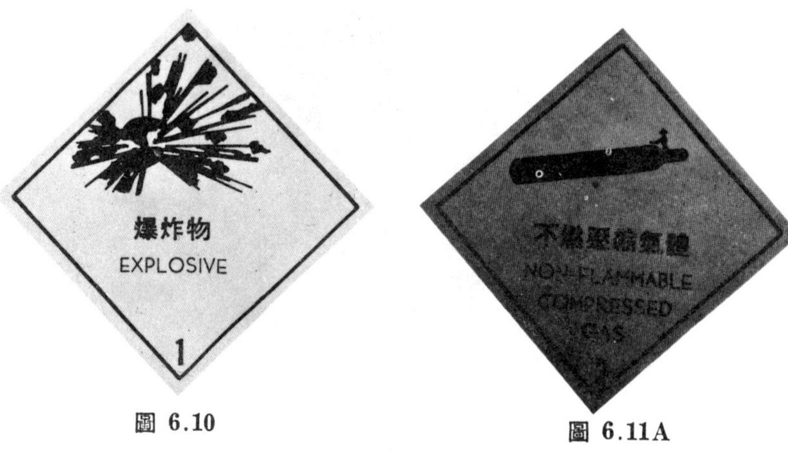

圖 6.10

圖 6.11A

圖 6.11B

圖 6.11C

圖 6.12

圖 6.13A

自燃物質
SPONTANEOUSLY
COMBUSTIBLE
4

圖 6.13B

遇濕危險物質
DANGEROUS
WHEN WET
4

圖 6.13C

圖 614A

圖 6.14B

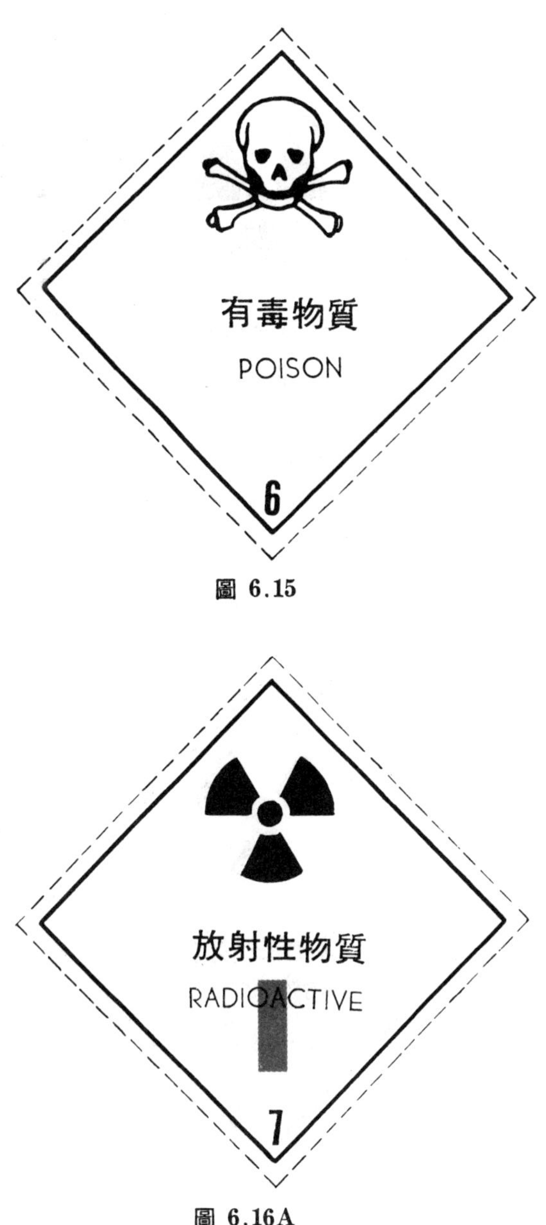

圖 6.15

圖 6.16A

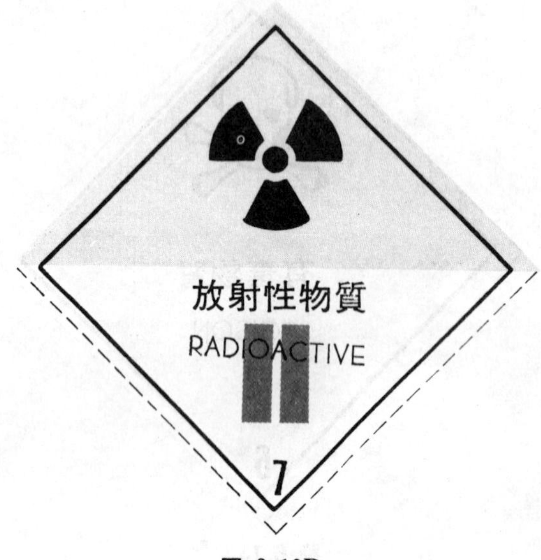

圖 6.16B

圖 6.16C

圖 6.17

6-6 電磁干擾標準

電磁干擾 (Electromagnetic Interference) 係指一電磁設備，受到操作中放射機器之干擾而使其發生減能的現象，換言之，任何的放射、輻射或感應會危及無線電導航服務或其他安全功能或使無線電通信功能嚴重變劣、中斷或重覆中斷者稱爲電磁干擾。

發生電磁干擾的機器裝置通常可分成下列幾種:

1. 偶然放射裝置: 雖非有意設計，但操作時可能放射射頻能量（Radio Frequency Energy）的裝置。

2. 限制放射裝置: 即於設計該裝置時，就蓄意使之放射射頻能量，其又包含下列幾種:

a. 低功率通訊裝置: 在限制放射裝置中，除了應用傳導或引導射頻技術外，凡用於發射記號、信號、文字、影像、聲音等均稱之，例如無線電麥克風、聲音振盪器、遙控器等。

b.電視廣播接受器。

c.聽覺訓練機：用於聽覺障碍人士的發射機或接收機

限制放射裝置的一般規定：

1.在能完成其功能目的下，儘量使用最低的功率。

2.儘量使之產生射頻電流，以免干擾。

3.在距該放射裝置$\frac{157,000}{F(KHz)}$呎（等於$\frac{\lambda}{2\pi}$）處所產生的電磁場不得超過 $1.5MV/m$。

4.該機必須符合政府所頒佈之工程標準。

5.當有害之干擾發生時，其操作者必須立刻採取行動以消除其干擾。

電磁干擾標準如下：

1.任何射頻接收器（射頻在 30～800MHz），如調頻廣播接收器、電視廣播接收器，其放射能量在距接收器 100 呎處之磁場強度應低於下表之值。

表 6.15

放射頻率 MHz	磁場強度
0.45～ 25（含）	採用 2 之規定
25～ 70（含）	32(34dB)
70～ 130（含）	50(34dB)
130～ 174（含）	50～150
174～ 260（含）	150(43.5dB)
260～ 470（含）	150～500(54dB)
470～1000（含）	採用 3 之規定

2.在 0.45～25MHz 波段，其接收器干擾量之度量應以該器具電流線與功率接地點之射頻電壓來決定。

3.廣播電視接收器在 470-1000MHz 波段，其限制爲 350MV/m 且其順應性爲:

①需就下列10個頻率度量之: 520,550,600,650,700,750,800,850,900,931。

②該 10 個度量值之平均數不得超過 350MV/m。

③任何一度量值均不得超過 750MV/m。

4.低功率通信器:

①可於頻率 10～490KHz，510～1600KHz 及 26.97～27.27MHz 中作業。

②無線麥克風，可以在波段 88～108MHz 中作業。

③在頻率 10～490KHz，510-1600KHz 中操作時，其磁場強度不能超過下表所示。

表 6.16

頻　率 (KHz)	距　離 (呎)	磁　場　強　度
10～ 490	1000	$\frac{2400}{F(KHz)}$
510～1600	100	$\frac{2400}{F(KHz)}$

④在頻率 160～190KHz 操作之通信器材，需合乎下列規定:

ⓐ最終級射頻輸入功率不得超過 1w。

ⓑ低於 160 或高於 190KHz 時，應抑制使低於未調制之載波 20dB 以上。

ⓒ傳輸線加上天線的長度不得超過 50 呎。

5. 在頻率 510～1600KHz 作業之通信器材應符合:

①最終級射頻輸入功率不得超過 100mw。

②低於 510 或高於 1600KHz 時，應抑制使低於未調制之載波 20dB 以上。

③傳輸線加上天線之長度不得超過 10 呎。

6. 在頻率 26.97～27.27MHz (27.12MHz±150KHz) 作業之通信器材應符合:

①最終級射頻輸入功率不得超過 100mw。

②低於 26.97MHz 或高於 27.27MHz 時，需抵制使低於未調制載波 20dB 以上。

③天線長度不得超過 5 呎。

6-7　放射安全標準

輻射線通常可分成下列各種:

1. γ 射線: 爲短波之電磁波，具有穿透人體的能力，會造成人體組織器官受損，需用數吋厚的鉛板來阻隔。

2. α 射線: 氦原子核組成，只要 1 張紙卽可阻隔。

β 射線: 高能量之電子，只要$\frac{1}{23}$吋鉛片卽可阻隔。

α 及 β 射線無法穿透人體，但產生輻射的物質，若固定在身體的器官上時，則產生近距離持續破壞，相當危險。

3. X 光射線: 眞空中高壓電放電而產生，具有穿透人體之能力，會使器官受損。

4. 低頻率電波: 只會造成身體發熱，危害極微。

5.微波：其波長 $3mm\sim3m$ （$100\sim100,000MHz$）可能導致人體器官過熱。其微波長度與相對光譜效果關係如下：

表 6.17

微波長 (mm)	最大允許值 (TLV) mJ/cm²	相對光譜效果 s_λ
200	100	0.03
210	40	0.075
220	25	0.12
230	16	0.19
240	10	0.30
250	7	0.43
254	6	0.5
260	4.6	0.65
270	3	1.0
280	3.4	0.88
290	4.7	0.64
300	10	0.30
305	50	0.06
310	200	0.015
315	1,000	0.003

6.紅外線輻射：不會穿透人體表皮，只會對皮膚及皮下器官加熱而已。

7.紫外線輻射：不致穿透皮膚下層，但會使表面發熱而產生嚴重灼傷。

紫外線光譜範圍在 $320\sim400mm$ 之內時，對未保護的皮膚或眼睛，當時間超過 10^3 秒時其量不能超過 $1mv/cm^2$，而暴露時間少於 10^3秒時，其量劑不能超過 $1J/cm^2$，當紫外線光譜範圍在$200\sim315mm$ 時，其暴露限制基準可參照微波的標準。

8.輻射傷害人體允許劑量：

表 6.18

	週平均劑量 (rem)	13週最大劑量 (rem)	年最大劑量 (rem)	最大累積劑量 (rem)
控制區:				
1.全身，生殖器，造血器官，眼球水晶體	0.1	3		5(N-18)
2.全身皮膚		10	30	
3.手、前臂、頭、頸、下肢圍繞區		25	75	
全身任何部位	0.01		0.5	

1rem＝1 roentgen的 γ 輻射線暴露

＝在 β 射線下 1rad 所吸收的劑量。

9.電磁輻射對人體之安全影響相當重要: 因此，中國國家標準特以 CNS C 5063 規定之。其適用頻率的 $10MHz$ 至 $100GHz$ 之電磁輻射，每 0.1 小時之平均電磁輻射指標為 $10mw/cm^2$，其意義為功率密度為 $10mw/cm^2$，時間為 0.1 小時或以上，而能量密度為 $1mwn/cm^2$，任何 0.1 小時以內的時間，不論其為全身照射或部份身體照射均適用。

習 題

1.試述工業標準的意義及其分類。

2.試述儀器的檢校制度。

3.試述包裝的意義及其功能。

4. 解釋下列名詞:

a.紫外線輻射　b.衝擊試驗　c.鹽水噴霧
d.CNS　e.JIS　f.SI 度量單位制度
g.ISO　h.MIL　i.BS
j.DIN　k.電磁干擾

第七章　成本會計

7-1　有關生產活動的成本

吾人探討生產過程中所發生的成本，其目的在於分析產品的成本，俾了解吾人所生產的產品是否有利潤存在，更進一步了解所獲利潤太多抑太少？若太少的話，如何降低成本以提升利潤。除了這些如何降低成本增加利潤及控制成本的功能外，更重要的是利用成本分析，去從事企業未來的規劃及決策，導引企業走向正確的方向和坦途。

爲了從事成本分析，首先需要了解成本種類。成本分類方法很多，現僅就生產成本中常用的分法分述於後:

1. 依生產上歸屬難易程度而分

①直接材料 (Direct Materials)

此係直接成本之一，即指直接用以生產產品的各種物質及材料，例如家電產品的 IC 及塑膠原料等。

②直接人工 (Direct Labor)

係指支付直接從事生產作業人員的薪資，例如直接從事家電製品裝配的現場作業人員，其薪資的支出即爲直接人工成本。

③製造費用 (Manufacturing Costs)

除直接材料及直接人工所發生的成本外，其他一切與生產活動有關的成本稱之爲製造費用；通常佔全部生產成本的主要部份，因其爲全部製造單位所共有，故無法分辨屬於某一單位所發生，因此，通常採分攤的方法來分配到各單位。因其所包含的項目相當多，玆列若干攸關的成本說明如下:

(1) 間接材料或稱補給品，如潤滑油、油料、清潔用物品、清潔劑、磨光劑及各種辦公用品等等。

(2) 間接人工成本，如材料搬運、守衞、門警、領班、檢驗員、監工、工廠職員、倉庫管理及經理人員等等人員均視爲間接人工，其薪資即爲間接人工成本。

(3) 機器設備及儀器等之折舊費用。

(4) 廠房發生的成本，如租金、稅捐、照明及維護費等等。

(5) 生產時所使用的工具、模具及治夾具等之成本。

(6) 生產時所耗費的動力成本。

(7) 付給工廠員工之薪資稅及福利費。

(8) 無法歸屬於某一特殊訂單之損壞品或重修成本。

(9) 例外之加班及輪班津貼。

精確的計算及歸屬分配往往相當困難，更不經濟，因此，製造費用通常是全部彙總，然後利用某種似乎合理的方式分攤到各產品上。

至於其他銷管費用的支出，雖不計入產品成本來分攤，但亦大大的影響公司的損益，因此，有關銷管費用，吾人亦必詳加探討，務使其成本降至最低。

2.依據成本習性來劃分

在管理會計的觀點，吾人對於成本及利潤的預測比了解會計的歷史帳册更爲重要，成本分析及控制良否係企業營運成功的重要因素，爲了從事成本分析，必須了解成本的習性，其如下:

①固定成本 (Fixed Cost)

係與既定期間及既定作業範圍內相關的成本；即在既定期間內，不隨生產水準變動而變動的成本稱爲固定成本。事實上，成本通常係隨時間的經過而累積，而非隨業務量的增加而累積，如直線法提列之折舊，廠房租金，地價稅……等等。固定成本通常在總成本的項目中所占的比例非常少。

②變動成本 (Variable Cost)

係指隨作業量或生產活動水準之變化而變動的成本稱爲變動成本，絕大部份的直接材料及直接人工成本皆屬之，此成本與產量成正比。此類成本在總成本的項目中通常亦占很小的比例。

③混合成本 (Mixed Cost)

混合成本又稱爲半變動成本(Semivariable Cost)，兼具固定成本及變動成本的性質；即其成本係隨數量的變動而變動的成本，但並非如變動成本的與數量成正比例。在工廠中，實際發生的成本項目中有百分之九十以上均屬此類成本；例如銷售人員通常均有固定的月薪，但若業績超過一定標準之後，又可獲得與業績增量有關的工作獎金。

以直接成本法分析成本時，必須把固定成本及變動成本分開，因此，半變動成本必須劃分成固定成本及變動成本，此項工作相當繁雜，但也相當重要的。

此外，在生產活動及銷管活動中，有許多易爲吾人所疏忽的成本，也需加以探討:（1）品質管制成本，一般而言，品質與售價具有正相關關係的，因此，廠商往往會針對產品的性質，售價及銷售地區或對象等因素，來決定該產品應有的品質水準，不足或超額的品質水準都會帶來成本的增加，徒勞無益。(2) 售後服務成本，於考慮產品保證及售後服務之前，必須考慮其機會成本。同樣地，當我們購買生產所需的機器設備時，必須同時考慮其購價，使用能源成本及維護費用，也必須考慮供應商所能提供的服務。

④持有成本 (Holding Cost)

即因大量採購的經濟性而購進的原料、零組件或成品，在未使用或銷售之前，由於資金的積壓、產品的倉儲和保管、產品的變質和貶值，在在都發生成本，吾人稱之爲持有成本，此項成本，以美國的統計，通常占產品總成本的 2%～6% 之間，難怪豐田汽車公司以實施零庫存來降低其成本，成效卓著。

⑤運銷成本 (Transportation Cost)

即由供應商運送到消費者手上所發生的搬運成本，若其運銷系統不佳，不僅運輸過程中積壓資金，而且造成產品貶值或有停工待料的損失。

⑥人工效率成本 (Labor Efficiency Cost)

任何生產工廠，由於新產品或新進員工的加入生產行列，均會因學習而帶來效率的提升，而隨着效率的提升而其人工成本遞降，更由於人員士氣的激勵，可以發揮人類無限的潛力而提升了生產效率，如此可以節省很多人工成本，尤其是那些勞工密集的行業。

3. 依發生之是否易於控制分

①可控制成本 (Controllable Cost)

如果一成本項目之發生與否及其發生金額大小，某一單位或其主管具有顯著的影響力，則此一成本項目稱爲可控制成本。

②不可控制成本 (Uncontrollable Cost)

若對每一成本項目的發生與否及其金額大小不具影響力，則稱此一成本項目爲不可控制成本。

一項成本之是否可控制係受時間長短及管理階層、單位及人的影響；一般而言，管理階層愈高，其所能控制的成本項目也愈多，而短期內不可控制的成本項目亦可能在長期內變成可控制項目。依此，將成本區分爲可控制及不可控制成本，分述於後：

(a) 管理階層

成本責任之歸屬常作爲判斷成本是否可控制之依據。機器設備之折舊對生產經理而言，屬於不可控制成本，因生產經理既無法讓折舊不發生亦改變不了其金額；但對高階層管理部門而言，雖不能使其不發生，但卻能透過會計政策來改變其折舊金額，則應屬可控制成本。機器之保養成本係因生產經理的請求而發生，其性質屬於可控制成本；但對操作員而言，則屬不可控制成本。

(b) 時間長短

期間愈長，不可控制成本可能成爲可控制成本；反之期間縮短，可控制成本亦可能成爲不可控制成本。例如短期內，擴充產能所作的機器及廠房擴充投資成本，絕不是在短期內可達成，爲不可控制的成本，但當期間超過一年，其投資則易於實現，應爲可控制成本。又如本公司與傳播公司簽定一年的廣告合約，則在未來一年內，行銷部門本來可控制之廣告費用卽成爲不可控制的成本。

在評核管理績效的報表中，一般均主張只列可控制成本項目，而不列出與管理者無關的不可控制成本項目，使之更客觀，更具參考性質。

管理者爲強化成本控制，務需儘可能的將不可控制成本轉化成可控制的成本，其方法有二：

(a) 改變成本決策責任: 例如利用分權的管理及組織制度的變更，可將成本發生之責任授予，即能將不可控制成本轉化成各部門或其主管可控制之成本。

(b) 把間接成本轉化成直接成本: 例如於各部門分別裝置電錶，可把原屬不可控制之全廠電費直接歸屬於各部門負責。

7-2 成本控制及降低

7-2-1 成本的控制

成本必先得以控制在計畫之中，而後始得力求成本的降低，以增強企業的競爭能力。一般所謂的降低成本，係儘量降低材料成本、人工成本及製造費用，但大多數企業卻因而犧牲了品質; 事實上，今日工業競爭愈來愈如火如荼，因此，工業的發展必須朝向附加價值高的產品，以便迎頭趕上已開發國家的技術水準。

因此，如何達到技術升級？如何提高品質？如何衡量產品的價值？如何影響獲利能力？才是我們今日追求的目標。由於目前市場模式，已達到顧客需求導向的時代，因此，除了迎合顧客需要及開發新產品外，成本控制爲當前企業控制的重要課題。

企業爲達到利潤最大化的目標，管理者必定要能使收益增大，成本降低。而爲了使成本降低，則必須在維持一定的產出品質下，使耗用的資源爲最小。

會計如果只是去記錄因交易所產生的各項歷史成本，在管理上並無多大用處，而是要將實際成本與某些標準成本比較後才有意義可言。換言之，要使成本成爲決策與控制的有效的工具，需先將實際成本與

應行花費的成本加以比較，並了解其差異原因，採行必要的匡正措施。基於此，通常我們有二種方法可用以控制成本:

7-2-2 標準成本制度

標準成本爲一預計成本，也是一種目標成本；乃是對未來預先審愼的決定成本，作爲目標成本，作爲協助建立預算、評估績效、計算產品成本及節省記帳成本之用。

標準成本通常有下列幾種:

(1) **基本成本標準** (Basic Cost Standard)

此一成本標準爲一固定不變的標準，作爲每一年度與實際成本相比較，因產品標準及技術要求經常在變，所以基本標準成本幾乎很少被採用。

(2) **理想成本標準** (Ideal Cost Standard)

亦稱理論成本標準(Theoretical Cost Standard)，係指在最理想或最高效率下的標準。所謂最理想或最高效率係指機器從未故障，工作從未停頓，不允許任何浪費和無效率存在等等的情況。此種成本標準由於太過苛刻，實際上根本無法達成。此種工業工程師夢想中的「工廠天堂」，採用的企業，可說完全沒有。

(3) **過去績效成本標準** (Past Performance Cost Standard)

即利用過去若干期間的平均績效作爲成本的標準，此種方法之優點在於標準的建立簡易，但因過去的績效是否良好無法確定，可能包含着太多的無效率，以之作爲標準，未免失之太寬，至少是無法使企業不斷的進步，而創造更美好的明天。

(4)**現時可達成本標準**(Currently Attainable Cost Standard)

此項標準係在現時條件下，可望達成的合理績效水準，也就是在直接材料標準中容許計入正常的損壞和浪費；在直接人工標準上，將可接受的員工正常休息及機器的正常維護時間包括在內。一項產品的現時可達成本標準要比理想成本鬆，但可能較過去績效成本標準爲嚴，但卻較切合實際。但此一標準成本可引導員工努力的方向和挑戰性，使其一旦達成時，具有榮譽感和成就感。

7-2-2(1) 標準成本制度

要建立標準成本制度，應具備下列的條件:

(1) 需有完備的成本會計制度

(2) 需有完備的產品加工流程及資料

(3) 原料零組件及刀、工、模具均應標準化

(4) 每一操作均需有標準時間的資料，最好是以工作研究方法求得

(5) 應有完善的整體管理制度

標準成本之建立必須分析每單位產品直接材料、直接人工及製造費用等應發生的成本，玆分述如下:

(1) 直接材料

材料標準成本必須設定兩項標準，其一爲價格標準，其二爲數量標準。

直接材料之標準價格必須能反映出購料的原始價格、搬運成本、處理費用及折扣後的淨額。例如一公斤塑膠原料的價格爲 12 元，其他費用如下:

每公斤平均購價	12 元
運費	1 元
處理費用	0.5 元
減: 購料折扣	0.5 元

每公斤標準成本	13 元

直接材料的標準數量必須包括每一單位成品所投入的材料數量，即需包括不可避免的及其他正常的耗損量。例如生產一產品所投入塑膠原料之標準數量如下:

每單位成品投入原料數量	1.2 公斤
正常水準下允許之耗損量	0.1 公斤
正常水準下退回重作的允許量	0.2 公斤
每單位生產標準數量＝	1.5 公斤

至此，材料的標準價格及標準數量已訂定，吾人卽可求得每單位產品的材料標準成本:

標準成本＝標準價格×標準數量

本例卽標準成本　13元×1.5（公斤）＝19.5 元

(2) 直接人工

人工標準成本的制定需先設定兩項標準，卽其一爲標準薪資率，其二爲標準工時。

有關標準工資率的設定，必須包括薪資、職工福利及其他有關的成本，例如，每一直接人工小時薪資率標準爲

每小時本俸	30 元
勞保費用（僱主負擔）	4 元
職工福利	6 元
	40 元

標準工時係指每生產一單位產品之人工小時，必須包含評比及寬放時間，若採用馬錶測時法，其標準工時如下:

標準工時＝平均觀測時間×評比係數×（1＋寬放率）

若一產品每單位生產所測得之平均人工小時爲 1.5 小時，其評比係數爲 1.10，而寬放率爲 15%，則其標準工時爲

標準工時＝1.5 小時×1.10×(1＋0.15)＝1.8975 人工小時

現可計算得標準人工成本如下

標準成本＝標準薪資率×標準工時

＝40 元×1.8975（小時）＝75.9 元

(3) 製造費用

標準製造費用的設定，需先決定下列三項標準:

ⓐ產能標準

產能標準的設定可按照第三章的所敍述的方法求得較嚴格且能達成的水準，可用每日生產時數乘以效率再乘以利用率而得該機器的產能標準（通常表示爲小時數)。

ⓑ標準製造費用

標準產能決定之後，據此產能，列出所有製造費用預算，並劃分爲固定成本及變動成本。

ⓒ標準分攤率

其次，可求出單位產品的標準分攤率，並區分爲固定製造費用分攤率及變動製造費用分攤率兩部份。一般常用的分攤基準有: ①直接人工小時②機器小時③直接人工成本等三種。

製造費用分攤率有採用全廠一致的全廠分攤率 (Plant-Wide Rate),亦有隨各部門作業方式和內容不同而採用部門別分攤率(Departmental Rate)。例如一產品的製造費用分攤率採用直接人工小時爲基準，每小時之製造費用分攤率爲16元，而每單位產品的標準人工小時爲 1.8975，則每單位產品之標準製造費用爲:

單位標準製造費用＝製造費用標準分攤率×標準工時

＝16 元×1.8975＝30.36 元

標準成本的訂定必須適中，不能太高，也不能太低。標準如設定太高，員工感到根本無法達成，致情緒低落，工作效率低，成本控制意義喪失殆盡；但若訂得太低，使得員工感到輕易可達成，對員工缺乏激勵的作用，則無法提高工作效率及降低成本。因此，標準成本的訂定關係重大，不可不謹愼爲之。

7-2-2(2)　差異分析

差異分析係針對實際成本與標準成本間的差異加以分析，以便發現差異的原因，從而採取解決對策，以達到成本控制及成本抑低之目的。如果實際成本大於標準成本則爲不利差異；反之，實際成本小於標準成本則爲有利差異。

1.直接材料差異

直接材料差異可分爲材料價格差異及材料數量差異兩種：①材料價格差異＝（實際價格－標準價格）×實際數量，若能於購料時卽行計算之，才能收到成本控制之時效。

②材料數量差異＝（實際數量－標準數量）×標準價格

主要在於核對標準材料用量與實際用量之差異，可了解是購買材料品質不夠優良或產品製造流程的設計不佳，使材料耗用增加，利用此一資訊的回饋，可採取改正措施。

領班按時以實際結果與標準加以比較，乃是材料耗用控制最理想的運用，正確控制程序，需考慮下列因素：

①材料特性與價值

②採用會計制度的種類

③在生產過程中用於發現與衡量材料損失的方法。

在不同投入水準形成旣定產出量時，需採用其他控制方法，因此，爲判斷績效，仍需比較最佳產量及直接材料投入量，但基本問題乃在於標準材料數量可否產出既定產量。基此，造成差異計算需延長至生產完成。在此種情形下，爲達成較理想的控制，須設計出一些程序俾便在生產未完成前即可發現差異，這些程序包括在製造過程中檢查一些重要作業管制點，以便及時發現損失。

2.直接人工差異

直接人工差異可分成下列二種:

①人工工資率差異 (Labor Rate Variance)

人工工資率差異＝（標準工資率－實際工資率）×標準工時×實際數量

通常此種差異之發生乃因ⓐ對某工人之特定工作所採行的工資率不確定ⓑ每一部機器採用超額人工或ⓒ生產力低而卻以昂貴之計時工資取代計件工資。此種差異通常較不顯著，不易爲管理當局所察覺。

②人工效率差異 (Labor Efficiency Variance)

人工效率差異＝標準工資率×（實際工時－標準工時)

人工效率差異乃是衡量直接人工的生產力。如果管理得當，將使生產力得以大增，人工效率提升，並能降低生產成本。人工效率不佳通常係由於上線工人未受嚴格訓練，或不合乎品質要求的材料需要更多的人工時間來生產或機器設備故障，監督不週等原因產生的。

3.製造費用差異

這是指實際製造費用與製成品，按標準分攤率計算所應分攤製造費用之間的差額。此項差異又可分爲二項差異、三項差異及四項差異，玆分述如下:

①二項差異法 (Two-Variance Method)

在標準成本制度下，必先有製造費用的彈性預算。因此，在實際完工產品應使用的標準工時下之製造費用與實際製造費用間常有差異發生。此外，由於製造費用係按標準產能而訂出分攤率，故於完工產品，其標準工時與實際工時不同，則產生差異，二項差異法即因此種概念而產生，其中有預算差異（Budget Variance）及數量差異（Volume Variance）。

預算差異通常係由於變動製造費用控制不良所導致的不利差異，而數量差異則係因未能充分運用產能，致無法由產品負擔固定製造費用。

②三項差異法 (Three-Variance Method)

如將二項差異分析中之實際製造費用與標準工時之預算製造費用二數字間，插入實際工時之製造費用預算，則將預算差異再行區分爲用款差異 (Spending Variance) 和效率差異(Efficiency Variance)，連同二項分析中的數量差異，即成爲三項差異。

用款差異係控制變動成本的用款無方所致之不利差異，而效率差異係表示由於缺乏效率致實際工時超過標準工時，以致多負擔的變動成本。

③四項差異法 (Four-Variance Method)

將三項差異中之數量差異再區分爲二，其一爲閒置能量差異（Idle Capacity Variance)，其二爲固定效率差異(Fixed Efficiency Variance)。

7-2-3　統計方法控制成本

運用迴歸分析以控制成本是最簡便而理想的方法，不僅適用於控制目前的成本，也適用於控制未來的預算。工廠中實際上有很多成本是不能直接加以分析和控制，如保養費用、不良品的耗損、電力成本及包裝材料等等，或由於計算困難，或因過份理想而不切實際，因此，吾人可藉着廻歸分析以預測應編列的費用水準，而且依據其產能、人工時間、營業成長率等等，都可準確地預估其應負擔之單位成本。若將全部產品的成本視爲羣體，吾人更可藉着廻歸分析，估計其誤差範圍，以便控制。至於廻歸分析的方法，請參看第三章中的生產預測。

7-2-4 成本的降低

成本的降低係將浪費轉變爲節約，以有效的支出代替無效的支出。一般而言，降低 1 元的成本比增加 10 元的銷售收入更爲有益且容易，因爲 10 元的銷售收入頂多只有 1.5 元的稅前淨利，扣除掉各種費用及稅捐，實際的淨利不會超過 0.7 元，何況，當今營業的成長率已不可能太高了。反觀降低成本，只要在管理上多下功夫，很容易減少耗料、廢料、呆人及呆帳，每年所節省的費用相當可觀的。

降低成本的方法很多，最常用的有下列三種:

1.強制抑低法，即在預期利潤目標下，訂定成本限度，指定人員研訂可行方案，強制降低成本，以達成任務。

2.經驗抑低法，分析已往的成果，觀察成本趨勢，訂定適當的目標，以便遵照執行。

3.計劃抑低法，以有計劃的行動，由各成本的發生因素中加以分析，並經由計劃、執行、考核及修正，作合理且持續的遞減。

三種方法中，應以計劃抑低法爲最佳且最實用。

爲了說明如何降低成本，首需了解有那些機會可降低成本，依據美國成本會計學會的分析，有下列諸項:

1.原料方面

①爭取大量採購的利益

②採用較廉價的替代品

③招標或比價採購

④利用時機，適時採購

⑤呆滯料的處理

⑥進行供應商的管理，包含調查、評估及輔導

2.人工方面

①人力資源的研究和分析

②減少加班時間

③減少停工時間

④工作報酬的合理化

⑤加強員工的教育、訓練

⑥實施績效獎勵制度

⑦鼓勵創新和改善

3.製造費用方面

①間接人員比例分析

②減少各種浪費，如物料的浪費，太長及太頻繁的搬運等等

③合理的汰舊換新計劃

④工作方法的改善

4.技術方面

①創新產品及其製造方法

②改良機器設備

③良好的機器設備管理

④實施標準化

5.管理費用方面

①進行管理作業的工作評價並標準化

②減少各種浪費，如旅費、加班費及通訊費用

③事務工作電腦化，以減少間接管理人員

6.儲運方面

①良好的倉儲管理

②經濟有效的運輸設備和方法

③良好的運輸規劃和管理

7.會計財務方面

①簡化且合理的會計制度

②發揮會計及財務的管理功能

③確實做好內部稽核的工作

④儘量利用機器記帳

另一方面，可以節約浪費來降低成本:

1.直接人工方面

①管理不當: ⓐ太鬆的時間標準 ⓑ不適當的工作標準 ⓒ太多的機器故障 ⓓ太高的不良率 ⓔ太多的工人 ⓕ不良的現場管理

②生產管理不良: ⓐ生產週期太短 ⓑ工作負荷不平衡 ⓒ太重的工作負荷

③單位人工成本太高: ⓐ工作太過複雜 ⓑ不良的工作條件 ⓒ不良的人力市場 ⓓ不良的勞工關係

④機械化不足: ⓐ資金不足 ⓑ工業工程人員不合適 ⓒ缺乏需求改進目標

2.間接人工方面

①太多的間接人工

②太多的辦公人員

③太多的管理人員

④太高的單位人員費用

⑤機械化不足，人工太多

3. 材料方面

①太浪費的設計

②採購價值太高的材料

③材料用量的浪費

④太高的運費

4. 設備方面

①不良的設備計劃

②不良的生產計劃

③太多的庫存量

④太高的能源成本

其次，讓我們來討論，用什麼方法來降低成本，通常有下列兩種，說明如下:

1. 價值分析

價值分析(Value Analysis，簡稱 VA) 係降低成本極有效的方法，是一種用來找出且消除產品本身及製程中不必要成本的技術，其精神在於審查產品設計過程中的每一細節，以及產品的每一項功能和價值均加以檢討分析，以便訂定最合適的品質標準且使成本最低。換言之，價值分析係在合理的品質水準及可靠度下，以較低的成本來達成相同甚至更佳的產品績效。

價值分析的方法係引用 ABC 分析的觀念，把分析的重點放在最可能增加價值或降低成本的地方，然後針對此一重點所在，研擬其各種可行方案，逐項加以檢討比較，以獲最適價值 (Optimum Value)。

2.控制及降低製造成本

欲控制及降低製造成本，可從產品品質成本、維護成本及存貨成本三方面來着手，玆分述如下:

(1)品質成本

近年來，品質管理已成各項管理範疇中最重要的一環，良好的品質產生強而有力的競爭局面，不僅佔有市場且能恒久持有市場，何況不良的品質，不僅帶來銷路不佳，而且失敗成本、保證成本及產品責任的成本節節上升，因此，探討品質成本係降低成本的有效方法，至於其方法，可參看第四章及第五章有關品質管理的觀念和技巧。

(2)維護成本

近年來工業的發展朝向機械化和自動化，使得生產過程中操作人員愈來愈少，機械設備不僅愈來愈多，也愈來愈精密，維護成本也就成爲製造成本中重要的一環。

降低和控制維護成本的關鍵在於需有一整套的維護計劃，首先決定那些機器設備採用預防保養，那些採用故障修理，其人員及工作負荷如何分配和安排；對於那些需採用預防保養的機器設備，必須要有維護計劃及維護日程的安排，使得維護工作能在有效的情況下提供最佳的服務。此外，維護工作執行之後需有定期報告以便分析和檢討其績效。

(3)存貨成本

物料庫存成本在公司投資中占着相當高的比例，從原料的購入，投入現場所積壓的在製品（WIP）及生產完成未售出的成品，在在都積壓了公司相當龐大的資金，因此，存貨控制的良窳及管理的得當與否，對一公司的成本有很大的影響。

欲使購入物料不致積壓太多的資金，最好採用豐田氏的及時化（

Just-In Time，簡稱 JIT）和零庫存的作法，此一方法必須要有良好的管理制度爲基礎，如果再加上順暢的製造流程，必可使製程中所積壓的在製品大大的減少，也相當於提高了生產的週轉率，自然可大大的降低成本。

有關成品庫存的降低，端賴公司中產銷的良好配合，不僅銷售部門必須精確的預測產品的需求量，爭取合理前置時間及適量的業務，而且生產部門也必須有良好的生產計劃來配合，以使成品及時供應客戶，如此，庫存自然降低，成本自然減少。

7-3　成本的分析、規劃及決策

7-3-1　成本的習性分析

成本習性分析的方法很多，但其最主要的功能在於決定某一事項的成本，而其中更重要者爲決定成本中那一部份爲固定成本，那一部份爲變動成本，如此，才能對成本加以控制、規劃及決策。

例如一工廠 6 月到12月份生產的機器小時及其機器保養成本如下表所示

表 7.1

月　份	機器小時	保養成本
6	528	4,640 元
7	648	5,240 元
8	624	5,120 元
9	600	5,000 元
10	552	4,760 元
11	576	4,880 元
12	672	5,360 元

由上表，吾人可將其保養成本分爲固定成本及變動成本，而以下列直線方程式表之:

$$y = a + b x$$

式中: x＝生產的機器小時數

y＝總保養成本

a＝固定保養成本

b＝每單位機器小時之變動成本

上式利用最小平方法可求得:

$$\sum y = na + b\sum x \cdots\cdots \quad (1)$$

$$\sum xy = a\sum x + b\sum x^2 \cdots\cdots \quad (2)$$

表 7.2

月 份	X	X′	Y	X′Y	X′²
6	528	－3	4640	－13920	9
10	552	－2	4760	－9520	4
11	576	－1	4880	－4880	1
9	600	0	5000	0	0
8	624	1	5120	5120	1
7	648	2	5240	10480	4
12	672	3	5360	16080	9
		0	35000	3360	28

上列方程 (1)，(2)，若能使 $\sum x=0$，則可簡化爲

$$\begin{aligned} \sum y = na \quad &\Rightarrow \left\{ a = \frac{\sum y}{n} = \bar{y} \right. \\ \sum xy = b\sum x^2 &\Rightarrow \left\{ b = \frac{\sum xy}{\sum x^2} \right. \end{aligned}$$

茲將上例的資料列如表 7-1 所示，代入公式得

$$a=\frac{\sum y}{n}=\frac{35000}{7}=5000$$

$$b=\frac{\sum xy}{\sum x^2}=\frac{3360}{28}=120$$

得總成本方程式爲

$$y=5000+120x'$$

但於計算表 7-1 時，爲了計算方便，吾人將變數 x 轉換成 x'，即 $x'=\frac{x-600}{24}$，代入式中得

$$y=5000+120\times\frac{x-600}{24}=2000+5x$$

由上式可知，工廠之保養成本中之固定成本爲 2,000 元，其每一機器小時之變動成本爲 5 元，因此，若明年一月份之生產機器時數爲 500 小時時，其總保養成本爲 4,500 元。

7-3-2　損益平衡分析

損益平衡分析（Break-Even Analysis）爲成本分析的重要工具，它顯示營業收益與製管銷總成本相等之點，無利益也無虧損。因此，當營業額超過兩平點時才有利潤可言，反之則爲虧損。

兩平點的觀念在於總收益等於總成本，其公式如下:

$$P\cdot Q=F+V\cdot Q$$

式中:　P＝每一件的售價

Q＝生產數量

F＝固定成本

V＝單位變動成本

由上式可解得

$$Q=\frac{F}{P-V}$$

設一產品之固定成本爲 20,000 元，單位售價爲 100 元，單位變動成本爲 80 元，則其兩平點產量爲

$$Q=\frac{20,000}{100-80}=1,000\ (件)$$

上式 P-V，吾人稱爲貢獻值 (Contribution)，其數値顯示賣價超過成本的部份，乃係對利潤的貢獻。

若決策者不只考慮達到兩平點爲已足，而需有其一既定的預期利潤，則其銷售量

$$Q=\frac{F+E}{P-V} \qquad 式中\quad E=預期利潤$$

現假設其預期利潤 E=5,000 元，則其銷售量

$$Q=\frac{20,000+5,000}{100-80}=1,250\ (件)$$

事實上，公司管理當局尙需考慮其所得稅，否則其所獲得的利潤爲虛有的，則其總銷售數量爲

$$Q=\frac{F+\frac{E}{1-r}}{P-V}$$

假設其所得稅率 r=0.40，則

$$Q=\frac{20,000+\frac{5,000}{1-0.4}}{100-80}=1,417\ (件)$$

由上述的分析，可知產品的貢獻率（Contribution Ratio）極爲有用，吾人定義其公式如下:

$$貢獻率(CR)=\frac{P-V}{P}\times 100\%$$

由上例，$CR=\frac{100-80}{100}\times 100\%=20\%$

低貢獻率顯示人工及材料成本占著售價太高的比例，在此種情況下，銷售數量的增加對利潤的影響不大。反之，若固定成本佔總成本大部份時，則個別產品的貢獻率就必須要大，此時，銷售數量的變化可大大的變動利潤。

其個別間的關係也是相當重要的，因爲營業人員知道個別貢獻率之後，他可針對 CR 值較高的產品來促銷，減銷CR 值較低的產品。此貢獻率尚可提供決策者是否接受那些只夠變動成本而固定不能全部回收的產品。

玆舉一例說明之，一公司生產三種不同的打字機，各有其不同的貢獻率，如下:

表 7.3

產　　品	總銷售額(千元)	貢獻率	貢獻值(千元)	固定成本(千元)	利潤(千元)
手提式手動	1000	25%	250	200	50
手提式電動	1000	35%	350	200	150
一般電動	1000	45%	450	200	250
合　　計	3000		1050	600	450

由上表可知，每增加銷售手提式手動打字機一百萬，只能增加 5 萬的利潤，但增加一百萬的電動打字機卻可以增加 25 萬的利潤。

7-3-3　投資分析與決策

生產力並非單靠雙手創造出來，也必須有機器設備才能締造佳績的，不論採用簡單的手工具或極複雜的機器設備，工作的人們必須在建築物下才能進行。

設備往往相當花錢的，花很多的錢，而且必須在生產之前投資。欲投資如此龐大的資產， 當 然 需經一番仔細的經濟分析之後才能決定。

分析與評估投資決策的方法很多，常用有下列數種:

1. 還本期間法 (Payback Period)

2. 平均投資報酬率 (Average Return On Investment)

3. 折現還本期間法 (Discounted Payback Period)

4. 淨現值法 (Net Present Value)

5. 折現投資報酬率 (Discounted Return On Investment)

茲舉一例來說明其方法，丹菁公司最近打算購置小型電腦以處理製造業務，諸如顧客訂單控制、物料計劃與控制及訂單的準備與管理等等，公司當局所考慮的電腦爲迷你型的，以每年五千萬元的營業額而言，此種電腦應爲已足。爲此，公司成立一評估小組，其成員包括主管經理、系統分析師、採購、行銷及財務部門的代表，經過評估小組仔細分析之後，新系統所產的現金流量(Cash Flows)如表7.2所示。

成本的估計: 獲得和安裝系統所需的成本爲 75,000 元，其期間爲一年，其中電腦及 CRT 終端機成本爲 30,000 元，而軟體的成本爲 15,000 元，系統的測試及修正需要 8,000 元的費用。輸入顧客、供應商及物料記錄之費用爲 12,000 元，而人員的訓練費用爲 10,000 元。

未來的投資計畫: 系統安裝及測試之後，評估小組估計其能量夠三年使用，但由於業務的可能成長，三年後可能需增購磁碟機及兩臺的 CRT 終端機，其費用大約爲 5,000 元。

表 7.4

		0	1	2	3	4	5	6	7	8	9	10
1	現金流出											
2	電　　腦	30,000			5,000							
3	軟　　體	15,000										
4	軟體測試		8,000									
5	輸入資料		12,000									
6	訓　　練		10,000									
7	操作成本			25,000	27,500	30,250	33,275	36,602	40,262	44,289	48,717	53,589
8	現金流出合計	45,000	30,000	25,000	32,500	30,250	33,275	36,602	40,262	44,289	48,717	53,589
9	累積現金流出	45,000	75,000	100,000	132,500	162,750	196,025	232,627	272,889	317,178	365,895	419,484
10	現金流入											
11	投資減稅		4,500									
12	儲存成本節省			25,000	27,000	29,160	31,492	34,012	36,773	39,671	42,845	46,273
13	採購成本節省			15,000	15,000	15,000	15,000	15,000	15,000	15,000	15,000	15,000
14	更佳顧客服務			10,000	10,500	11,025	11,576	12,155	62,763	13,401	14,071	14,775
15	殘　　值											2,000
16	折舊減稅		4,140	3,312	2,650	2,120	1,696	1,357	1,357	1,357	1,357	437
17	現金流入合計		8,640	53,312	55,150	57,305	59,764	62,524	65,853	69,429	73,273	78,485
18	累積現金流入		8,640	61,952	117,102	174,407	234,171	296,695	362,548	431,977	505,250	583,235
19	淨現金流量	−45,000	−21,360	28,312	22,650	27,055	26,489	25,922	25,591	25,140	24,556	24,896
20	累積現金流量	−45,000	−64,360	−38,048	−15,391	11,657	38,146	64,068	89,659	114,799	139,355	164,251
21	折 現 率	1.0	0.870	0.756	0.657	0.572	0.497	0.432	0.376	0.327	284	247
22	淨 現 值	−45,000	−18,583	21,404	14,881	15,475	13,165	11,198	9,622	8,221	6,974	6,149
23	累積淨現值	−45,000	−63,583	−42,179	−27,298	−11,823	1,342	12,540	22,162	30,383	37,357	43,506

操作成本：丹菁公司目前採用人工來處理有關訂單、物料計畫與控制、採購等業務，但由於業務一直成直線成長，使得靠人工來處理愈來愈困難，如今建議採用電腦，不僅可減少這些潛在的問題，更可以提供更佳的服務。依據小組的估計，新電腦系統的每年操作成本爲 25,000 元，而每年大約要成長 10%。

但由於裝置電腦系統所獲得的利益有下列各項：

ⓐ存貨減少的節餘：除了裝設電腦的那一年外，其餘各年每年均可節省成本 25,000 元，更由於通貨膨脹及業務的成長，每年尚可增加 8% 的節餘。

ⓑ由於管理制度的簡化、人員的減少及更佳的控制，每年可節省 15,000 元。

ⓒ由於提供顧客更佳的服務，頭一年可節省 10,000 元，其後每年可增加 5 %。

小組更進一步假設：電腦 10 年後的殘值爲 2,000 元；機會成本利率爲 15%，公司的所得稅率爲利潤的 46%；而電腦及其軟體投資的 45,000 元可在 10 年內折舊，而採用了雙倍遞降折舊法 (Double Declining Depreciation Method)，其折舊率爲20%。經過 5 年後，改採用直線折舊法。同時假設其投資可有10%的投資稅減免。

利用上述的資料可整理成表 7.2，同時做其他相關及必要的計算，利用表 7.2，將分別說明上述方法的應用：

1.還本期間法

還本期間法係指投資額需要經過多少時間才能透過現金流入而予以回收。由表 7.2 第 20 行的累積現金流量知，其值由第 3 年的 −15,391 到第 4 年的 +11,657，故知其還本期間爲

$$3+\frac{15398}{15398+11657}=3+0.57=3.57\ (年)$$

2.平均投資報酬率

此種投資報酬率的計算，不考慮金錢的時間價值。其平均 ROI 的計算如下表 7.3 所示:

表 7.5

年	現　金　流　入	現　金　流　出	ROI
1	8,640	75,000	−0.884
2	53,312	25,000	1.132
3	55,150	32,500	0.696
4	57,305	30,250	0.894
5	59,764	33,275	0.632
6	62,524	36,602	0.708
7	65,853	40,262	0.635
8	69,429	44,289	0.567
9	73,273	48,717	0.504
10	78,485	53,589	0.464
			5.348

$$ROI=\frac{現金流入-現金流出}{現金流出}$$

由上表 7.3 可知，其平均投資報酬率

$$平均\quad ROI=\frac{5.348}{10}=0.5348=53.48\%$$

即每年平均 ROI 爲 53.48%，但由於未考慮金錢的時間價值，常使人發生誤導現象。

3. 折現還本期間法

此種方法係將簡單的還本期間法考慮其現金流量的時間價值，本公司的折現率訂爲 15%， 首先求淨現金流量的現值， 再加總而成累積值，如表 7-2 第 23 行所示。由表中 23 行可知其折現還本期間爲

$$4+\frac{11,823}{11,823+1,342}=4+0.90=4.90\ (\text{年})$$

由是可知，考慮時間價值後，其還本期間由原來的 3.57 年延長爲 4.90 年。

4. 淨現值法

由表 7.2 第 23 行的累積淨現值可知，我們不僅考慮了 15% 的保障率 (Hurdle Rate)，而且於 10 年末，尙可獲得 43,506 元的淨現值。淨現值法用於評估兩個或兩個以上的投資方案時更具效率。

5. 折現投資報酬率

於計算折現還本期間時，假設其投資還本期間爲 4.9 年，則其投資報酬率相當於 15%，事實上，其投資期間不只 4.9 年，而眞正的投資報酬率亦應超過 15%。

如此， 計算一投資計劃的眞正報酬率， 吾人稱爲內部報酬率 (Internal Rate of Return)，其計算方法，通常採用試誤法 (Trial and Error)，其程序係將淨現金流量連續以更大的折現率來折現，直至其折現淨現值爲零爲止，所求得的折現率即爲內部報酬率。由上面的計算和討論知，其報酬率必定大於 15%，因此吾人試 20%，25% 及 30%，於 20% 及 25% 時其淨值仍爲正的，但當 30%，則其淨現值爲負值， 故知其報酬率介於 25% 及 30% 之間， 玆將折現率 25% 及 30% 之淨現值計算，列如表 7.4 所示。由表中，利用挿補法

可知:

$$內部報酬率=25\%+\frac{9,755}{10,593}\times 5\%=25\%+4.6\%=29.6\%,$$

將之圖示如下:

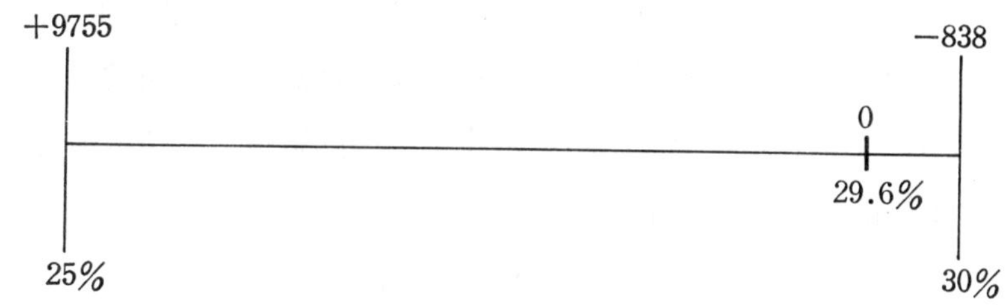

圖 7.1

表 7.6　內部報酬率計算表

年	淨現金流量	25% 因 素	PV(25%)	30% 因 素	PV(30%)
0	−45,000	1.000	−45,000	1.000	−45,000
1	−21,360	0.800	−17,088	0.769	−16,426
2	28,312	0.640	18,120	0.592	16,761
3	22,650	0.512	11,597	0.455	10,306
4	27,055	0.410	11,093	0.350	9,469
5	26,489	0.328	8,688	0.269	7,126
6	25,922	0.262	6,792	0.207	5,366
7	25,591	0.210	5,374	0.159	4,069
8	25,140	0.168	4,224	0.123	3,092
9	24,556	0.134	3,291	0.094	2,308
10	24,896	0.107	2,664	0.084	2,091
			9,755		−838

7-3-4 不確定下的投資決策

解決不確定下的投資決策問題的方法很多，常用的有下列二種:

1. 期望值分析 (Expected Value Analysis)

此種又稱貝氏分析法(Bayesian Analysis)，係針對投資方案的現金流量、壽命、殘值等等採行期望值分析。

例如一公司擬擴充廠房以應新開發產品的生產，新產品推出之後，可能銷路良好，也可能銷路不振。若產品銷路良好，公司當局擬將廠房擴大些，但若銷路不佳，只希望建個較小的廠房，以免損失太大。其決策後的可能結果如下表所示:

擴 廠	銷路（單位: 千元）高	低
大的	+280	−180
小的	+ 70	− 20

現依據公司營業經理過去的經驗，估計得：銷路良好的機率為30%，銷售不好的機率為 70%，現求其期望值:

擴大廠: $280\times0.3+(-180)(0.7)=-42$

擴小廠: $70\times0.3+(-20)(0.7)=+7$

由上式可知，其決策應建小廠。

2. 決策樹

為了便於分析，通常將一決策問題所面臨的狀況繪成如樹枝的圖形。為了便於說明，假設丹菁公司新購電腦，擬考慮採行那一種方案來開發其軟體，其期間只有 3 個月。共有三種可行方案: 其一係由電腦製造廠提供軟體，然後按照公司實情加以修正，其二僱用資淺的程式設計師來開發軟體，其三則僱用資深的程式設計師來開發軟體。

現將各可行方案發生的成本及可能的機率繪如下圖的樹枝圖，圖中數字表示發生的成本，其後括號內的數字表示發生的機率。

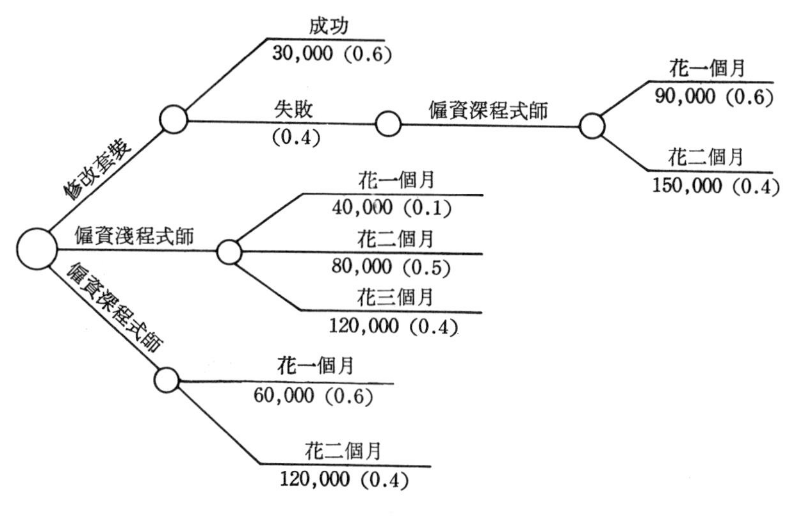

圖 7.2　決　策　樹

其各可行方案之期望值如下:

修改套裝: 〔90,000(0.6)＋150,000(0.4)〕×0.4＋30,000×0.6

＝114,000×0.4＋30,000×0.6＝63,600 (元)

僱資淺程式師: 40,000×0.1＋80,000×0.5＋120,000×0.4

＝92,000(元)

僱資深程式師: 60,000×0.6＋120,000×0.4＝84,000 (元)

由上式可知，丹菁公司的最佳決策應先修改購入的軟體套裝，一旦進行失敗，再僱用資深的程式師來處理，其期望成本爲63,600元，最低。

習 題

1. 試述生產成本的分類。

2. 何謂標準成本制度？如何訂定標準成本？

3. 何謂差異分析？如何求得製造費用差異？

4. 如何降低成本？

5. 何謂損益平衡分析？

6. 解釋下列名詞：

a. 還本期間法　b. 平均投資報酬率　c. 淨現值法

d. 價值分析　e. 直接材料差異　f. 持有成本

7. 過去一期，翰翰體育用品工廠之產品分配如下：

Product	產能（件）	每件貢獻	人工小時	貢獻值
A	10,000	$ 10	10,000	$ 30,000
B	12,000	12	20,000	35,000
C	6,000	20	20,000	30,000
D	4,000	10	15,000	20,000
E	3,500	25	17,500	30,000
			82,500	$145,000

8. 乃慧公司存貨電腦化系統之資料如下：

硬體及軟體成本	$ 85,000
測試與修改	$ 3,000
輸入資料成本	12,000
訓練成本	10,000

第 4 年擴充能量成本	$ 1,000
儲存成本節省	與課本例相同 (P.535)
採購成本節省	〃
更佳顧客服務	〃
10年後的殘值	$ 6,000

a.試求還本期間及平均投資報酬率。

b.試求折現還本期間及淨現值。

c.試求內部報酬率。

d.試與課本例題比較，何者為佳？其理安在？

第八章　工業安全

8-1　工業安全概論

自從工業革命以來，工廠不斷設立，大量採用機器設備及僱用衆多的人員從事生產活動，機器設備的運轉愈來愈快速，外加工業生產環境，危險物質及核能輻射等等，環繞四週，稍一不愼，卽會造成意外災害，輕則人員傷痛、機器故障、財物損失，重則人員死殘、工廠毀損、公司停業等等，損失不可謂不大。

百年前，工業先進國家已立法給予受傷工人以金錢的賠償，在那時候，若意外事故係導因於工人本身的不小心或遭受同事的池魚之殃，通常僱主是不負法律責任的。但時至今日，僱主必須負全部的責任，縱使工人是因違反了公司的安全規則而受傷亦如是。

依據美國國家安全協會 (National Safety Council) 的估計，1978 年美國工業意外事故的損失爲 230 億，其中包括可見的成本 106 億，如醫療費 25 億、保險及行政費用 39 億及 42 億的薪資損失。其他成本包含相關工人的時間損失及意外事故的報告等 106 億，外加火災損失18億。

很顯然地，每一公司的高級主管都希望他們的員工有個安全的工作環境和條件，然而，工作中仍然不斷的有人發生意外而受傷，因此，如何加強努力以減少意外事故的發生乃當今公司主管當局義不容辭的重大責任。

8-1-1 意外事故發生的原因

工廠中意外事故發生的原因，主要是人為因素及不安全的工作環境所造成。一個油污的地面本身並沒有危險，大多數人走在油污的地面並不一定會滑倒，但如果有很多人需走過油污的地面，摔倒是必定會發生的。將油污清除或走過油污的人都有特別小心的警惕，兩者均能避免危險的發生。

現將危險的原因分述如下:

1.人為因素

①粗心大意: 員工常常由於疏忽，漫不經心，不理不睬及行為失檢等原因而造成意外事故。

②員工本身的缺點: 有些員工天生反應遲鈍，有些則體力或智力無法勝任工作，如此，常易造成意外事故。

③無知: 有些工廠未做好職前的安全訓練，員工沒有安全意識和知識，因而發生意外事故。

2.工作環境

①不安全的工作場所: 例如滑溜的地面及臺階，需使用梯子或臺架，各機械加工所產生飛行物質、未防護的陽臺、樓梯、升降機，當頭低掛的各種搬運設備、狹窄的通道、陰暗的轉角，此外尚有電力上的危險，融溶的金屬、高溫、有毒化學物質、刺鼻的氣味以及各種

灰塵、爆炸物等等，使人們工作的環境充滿了危機。

②工作本身不安全：金屬另件加工，如衝壓，操作者需先將工件放入模具內，把手移開後，再踏踏板以衝壓成形，其危險發生在手未伸開之前卽開動機器，壓斷手或手指是常有的事，臺灣工廠界流傳一句俗話，「如果不壓斷手指，不能成為沖床的師傅」。焊接工作亦如是。

③機器設備

ⓐ未適當保養，常導致機器設備的危險性，如吊車的鐵索，若未保養而致斷裂，其災害眞是不敢想像。

ⓑ未裝設防護或安全設施，大多數機器設備均有快速運轉的設施，太長的衣物或稍一不愼，有被捲入的危險。

ⓒ過度的噪音，太高的噪音使員工心浮氣噪，更易造成重聽的毛病。

3.其他

其他如通風、光線及廠房的清潔等等，對員工心理及生理健康有着相當重大的影響。

8-1-2　意外事故的防範

1.創造安全的工作環境

安全的工作環境乃管理者應負的責任，與工廠安全有關的工作有機器設計、工廠佈置、照明設備、廠房的管理和維護以及機器設備的防護設施。

ⓐ機器設計：近年來的機器設計傾向，針對其運轉的另件加上護蓋，一方面增加其美觀，另一方面使操作更安全。此外，設計者不斷的提供更安全的設備，例電子被覆產生的有毒氣體及酸燒現象早已

消失多年了，在鑄造廠中被融溶鐵水燙傷也是絕無僅有，此外，手提式的鋸子、鉆床、研磨機等等均已有了更好的保護設施。

ⓑ良好的工廠佈置及照明設施對工作環境的安全極爲重要，狹窄走道上的死角常易造成搬運上的意外事故，昏暗的走道及工作場所具有相同的危險。工業搬運車的斜坡不應超過10度，以免危險。此外，管道、排水溝、閥、電熱器及防火設施等等應裝設在易於修理的場所但又需遠離交通要道。

地面、樓梯及傾斜路必須保持乾淨，避免受到水、油及潤滑劑等的污染，如果非有不可時，也應加上墊板或其他材料，使其保持乾燥或不滑溜。

ⓒ良好的廠房維護：老舊的機器常帶來危險，而磨耗的搬運設備如吊車、起重機、升降機，工業動力車及電線更爲危險。

ⓓ其他尙有許多情況也會造成人員的意外事故，例如走道不可能全爲直的，也不可能沒有柱子，頭頂上的懸吊物及樓梯等等，最好漆上明顯的黃色以示警，而於走道直角處裝上凸形反射鏡，讓走路的人或駕駛者注意。滑溜的地面或樓梯裝舖上耐磨不滑的覆蓋物，如此，均可減少意外事故。

2.安全的機器設備

使機器設備更安全的方法很多，玆說明最常用的幾種：

ⓐ將機器中運轉的部份全部設計於機器內部，使人沒有機會碰到。

ⓑ採用機器防護，其防護的方式也很多，因機器而異，例如馬達、傳動皮帶齒輪及電子控制板裝在箱子中，磨輪則用透明的覆蓋，帶鋸除了鋸物的位置也覆蓋起來，至於沖床通常裝上清掃臂，在沖下模具之前會將操作者的手清除危險區域。

ⓒ採用安全裝置，剪床及其他金屬板成型機器必須裝置電子控制鈕，每一隻手一個按鈕，必須兩個同時按機器才操作，如此可確保操作者雙手已在安全區。尤其在兩人或兩人以上操作同一機器時，更需要電子按鈕，如此，當所有操作者均按其電鈕時機器才會操作，有些甚至裝上超音波辨識器，當操作者的手仍在危險區時，超音波辨識器會自動停止機器。

ⓓ化學及電子塗膜程序常產生氣味和氣體，甚至有很多的灰塵，這些對操作者的健康影響很大，通常採用頭布、天蓬或吸管等等，用抽風電扇將之抽出外面。

ⓔ操作者的安全裝置，焊接人員所帶的護目鏡，安全玻璃及頭盔；電子塗膜工人所穿的橡膠圍巾、手套及長靴鞋；其他如皮手套、不滑的鞋、安全鞋、口罩、防毒面具、耳塞子等等，普遍地使用於各行業。

毫無例外的，大多數工人均不喜歡穿戴保護裝置，因此，為了安全起見，堅持實施不戴需罰款的制度是必要的。

ⓕ災害發生的救急裝置，尤其是火災，更需要；木造廠房必須有屋頂噴水設備；也需有水槽儲備消防用水；滅火器、消防用水管也應齊備；更由於不同的火源，必須採用不同的滅火器，例如油的燃燒，就不能用水來撲滅。

3.意外的預防——人為因素

大多數的意外事故導因於不安全的環境及不安全的動作；過去幾年來，美國國家安全協會（NSC）報告稱 90% 的意外事故來自不安全的動作，近年來，雖然沒有這方面的報導，但沒有理由相信它已改善，最近固特異公司（Good Year Tire）報導則稱有92%。因此，安全機器、安全裝置等的裝設並不能減少太多的意外事故，要使一位22歲的堆高機駕駛員不要在廠房內開快車，實在不是一件容易的事。

人類天性中似乎幸災樂禍，只要不發生在自己身上就好了。因此要人保持或灌輸安全的意識，並不是一件容易的事，因爲人類天性喜歡冒險，而意外事故也就隨之不斷的發生。

多年前，在易生火災的公司，爲了禁止員工抽煙，公司當局還得特別設立抽煙場所，以舒解老煙槍，如今許多公司強制性執行禁煙，尤其嚴格禁止嚙檳榔。

許多管理者都了解漫不經心乃造成意外事故的罪魁禍首，因而從事工人的安全教育，但與其教導工人安全的做事，倒不如培育工人的安全意識心智，否則眞是敎不勝敎，防不勝防，安全心智的培育可以用更具震撼的字句，例如不用「高壓，危險」而用「只要 240 伏特就足以致命，這裏是 660 伏特呢！」

意外事故是件傷感的事，工人不願提它，因此，意外事故的統計圖表及標語常無法生效，因爲工人不聽、不看、不聞、不問，事實上，眞正受傷的仍然是少數中的少數，因此，採用工廠規則來獎懲可產生嚇阻的作用。

舉辦安全競賽也是個好辦法，針對那個發生意外事故的部門頒個「蠢材獎」，它必須一直懸掛下去，直至另一部門發生意外事故，才能移轉應該是蠻有效果的。

用幽默的漫畫或卡通來宣導安全教育及意識，更具效果，例如下圖所示的漫畫總比告訴工人「應該如何如何去做」，「不應該如何如何去做」更具效果。

根據意外事故的記錄顯示，有些工人具有肇禍傾向，讓他們從事最安全的工作往往可以減少意外事故的發生，但對一個來應徵的新進人員，眞的很不容易測知其是否具有肇禍傾向，一旦肇禍且證實其爲具有肇禍傾向的人，才加以調整工作，其代價未免太大了。

圖 8.1

8-2　電氣安全及其檢查

當今大多數工廠都採用電力作爲動力來源，如果使用不當，常導致人員及財產的損害。一般在裝設、保養及使用電線及電器設備上固然存在着某些危險，但大多的情況，危險的防範旣不困難，花費也不多，可是，一旦發生事故，其災害可就相當嚴重了。

工業上常見的電氣災害，通常可分爲感電事故及電氣火災兩大類，玆分述如下：

1.感電事故

一般而言，感電事故的嚴重程度因電壓、電阻、觸電部位、電流通過時間的長短及交流電的頻率而定；因此感電事故的發生乃是缺乏絕緣裝置或裝置損壞、人員疏忽，尤其是下雨或潮濕的狀況更易造成。

此外，電弧灼傷，有時深入皮膚，有時面積廣大，均造成治療上的困難。

2.電氣火災

由於電線承載力不足、絕緣不良、高壓線的磨擦接觸或保險絲熔斷等產生高溫或帶來火花，致引起隣近易燃物或本身燃燒而發生火災。因此，一般而言，只要使用的材料合乎標準，裝置和使用的方法正確，外加適當的防護和保養，應該是不容易發生火災的。

其次討論電氣事故的防護範圍，依據政府所頒佈「勞工安全衞生法令」(一般安全衞生標準)中訂有詳細電氣裝設規範，玆分項說明如下:

1.有關電氣設備及線路之安全設施:

ⓐ有關電氣設備及線路所使用之器材及電線必須合乎國家標準規格。

ⓑ所有在動作過程中會產生電弧之電氣器具，應與可燃物保持相當的距離。

ⓒ對於有感電之虞的電氣設備應設置護圍或絕緣掩蔽等予以防護。

ⓓ對於導電性高或有漏電之虞的工作場所需使用漏電遮斷裝置。

ⓔ對電焊作業應有相當的絕緣耐力及耐熱性

ⓕ有接觸絕緣被覆電線之作業，應有防止絕緣被覆破壞或老化等致引起感電危害之措施。

ⓖ對於會產生靜電致傷害人員的機器及其附屬另件，應施行接地或使用除電劑等適當的設備。

ⓗ對於裝設延伸軟線（花線）時應注意下列之規定:

①應懸於不燃性、非導體或絕緣之掛鈎上。

②不可受機動車輛或其他輪型機具輾壓。

③不可使之遭受高溫高濕或扭結或接觸油類或其他化學藥品

④不可嵌入或穿入牆壁。

⑤軟線不得使用有接頭者。

⑥聚乙烯軟線不得使用於電熱器及懸掛之白熱燈。

⑦裝設軟線，其斷面積不得小於 0.75 平方公厘，其長度不得超過 3 公尺。

2.於從事電路系統設施而需停電作業時，必須保證確實已開路且證實無殘留電荷後，才能正式開始施工。於高壓電或特別高壓電之情況下施工，必須裝設電路無負荷之指示燈，以便確保員工的安全。

3.於活線或接近活線作業且有感電之虞的工作，務使作業人員戴用防護具或設置防護裝置。

於特別高壓電下從事活線作業時，必須確保如下的安全距離:

表 8.1

電路之電壓	接通界限距離（公分）
22,000 伏特以下	60
69,000 伏特以下	80
161,000 伏特以下	110
161,000 伏特以上	170

4.電氣設備的檢查:

ⓐ對電氣設備之檢查項目及期限如下:

表 8.2

電氣設備＼檢查期限＼電壓	檢查項目	低壓	高壓
受電盤及分電盤	動作試驗	每六個月一次	每三個月一次
用電設備	絕緣接地電阻及保安設備	每六個月一次	每三個月一次
自備屋外配電線路		每六個月一次	每三個月一次

ⓑ對於絕緣用保護具，防護具，活線作業用工具等，應每六個月檢驗其性能一次。工作人員應於每次使用前自行檢點，不合格者應予更換。

ⓒ日常使用之電氣機械器具之檢查項目及內容如下，不合格者修理或更換之：

表 8.3

檢查項目	檢點內容
電焊用焊條柄	絕緣保護部份有無損傷
移動電線及其附屬接續器具	外覆或外裝有無損傷
檢電器具	檢電性能
短路接地器具	接頭導線有無損傷
絕緣用保護具或防護具	有無裂痕、針孔、老化破裂等
活線作業工具	乾燥狀況

5.防護用具:

ⓐ防護用具必須保持清潔，專用且經常檢查其性能。

ⓑ對於搬運有刺角或凸出物品或有腐蝕物或有毒物品之工人，必須提供適當的手套、圍裙、裹腿、安全帽、安全鞋、安全眼鏡、口罩、及面罩等。

ⓒ有被捲入運轉中機器之人員，應穿用適當的衣帽。

ⓓ有物體墜落或飛散的工作場所應供應安全帽。

ⓔ噪音太高（美國環保局所設定的標準為 85 分貝）必須供給耳塞、耳罩等防護具。

ⓕ熔接作業人員應戴頭罩、護目眼鏡及防護用手套。

ⓖ在有高、低溫、粉塵、有害氣體、蒸氣、有害光線、有毒物質等的工作場所，應戴用面罩、防塵口罩、防毒面具、防護眼鏡及防護衣等。

ⓗ從事電氣工作的人員,應配戴安全帽及其他必要的防護器具。

8-3 使用動力機械及手工具的安全規則

動力機械所發生之意外事故一直占着工業全部意外事故的主要部分，何況受到動力機械傷害的，要不是傷殘就是死亡，其危險性非常之大。防止動力機械發生意外事故最好的方法係裝置機械防護裝置。防護裝置的功能在於使機械傳動部位如轉軸、齒輪、帶輪、傳動軸、傳動帶、連桿、離合器等加上護罩以使人手無法直接接觸，此外，也使操作部位（Point of Operation）在不妨礙工作的情況下加個保護措施，以使加工所產生的金屬粉屑不會傷害到操作人員。

動力機械護罩通常有下列四種:

1.固定護罩：其護罩之設計必須不會妨碍機械的操作，其優點係任何時間均不會接觸危險區域。

2.聯鎖護罩 (Interlock Guards)，即與機械操作聯鎖，除非關上護罩，機械不能動作加工。

3.自動防護裝置：如採用電眼，可以防止操作者觸及危險區域。

4.嵌入防護裝置，卽防護裝置為機械之一部份，如自動刹車裝置。

至於手工具的使用極為廣泛且相當普遍，更由於其使用數量及接觸層面的廣泛，其傷害事故也相當可觀。

手工具使用不當或損壞常造成意外事故，例如切削及衝擊所產生的金屬屑擊傷眼睛，或手工具滑落所帶來的傷害。

手工具使用的安全規則如下：

1.選擇適合於工作之工具，不同的工作，需要不同的工具，同時，工具的設計必須使使用者拿起來順手方便。

2.工具需保持良好的狀況，破裂、磨損及其他損壞卽應更換，不能再強行使用。

3.正確地使用工具，公司當局應訂定工具使用方法的標準以指導員工正確地使用工具。

4.工具需要妥善的管理，需有其固定放置的場所或工具箱，定期加以保養和研磨。

8-4　爆炸、火災之預防及措施

8-4-1　火災發生的原因

為了瞭解火災如何預防和措施，需先說明火災發生的原因，才能

對症下藥。根據美國工業火災的統計，火災發生的原因可歸納成下列數項:

1.電氣: 由於電氣設備的老舊、保養不佳或設計、製造錯誤而產生高熱、火花，甚至爆炸而發生火災。

2.摩擦: 工廠中的機器設備大多均有其運轉部份，常由於保養不良或故障而產生高熱，引起易燃物及可燃物而發生。

3.物料堆放: 工廠中必有其生產所需的原料和物料，其性質屬於可燃性或易燃性，常由於其他火源或自燃而發生火災。

4.直接火焰: 工廠生產方法如電焊，切割等產生火焰，或員工的吸烟或鍋爐、熱風管、燈泡以及加工中所產生的火花，只要其附近有易燃物或可燃物，即容易肇致火災。

5.其他: 其他如靜電、池魚之殃、雷電等等亦常帶來了火災。

8-4-2　火災的預防

由上述的原因，可知火災的預防方法如下:

1.良好的防護措施: 依據勞工安全法令的規定，那些具有火災傾向的設備及物質，必須事先做好預防性的裝置，以使其不致發生。

2.良好的定期保養: 各種電氣設備及機器之運轉部份必須定期檢查和保養，以使其不致產生高熱或火花。

3.保持工廠的清潔整齊: 整齊清潔及規劃良好的堆放，可以避免觸及火源及自燃，減少火災發生的機會。

4.保持良好的工作環境。

5.工人的安全教育及安全規則: 火災預防的最重要方法在於養成工人的良好安全習慣，同時公司當局必須訂定安全規則，務使所有員工遵守，否則處以重罰來養成良好的習慣，因為火災的發生常由於人爲因素或該注意而未注意所產生。

8-4-3 火災的措施

火災一旦發生，必須藉助於良好的消防系統及訓練有素的人員的迅速處理。

對於較易發生火災的工廠，必須事先裝設自動噴水系統及特種化學噴射系統，以便在緊急情況下，能迅速使用，以阻止災情的擴大。此外應在廠房各處適當的地點存放適用的手提滅火機，以便於火苗初發之時迅速撲滅，因此其置放應便於取用，隨火災可能的傾向而備用合適的滅火器且應保持其有效使用。

8-4-4 爆炸的預防及措施

爆炸的發生主要是由於含有不穩定物質，因壓力的解放而迅速的發生分解或有些設備如壓力容器或鍋爐，其內部的壓力過高，造成容器破裂而發生爆炸。爆炸與火災相似，只不過其能量解放的速率更快，其所形成的破壞能力更強大而已。

爆炸的破壞力旣是如此的強大，一旦發生，眞是不可收拾，因此事前預防重於事後補救，其預防方法如下:

1.良好的預防保養，使得不穩定物質不致解除而發生分解，同時良好的保養，可以防止漏氣，減少爆炸性混合氣體的形成。

2.改善通風設備　良好的通風，可以防止過多氣體的聚集，也減低其溫度，爆炸自然減少。

3.建立安全措施及裝置　應建立自動控制及抑制的安全系統，一方面防止爆炸之發生，另一方面在爆炸將開始卽行偵知並加以抑制，使其不發生或減至最小的程度。

習　題

1. 試述意外事故的人為因素；如何預防之？

2. 工作環境對意外事故的發生有何影響？如何維護？

3. 試述電氣設備應注意的安全事項？

4. 使用手工具時，應注意那些安全規則？

5. 試述火災發生的原因及其預防方法。

第九章　工業衛生

9-1　勞工法及勞動基準法

自從工業革命之後，工業改用機械來從事生產，一般手工業者一變而為拿工資的勞工，被迫到工廠出賣勞力，隨着機械速度不斷的增加，使得勞工漸漸陷入過度的疲勞，更由於機械具有永不休息的特性，企業家更希望多賺些利潤，因此，有機會的話，竭力延長勞動時間或以計件工資的方式來加強勞動，但如此賣盡勞力，卻無法獲得相對的報酬，而為企業家所剝削，使得勞工的所得無法照顧妻子兒女的生活，妻子兒女也被迫參加生產的行列，因而產生童工女工的問題。這不僅是勞工及其家庭的問題而已，更是有關國民健康、民族道德乃至國家生存的問題，引起各國政府當局的注意和重視，因而紛紛立法以保護勞工，這就是勞工立法的來由。

所謂勞工法，根據世界各國學者專家的觀念，認為是規定被僱者諸種關係的統一法，也就是規定勞動關係及其附帶的一切關係法規。

至於談到我國的勞工立法，自鴉片戰爭之後，海禁大開，外人紛至沓來，工廠林立，勞工的權益才漸受重視，迨至民國三年才由北京政府公佈礦業條例及其施行細則。

其後，歷經許多勞工運動及工會組織，並經北京政府及國民政府陸續公布了一些有關勞工法，但均屬零星且不完整的法規，直到民國18年，由國民政府策動而完成了「勞動法典草案」，成爲其後各勞工立法的重要參考資料。立法院於民國十七年底成立，陸續編擬，通過且經國民政府公佈的勞工立法共有 13 種之多，其中自工會法、工廠法以至勞動契約法等均有規定。

及至民國 38 年中央政府遷臺後，經修正且公佈了許多勞工立法，主要有 38 年公佈的工會法，39 年的臺灣省勞工保險辦法，39 年的礦場法及礦業保安規則，40 年的職工福利金條例施行細則及職工福利委員會組織規程，40 年的臺灣省工礦檢查委員會組織規程，45 年的臺灣省產業工人基本工資檢查要點及 47 年的勞工保險條例。

勞動基準法於民國 73 年 7 月30日由總統令公佈施行。本法第一條即明示勞動基準法的目的爲規定勞動條件最低標準，保障勞工權益，加強勞雇關係，促進社會與經濟發展。並於第二條說明其用辭定義:

1.勞工: 謂受僱主僱用從事工作獲致工資者。

2.雇主: 謂僱用勞工之事業主，事業經營之負責人或代表事業主處理有關勞工事務之人。

3.工資: 謂勞工因工作而獲得之報酬; 包括工資，薪金及按計時、計日、計月、計件以現金或實物等方式給付之獎金、津貼及其他任何名義之經常性給與均屬之。

4.平均工資: 謂計算事由發生之當日前六個月內所得工資總額除以該期間之總日數所得之金額。工作未滿六個月者，謂工作期間所得工資總額除以工作期間之總日數所得之金額。工資按工作日數、時數或論件計算者，其依上述方式計算之平均工資，如少於該期內工資總額除以實際工作日數所得金額百分之六十者，以百分之六十計。

5.事業單位：謂適用本法各業僱用勞工從事工作之機構。

6.勞動契約：謂約勞雇關係之契約。

由上述第二項雇主之定義中可知，當一公司之一位高級主管，如經理，牽涉有關其個人權利與義務時，其應爲勞工身份；但當他代表雇主處理有關勞工事務，如薪資、獎懲時，則其爲雇主身份，由是，受雇於公司之主管均具有雙層身份。

其次於第三條明列適用範圍：

1.農、林、漁、牧業。

2.礦業及土石採取業。

3.製造業。

4.營造業。

5.水電、煤氣業。

6.運輸、倉儲及通信業。

7.大衆傳播業。

8.其他經中央主管機關指定之事業。

本勞動基準法所包含的主要內容有下列各項：

1.勞動契約

規定勞工與僱主間關係的契約，說明其契約的種類、特性，以及契約的簽訂、繼續及終止等有關的規定，其目的在於保障勞工職位的安全，不致面臨隨時被解僱的命運，致陷生活於無着的境地。

2.工　資

規定工資係由勞雇雙方議定之，但不得低於中央主管機關所訂定的基本工資，規定延長工作時間需加發工資，同工同酬且不能以任何理由扣除勞工工資，更重要者，雇主因故積欠勞工工資有最優先受清償之權。

3.工作時間、休息、休假

規定勞工每日工作時數不得超過 8 小時，每週 48 小時，若需加班，每日女工不得超過 2 小時，男工 3 小時，而每月累計，女工不得超過 24 小時，男工 46 小時。同時規定勞工繼續服務滿一定期間者必須依規定日數給予特別休假。

4.童工、女工

規定十五歲以上未滿十六歲者爲童工，童工不得從事繁重及危險性之工作，且規定童工例假不得工作，也不得在午後八時至翌晨六時之間工作。女工則不得於午後十時至翌晨六時間工作，女工妊娠中得調較輕易之工作，分娩得給予產假，也需有哺乳時間，以保障下一代國民的健康。

5.退　休

規定勞工工作十五年以上年滿五十五歲或工作二十五年以上者得自請退休，而其退休金之給付，每滿一年給與兩個基數，但超過十年之工作年資，每一年給與一個基數，最高總數以四十五個基數爲限，而其退休金額則以基數乘以退休時一個月平均工資。

6.職業災害補償

規定勞工因遭遇職業災害而致死亡、殘廢、傷害或疾病時，雇主應依規定給予補償。

7.技術生

技術生規定亦需滿十五歲且以學習技能爲目的而受雇主訓練之人，技術生人數不得超過勞工人數的四分之一，技術生之作息、災害補償及勞工保險等比照一般勞工之規定。

8.工作規則

規定雇主僱用勞工人數在三十人以上者，應依其事業性質，就左列事項訂立工作規則，報請主管機關核備後並公開揭示之：

①工作時間、休息、休假、國定紀念日、特別休假及繼續性工作之輪班方法。

②工資之標準、計算方法及發放日期。

③延長工作時間。

④津貼及獎金。

⑤應遵守之紀律。

⑥考勤、請假、獎懲及升遷。

⑦受僱、解僱、資遣、離職及退休。

⑧災害傷病補償及撫卹。

⑨福利措施。

⑩勞雇雙方應遵守勞工安全衞生規定。

⑪勞雇雙方溝通意見加強合作之方法。

⑫其他。

9.監督與檢查

中央主管機關，爲貫徹本法及其他勞工法令之執行，設勞工檢查機構或授權省市主管機關專設檢查機構辦理之；地方主管機關於必要時，亦得派員實施檢查。

勞工亦得依法向主管機關或檢查機關申訴。

10.罰　　則

規定雇主違反本法及其他勞工法令時，隨着違反不同的條款及情節輕重、處以罰金、罰鍰及有期徒刑，其最低者爲二千元以上之罰鍰，最高者爲五萬元之罰金或五年的有期徒刑。

11.附　　則

最後一章，規定爲協調勞資關係，促進勞資合作，提高工作效率，事業單位應舉辦勞資會議。

內政部爲勞工法之中央主管機關，於民國74年2月27日公佈勞動基準法施行細則，針對勞動基準法之各項規定，訂立更詳細及可行的具體辦法，例如於休假之規定，明列應放假之紀念日、開國紀念日、革命先烈紀念日、行憲紀念日等等。

內政部亦於74年3月20日公佈勞工請假規則，規定勞工的婚、喪、病、傷等假之給假日數及辦法。

內政部又於73年10月29日公佈工作規則審核要點，逐項列表說明其訂立事項、內容、依據法令及審核注意事項等等，以作爲審核之依據和參考。

9-2　勞工衞生及勞工保險概論

9-2-1　勞工衞生

工廠生產的主要原動力是勞工，而勞工身心的健康對生產效率有莫大的影響；因此，爲了工業升級，提高生產力，首應保持勞工的身心健康。

影響勞工身心健康的因素，本節中僅敍述其中最重要的二項，營養及疲勞。

1.營　　養

營養的補給，不僅提供身體新陳代謝，以更新或修補身體組織，而且經氧化產生能量以供應身體無窮的活力，因此，攝取適當的營養是保持勞工身體健康的最重要因素，也因而能產生無限的活力，如此，才能締造良好的生產力績效。

下表 9.1 所示為政府當局建議國人每日應攝取的營養素的量表，以供勞工之參考。

2.疲　勞

當勞工生產一段時間之後，便會感到生理機能與工作效率的降低，此係新陳代謝過度，使得身體內部之生物化學平衡狀態發生變化，生理機能也發生變化，因而感覺疲勞，如果無法獲得適當的休息，工作效率就無法維持，更甭說是提高生產效率了。

造成身心疲勞主要因素有下列幾項:

1.工作忙碌或時間太長，無法獲得充足的休息。

2.工作負荷太重或壓力太大，造成精神的過度緊張和疲勞。

3.工作環境的不良，包括操作方法、高溫、噪音等。

4.工作不如意：如待遇、升遷、責任負擔或人際關係。

5.個人生活不正常：如家庭生活不和諧、私生活習慣不良等等，以致造成睡眠不足。

為了預防疲勞之發生，可採行下列措施:

1.適當的休息和睡眠。

2.充分的營養。

3.良好的工作環境。

4.正當且適宜的休閒活動，以消除身心的緊張和疲勞。

9-2-2　勞工保險概論

保險的功能在於互助合作及危險分擔，係利用多數人的經濟力量，以補償少數人的損失，使少數人雖然受到身體的傷害或物質的損

表 9.1 建議國人每日營養素食取量表

營養素 / 單位 / 年齡(1)			身高	體重	熱量(2)	蛋白質(3)	鈣	磷	鐵(4)	碘	維生素A(5)	
			公分 (cm)	公斤 (kg)	卡 (kcal)	公克 (g)	毫克 (mg)	毫克 (mg)	毫克 (mg)	微克 (μg)	微克 (μg. R.E)	國際單位 (I.U.)
16~19歲	男		169	60	2,900	70	800	800	15	155	750	6,000
	女		158	51	2,250	60	700	700	18	135	750	6,000
20(10)歲~	男	輕			2,400					130		
		中	170	62	2,700	70	600	600	10	145	750	6,000
		重			3,200					170		
	女	輕			1,900					100		
		中	158	52	2,100	60	600	600	15	110	750	6,000
		重			2,400					135		
35歲~	男	輕			2,300					130		
		中	166	62	2,600	70	600	600	10	145	750	6,000
		重			3,100					170		
	女	輕			1,800					100		
		中	154	52	2,000	60	600	600	15	110	750	6,000
		重			2,300					135		
55歲~	男	輕	164	62	2,100	65	500	500	10	130	750	6,000
		中			2,400					145		
	女	輕	152	52	1,700	55	500	500	10	100	750	6,000
		中			1,800					110		
懷孕		前			+150	+10	+200	+200	*	+10		
		後			+350	+20	+500	+500		+20	+100	+ 800
哺乳		期			+700	+20	+500	+500	*	+35	+400	+3,000

(1) 年齡係以足歲計算。

(2) 油脂熱量以不超過總熱量之 30% 爲宜。

(3) 動物性蛋白質在總蛋白質中之比例，1 歲以下嬰兒以占⅔以上爲宜。

(4) 日常國人膳食中之鐵質攝取量，不足以彌補婦女懷孕、分娩失血及泌乳時之損失，建議自懷孕後期至分娩後兩個月內，每日另以鐵鹽供給20~50毫克之鐵質。

(5) R.E. 卽視網醇當量 Retinol Equivalent;1R.E.=1μg視網醇 (retinol) =6μgβ—胡蘿蔔素 (β-carotene)。國際單位卽 International Unit (I.U.)。

維生素D(6)	維生素E(7)	維生素B₁	維生素B₂	菸鹼素(8)	維生素B₆	維生素B₁₂	葉酸(9)	維生素C
微 克 (μg)	微 克 (μg.T.E)	毫 克 (mg)	毫 克 (mg)	毫 克 (mg.N.E.)	毫 克 (mg)	微 克 (μg)	微 克 (μg)	毫 克 (mg)
10 10	12 10	1.5 1.1	1.6 1.2	19 14	2.0 1.8	3.0 3.0	400 400	55 55
2.5 2.5	12 10	1.2 1.4 1.6 1.0 1.1 1.2	1.3 1.5 1.8 1.1 1.2 1.3	16 18 21 13 14 16	2.0 1.8	3.0	400	60
2.5 2.5	12 10	1.2 1.3 1.6 0.9 1.1 1.2	1.3 1.4 1.7 1.0 1.1 1.3	15 17 20 12 13 15	.0 1.8	3.0	400	60
2.5 2.5	12 10	1.1 1.2 0.9 0.9	1.2 1.3 0.9 1.0	14 16 11 12	1.8 1.6	3.0	400	60
+7.5 +7.5	+2 +3	+0.1 +0.2 +0.4	+0.1 +0.2 +0.4	+1 +2 +5	+0.2 +0.5 +0.5	+1.0 +1.0	+400 +200	+10 +10 +40

(6) 維生素D係以維生素 D_3 (Cholecalciferol) 爲計量標準， 1μg=40 I. U. 維生素 D_3。

(7) α-T.E. 卽 α—生育醇當量(α-Tocopherol Equivalent)，1mg α-T.E.=1mg α-tocopherol。

(8) 菸鹼素當量 N.E.=Niacin Equivalent, 相當於 1mg 菸鹼素或 60mg 色胺酸。

(9) 葉酸係指食物以酵素 (Conjugase) 處理後，以 Lactobacillus casei 進行微生物定量分析所得之「總葉酸量」。

(10)輕、中、重表示工作勞動量之程度。

失，本人或其家屬仍能維持其適當的生活。勞工保險係專爲保障勞工的各種意外事故而解決勞工的各種問題，勞工保險具有勞動力的維持、扶持及喪失勞動力的補償等功能，對勞工具有實質的保護作用。

我國勞工保險係依照臺灣省勞工保險辦法於民國三十九年四月十三日公佈實施，其對象爲臺灣省內之公民營工廠礦場鹽場及公營交通公用事業之工人。四十九年九月一日增加職業工人保險，四十二年三月一日增加漁民保險。迨民國四十七年七月廿一日總統令公佈勞工保險條例，又歷經五十七年、六十二年及六十八年的修正公佈，全文共有七章七十九條，其主要內容如下:

1.勞工保險的目的：爲保障勞工生活，促進社會安全。（第一條）。

2.保險機構：在中央爲內政部；在省（市）爲省（市）政府（第四條）。

3.保險的範圍：分爲二大類:

①普通事故保險：生育、傷病、醫療、殘廢、失業、老年及死亡等七種給付。

②職業災害保險：傷病、醫療、殘廢及死亡等四種給付。（第二條）

4.被保險的對象：凡年滿十四歲以上，六十歲以下之下列勞工，應以其雇主或所屬團體爲投保單位，全部參加勞工保險爲被保險人:

①受僱於僱用勞工五人以上之公、民營工廠、礦場、鹽場、農場、牧場、林場、茶場之產業勞工及交通、公用事業之勞工。

②受僱於僱用五人以上公司、行號之勞工。

③受僱於僱用五人以上之新聞、文化、公益及合作事業之員工。

④政府機關、公、私立學校之技工、司機、工友。

⑤政府機關、公立學校之約聘、約僱人員。

⑥政府登記有案之職業訓練機構受訓技工。

⑦專業漁撈勞動者。

⑧無一定僱主而參加職業工會之勞工。

前項所稱勞工，包括在職外國籍員工。

（第六條第1到8款）

5.保險費率：勞工保險之普通事故保險費率，由中央主管機關按被保險人當月之月投保薪資百分之六至百分之八擬訂，報請行政院核定之。

而職業災害保險費率之費率表由中央主管機關擬訂，報請行政院核定，至少每三年調整一次。

6.勞工保險費之負擔，依下列規定計算之：

①第六條第一項第一款至第五款規定之被保險人，其普通事故保險費由被保險人負擔百分之二十，僱主負擔百分之八十；職業災害保險費，全部由僱主負擔。

②第六條第一項第六款規定之被保險人，其保險費之負擔，由職業訓練機構與受訓技工按前款規定辦理。

③第六條第一項第七款規定之被保險人，其普通事故保險費及職業災害保險費，均在職業漁撈勞動者保險費備付金項下撥付。

④第六條第一項第八款規定之被保險人，其普通事故保險費及職業災害保險費，均由省（市）政府補助百分之四十，被保險人負擔百分之六十。

前項第三款專業漁撈勞動者保險費備付金，在省（市）政府核准設立之各生產及消費魚市場成交魚貨售價總值中，代收百分之零點五至百分之二點五撥充，由中央主管機關在規定範圍內定之；調整時亦同。

7.保險給付:

依據勞工保險條件第一章第二條及第五章各條之規定，勞工保險之保險給付分普通事故的生育、傷病、醫療、殘廢、失業、老年及死亡等七種給付以及職業災害的傷病、醫療、殘廢及死亡等四種給付，玆分述其規定如下:

(1) 生育給付: 被保險人參加保險之年資合計滿十個月後分娩或妊娠三個月以上流產者得申請生育給付。被保險人之配偶分娩或流產者，比照前項規定辦理，其給付標準如下:

①被保險人分娩或流產者，按其平均月投保薪資一次給與分娩津貼十五日。

②被保險人之配偶分娩或流產者，按被保險人平均月投保薪資一次給與分娩津貼十五日。

③被保險人分娩爲活產或妊娠七個月以上死產者，除給與分娩外，並按其平均月投保薪資一次給與生育補助費四十五日。

④雙生以上者，比例增給。

(2) 傷病給付: 被保險人遭遇普通傷害或普通疾病或因執行職務而致傷害或職業病，得請領傷病給付:

①被保險人遭遇普通傷害或普通疾病住院診療，不能工作，以致未取得原有薪資，正在治療中者，自不能工作之第四日起，發給普通傷害或普通疾病補助費，其給付標準按被保險人平均月投保薪資半數發給，每半個月給付一次，以六個月爲限。但傷病事故前參加保險年資合計已滿一年者，增加給付六個月。（第卅五條）

②被保險人因執行職務而致傷害或職業病不能工作，以致未能取得原有薪資，正在治療中者，自不能工作之第四日起，發給職業傷

害補償費或職業病補償費。

前項因執行職務而致傷病之審查準則，由中央主管機關定之。其給付標準按被保險人平均月投保薪資百分之七十發給，每半個月給付一次；如經過一年尚未痊癒者，其職業傷害或職業病補償費減爲平均月投保薪資之半數，但以一年爲限。（第卅六條）

③被保險人已領足第三十五條或第三十六條規定之保險給付，期滿仍未痊癒，經保險人自設或特約醫院診斷爲永不能復原者，得視傷病情形申請繼續治療或依本條例有關規定，請領殘廢給付。

(3) 醫療給付

①醫療給付分門診及住院診療。

②被保險人罹患傷病時，應向保險人自設或特約醫療院、所申請診療，其門診給付範圍規定如下：診察（包括檢驗及會診）、藥劑或治療材料之給與、處置、手術或治療。

③被保險人合於下列規定之一，經保險人自設或特約醫療院、所診斷必須住院治療者，由其投保單位申請住院診療。但緊急傷病，須直接住院診察者，不在此限。

ⓐ因職業傷害者

ⓑ因罹患職業病者

ⓒ因普通傷害者

ⓓ因罹患普通疾病，於申請住院診察前參加保險之年資合計滿四十五日者。

其住院診察給付範圍規定如下：

ⓐ診察（包括檢驗及會診）

ⓑ藥劑或治療材料之給與

ⓒ處置、手術或治療

ⓓ膳食費用三十日內之全數及超過三十日之半數

ⓔ勞保病房之供應，以公保病房爲準

前項第四款規定之膳食費用，如被保險人係因職業傷害或罹患職業病住院診療者，全部由保險人給付之；第五款規定勞保病房之供應，如係自願住較高等病房者，其超過勞保病房之費用，由被保險人自付其差額。

4.醫療給付不包括法定傳染病、精神病、痲瘋病、麻醉藥品嗜好症、接生、美容外科、義齒、義眼、眼鏡或其他附屬品之裝置、病人運輸、特別護士看護、輸血、掛號費、證件費、醫療院所無設備之診療及第四十一條、第四十三條未包括之項目。但被保險人因緊急傷病，經保險人自設或特約醫療院所診斷必須輸血者，不在此限。

(4) 殘廢給付

①被保險人因普通傷害或罹患普通疾病，經治療終止後，如身體遺存障害，適合殘廢給付標準表規定之項目，並經保險人自設或特約醫院診斷爲永久殘廢者，得按其平均月投保薪資，依同表規定之殘廢等級及給付標準，一次請領殘廢補助費。

被保險人領取普通傷病給付期滿，或其所患普通傷病經治療一年以上尚未痊癒，如身體遺存障害，適合殘廢給付標準表規定之項目，並經保險人自設或特約醫院診斷爲永不能復原者，得比照前項規定辦理。

②被保險人因職業傷害或罹患職業病，經治療終止後如身體遺存障害，適合殘廢給付標準表規定之項目，並經保險人自設或特約醫院診所診斷爲永久殘廢者，依同表規定之殘廢等級給付標準，增給百分之五十，一次請領殘廢補償費。

被保險人領取職業傷病給付期滿，尚未痊癒，如身體遺存障害，適合殘廢給付標準表規定之項目，並經保險人自設或特約醫院診斷爲永不能復原者，得比照前項規定辦理。

③殘廢給付依下列規定，審核辦理之：

ⓐ被保險人身體遺存障害，適合殘廢給付標準表之任何一項目時，按各該項目之殘廢等級給與之。

ⓑ被保險人身體遺存障害，同時適合殘廢給付標準表之任何兩項目以上時，除依第三款至第六款規定辦理外，按其最高殘廢等級給與之。

ⓒ被保險人身體遺存障害，同時適合殘廢給付標準表之第十四等級至第一等級間任何兩項目以上時，按其最高殘廢等級再升一等級給與之。但最高等級爲第一等級時，按第一等級給與之。

ⓓ被保險人身體遺存障害，同時適合殘廢給付標準表之第八等級至第一等級間任何兩項目以上時，按其最高殘廢等級再升兩等級給予之。最高等級爲第二級以上時，按第一等級給與之。

ⓔ被保險人身體遺存障害，同時適合殘廢給付標準表之第五等級第一等級間任何兩項目以上時，按其最高殘廢等級再升三等級給與之。但最高等級爲第三等級以上時，按第一等級給與之。

ⓕ被保險人身體遺存障害，不適合殘廢給付標準表所定之各項目時，得衡量其殘廢程度，比照同表所定之身體障害狀態，定其殘廢等級。

ⓖ依第三款至第六款規定所核定之殘廢給付，超過各該等級殘廢分別計算後之合計額時，應按其合計額給與之。

ⓗ被保險人之身體原已局部殘廢，再因傷害或疾病，致身體之同一部位殘廢程度加重者，一律依照殘廢給付標準表規定，按其加重後殘廢給付日數，發給殘廢給付。但原已局部殘廢部分，依殘廢給

付標準表規定所核定之給付日數，應予扣除。

ⓘ第八款及第九款規定之保險人身體殘廢程度加重之原因，係職業傷害或罹患職業病所致者，按各該款之規定所核定之殘廢給付日數，增給百分之五十。

(5) 老年給付

①被保險人年滿六十歲或女性保險人年滿五十五歲，參加保險之年資合計滿一年者，於退職時得請領老年給付。

被保險人年滿五十五歲，或女性被保險人年滿五十歲，參加保險之年資合計滿十年者，於退職時得請領減額之老年給付。

被保險人已領取老年給付者，不得再行參加保險。

②被保險人依前條第一項規定請領老年給付者，其保險年資合計每滿一年按其平均月投保薪資，發給一個月老年給付；其保險年資合計超過十五年者，每滿一年發給二個月老年給付。但最高以四十五個月爲限。

被保險人依前條第二項規定請領減額之老年給付者，除依前項規定計算給付額外，並應以六十歲爲準，女性以五十五歲爲基準，每少一歲遞減百分之四。

③被保險人如係坑內工作之勞工，並在坑內工作合計滿五年，於年滿五十五歲退職者，即可依前條第一項規定，請領老年給付。

④被保險人年逾六十歲繼續工作者，每滿一年按其平均月投保薪資發給一個月老年給付，以五年爲限，於退職時一次請領。

(6) 死亡給付

①被保險人之父母、配偶或子女死亡時，依下列規定，請領喪葬津貼。

ⓐ被保險人之父母、配偶死亡時，按其平均月投保薪資，發

給三個月。

ⓑ被保險人之子女滿十二歲死亡時．按其平均月投保薪資發給二個月。

ⓒ被保險人之子女未滿十二歲死亡時，按其平均月投保薪資，發給一個半月。

②被保險人死亡時，按其平均月投保薪資，給與喪葬津貼五個月。遺有配偶、子女及父母、祖父母或專受其扶養之孫子女及兄弟、姊妹者，並給與遺屬津貼，其支給標準，依下列規定:

ⓐ參加保險年資合計未滿一年者，按被保險人平均月投保薪資，一次發給十個月遺屬津貼。

ⓑ參加保險年資合計已滿一年而未滿二年者，按被保險人平均月投保薪資，一次發給二十個月遺屬津貼。

ⓒ參加保險年資合計已滿二年者，按被保險人平均月投保薪資，一次發給三十個月遺屬津貼。

③被保險人因職業傷害或罹患職業病而致死亡者，不論其保險年資，除按其平均月投保薪資，一次發給喪葬津貼五個月外，遺有祖父母、父母、配偶、子女、孫子女或兄弟、姊妹者，並給與遺屬津貼四十個月。

④受領前二條所定遺屬津貼之順序如下:

ⓐ配偶及子女

ⓑ父母

ⓒ祖父母

ⓓ孫子女

ⓔ兄弟、姊妹

8.保險基金及經費:

(1) 勞工保險基金之來源如下:

①創立時政府一次撥付之金額

②當年度保險費及其孳息之收入與保險給付支出之結餘

③保險費滿納金

④基金運用之收益

(2) 勞工保險基金，經勞工保險監理委員會之通過，得爲下列之運用:

①對於公債、債券及公司債之投資。

②存放於國家銀行或省（市）政府指定之公營銀行。

③自設勞保醫院之投資及特約公立醫院勞保病房整修之貸款;其辦法由中央主管機關定之。

④政府核准有利於本基金收入之投資。

勞工保險基金，除作爲前項運用及保險給付支出外，不得移作他用或轉移處分; 其管理辦法，由中央主管機關定之。基金之收支、運用情形及其積存數額，應由保險人報請中央主管機關按年公告之。

9-3 工作環境衛生及其改善方法

工作環境乃勞工每天生活的空間，因此，工作環境的舒適、整齊和清潔，直接影響勞工身心的健康，因此，國內許多公司均仿照豐田汽車公司推動5 S運動，其內容及意義如下:

1. 整理: 即在工作區域內，只存放必要之物且必須排列整齊。

2. 整頓: 將需要的物件，按使用功能，分門別類安置在最適當的位置，並依標準方法來使用。

3. 整潔: 經常擦拭機器設備和工具、模具，並經常維持工作環境的清潔，例如工廠內外的清掃、雜物及工作碎屑之清理、廢料之處理等等。

4.整員：個人服飾、儀容必須端莊整潔，例如上班一定要穿制服，配戴名牌，修剪頭髮、鬍子，工作現場不吸煙等等。

5.整軍：遵守紀律，養成良好的習慣。首先需將前四項工作做好，以養成良好的工作習慣，並因此而推廣到個人的出勤率、工作精神和績效、上下班的交通安全、工作安全、正確的操作方法、堅守工作崗位等等，更高境界的紀律行爲。

此種工廠的整理整頓工作，不僅限於生產現場而已，必須推廣到全工廠以及全公司的所有場所和地區，除了工作現場及其周遭環境外，必須包括其供水及排水設備，使工廠各用水分別標示、處理及定期檢查，以保持用水之適宜和清潔，對排放汚水良好處理，以保持環境之清潔。

浴厠必須合適且清潔，保持良好的通風；厨房、餐廳及休息室更應保持衞生，維持清潔、整潔及良好的通風設備和照明，換言之，工廠裏內內外外都需維持良好的環境和衞生。

9-4　工廠中常見之工業毒物及防治方法

依據民國六十三年總統令公佈之勞工安全衞生法及內政部六十三年所公佈的勞工安全衞生法施行細則及各種有毒物質毒害預防規則，將有毒物分成下列各類：

1.鉛類：指鉛合金、鉛化合物、鉛混合物、燒結礦、礦渣、煙灰、電解漿泥、含鉛塗料及從事鉛作業，如鉛之冶鍊、精鍊等等。

2.四烷基鉛類：指四甲基鉛、四乙基鉛、一甲基三乙基鉛、二甲基二乙基鉛、三甲基一乙基鉛及含上列物質之抗震劑及加鉛汽油等。

3.特定化學物質：又分爲甲乙丙丁戊等五類：

甲類物質：指黃磷火柴、二氨基聯苯及其鹽類（不包括乙類物質中之二氨基聯苯及其鹽類），4-氨基聯苯及其鹽類，4-硝基聯苯及其鹽類，β-萘胺及其鹽類，含苯容量百分比在5以上之含苯糊。

乙類物質：二氯二氨基聯苯及其鹽類，α-萘胺及其鹽類，二甲氧二氨基聯苯及其鹽類。

丙類物質：多氯聯苯（含氯1～10），鈹及其化合物，丙烯醯胺，丙烯腈，烷基汞化物，（烷基以甲基及乙基爲限）石棉，次乙亞胺，氯乙烯，氯，奧黃及其鹽類，鄰二腈苯，鎘及其化合物，鉻酸及其鹽類，氯甲基甲其醚，五氧化二銅，煤焦油，三氧化二砷，氰化鉀，氰酸，氰化鈉，溴化甲烷，重鉻酸及其鹽類。汞及其無機化合物，2,4二異氰酸甲苯，四羰化鎳，硝基乙二醇，對一二甲胺基偶氮苯，對硝基氯苯，氟化氫，β-丙內酯，五氯化酚及其鈉鹽，苯胺紅，錳及其化合物，硫酸二甲酯，碘化甲烷，硫化氫。

丁類物質：氨，一氧化碳，氯化氫，硝酸，二氧化硫酚，光氣，甲醛，硫酸。

戊類物質：氯，氰酸，四羰化鎳，氟化氫，硫化氫，硫酸二甲酯，丙烯腈，次乙亞胺。

4.有機溶劑：又分爲第一種，第二種及第三種有機溶劑，其項目列如下：

第一種有機溶劑：指三氯甲烷，1.1,2.2-四氯乙烷，四氯化碳，1,2-二氯乙烯，1,2-二氯乙烷，二硫化碳，苯，三氯乙烯。

第二種有機溶劑：丙酮，異戊醇，異丁醇，異丙醇，乙醚，乙二醇乙醚，乙二醇乙醚醋酸，乙二醇丁醚，乙二醇甲醚，膦二氯苯，二甲苯，甲酚，氯苯，乙酸戊酯，乙酸異戊酯，乙酸異丁酯，乙酸異丙酯，乙酸乙酯，乙酸丙酯，乙酸丁酯，乙酸甲酯，苯乙烯，1,4-二氧陸圜，四氯乙烯，環乙醇，環乙酮，1-丁醇，2-丁醇，甲苯，二氯甲烷，甲醇，甲基異丁酮，甲基環己醇，甲基環己酮，甲丁酮，1,1,1-三氯乙烷，丁酮，二甲基甲醯胺，四氫呋喃。

第三種有機溶劑：汽油，煤焦油精，石油醚，石油精，輕油精，松節油，正己烷，礦油精。

5. **空氣中有害物質**：空氣中有害物質種類相當繁多，但只有超過某一濃度時才對員工身體有害，因此，勞工安全衞生法規定其容許濃度，所謂空氣中有害物質容許濃度係指有勞工曝露下，作業環境空氣中有害物質之工作日時量平均值。玆將空氣中有害物質容許濃度列如下：

表 9.2 空氣中有害物質容許濃度

名稱	容許濃度		名稱	容許濃度	
	PPM	mg/m³		PPM	mg/m³
醋酸	10	25	鋇（可溶性化合物）		0.5
丙酮	1,000	2,400	苯	25	80
丙烯醛	0.1	0.25	二氨基聯苯		
丙烯腈	20	45	過氧苯醯		5
阿特靈		0.25	鈹及其化合物（含鈹量）		0.002
氨	50	35	重鉻酸及重鉻酸鹽		0.1
乙酸戊酯	100	525	三氟化硼	1	3
苯胺	5	19	溴	0.1	0.7
銻及其化合物（含銻量）		0.5	丁二烯	1,000	2,200
砷及其化合放（含砷量）		0.5	1一丁醇	50	150
砷（砷化氫）	0.05	0.2	2一丁醇	150	450
氯苯	75	350	乙酸丁酯	150	750
奧黃			鎘及其他化合物（含鎘量）		0.1

名稱	容許濃度		名稱	容許濃度	
	PPM	mg/m³		PPM	mg/m³
砷酸鈣		1	二氯二氨基聯苯及其鹽類		
氧化鈣		5	1,2-二氯乙烯	200	790
合成樟腦	2	12	二氯乙醚	15	90
二氧化碳	5,000	9,000	1,2-二氯乙烷	50	200
二硫化碳	20	60	1-二氯乙烷	200	320
一氧化碳	50	55	二氯甲烷	500	174
四氯化碳	10	65	地特靈		0.25
氯	1	3	二甲基甲醯胺	10	30
二氧化氯	0.1	0.3	二硝基苯(含異構物)	0.15	1
氯仿	50	240	二硝基甲苯		1.5
鉻及鉻酸鹽		0.1	安地靈		0.1
煤焦油		0.2	1,4-二氧陸圜	100	360
鈷(金屬燻煙及塵)		0.1	乙醇胺	3	6
銅(燻煙)		0.1	乙酸乙酯	400	1,400
銅(塵和霧)		1	硫酸二甲酯	1	5
木餾油酚	5	22	丙烯酸乙酯	25	100
氯化物		5	乙醇	1,000	1,900
環己烷	300	1,050	乙醚	400	1,200
環己醇	50	200	乙硫醇	0.5	1
環己酮	50	200	乙二胺	10	25
二氯松	0.1	1	二硝基乙二醇	0.2	
二甲氧二氨基聯苯及其鹽類			次己亞胺	0.5	0.9
鄰二氯苯	50	300	乙二醇丁醚	50	240

名稱	容許濃度 PPM	容許濃度 mg/m³	名稱	容許濃度 PPM	容許濃度 mg/m³
乙二醇乙醚	100	370	鉛		0.15
乙二酸乙醚醋酸	100	540	砷酸鉛		0.15
乙二酸甲醚	25	80	靈丹		0.5
氟化物(含氟量)		2.5	液化石油氣	1,000	1,800
氟	1	2	苯胺紅(一品紅)		
甲醛	5	6	氧化鎂（燻煙）		15
呋喃醛	5	20	馬拉松		15
汽油	500	2,000	錳及其化合物（氫氧化錳除外）（含錳量）		5
正己烷	100	360			
氯化氫	5	7	汞（蒸氣及化合物）		0.05
肼	1	1.3	汞(有機化合物)		0.01
氰化氫	10	11	乙酸甲酯	200	610
氟化氫	3	2	丙烯酸甲酯	10	35
過氧化氫	1	1.4	甲醇	200	260
硒化氫	0.05	0.2	甲丁酮	100	410
硫化氫	10	15	甲基環己酮	50	230
對苯二酚		2	甲基環己醇	50	235
碘	0.1	1	二氯甲烷	500	1,750
氧化鐵（燻煙）		10	丁酮	200	590
乙酸異戊酯	100	525	甲基異丁酮	100	410
異戊醇	100	360	石油精(煤焦油)	200	800
乙酸異丙酯	250	950	萘	10	50
異丙醇	400	980	α-萘胺		

名稱	容許濃度		名稱	容許濃度	
	PPM	mg/m³		PPM	mg/m³
β-萘胺			五硫化磷		1
四碳化鎳	0.001	0.007	三氯化磷	0.5	3
菸鹼	0.075	0.5	鄰苯二腈		0.1
硝酸	10	25	苦味酸		0.1
硝基苯	1	5	丙烷	1,000	1,800
對硝基氯苯		1	乙酸丙酯	200	840
二氧化氮		1	除蟲菊		5
硝化甘油	0.2	2	苯醌	0.1	0.4
硝基甲苯	5	30	二氧化硫	5	13
辛烷	500	2,350	硫酸		1
油滴霧(礦物性)		5	1,1,2,2-四氯乙烷	5	35
草酸		1	四氯乙烯	100	670
臭氧	0.1	0.2	四乙基鉛		0.075
巴拉松		0.1	四甲基鉛		0.075
多氯聯苯(含氯量42%)		1	錫及錫化合物		2
多氯聯苯(含氯量54%)		0.5	錫化合物(有機化合物)		0.1
五氯化萘		0.5	二氧化鈦		10
五氯化酚及其鈉鹽		0.5	二甲基二胺基聯苯及其鹽類		
酚	5	19	甲苯	100	375
光氣	0.1	0.4	2,4-二異氰酸甲苯	0.02	0.14
磷化氫	0.3	0.4	1,1,1-三氯乙烷	350	1,900
黃磷		0.1	三氯乙烯	100	335
五氯化磷		1	松節油	100	560

名稱	容許濃度		名稱	容許濃度	
	PPM	mg/m³		PPM	mg/ ³
釩（五氧化二釩塵埃）		0.5	氧化鋅		5
氯化乙烯	500	1,300			
殺鼠靈		0.1			
二甲苯	100	435			

6. **粉塵**：因職業而吸入礦物性粉塵，由其沈着可能引起肺部的疾病。粉塵種類大略有礦石作業，研磨作業，原料之混合攪拌，水泥、冶金、石棉、植物纖維及空氣中之灰塵等均稱之。

至於工業有害毒物的防治方法，隨其毒物性質之不同而異，但通常可分成三種方式來處理。

1. **設施**：安裝各種預防設施，以減少毒物對人類的傷害，而其設施隨著毒物種類不同而異，分述如下：

(1) 鉛：密閉設備，局部排氣裝置，整體換氣裝置，控制風速及加裝排氣煙囪，除塵裝置等等。

(2) 四烷基鉛：清除，堅固容器，排氣裝置等等必要措施。

(3) 特定化學物質：必須有足夠安全的生產設備及安全設施，經主管機關核對後始能正式生產，安全標示，局部排氣裝置及各種防護具。

(4) 有機溶劑：密閉設備，局部排氣裝置及整體換氣裝置。

(5) 空氣中有害物質：控制其濃度在容許濃度下。

(6) 粉塵：密閉設備，局部排氣，集塵設備，及溫式生產方法，防塵口罩等。

2. **管理**：對員工施行必須的教育，以了解毒物的特性、應注意事項、點檢毒物場所以便盡早發現問題及對設施進行各項安全，及性能的檢查和維護，以使其運轉狀況良好。

3.員工的健康檢查：依據勞工健康管理規則之規定實施勞工健康管理，就政府主管機關所訂項目實施健康檢查，如粉塵作業經歷調查，X光攝影檢查及胸部臨床檢查等。

9-5 工廠環境污染及其偵測和防護

工廠環境中常見的污染，通常可分成下列幾類：

1.氣體污染：

①粉塵：由於搬運、壓碎、研磨、迅速衝擊、引爆等所形成的，其為空氣污染的固體物質。

②有機溶劑：空氣含有如四氯乙烯、三氯乙烯、甲苯、二硫化碳、丙酮、甲醇、三氯甲烷、四氯化碳……等等有機溶劑。

③特定化學物質：參看本章 9-4 節項目 3 的內容。

2.物理性污染：

如噪音、輻射等的污染。

3.水的污染：

工廠中所排出的廢水，常包括很多有毒的化學物質、懸浮物質及有機物質，常危害農作物、漁類及各種水生動植物。

此等環境污染之偵測及防護或處理方法，隨著污染方式的不同而異。

環境污染之程度樣品採集方法有下列四種：

1.液體捕集法：將試料空氣通入液體或液體表面使之接觸，利用溶解、反應等將被測定對象物質捕集之方法。

2.固體捕集法：將試料空氣通過固體粒子層予以吸着，將被測定對象物質捕集之方法。

3.直接捕集法：不經溶解、反應、吸着等將試料空氣直接以捕集袋、捕集瓶等捕集方法。

4.過濾捕集法：將試料空氣通過具有捕集 0.3 微米粒子百分之九十五以上性能者之濾材，將被測定對象物質捕集之方法。

茲將各不同污染的偵測方法列如下：

1.空氣中所含粉塵之偵測方法：

(1) 土石、岩石或礦物性粉塵（石棉粉塵除外）濃度測定之規定如下：

①採用附裝分粒裝置之過濾捕集法及重量分析方法。

②採用相對濃度指示法。

(2) 粉塵中之游離矽酸含量之測定，應採用X光線繞射法或重量分析法。

(3) 石棉粉塵濃度之測定：

①過濾捕集法及計數方法。

②過濾捕集法及X光繞射分析法。

(4) 空氣中鉛濃度測定法：

採用過濾捕集法或具有同等以上性能之採樣方法，原子吸光光譜法或具同等以上性能之分析方法。

2.空氣中有機溶劑濃度之測定：採用經中央主管機關認可之檢知管法測定或具同等以上性能者。

3.空氣中特定化學物質濃度之測定：

①採用與石棉粉塵濃度相同的方法測定。

②碘甲烷濃度採檢知管方式之測定儀器或具有同等以上性能之

方法。

上列空氣中含有害化學物濃度的最大容許限值 (Threshold Limit Values, 簡稱 TLV) 已建立, 其 TLV 值可參看 9.4 節之表 9-2。只要是暴露在含有害物質 TLV 以下, 應不會發生什麼不良的後果。

4.噪音: 長期間暴露在噪音之下, 輕則造成勞工的煩燥, 意志不集中, 無法睡眠, 重則造成聽覺的損失。噪音的 TLV 亦已經美國勞工部訂立其標準如表 9.3。而其防設方法有二:

表 9.3 美國噪音的 TLV

暴露 dB 值	每日暴露之時數
90	8
92	6
95	4
97	3
100	2
102	1½
105	1
107	3/4
110	1/2
115	1/4

(1) 工程控制法:

①將噪音音源加以改善, 減少其噪音強度。

②用隔離式包圍的方法, 以阻止噪音的散佈。

②採用吸音材料，消減音量。

(2) 使用護具，如耳塞或耳罩之類。

5. **輻射**：輻射如 α，β，γ 及X光輻射常會傷害身體器官，而如雷射光易造成眼睛的傷害，其防護爲隔絕使勞工不直接暴露在輻射光下，即可減少其損傷。

6. **工業廢水的處理**：

(1) 物理法　採用沈澱法、過濾法，熱處理法及浮障法等各種污染物除去。

(2) 化學法　例如採用變更 PH 值法，氧化與還原法或化學沈澱法等將有害的因子變質或除去。

(3) 生物法　利用微生物將污染物質分解以轉化成沒有危險性的物質。

習　題

1. 試述勞基法對童工、女工的規定，試論其是否合理。
2. 試述影響勞工身心健康的主要因素。
3. 試述勞工保險之意義及目的。
4. 試論退休制度對勞工工作績效的影響。
5. 試論環境保護對國民健康及生活品質的影響。

*第十章　專案管理(PERT/CPM)

10-1　引　言

在近代的企業經營中，公司高級主管人員常面臨專案之規劃、排程及控制等的管理工作。專案計畫具有作業量繁多、作業複雜、執行人員衆多、計畫預算高及計畫週期長等的特性，以致主管人員無法將有關專案的計畫、日程（時間表）及進度控制所需的資訊保存在頭腦中，更由於專案計畫通常只發生一次，沒有充分的經驗可資應用與參考，倍增其管理上的困難，因此，必須有一套系統化的方法來從事專案管理。計畫評核術 (Program Evaluation and Review Technique, PERT) 及要徑法 (Critical Path Method, CPM) 係其中兩種最有效的工具。

雖然 PERT 及 CPM 在觀念上及應用技術上極爲相近，但卻由兩個不同的單位所獨立發展出來的。PERT係1950年代末期由美國海軍部所發展用以規劃和管制北極星飛彈計畫，使其原定十年完成的計畫縮短了兩年，由於在北極星飛彈計畫的衆多作業中，其完成時間的預估最爲困難，因此，PERT的發展係用以解決作業完成時間的不確定性，故採用三時估計法。

另一方面，CPM 係由美國杜邦 (Du Pont Co.) 公司所發展，用以規劃和管制工業界的專案計畫，因此，其作業完成時間較易於正確的估計，故採用一時估計法。此外，CPM 尙提供吾人成本與時間互易 (Trade-Off) 的理念與技巧，即爲了縮短完工時間，吾人可增用人員、資源或設備來達成，當然也因而增加其直接成本。

在今日的應用上，PERT 與 CPM 間的差異已逐漸消失，不論 PERT 抑 CPM 均可採用一時或三時估計法來推定其作業的完成時間，也同樣可採用時間與成本互易的技巧，從事於作業的趕工以縮短工期，因此，近代的專案管理已併用了 PERT及CPM 的理念和技巧於其計畫及管制工作上，而不必加以區分。

早先在生產作業及簡單專案的規劃和管理上均採用甘特圖 (Gantt Chart) 來進行，茲以某銀行設立一分行爲例，以說明其應用。

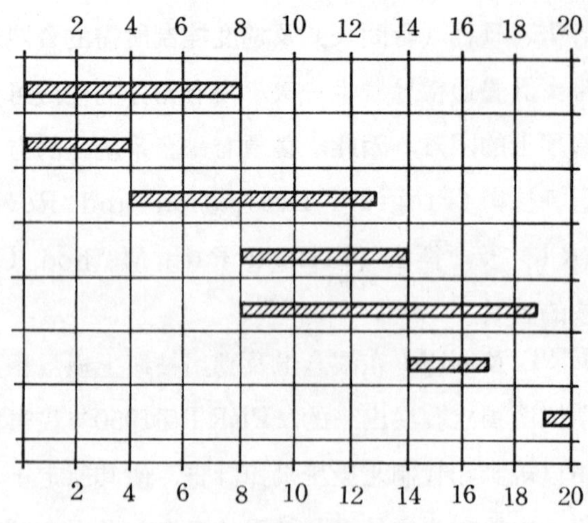

圖10.1　設立分行甘特圖

10-2 作業網路圖之繪製

PERT 係採用網路圖來表示一專案計畫之主要作業及其間的關係，以箭線來表示作業，而以結點來表示時點或事件，有時一作業不需要時間（通常稱爲虛業）則以一虛的箭線來表示。

作業 ── (i,j) 需要時間的作業

虛業……→　不需要時間的作業

時點　　　作業開始及結束之點

如以前述設立銀行分行例，其網路圖如下:

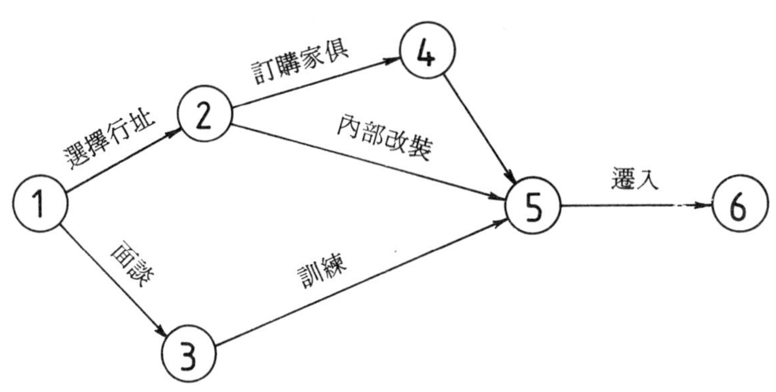

圖10.2　設立分行網路圖

10-2-1 網路圖繪製的規則

(1)作業必須相互獨立且有其先後順序

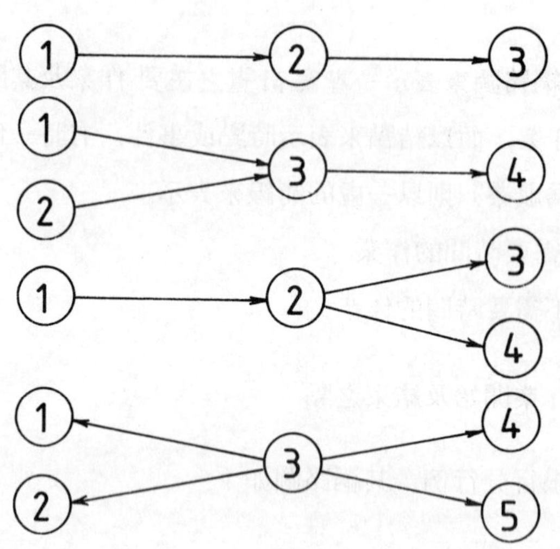

(2)善用虛業

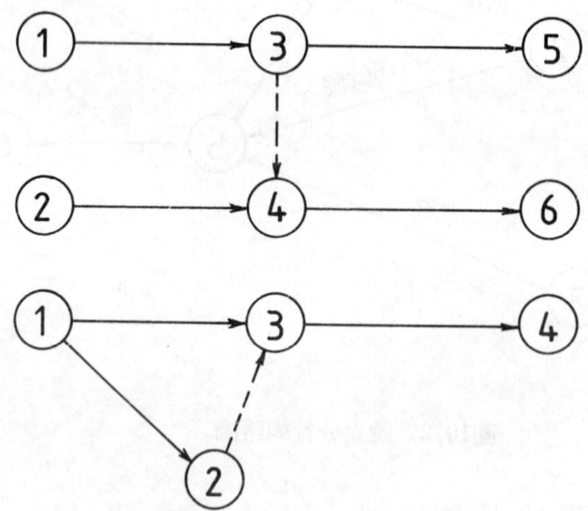

(3)從同一結點可出去許多作業，但不能同時進入同一結點。

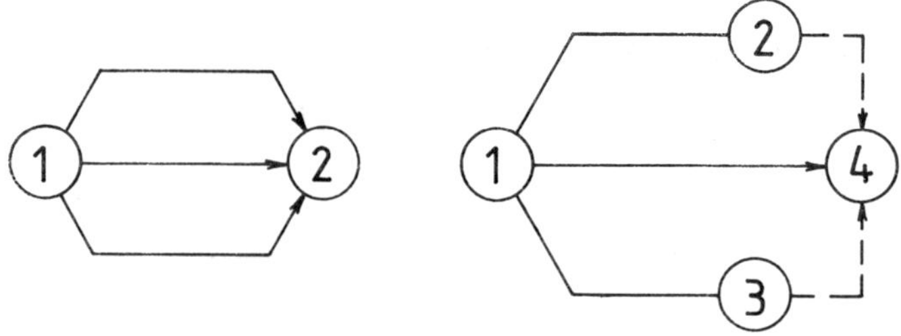

10-2-2 丹菁公司自動化倉儲專案

丹菁公司係一連鎖商店，透過全國各重要城市的超級市場銷售40-50 種產品，目前的作業方式係由倉管員分配訂單給各理貨人員進行理貨作業並搬運到出貨區，由於生產力低且成本高，公司決策當局決定裝設電腦控制的理貨系統，然後由輸送帶送到出貨區，此專案之作業及事件分析如下:

- 專案之開始（事件）
- 決定設備需求及規範（作業）
- 收集各公司估價單（作業）
- 選擇供應商（作業）
- 新倉庫佈置計畫（作業）
- 設計電腦介面系統（作業）
- 訂單系統（作業）
- 倉庫佈置完成（事件）
- 電腦連線（作業）
- 裝設完成（事件）
- 訓練操作員（作業）

・測試系統（作業）

・自動倉儲系統完成（事件）

茲將上述自動倉儲系統的作業與事件及其優先順序如下表:

作業代號	作　　業	先行作業
A	決定設備需求及規範	—
B	收集各供應商估價單	—
C	選擇供應商	A，B
D	訂單系統	C
E	新倉庫佈置計畫	C
F	佈置倉庫	E
G	電腦介面計畫	C
H	裝設電腦介面	D，F，G
I	裝設系統	D，F
J	訓練操作員	H
K	測試系統	I，J

其網路圖如下圖10.3所示。

10-3　作業時間估計

在許多情況下，作業時間是可以相當正確地估計，例如機器設備之維護或模具之修理，此等作業時間之變化很小，吾人稱之爲一時估計。但有些作業時間相當不穩定，吾人無法正確地估計，通常假設其爲貝他分配 (Beta Distribution)，而以三個時間估計值來表示其作業時間，吾人稱之爲三時估計法，其三項時間估計值爲:

(1) 樂觀時間，以 a 表之，即在最佳的操作條件下所需時間，其時間

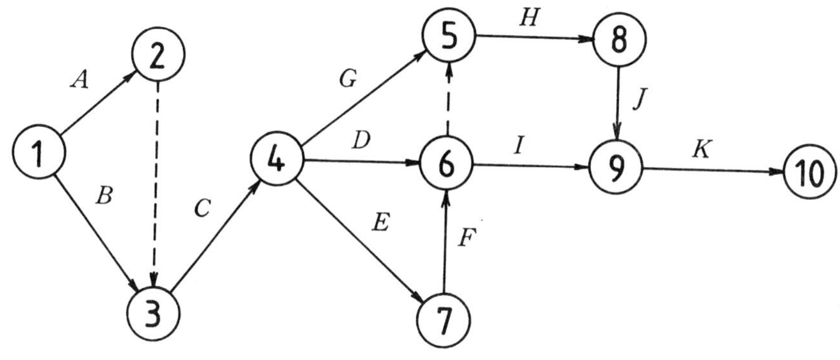

圖10.3　丹菁公司網路圖

最短。

(2) 悲觀時間，以 b 表之，即在最惡劣的環境下，所需的作業時間，其時間最長。

(3) 最常發生時間，以m表之，即最可能發生的作業時間。由貝他分配之原理可知其平均時間te及變異數 σ^2 爲

$$te=\frac{a+4m+b}{6}$$

$$\sigma^2=\left(\frac{b-a}{6}\right)^2$$

例：假設丹菁公司自動倉儲系統之各作業時間之三時估計值如下表10.1所示，吾人即可據以計算其作業之平均時間和變異數。

例如作業A：$t=\frac{a+4m+b}{6}=\frac{2+4(3)+4}{6}=3$（週）

$$\sigma^2=\left(\frac{b-a}{6}\right)^2=\left(\frac{4-2}{6}\right)^2=0.11$$

表10.1 丹菁公司作業時間表

作業	a	m	b	te	σ^2
A	2	3	4	3	0.11
B	3	4	11	5	1.78
C	1	2	3	2	0.11
D	4	5	12	6	1.78
E	3	5	7	5	0.44
F	2	3	4	3	0.11
G	2	3	10	4	1.78
H	2	3	4	3	0.11
I	2	3	10	4	1.78
J	1	2	3	2	0.11
K	1	2	3	2	0.11

10-4 要徑之計算

要徑係指從第一結點開始到最後一個結點之間所經過的所有路線之中時間最長的一條路徑稱之，其各作業時間之和卽爲整個專案計畫之工期。

最早開始時刻（ＥＳ）＝某一作業之最早開始時間

最早完成時刻（ＥＦ）＝某一作業之最早完成時間

t ＝某一作業之平均作業時間

則　ＥＦ＝ＥＳ＋ t

一作業之最早開始時刻係進入此作業之結點的所有作業中最早完成時間之最大時間值。

最遲開始時刻（ＬＳ）＝某一作業之最遲開始時間

最遲完成時刻（ＬＦ）＝某一作業之最遲完成時間

則　ＬＳ＝ＬＦ＋ｔ

進入一結點中某一作業之最遲完成時刻係所有離開此結點作業之最遲開始時刻之最小值。

欲求各作業之最早時刻，通常採用前推法，而計算其最遲時刻則採用後拉法。

玆以丹菁公司自動倉儲專案爲例，分別計算其最早時刻（開始及完成時刻）及最遲時刻（開始及完成時刻）如下:

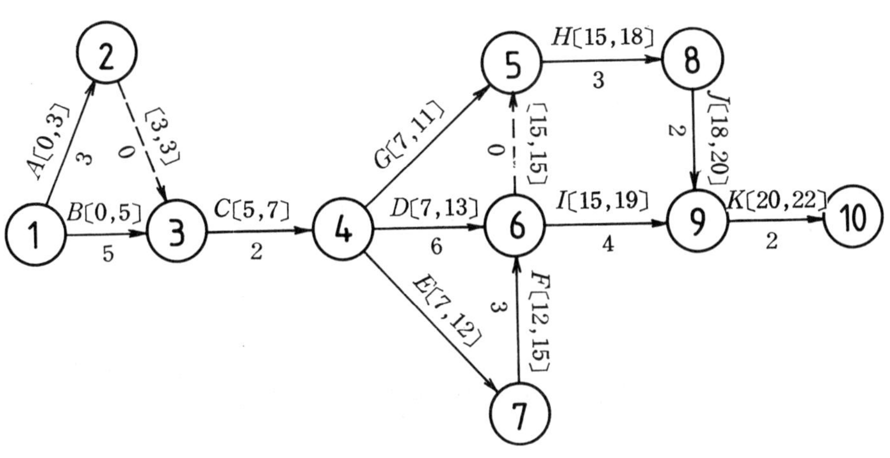

圖10.4　丹菁公司最早時刻

寬裕時間＝在不影響整個專案計畫之工期下，一作業可延遲之時間稱之

即　寬裕時間＝ＬＳ－ＥＳ＝ＬＦ－ＥＦ

例如　作業A：寬裕時間＝ＬＳ－ＥＳ＝２－０＝２(週)

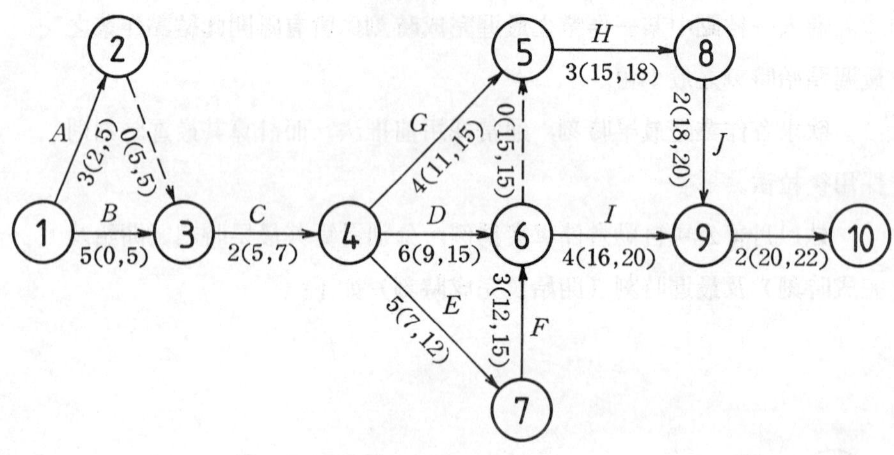

圖10.5　丹菁公司最遲時刻

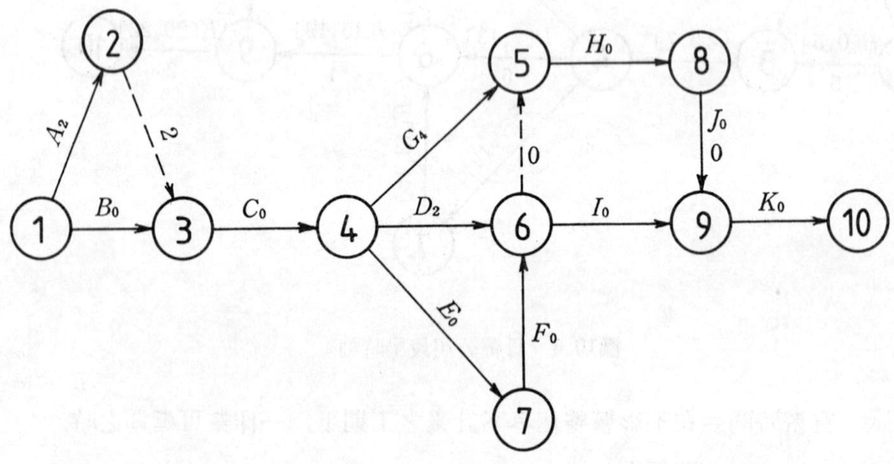

圖10.6　丹菁公司寬裕時間

表10.2 丹菁公司 CP計算表

作業	ES	EF	LS	LF	寬裕	CP
A	0	3	2	5	2	
B	0	5	0	5	0	是
C	5	7	5	7	0	是
D	7	13	9	15	2	
E	7	12	7	12	0	是
F	15	12	12	15	0	是
G	7	11	11	15	4	
H	15	18	15	18	0	是
I	15	19	16	20	1	
J	18	20	18	20	0	是
K	20	22	20	22	0	是

要徑（CP）=係指所有寬裕時間爲零之各作業所構成之路徑。

CP: B→C→E→F→(6,5)→H→J→K

設本專案之工期爲T，則

$$T=t_B+t_C+t_E+t_F+t_H+t_J+t_K$$

$$=5+2+5+3+3+2+2=22(\text{週})$$

$$\sigma^2=\sigma_B{}^2+\sigma_C{}^2+\sigma_E{}^2+\sigma_F{}^2+\sigma_H{}^2+\sigma_J{}^2+\sigma_K{}^2$$

$$=1.78+0.11+0.44+0.11+0.11+0.11+0.11$$

$$=2.77\Rightarrow\sigma=\sqrt{2.77}=1.66$$

一專案工期爲常態分配，故可依此求得該專案在25週（例如）完成之機率:

$$Z=\frac{25-22}{1.66}=1.81$$

由常態分配表可求得其機率爲0.9649

10-5 縮短工期之方法

當一專案計畫排定時間表之後，管理當局可能發現不符合我們的需求，吾人卽可增加某些作業的資源以減少其作業時間，也因而減少整個工期，所謂增加資源，例如僱用更多的工人，增購機器設備或加班等等，反之，爲了降低成本，亦可以延長工期來達成，此卽爲時間與成本互易的決策問題。

玆以丹菁公司自動倉儲專案中作業之細部計畫爲例，作業F爲倉儲佈置，包含運送商品至暫存區，調整現有倉架，變更辦公室位置，油漆走道，標示安全符號等等，其網路圖如下:

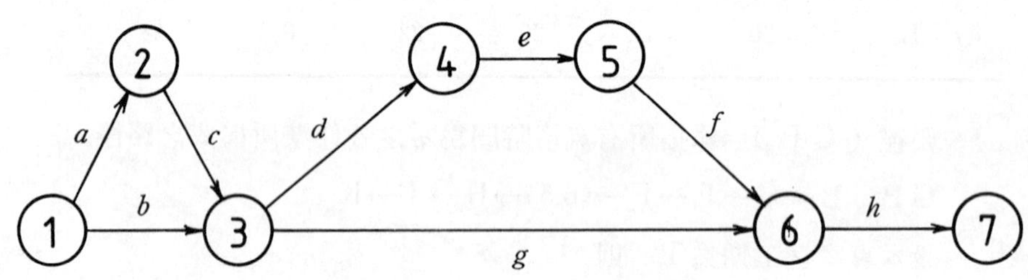

圖10.7 丹菁公司倉儲佈置網路

假設其成本資料如下:

表10.3　丹菁公司成本資料表

作業	正常時間 T_n(天)	趕工時間 T_c(天)	正常成本 C_n(元)	趕工成本 C_c(元)	最大趕工天數	單位成本
a	3	1	500	800	2	150
b	6	3	800	950	3	50
c	2	1	900	1100	1	200
d	5	3	500	800	2	150
e	4	3	400	500	1	100
f	3	3	600	—	—	—
g	9	5	1000	1320	4	80
h	3	3	300	—	—	—

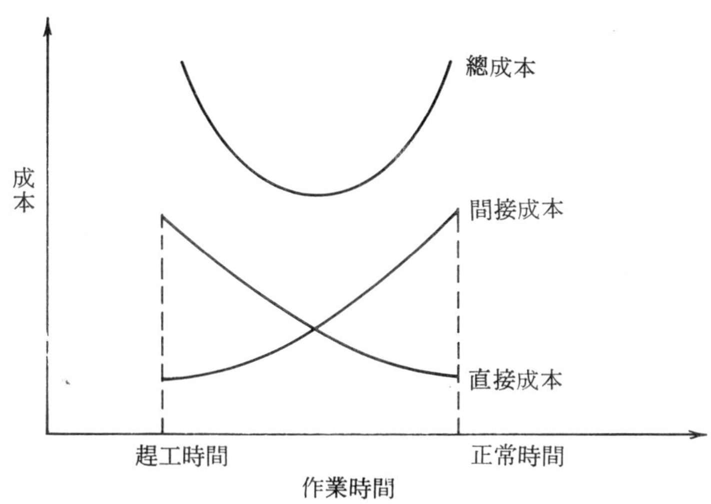

圖10.8　作業成本圖

總寬裕時間＝TSij＝LSij－ESi＝LFj－EFij

自由寬裕時間＝FSij＝ESj－ESi－Dij

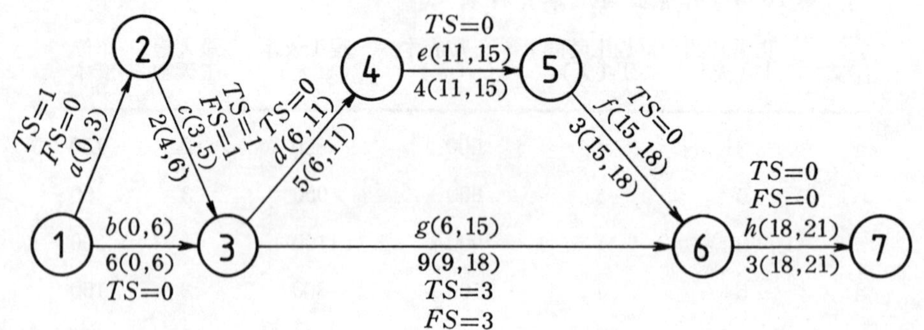

圖10.9 網路圖

cp:b→d→e→f→h

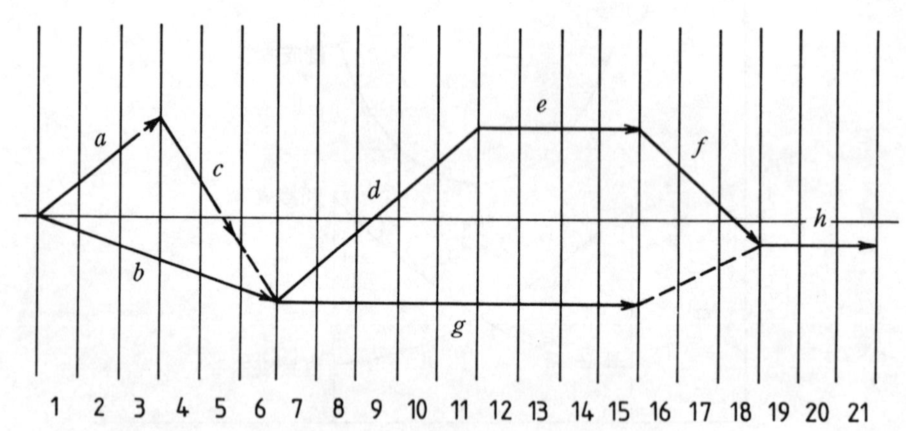

圖10.10 縮短工期標示法

假設其間接成本每天爲110元

b：縮短一天，使得ＦＳ＝０，節省60元

e：縮短一天，節省10元

總成本$=500+800+900+500+400+600+1000+300+50+100+110\times19=7240$

合計節省70元

10-6 成本預算和控制

在專案的規劃和控制中，成本往往與時間同等的重要，因此吾人將考慮成本的預算及控制系統。

專案計畫的預算程序，首應確定專案中每一作業之成本，然後排定其時間表及其發生的成本，而且在同一時點亦產生了實際成本，如此即可加以比較，並採取必要的對策。

假設一專案計畫之網路圖如下圖 10.11 所示，而其預算成本如下表10.4所示:

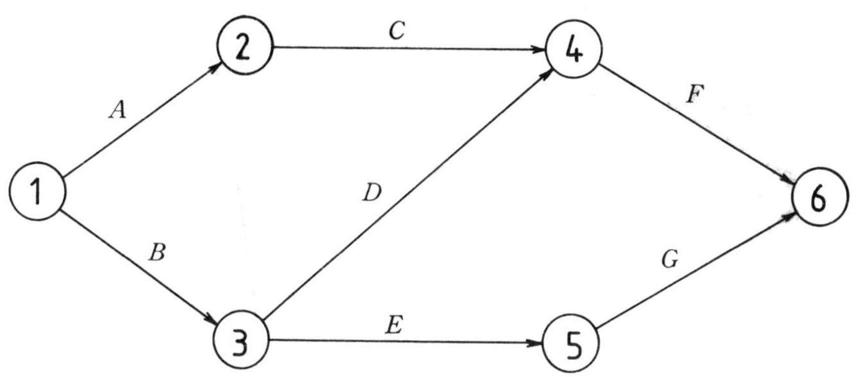

圖10.11 預算例網路圖

表10.4 預算資料

作業	平均時間（月）	預算成本（元）	每月預算成本
A	2	10,000	5,000
B	3	30,000	10,000
C	1	3,000	3,000
D	3	6,000	2,000
E	2	20,000	10,000
F	2	10,000	5,000
G	1	8,000	8,000
		合計＝87,000	

表10.5 作業時間表

作業	ES	LS	EF	LF	寬裕	要徑
A	0	3	2	5	3	
B	0	0	3	3	0	√
C	2	5	3	6	3	
D	3	3	6	6	0	√
E	3	5	5	7	2	
F	6	6	8	8	0	√
G	5	7	6	8	2	

表10.6 最早時刻預算表

作業＼月	1	2	3	4	5	6	7	8
A	5	5						
B	10	10	10					
C			3					
D				2	2	2		
E				10	10			
F							5	5
G						8		
每月成本	15	15	13	12	12	10	5	5
總預算成本	15	30	43	55	67	77	82	87

單位: 千元

表10.7 最遲時刻預算表

作業＼月	1	2	3	4	5	6	7	8
A				5	5			
B	10	10	10					
C						3		
D				2	2	2		
E						10	10	
F							5	5
G								8
每月成本	10	10	10	7	7	15	15	13
總預算成本	10	20	30	37	44	59	74	87

依據前述的專案預算，管理者可於任何時點獲得實際成本資料，以檢討和控制成本，例如於第四個月底獲得下列實際成本資料:

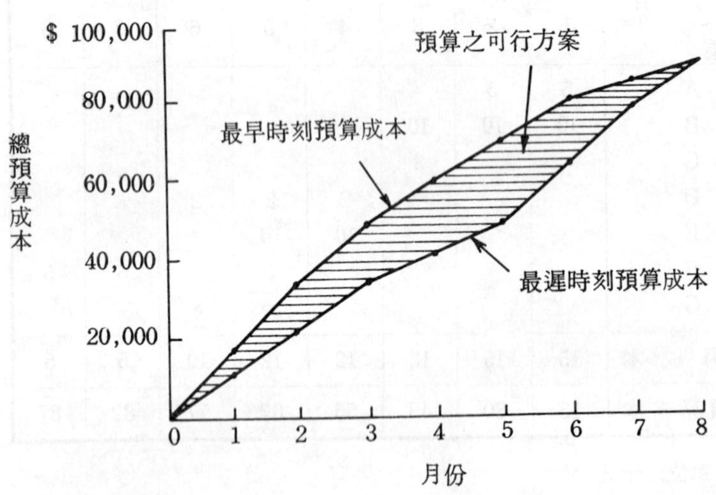

圖10.12　專案計畫可行預算圖

表10.8　預算控制表（實際成本）

作業	實際成本	完成%
A	12,000	100
B	30,000	100
C	1,000	50
D	2,000	33
E	10,000	25
F	0	0
G	0	0
合計	55,000	

設Vi＝作業 i 完成工作量值

Pi＝作業 i 完成百分率（%）

Bi＝作業 i 之預算值

則 $Vi=(\frac{Pi}{100})Bi$

例如 $V_A=(\frac{100}{100})(10,000)=10,000$

$Vc=(\frac{50}{100})(3,000)=1,500$

又ACi＝該時點作業 i 之實際成本

Di＝作業 i 實際成本與預算間之差異

則 Di＝ACi－Vi

例如Dc＝1000－1500＝－500，意即節省500元

表10.9 預算控制（預算成本）

作業	AC	V	D
A	12,000	10,000	2,000
B	30,000	30,000	0
C	1,000	1,500	－500
D	2,000	2,000	0
E	10,000	5,000	5,000
F	0	0	0
G	0	0	0
合計	55,000	48,500	6,500

實際結果超出預算 6,500元，其超出率爲$\frac{6,500}{48,500}=13.4\%$，一般而言，相當嚴重，檢討過去施工情形，其原因爲作業A及E延誤而致實耗成本太高所致。爲今之計，只得從未完成之作業C、D、E及尙未動工之作業F、G著手研究，如何節省費用，否則追加預算勢所難

免矣!

10-7 資源調配

10-7-1 資源調配之意義

所謂資源（Resource）係廣義的，泛指人力、機具、材料、設施、裝備及資金等等，其中人力又可分爲技術工、半技術工、大工、小工……等等，而施工的機具種類更是繁多，如挖土機、刮運機、推土機、壓路機、牽引車、鑽石機、混凝土、壓縮機、空氣壓縮機、吊車等等，這些資源不論人力或機具，其數量均屬有限，因此，必須合理、經濟且有效的調配應用才能同時滿足衆多專案中的衆多作業之需求或排定其間的優先順序，始能人盡其才，物盡其用，稱之爲資源調配。

10-7-2 資源調配之準則

(1) 以有限資源作合理調配應用

因爲很少專案能擁有充裕資源，供作業時取之不盡，用之不竭，縱然可能也屬浪費。

(2) 事有輕重緩急，燃眉之急爲先

網路圖之要徑，係最長之路徑，如果其中有任一作業因故延誤，則必牽一髮而動全身，使整個計畫爲之延後完成，所以有限資源應全力支持要徑作業。

(3) 多項資源應一併考慮

工程施工中，有關人力、設施、裝備及資金，最好一併考慮統籌調配，以免顧此失彼，俾消除同一資源同時需求之巓峯狀態。

(4) 避免資源形成等候線

有限資源絕不允許有空閒情況發生，以免造成人未盡其才、物未盡其用之現象。

(5) 人力資源應儘量維持定數

適用的人力雇用不易，切忌時而雇用，時而解雇，或喚之即來，揮之就去，實因人員之補充及訓練均屬費時費力費錢之事，尤以邊遠山區工地爲甚。

茲以丹菁公司倉庫佈置（§ 5，p.12）爲例，以說明資源調配，在作業線括號上所示，前者爲作業日數，後者爲作業所需人數，例如作業 a 上之（3，4）表示作業 a 需由 4 個人共同作業而需 3 天來完成。

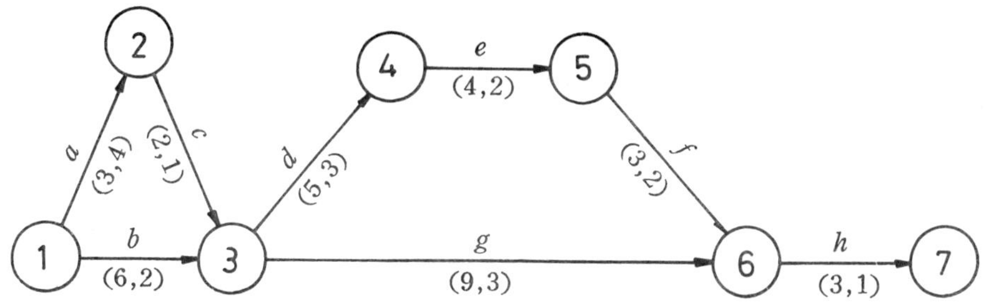

圖10.13　標示資源之網路圖

依據最早開工的原則去排程，吾人可繪如下圖 10.14 所示的甘特圖，由此時間圖可知需21天才能完工，而其所需人數則可繪成如下圖 10.15 之資源負荷圖，顯示在某一時點最多需要 6 個人員來作業，現假設本公司可用人員只有 5 人。

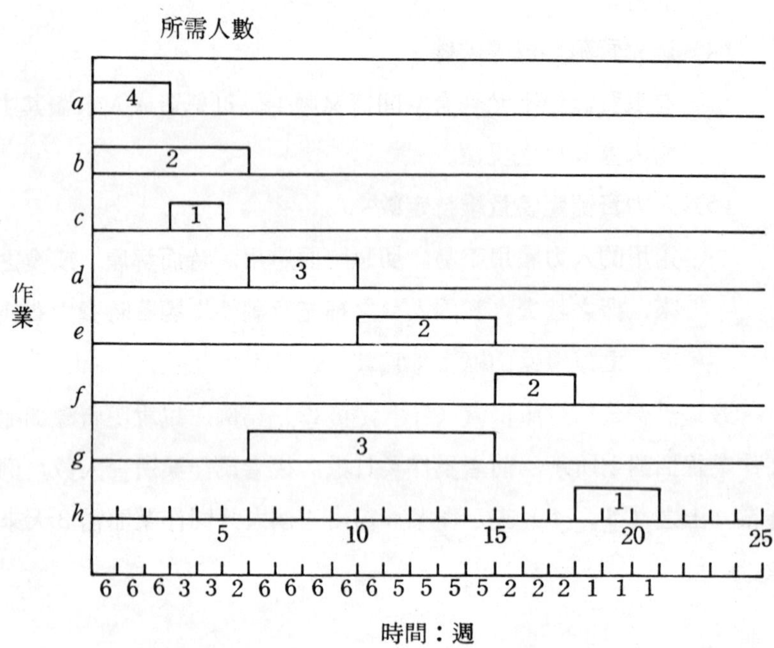

圖10.14　排程（甘特圖）

最簡單的，吾人可利用啓發法（Heuristic）提供相當良好的解決方法，即所得之答案往往是最適解，但並不一定是最佳解。

啓發法的法則，最主要者有下列三種:

(1) 最短（作業）時間作業先排的法則。

(2) 最長時間作業先排的法則。

(3) 時間變異最少作業先排的法則。

其中以法則 (1) 最爲實用，玆以丹菁公司倉庫佈置爲例說明之。首先於計畫之始，只有作業 a 及 b 可同時開始，因 a 作業時間較短，故先排定作業 a，又因受人員限制，b 作業不能與 a 同時進行，俟 a 作業一完成，立即排上作業 b，依先後順序法則，只有 c 作業可與 b

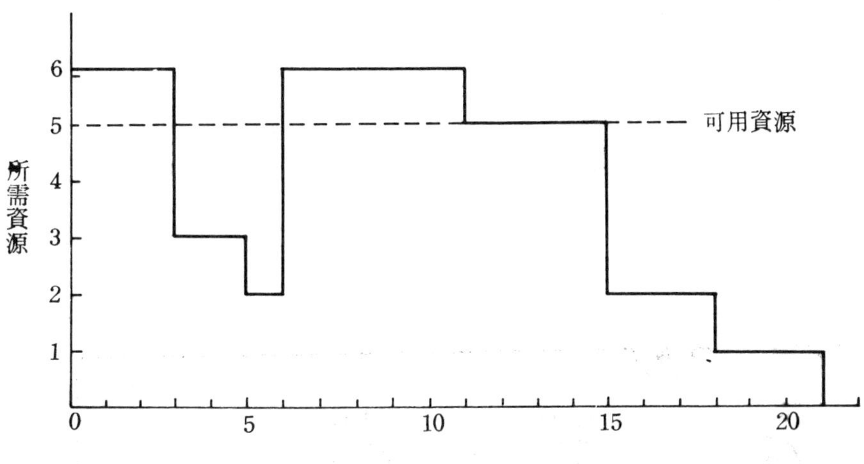

圖10.15 人力資源負荷圖

同時執行，因資源足夠，故同時排上 c 作業，其次選擇 d 或 g 作業，

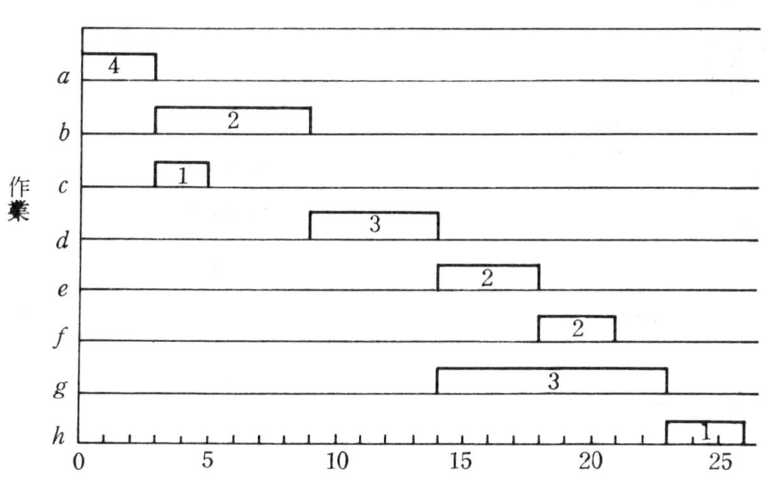

圖10.16 考慮資源限制之排程

因受資源限制，故先排上d作業，依此方式即可完成其時間表，玆將其甘特圖繪如上圖10.16，由圖中可知需26天始能完成。

資源調配之最有效且簡易的方法爲K.S.法，玆介紹如下。

10-7-3　K.S. 法

K.S. 法的原則

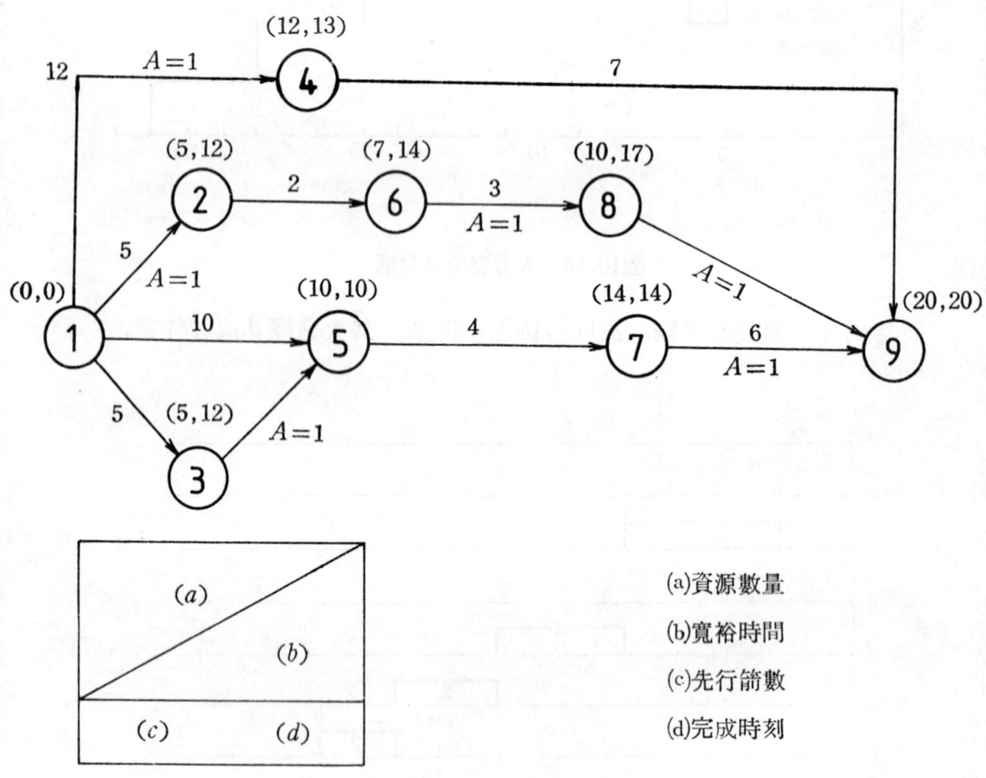

※表示作業之完成

圖10.17　K.S. 法網路圖

表10.10 K.S. 法計算表

A	B	C	D	E	F								
作業	作業時間	資源	最遲開始時刻	先行箭數	0	5	7	10	12	14	15	19	20
1—2	5	1	7	0	1 7 0 (5)	*							
1—3	5		7	0	7 0 (5)	*							
1—4	12	1	1	0	1 0, (12)				*				
1—5	10		0	0	0 0 (10)			*					
2—6	2		12	1		7 0 (7)	*						
3—7	2	1	12	1		1 7 0 (7)	*						
4—9	7		13	1					1 0, (19)			*	
5—7	4	1	10	1				1 0 0, (14)	*				
6—8	3	1	14	1			1 7 0 (10)	*					
7—9	6	1	14	2						1 0 0 (20)			*
8—9	3	1	17	1					1 5, 0 (15)		*		

Y	②	1	1	1	1	1	→ 1	→ 1	→ 2
Z	0	0	0	0	0	0			

(1) 任何作業之開始一定要其先行作業完成後才著手。

(2) 資源不敷應用時，優先分配給予寬裕時間較小的作業。

10-8 資源拉平法 (leveling method)

係將非要徑上的作業重新安排其時間表以拉平其資源負荷圖，通常我們不希望重排要徑上之作業，那將延長其工期，茲以下述網路圖爲例說明之。

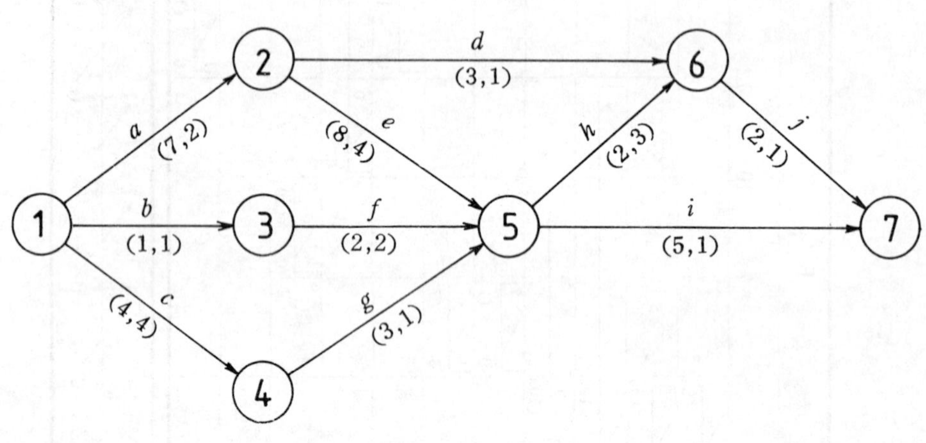

圖10.18 網路圖例

依儘早開工原則，其時間表之甘特圖如下圖 10.19 所示，而其對應之資源負荷圖亦如圖 10.20 所示，由圖中可知，其最高負荷爲 8 人係發生於計畫之始，爲了拉平其資源，可利用試誤法將有寬裕時間之作業移動。其一般的法則，係從資源負荷圖找到高峯和低谷，試著去重排有寬裕時間的作業以拉平其資源。由觀察法知，作業 b 和 f 可在作業 c 之後重排而不致延誤工期。接著，作業 g 和 d 亦可重排，其結果可繪如下圖之甘特圖 (圖 10.21) 及其對應之負荷圖 (圖10.22)。由圖中可看出，其資源已拉平了許多。

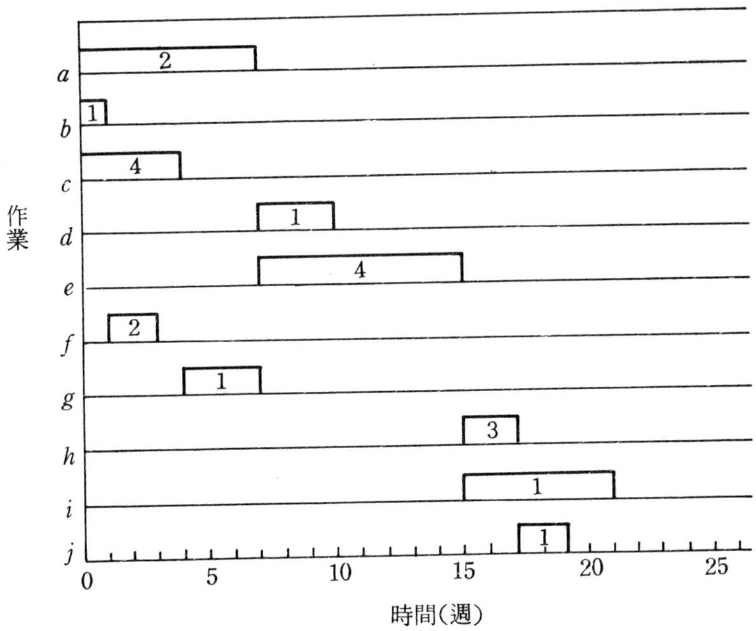

圖10.19 甘特圖

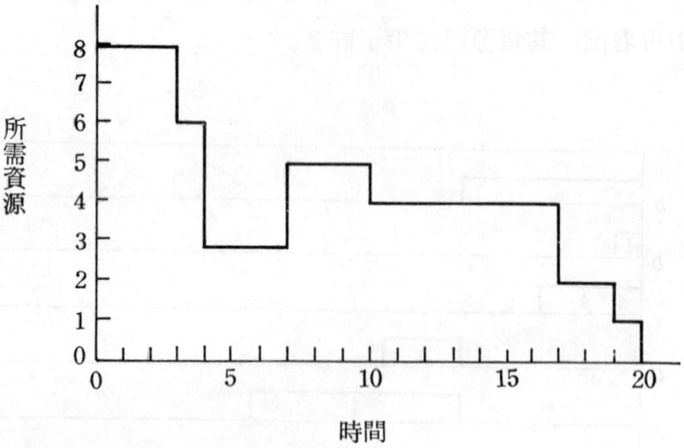

圖10.20 負荷圖

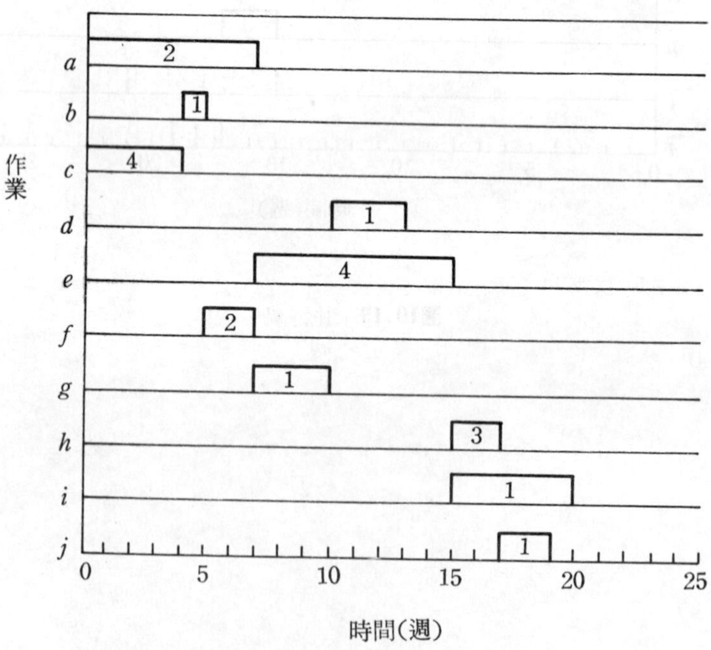

圖10.21 拉平後甘特圖

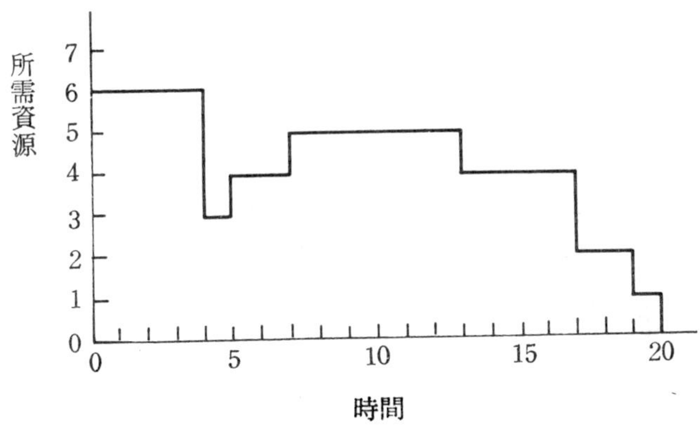

圖10.22 拉平後負荷圖

10-8-1 拉平法步驟:

(1) 將各作業依先後順序排列。

(2) 由表中最後一列作業開始，求其在每一單位時間（如天）人力最小需求量平方和的情形下移動，而決定此作業的起迄時間。若移動後有兩種情形以上其人力平方和相等，則讓該作業採取較慢開工的方案，這樣此作業之先行作業可得較多之寬裕。

(3) 最後一列作業起迄時間決定好後，再用同一法，決定其上一列之作業，不過必須注意，作業移動後，完工時間必須在其後續作業開工之前。

(4) 重複上述步驟，直至表中第一列作業爲止，至此已完成第一次試算。

(5) 完成第一次試算後，再由最後一列作業開始，重複由(2)至(4)的步驟，作第二次或第三次試算，一直到任一作業起迄時間之移動

表10.11 巴格氏計算表

所需時間	確定開始時刻	確定完成時刻	最早開始時刻	最早完成時刻	總寬裕	自由寬裕	所需人員	作業
8	0	8	0	8	C	P	10	1－2
5	0	5	0	5	2	0		1－3
6	8	14	8	14	C	P		2－4
7	7	14	5	12	2	2	10	3－4
8	11	19	5	13	6	6	10	3－5
5	14	19	14	19	C	P		4－5
8	14	22	14	22	3	3		4－6
6	19	25	19	25	C	P	10	5－6

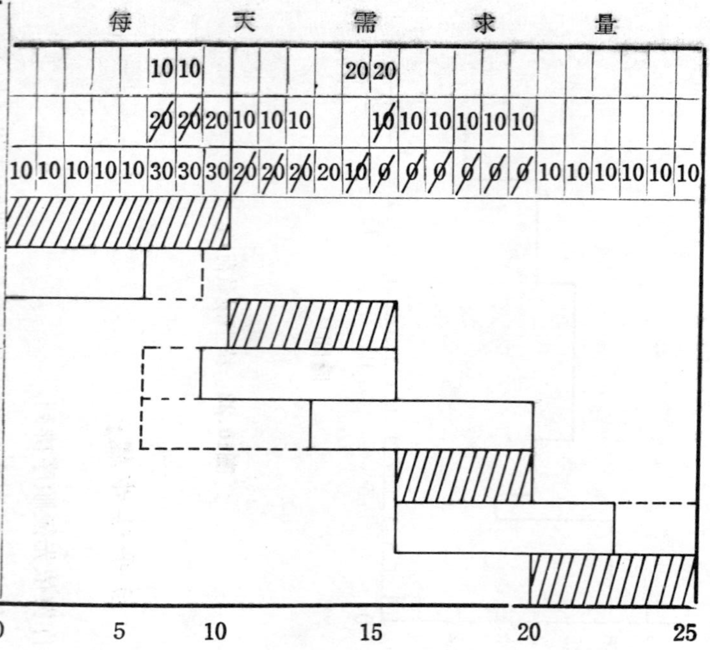

每天需求量

1	2	3	4	5	6	7	8	9	10	11	12	13	14	15	16	17	18	19	20	21	22	23	24	25
					10	10						20	20											
					~~20~~	~~20~~	20	10	10	10			~~10~~	10	10	10	10	10						
10	10	10	10	10	30	30	30	~~20~~	~~20~~	~~20~~	20	~~10~~	~~0~~	~~0~~	~~0~~	~~0~~	~~0~~	~~0~~	10	10	10	10	10	10

巴格氏法計算表　　註: 關鍵路線　非關鍵路線　寬裕

均無法減少人力需求量平方和爲止。

(6) 最後將無須使用人力之作業仍恢復最早開工時間，這樣在最後面的作業將有較大的寬裕。

(7) 步驟 (6) 完成後，人力拉平工作即已完成。

利用此法所得之結果，並不一定是最佳的人力運用，但至少比起其他方法來，可算較有系統，且所得之拉平結果是相當良好，況且針對龐大計畫，利用電子計算機來做拉平工作更是方便不少。

人力爲資源的一種，故其他資源的運用亦可利用人力拉平方法，來做調配的工作，使資源能做最經濟的利用。

玆以圖10.23的計畫爲例，說明拉平法如下：

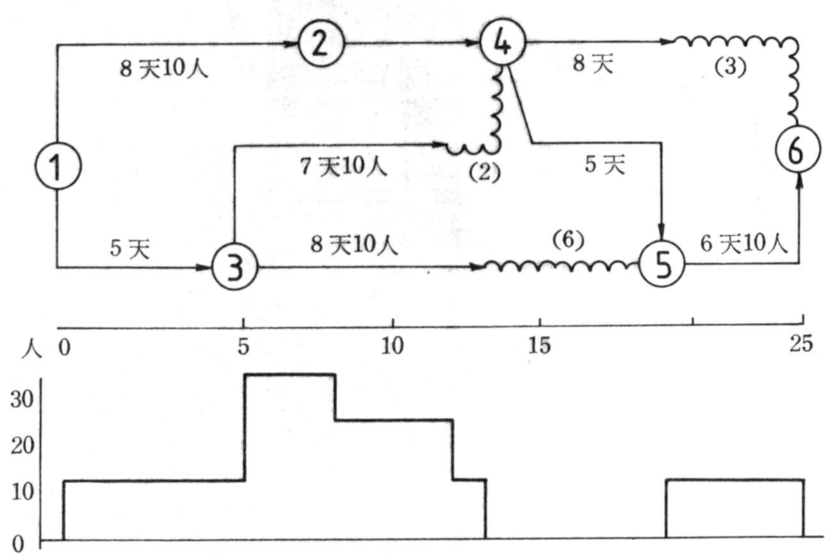

圖10.23

(A)先按前面的步驟(1)，依作業之先後次序將表10.11左邊空格填上，在右邊將各作業之長條圖繪上，算出每天人工需求量填在每天需求量表之最下面一列，並將其平方和5500算出，填在平方和那行之最下一格。

(B)依步驟(2)，將最後一列作業 5-6 移動，由於此作業為關鍵作業，故不動。作業4-6、4-5皆不使用人力，亦不需移動，作業 3-5 有自由寬裕 6 天。要決定此作業該移動幾天，可利用每次移動一天，只要讓移動前作業開工那天及移動後作業完工那天，變化前後人力平方和加以比較即可。作業3-5由表10.12可知應移動 6 天。每次決定移動後，將變動後之人力填在第二列，如表 10.11 中，作業移動一天，則人力由30人減為20人，劃掉30，填上20，6 天移動後，算出全部人力需求。

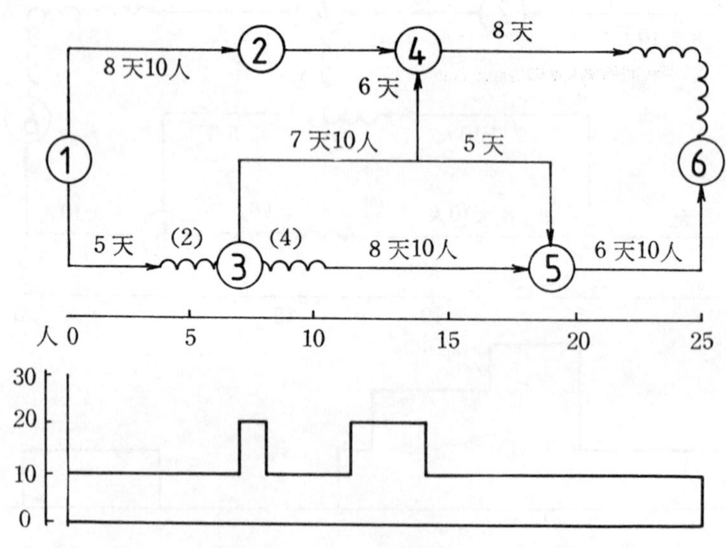

圖10.24 拉平後網路圖及負荷圖

習 題

1. 試討論影響專案計劃決策的主要因素。
2. 試說明 PERT 及 CPM 間之主要異同。
3. 試說明事件 (Event) 及作業 (activity) 之不同。
4. 何謂虛業 (dummy activity)? 為何需要用它?
5. 何謂樂觀時間 (optimistic time), 最常發生時間 (most probable time) 及悲觀時間 (pessimistic time) 估計值? 依此如何計算一作業之時間?
6. 何謂甘特圖 (Gantt Charts)? 有何用途?
7. 何謂要徑 (critical path)? 試說明其求法。
8. 試舉例說明 PERT/CPM 在製造業及服務業上的應用。
9. PERT/CPM 與甘特圖比較, PERT/CPM 有何優點?
10. 何謂最早時刻與最遲時刻?
11. 考慮下列 PERT/CPM 網路圖

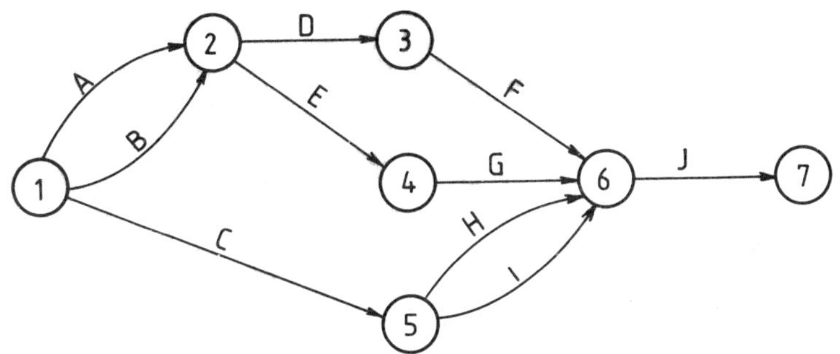

(a)添補虛業以消去網路中不合理現象

(b)添補虛業以滿足下列需求

作　業	先行作業
H	B, C
I	B, C
G	D, E

12. 考慮下列的專案網路

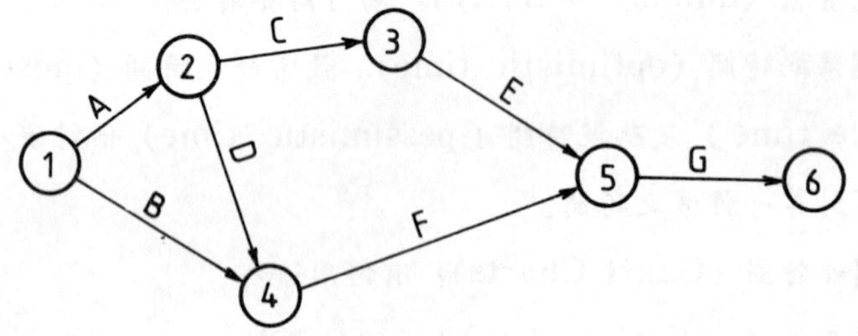

其三時估計值如下表所示

作　業	樂觀時間	最常發生時間	悲觀時間
A	5	6	7
B	5	12	13
C	6	8	10
D	4	10	10
E	5	6	13
F	7	7	10
G	4	7	10

a. 求其要徑（cp）

b. 試計算其最早時刻、最遲時間及閒置時間。

c. 決定其期望完工期及變異數。

d. 試求此專案計劃可於30天內完成之機率。

13. 考慮下列網路圖

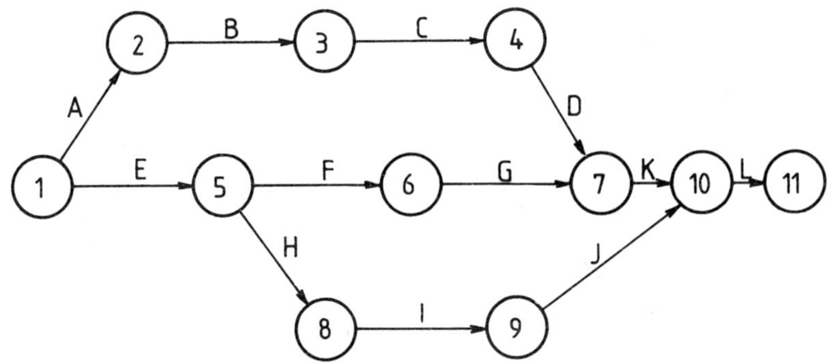

已知正常作業之每天成本為60元，其作業正常時間、趕工時間及趕工單位成本如下表所示：

作　業	先行作業	正常時間	趕工時間	單位趕工成本
A	—	4	3	$ 60
B	A	6	4	100
C	B	5	4	50
D	C	3	3	—
E	—	7	4	85
F	E	6	3	55
G	F	6	4	65
H	E	7	6	120
I	H	3	3	00
J	I	4	3	80
K	D, G	5	4	90
L	K, J	3	2	45

a.試求正常時間之要徑

b.試求全數趕工之要徑

c.試求最小成本之各作業時間

14.　考慮下列網路

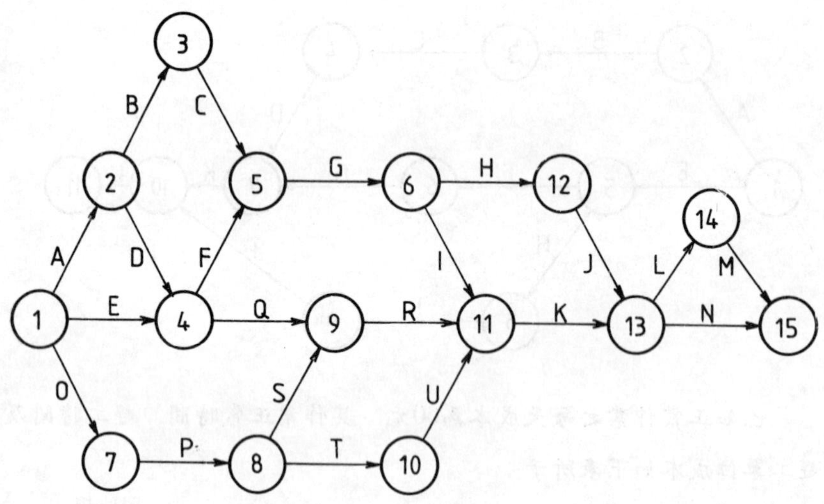

已知正常作業時間成本每天為85元，其作業之時間資料如下：

作 業	先行作業	正常時間	趕工時間	單位趕工成本
A	—	3	2	$ 65
B	A	5	3	105
C	B	4	3	120
D	C	7	5	65
E	—	11	7	90
F	D, E	4	3	45
G	C, F	3	3	—
H	G	6	5	40
I	G	5	2	65
J	H	5	3	105
K	I,R,U	7	4	45
L	J, K	3	3	—
M	L	2	1	110
N	J,K	3	2	60
O	—	9	7	75
P	O	2	2	—
Q	D, E	4	3	65
R	Q, S	6	5	95
S	P	3	2	55
T	P	5	3	80
U	T	3	1	60

a.試求網路之要徑（正常時間）

b.試求網路之要徑（全數趕工時間）

c.試求成本最低之作業時間及其要徑，完工工期。

*第十一章　豐田式生產管理

11-1 引　　言

豐田式生產管理在近代生產管理領域中帶來相當大的衝擊，它結合了管理的新舊理念和哲理，包含了統計的技術和理念，工業工程，生產管理及行爲科學，給予生產管理以革新，尤其適用於重複性生產型態的製造管理，透過小批量生產，高品質及團隊合作，從透徹製造分析中持續不斷地改善以去除浪費和無效率，因而，提高品質、降低成本以達成超強的競爭力。其基本理念可歸納成下列數項:

(1) 所有的浪費都應消除，其所謂的浪費係指對產品或服務不具附加價值者，而價值則係增加產品或服務的適用功能或能節省顧客的使用成本。

(2) 豐田式生產管理係一永不休止的管理之旅，但具有有益的步序和里程碑，以確保其成功之旅。

(3) 庫存係一種浪費而非資產，其所產生的問題必須解決而非可完全剷除的，換言之，可因問題的不斷解決而持續降低庫存而逐漸消除其浪費。

(4) 顧客對品質的要求及其評估準則爲考慮重點，並應導入產品設計、製造設計及製造系統中，成爲名副其實的顧客第一，顧客至上的原則。

(5) 製造彈性化及多樣化以提升品質和降低成本，即針對交貨要求、設計變更及數量改變等均能迅速反應和處理。

(6) 存在於公司組織中，包含全體員工、供應商及顧客間，基於公關及互信而獲得相互尊敬和支持。

(7) 透過團隊合作精神和努力來達成世界級製造能力，管理階層、幕僚人員及員工必須全體參與，俾彈性、責任及授權的原則能普及於每一員工。

(8) 實際執行作業的員工是最好的改善源泉，因此，豐田管理制度下的員工必須是眞正的手腦並用。

依據上述的理念和哲理，豐田式生產管理包括下列各作業要項或特性:

(1) 平穩化生產

(2) 小批量生產

(3) 快速換模（縮短整理準備時間）(Set-Up Time)

(4) 製程設計與佈置

(5) 全員生產保養制度（TPM)，如 11-2-3 節所述

(6) 多能工

(7) 低庫存

(8) 高品質水準

(9) 團隊精神

(10) 良好供應商管理制度

(11) 作業標準化

(12) 持續的改善活動

(13) 自動化

(14) 拉補制度 (Pull System)

11-2 製造管理

11-2-1 整備時間縮短

縮短整備時間具有二項優點，其一達成小批量生產，其二對顧客需求變動的迅速調適。其縮短整備時間的理念有四:

(1) 將外部整備作業與內部整備作業分開

(2) 將內部整備作業改變爲外部整備作業

(3) 排除一切調整的程序

(4) 將整備作業完全免除

其使用方法如下:

(1) 改善機械設備如利用標準模高、定位針等以減少調整時間

(2) 在排定整備日程執行之前，必須確保所有必要的材料及工具均已備妥

(3) 以錄影帶拍下全程整備作業以便分析及教導之用

(4) 探討整備作業流程以便設計標準的整備流程。建立整備作業流程表以列出每一整備之全部作業單元，並依 ABC 分析的原則排定其優先順序以便改善之用。

(5) 以顏色標示各連接管道線路，如空氣、液化、水管及電氣線路等，並採用快速拆卸或接連方法。

（6） 工具及模具設計人員應參與整備作業縮減計畫以確保所有設計均能符合快速換模的理念。

（7） 大型模具應採用標準換模臺車，一來可縮短搬運時間，二來可簡化換模作業。

（8） 小型手工具儘量採用複合式以免除整備作業。

（9） 與生產作業及設備有關的人員均應參與。

（10） 進行改善活動。

11-2-2 整理整頓

透過 5S 的活動而使工作場所有組織，井井有條而達效率化且效益化的製造，玆將 5S 的意義及理念說明如下：

（1） 整理

區分需要的東西與不需要的東西。

且：(a) 撤除不需要的東西。

(b) 保管需要的東西。

其方式如下：

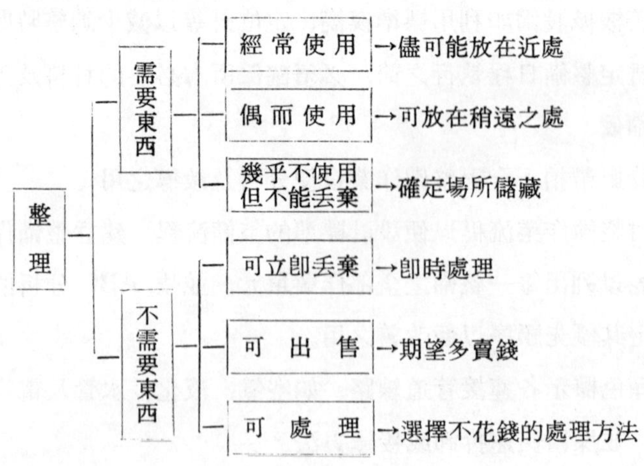

(2) 整頓

需要的東西在需要的時刻，預先使其維持能簡單取出及取得狀況。

(a) 物品堆置場所之正面要寬，深度宜淺。

(b) 工具、配件、備品等要定位放置，用完要歸位。

(3) 清掃

身邊或工作場所藉清掃的行爲以達到潔淨的狀態。其重點爲用心的行爲，即「爲了無垃圾或油污，必須打掃乾淨，以使機器設備亮晶晶，實現清爽的工作環境」，同時透過清掃可凸顯異常或瑕疵，以便進行改善或修理，即掃除→擦拭→檢查→修理→刷銹→抹油→塗漆→保護

(4) 清潔

使清掃過的場所，保持光亮，並維持潔淨的狀態。

(5) 教養

爲了正確遵守既定的規則，宜養成良好的習慣來推動 5S 運動。

11-2-3 全員生產保養

全員生產保養（Total Productive Maintenance）又稱爲全員預防保養（Total Preventive Maintenance），包括預防保養

（PM）及持續的分析和改善機器設備、工具及工作場所，以消除浪費，達成總合效率化的成果。

全員生產保養之要點如下：

(1) 將機器設備的總合效率發揮至最高爲其目標。
(2) 建立以機器設備整個壽命週期爲研究和解決對象之預防保養制度。
(3) 各相關部門，包括計畫部門、使用部門及保養部門等全面參與的活動。
(4) 從高階層主管至第一線人員全員參加的活動。
(5) 透過團隊的自主活動來推動預防保養活動。

透過上述的原則，以消除下列 6 大損失：

(1) 故障之損失。
(2) 整備及調整之損失。
(3) 空轉及小故障之損失。
(4) 速度不足或下降之損失。
(5) 製程不良之損失。
(6) 起步開工時之生產損失。

TPM 的目標在於使總合效率爲最高，總合效率係由時間運轉率、性能運轉率及良品率所組成，其計算公式如下：

總合效率＝時間運轉率×性能運轉率×良品率

$$\text{時間運轉率}=\frac{\text{負荷時間}-\text{停機時間}}{\text{負荷時間}}$$

性能運轉率＝速度運轉率×純實運轉率

$$\text{速度運轉率}=\frac{\text{標準週期時間}}{\text{實際週期時間}}$$

$$\text{純實週轉率}=\frac{\text{生產量}\times\text{實際週期時間}}{\text{負荷時間}-\text{停機時間}}$$

$$\text{良　品　率}=\frac{\text{生產數量}-\text{不良數量}}{\text{生產數量}}$$

11-2-4 製造彈性

製造彈性取決於整備時間、工作規則、工人彈性及設備彈性。近年來工會當局已能接受有關工作規則的改變，例如允許一般工人從事特定類別的工作，或接受公司所提供的訓練計畫，以培育工人具有從事多項作業的能力，因而增加其彈性。又因些許的設備改善往往可以大大提升設備的製造彈性。

11-3 製造流程及佈置

11-3-1 引言

傳統式的零星生產工廠（Job Shop）通常採用程序佈置（Process Layout），卽車床成立一部門，而銑床另成一部門的佈置方式。卻因此造成訂單在生產過程中，由一部門移到另一部門，導致物料搬運、物料等候搬運、搬運過程中物料的毀損以及人們必須投入於搬運的工作，但這些作業對產品毫無附加價值。豐田式的管理係利用流線製程（Flow Process）的設計來減少上列的無效作業。吾人利用下列一例來說明其詳細的改變及優點。

例：確定模擬，一產品，四項作業。

將零星生產方式改變成逐步流線程序（A Sequential Flow Process）的第一步，往往利用羣組技術（Group Technology）及

製造單元 (Manufacturing Cells) 的發展來使作業重疊 (Operation Overlapping)，本例描述其方法及其結果。本例所探討的製程含有整備、操作、等待、排除及移動等作業時間，其批量爲 200 件。

傳統的製造效率 (ME) 係將整備及操作時間和除以總製造前置時間 (MLT)，以本例而言，

操 作	排除時間 (Q)	整備時間 (S)	操作時間 (分／件) (O)	等候時間 (W)	移動時間 (M)
1	480	90	4.5	240	15
2	480	60	5.0	240	15
3	480	75	5.5	240	15
4	480	90	6.0	240	
	1,920	315	21.0	960	45

總整備時間＋總操作時間＝315＋200×21＝4,515 (分)

$$MLT=\sum Q+\sum S+N\times\sum O+\sum W+\sum M$$

$$=1920+315+200\times 21+960+45=7,440 \text{ (分)}$$

$$\therefore ME=\frac{4515}{7,440}=60.7\%$$

此一績效60.7%似乎還不錯，但事實上不正確，因爲每一零件操作時，就有 199 件有排除或等候發生，此一時間均列入作業時間內，有必要尋找更好的績效衡量方法。

附加價值效率 (Value Added Efficiency)

更正確的製造效率衡量方法係以操作時間除以總製造前置時間而得，吾人稱之爲附加價值效率 (VAE)，本例

$$VAE=\frac{O}{MLT}=\frac{21}{7440}=0.28\%$$

作業重疊 (Operation Overlapping)

作業重疊可大大地增加其 VAE 值，如圖11-1所示，分成兩批且提前整備作業，可將每一操作之排隊時間降至30分鐘而等候時間則降爲15分鐘，其分批批量之計算方式如下：

$$Q_1 \geq \frac{Q \times O_1}{O_1 + O_2} \quad 且 Q_2 = Q - Q_1$$

$$Q_1 \geq \frac{200 \times 4.5}{4.5 + 5.0} = 94.7 或 95$$

$$Q_2 = 200 - 95 = 105$$

圖11-1　製造前置時間，分成兩批（時間單位：分）

操　作	分　批　量 Q_1	Q_2	操作時間 (O)	$Q_1 \times O$	$Q_2 \times O$	移動時間 (M)
1	95	105	4.5	427.5	472.5	15
2	96	104	5.0	480.0	520.0	15
3	96	104	5.5	528.0	572.0	15
4	200	—	6.0	1,200.0	—	—
				2,635.5		

操作的甘特圖

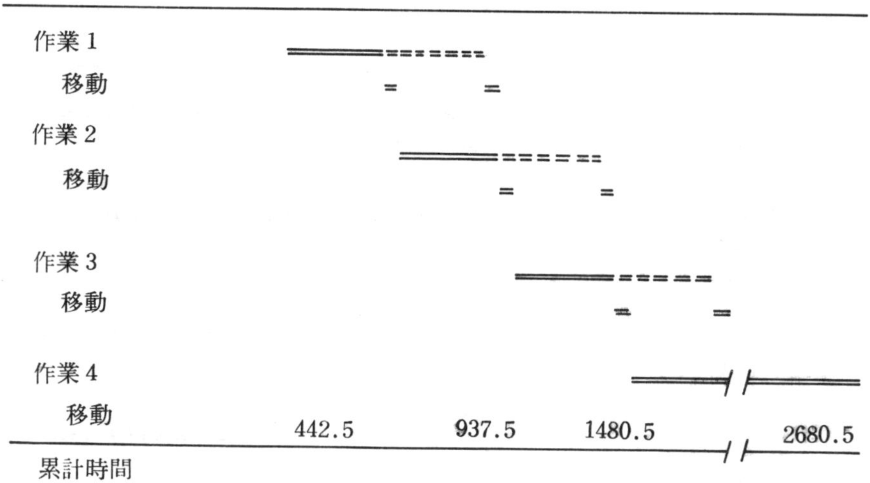

作業 1
移動
作業 2
移動
作業 3
移動
作業 4
移動
442.5　937.5　1480.5　2680.5
累計時間

由圖11-1可知，其製造前置時間已降爲2680.5分鐘，故得

$$VAE=\frac{21}{2680.5}=0.78\%$$

幾爲前者VAE 0.28%之3倍，已有相當大的改善，但仍然不盡理想。

如果更進一步的執行作業重疊而將之分成20批，其結果如圖11-2所示。

$$其VAE=\frac{21}{1395}=1.5\%$$

其VAE差不多爲上一情況之二倍，其改善效果相當顯著，但仍然有相當大的空間（98.5%）可再行改善。

圖11-2　製造前置時間，20分批，每批10件（時間單位：分）

操作	分批量 Q_1	$Q_2 \sim Q_{20}$	操作時間 (O)	$Q_1 \times O$	$Q_2 \times O$	移動時間 (M)
1	10	10	4.5	45.0	45.0	15
2	10	10	5.0	50.0	50.0	15
3	10	10	5.5	55.0	55.0	15
4	200	—	6.0	1,200.0	—	—
				1,350.0		45

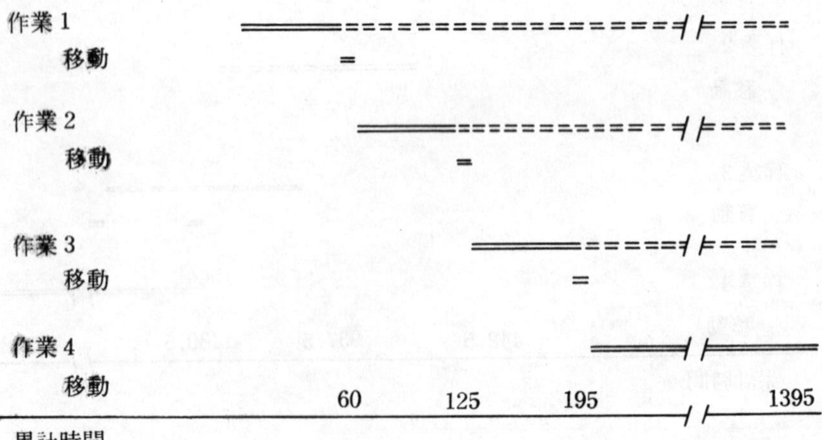

製造單元 (Manufacturing Cells)

羣組技術及製造單元可大大改善 VAE 值，製造單元利用共通的整備而降低整備時間及批量，類似設備可減少物料搬運且一作業所完成的零件可立即移至下一製程操作。其結果如圖11-3所示。

圖11-3 製造前置時間，製造單元，批量爲1（單位時間：分）

操 作	批 量 Q_2-Q_{20}	操作時間 (O)	$Q_1 \times O$	排隊時間 (Q)	等候時間 (W)
1	1	5.0	5.0	30.0	
2	1	5.0	5.0	—	
3	1	5.5	5.0	—	
4	1	5.5	5.5	—	30
		21.0	21.0	30.0	30

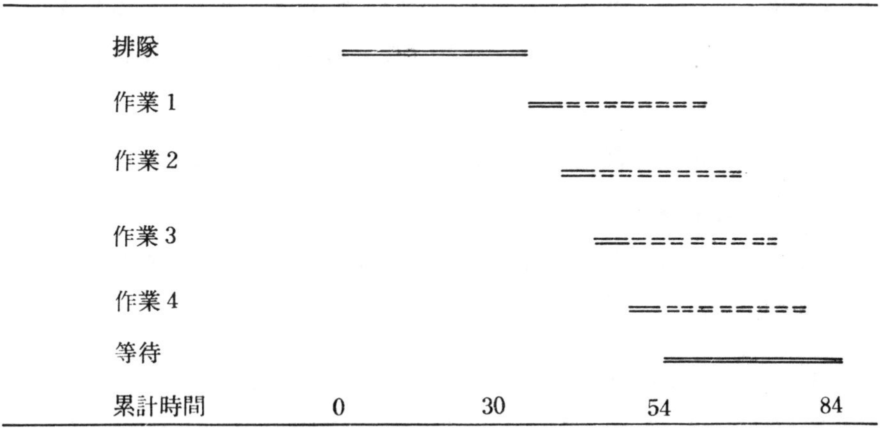

排隊				
作業 1				
作業 2				
作業 3				
作業 4				
等待				
累計時間	0	30	54	84

由圖11-3可知，其

$$VAE = \frac{21}{84} = 25\%$$

其績效約爲零活生產方式之 100 倍，也差不多爲最佳作業重疊績效之17倍，確實有相當大的改善。

11-3-2 平穩化的生產流程 (Level Flow)

豐田式管理的目的在於使工作及物料在工廠中的流動平衡順暢，但是要使日進日出的生產負荷達到平衡狀態不是一件容易的事情，因爲那不斷改變需求情勢，各不同條件下的最終裝配作業所加諸於其上游工作中心的混合式的工作負荷以及凍結最終裝配日程和主生產日程之必要性，……等等，均種下生產負荷達成平衡的要因。何況縱使能使最終裝配部門達成平衡的負荷，其對應的上游零組件加工部門也無法達成。吾人以一家汽車製造廠之供應商爲例來說明達成平衡負荷的目的、利益及挑戰性。

一汽車零件供應商製造三種副總成件，通常每個月接到一次的生產（訂單）日程表，其生產方式係在一條連動的生產線上進行自動焊接、自動移動及些許手工作業。表11-1所示爲其現有狀況，每月每一種產品製造一批。

由於汽車裝配廠耗用此三種產品的速率相當均衡，因此本供應商每種產品就必須儲存近半個月的庫存量，對公司的負擔相當重。因此，決策當局決定採用如表11-2所示的負荷平衡策略，即可消除所有的庫存及其相關的費用。

表11-1 負荷：每月每一產品一批，每月22工作天

件 號	月需求量	生 產 計 畫	計畫產出
F-11	35,000件	最初14天，每天2,500件	35,000
F-12	2,500件	第15天， 2,500件	2,500
F-13	17,500件	最後 7 天，每天2,500件	17,500

表11-2　平衡負荷：每一產品每天一批，每月22工作天

件　號	月需求量	生產計畫	計畫產出
F-11	35,000件	每天1591件	35,002
F-12	2,500件	每天 114件	2,508
F-13	17,500件	每天 795件	17,490

當然，上述的平衡負荷策略，必須面臨換模的困擾，因此如何改善產品設計，生產線設計以及換模的方法等等乃當務之急。

拉補生產管制 (Pull Production Control)

美式的生產管理係採用推送系統 (Push System) 以控制訂單及物料的流動。當一工令在一工作中心完成之後，即推送到下一工作中心以執行次項作業，在推送系統中均假設下一工作中心已備妥可承接上一工作中心所送來的工令而執行操作。但在拉補系統中，除非下一工作中心請求，否則零件不往前補送。

拉補系統之目的如下：

(1) 物料在製造及分配系統中依物料提領速率連貫移動。

(2) 限制系統中的總庫存量。

(3) 便於從事製程分析、製程改善且更進一步的降低庫存量。

拉補系統又稱為看板系統 (Kanban System)，其運作方式如下：

看板是一種用來傳遞資訊的卡片，藉着看板，前製程可以清楚地掌握後製程所需的成品、半成品及零組件等的數量、規格及型式，並透過一些規則而達成「於需要時間生產需要的品質和數量」的目標。在看板系統中，每一零件均需設計其特有的容器 (Container)，其所盛裝的數量極準確且數量宜少。看板有二類，其一為提領看板 (Withdrawal Kanban)，另一為生產命令看板 (Production-

Ordering Kanban)，同時，提領看板的總數量必須和生產看板的總數量相等，即後製程所需提領的數量記在提領看板上，而生產命令看板上所標示的數量則為前製程所需製造的數量。

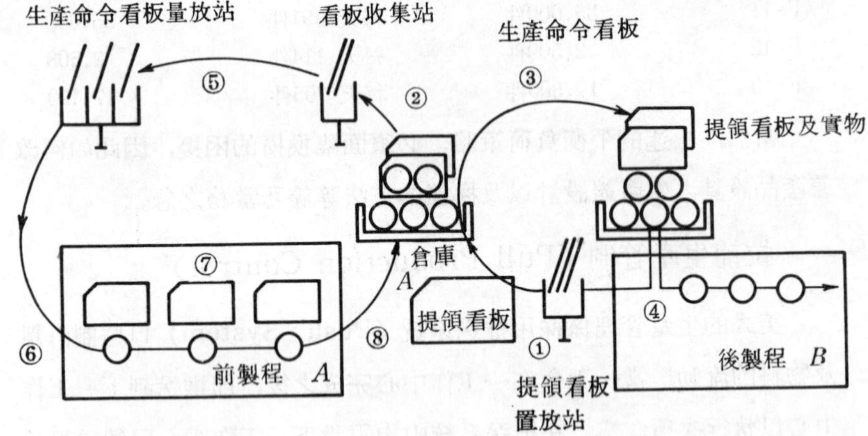

圖11-4　看板系統

茲以圖11-4來說明看板的使用程序:

(1) 當提領看板積存到一定數量時，後製程的搬運員即帶着空的容器及提領看板到存放區A。

(2) 當搬運員抵達A區後，放下空的容器，而將盛滿零件的容器上的生產命令看板拆下，且放入看板收集站。

(3) 將帶來的提領看板繫上盛滿的容器上，並檢視其數量及規格。

(4) 然後送回後製程。當一容器上的零件開始使用之前，即拆下提領看板而存放於提領看板收集站。

(5) 收集生產命令看板，而置放於生產命令收集站。

(6) 當生產命令看板積存到一定數量時，即授權開始生產，其生產順序需完全依照生產命令看板的收集順序來處理。

(7) 在生產過程中，看板需與零件配對流動。

(8) 當零件生產完成（卽裝滿一容器）卽繫上生產命令看板並送到存放區A中儲存。

看板使用應遵守的規則如下:

(1) 後製程應該在需要的時點從前製程提領所需的產品及數量。

(a) 沒有看板，應禁止提領產品。

(b) 絕對禁止提領超過看板數量的產品。

(c) 看板應經常伴隨着實物的存放與移動。

(2) 前製程應該生產後製程所需提領的數量。

(a) 禁止生產超過看板所載數量及張數的產品。

(b) 當前製程中需生產不同零件時，其生產順序應依照看板所送達的順序。

(3) 絕不將不良品往後製程運送。

(4) 看板的數量應減至最少。

(5) 看板只適用需求變動較小的零件。

兩部門間所需的容器數與下列各項相關: (a) 下游工作中心的需求率，(b) 兩部門間的移動時間 (c) 容器等候搬運的時間及 (d) 製造時間，可以下式表示

$$N \geq \frac{D(M+P)(1.0+S)}{Q}$$

式中 N＝看板卡片數目（卽容器數目）

D＝每小時需求率（後製程的生產率）

M＝平均等候時間（包含後製程的操作時間）及移動時間

P＝製造一容器所需的平均整備、加工及檢驗的時間

S＝安全因子，用以彌補生產效率及生產率變動的百分率

Q＝每一容器所盛裝的數量

例如有一生產線，前製程爲零件加工，後製程爲裝配作業，每一標準容器的容量爲10件。假設裝配部門的需求率每小時爲20件，移動時間爲0.25小時，裝配時間爲 0.5 小時，一容器另件的總加工時間爲0.4小時，安全因子定爲0.05，則卡片數，

$$N \geq \frac{20(0.75+0.4)(1+0.05)}{10} = 2.415，\text{ 即 3 個容器}$$

11-4 人力資源管理

若有一項單一的因素能達成豐田式生產管理的目標時，那就是對於人們的企圖心、才能及正直給予衷心尊敬和佩服，延伸此一精神以對待顧客、員工及供應商。

如果想有效的推動豐田式管理，所有的人，不論管理階層、幕僚或勞工，大家必須有共識以加強個人目標、組織目標以及其間關係，必須使員工深信，不斷的改善絕不會帶來失業的威脅，反而可分享其成果。

爲了贏得全體員工的信賴、參與及全心全意的支持，下列是吾人必須遵守的原則:

(1) 全體員工必須確信，由他們所提議的改善絕不會帶給他們失業的威脅。

(2) 公司當局必須提供教育訓練計劃以使員工能了解公司的目標、政策及其相關的計劃，更且，有機會給予員工增加技術的機會且能完全參與於改善的活動。

(3) 員工必須賦予更大的責任。

(4) 必須發展改善提案的正式管道以開發人們的經驗、知識及腦力，同時必須有良好的制度來評價提案且給予合適的獎勵。

(5) 員工必須團結一致以發揮團隊精神，且績效的評估及獎勵必須依據功能小組及整個組織的整體績效，必須樹立新的組織文化。

當公司的生產環境遭遇季節性需求變動時，於淡季時，宜從事於機器設備的保養、環境的整理整頓以及員工的教育訓練，如此，不僅使員工免於遭受遣散的命運，而且還可以不斷成長。

品管圈活動 (Q. C. C)、生產力提升計劃等的推動，可以收到相當好的效果，其一可獲得成本的節省及利潤的改善，同時，透過漫長的路程以說服員工，管理當局對他們的創意及才能給予極高的評價。

11-5 採購與供應商管理

在豐田式的管理制度下，必須發展長程的供應商關係，其關係必須基於品質上的互信。供應商及供應商的供應商均爲滿足顧客需求的工業鏈環中的一節，任一環節的失敗，將使其成品無法令人滿意而整個系統也將遭受失敗的命運，其目標在於降低成本、提升品質及生產力，其原則如下:

(1)讓供應商參與於產品的設計工作以獲得供應的特殊能力。

(2)減少供應商數目以減少比價、議價及招標等的作業。

(3)提供供應商以技術支援。

(4)提供供應商以生產計劃，以使供應商掌握機先以改善其品質、成本及交期。

(5)由長期關係所累增的學習曲線效果來降低成本。

(6)加強設變及交期日程改變的連繫工作。

(7)選擇鄰近的供應商以減少運送時間及其變異，增加其運送次數以減少其批量，獲得降低庫存的利益。

(8)協助供應商建立製程統計管制制度以改善品質。

(9)一旦品質水準提升，即可減少檢驗作業，甚至採免檢制度。

(10)透過供應商的創新以改善產品設計。

(11)透過供應商的頻繁交貨可以增加品質缺點的偵測力及改正機會。

(12)利用標準容器以減少進料的計量。

(13)透過大量採購的承諾以收折價的利益。

建立良好的供應商關係必須遵守下列十大原則:

(1)雙方均應對品質肩負完全的責任，並對彼此的品管制度相互了解及合作。

(2)雙方應各自獨立且尊重對方的獨立性。

(3)採購者必須提供明確且適宜的品質資訊和需求，以使供應商能確實知道他應生產怎樣的產品。

(4)在進行交易之前，雙方必須達成合理的採購合約以規範其品質、數量、價格、交貨條款及付款方式。

(5)供應商必須確保品質以使採購者完全滿意，同時供應商有義務提供採購者必須的資訊及資料。

(6)雙方必須共同決定各品質績效的評估方法和制度。

(7)雙方於簽訂合約時，必須訂定圓滿解決彼此問題紛爭的制度和程序。

(8)雙方必須基於對方的立場相互交換（提供）必要的資訊，以臻於更佳的品質管制。

(9)雙方必須有效率地執行並控制其企業活動，諸如訂購、生產及存量控制等，俾雙方維繫良好的關係。

(10)於進行企業交易時，雙方必須充分且共同兼顧消費者的要求。

11-6 全面品質管理

依據傳統的觀念，其產品品質提升，其製造成本隨之增加，但事實上，誠如克勞斯比 (Phil Crosby) 所說的「品質是免費的 (Quality is free)」，其品質成本恰如聞名的「富士山效應」(Mountain Fuji Effect)，意即品質成本增加到某一點，卽山頂時，其淨成本神妙的下降，這是優良品質所獲得的利益超過成本的緣故。如圖11-5所示。

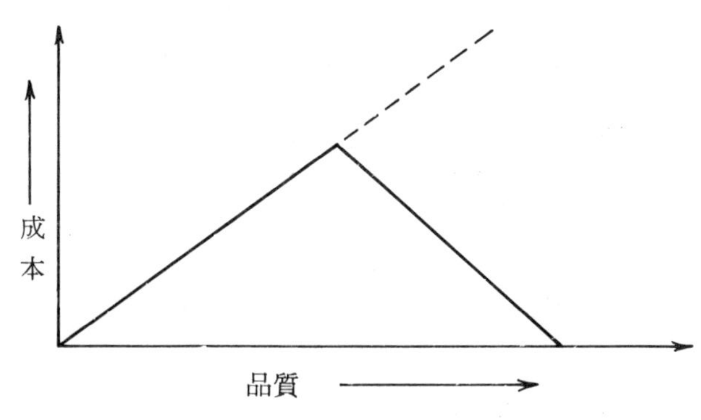

圖 11.5 富士山效應

不良品質及優良品質均各有其損失和利益，玆列如下：

(1) 不良品質的成本
- 報廢
- 重作
- 延期交貨
- 日程變更
- 需求量下降
- 顧客不願多付錢

(2) 優良品質的利益
- 增加需求
- 顧客願意支付更高的價格
- 增加生產

保證成本

產品責任成本

全面品質管理 (Total Quality Management, TQM) 之要點如下:

(1) 品質必須從源頭做起，即從設計開始，即產品設計，製程設計以及外購件的供應商。

(2) 操作者必須對自己產出的品質負責。

(3) 統計製程管制 (spc) 係用以偵察產品的品質趨勢，俾於不良品產生之前預知機具的磨損或設備需要調整。

(4) 必須先評估供應商的製程及其統計製程管制系統，始能核定其爲合格供應商。

(5) 利用過去績效及產出特性的統計分析來從事的預防保養是值得重視的。

許多有關全面品質管理的方法已行之有年，如能加上企業文化，必能締造卓越的成就，玆簡述於後:

(1) 統計製程管制 (Statistical Process Control) (SPC)

係基於事先分析以了解且證實影響製造品質的要因，然後分析與衡量這些要因與最終品質間的關係，因而可事先防範這些要因的發生而維持良好的品質。

(2) 自働化 (Jidoka)

又稱爲中止生產的授權，即於品質缺點發生時，授權員工中止機器或生產線的生產，然後立刻進行問題的分析，其目的在於消除品質問題的惡化，這意味着「品質重於產量」。

(3) 防誤措施 (Poka-Yoke)

即針對製程設計階段即企圖完全根除錯誤的發生，利用愚巧法的觀念去設計一些治具、夾具以及各種防範的措施，以預防錯誤的發生，例如在鐵路平交道上，當火車來時，首先紅燈閃亮，接着警鈴大作，然後柵欄下來，利用這三重的措施來預防人們誤闖平交道，所以如果有人仍然闖過去，那眞是呆子（死定了！）

(4) 要因分析圖 (Cause and Effect Analysis)

係用以分析製程缺點的優良方法，也可用以教導員工了解且關心製程上的重要因素，以預防問題的發生，其分析方式通常繪如魚骨圖，故又稱爲魚骨圖分析 (Fish Bone Analysis)，玆舉一例如下：

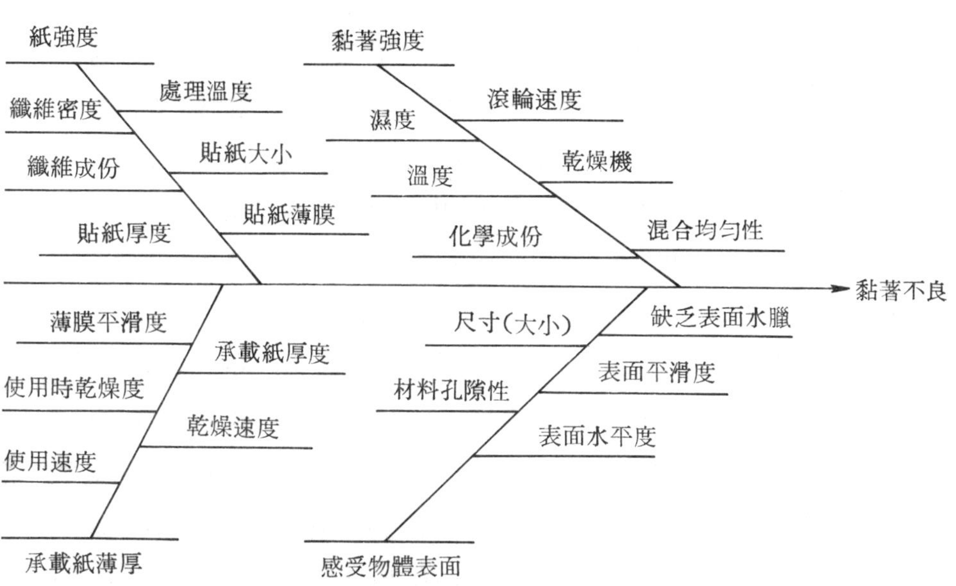

11-7 豐田式管理與成本

豐田式管理會影響基層的績效、品質的改善及準確的交期使得需求增加，也因而增加收益，也影響成本。同時，庫存的降低及品質的提升也使成本下降，這些績效，豐田式制度更易於正確的計算出來。

11-7-1 成本會計制度

成本係生產與存貨管理決策的要項。但傳統的成本會計制度往往無法告訴決策者，某種決策對眞實成本的影響。此導因於製造費用隱藏在分攤方法裏。例如製造費用常分攤到各部門（成本中心）而不是分攤到各項作業上，例如整備、檢驗及保養作業等等。此外，依據直接材料及直接人工而分攤於每一件產品的成本，事實上忽略了在產品壽命週期的不同階段，其成本項目不同，因此，不同階段的產品，其製造、工程及工具的成本不同，所需的檢驗及品管需求也不同，而且其所需的行銷和分配成本亦各異。如果利用平均成本的理念去分攤，要不是高估就是低估，很少會與實際成本剛剛好的。

爲了提供正確的成本資訊以爲決策之用，吾人必先確定費用來源，例如整備時間、現場工令製程分析、採購處理、物料接收及搬運等等，成本會計系統必須正確地提報各種作業的成本以便正確地計算各項產品所發生實際成本。這些報告可提供決策者將整備、檢驗、接收及交易等的費用計入直接成本中，也提供決策之正確資訊，同時，針對高成本項目可採行降低成本對策。利用 ABC 分析，吾人可選擇該降低成本之項目。

11-7-2 品質與成本之關係

豐田式管理的理念顯示品質與成本的關係是相反方向的，即隨着品質的提升，成本遞降。但有些人不敢苟同。葛文（Garvin）發現品質具有8個尺度可量測，其中有些尺度，品質與成本正相關，而有些則正相反，因此人們之所以不同意豐田式的理念，不是品質與成本的關係而是對品質定義觀點不同而已。

葛文所列的8項品質尺度如下:

(1) 性能所展現之績效

(2) 特質

(3) 可靠度

(4) 符合規格

(5) 耐用度

(6) 可服務度

(7) 美感的

(8) 官感品質

葛氏從經驗中獲知，可靠度和符合規格與成本成相反關係，其他六項品質尺度從經驗中無法證明係屬於相反關係或直接關係，因此，他認爲豐田式的理念係着重品質定義於可靠度及符合規格上。

可靠度大大取決於保證成本及產品責任成本，而符合規格則報廢與重作率之補數，用以衡量「第一次就把事情做對」，這正符合葛氏所發現的事實。

然而，葛氏的理念卻忽略了豐田式管理的重點，即設計以使製造簡易，設計以達易於製造係透過（1）產品、附件或配件選擇權的減少，(2) 避免超過現有設備能力的需求來達成生產高品質且低成本的產品。

減少選擇的幅度可因庫存的減少而降低成本，基於此一策略，產品類型的選擇必須滿足衆多顧客的口味，符合顧客口味必須仔細的聽顧客的聲音，誠如日本人所說:「顧客的聲音就是上帝的聲音」，因此日本的設計人員花費相當多的時間與顧客接觸，一旦決定了衆所喜愛的產品類型，即可以低成本製造典型特色的產品，豐田汽車公司的豪華轎車具有豪華的標準配備：皮椅、高級音響、大量而奢侈的電子裝備等，但其價格遠低於同級的其他廠牌轎車。

任何公司企圖在未來國際市場上爭得一席之地，高品質、低成本的產品是最基本也是最重要的條件。如此，必須特別着重在產品設計和製程設計上以及其間的高度合作。產品設計必須強化性能、特質、美感、可服務性、耐用度和官感品質，但又要使其便宜的製造。製程設計必須強化符合規格，且因而延伸至可靠度、耐用度及官感品質上。

低製造成本必須藉經濟生產規模的實現來達成，要達成世界級的生產量必須要有全世界的市場作後盾。如此，公司當局必須重視外銷且具有設計和製造適合國際市場口味的產品技術，這並非製造那隻手所能擎天，也必須要有國際行銷人才的搭配。

11-8 績效的衡量

績效衡量對於推動豐田式管理是否成功極爲重要，依據克勞福特等 (Crawford, cox and Blackstone, 1988) 的研究而歸納成如下的豐田式績效準則:

原料: 庫存金額日數，原料短絀，原料短少，交期，品質。

設備: 機器故障、預防保養、整備縮短。

設施: 空間需求。

員工: 士氣，所需教育與訓練，勞工效益。

最終產品: 銷貨成本, 顧客服務, 生產日程彈性, 庫存金額日數, 庫存短少, 前置時間, 每人產量或產值, 報廢, 重作。

轉換過程: 週期效率, 製程改善, 批量減少, 材料短絀, WIP減少。

大多數公司使用相對衡量值而非絕對的衡量值, 也常以圖表方式懸掛於工作現場以激發員工成就的企圖心和滿足感。

克氏等列出下列績效衡量系統的原則:

(1)績效衡量系統必須有多重準則。

(2)績效衡量系統的主要目的既非報償也非處罰。

(3)生產計劃績效之衡量必須使用集體的結果, 而非個人的結果。

(4)必須建立生產計劃績效準則的目標且一旦達成時必須加以修正。

(5)存量與品質準則不需有明確的目標, 但需有改善趨勢。

(6)績效衡量必須讓受評價者充分了解。

(7)績效資料必須由受評價者來收集。

(8)儘量以圖作爲績效的報告。

(9)績效資料必須及時性以便持續審查。

(10)日程績效必須每日報告。

(11)存量及品質績效必須每日報告。

(12)績效系統必須包含經常績效審查制度。

(13)應對供應商評估其交期和品質。

11-9 實施

成功地推行豐田式生產管理的先決條件是高階層的長期承諾和以身作則。

11-9-1　組織

首先由採購、設計、製造工程、生產管理、工業工程、品管、保養及現場主管等組成推動委員會。主任委員必須是權變高手，也對執行權變的需求了解，最好還有經驗。至於委員則必須具備對現狀不滿而從建設性層面去支持改變，此外，有個外來的人如顧問來協助推動，提供意見且突破一些盲點是有必要的。

11-9-2　教育訓練

於組織成立之前，即着手規劃教育訓練，以孕育知識、了解、信心及互信等理念，教育訓練必須從高階層開始，然後推展到組織中的每一個人，必使組織中的每個人都能完全了解和賞識豐田式的生產管理。因此，教育訓練必須包含豐田式生產管理的目標和哲理以及對每位員工的重要性，而且必須特別強調它不是微波爐式的，其成果和利益並非一日即成，是故，必須有耐心。教育訓練也必須包括有關顧客、品質、存貨成本、前置時間及生產力等重要性的理念。

在基礎教育訓練計劃執行之後，必須着手進行有關整備時間縮短、與供應商合作、統計製程管制及羣組技術等課程的訓練計劃。

11-9-3　評價

由於組織的環境不同且其生產作業也在不同的階段發展出來，因此，必須針對其環境徹底的評估，決定其策略性目標以配合豐田式生產管理，同時評估現況以調適符合豐田式生產管理的作業目標。

圖11-6係 Mc Guire (1984) 所建議使用的評價表，將各可能改

善的區域加以評估和分等級，其評估的依據係(1)導致企業成功的要項(2)現況及作業條件等的效益(3)改善所需的重要資源(4)完成所需時間。

藉助於外力的協助以提供前瞻性、客觀性以及一致性的現況分析以決定各不同對策的優先性是有相當助益的。其目的係由低風險、高效率的作業開始，其成功的機率當更大。

圖 11-6　評估程序

準則

1.導致成功的要項　　評價A,B,C,D

2.現狀及作業條件　　評等1～10

3.改善所需資源　　評價A,B,C,D

及時化（JIT）製造

1.管理者承諾	1.對公司重要性
2.全面品質管理	A.最重要的
3.環境整理	B.非常重要的
4.全員參與	C.重要
5.縮減整備作業	D.較不重要
6.反應性彈性製造	2.現況
7.持續流程生產系統	1.世界級
8.全員預防保養	2.最好中之一
9.採購	3.非常好
10.人員互信的公司文化	⋮
	8.不充分
	9.非常壞
	10.扶不起（阿斗）

3.改善資源

A.大量投資／大量費用

B.相當費用／許多人員

C.教育與變化氣質的實務

D.改變態度即開始

11-9-4 計劃

計劃之始，需先獲得高階層的承諾，然後推出全員一系列的教育訓練計劃，利用評價結果以發展改善作業的計劃。

若從品質改善着手應爲良好的計劃。品質分析宜從顧客的需求研究開始。品質的改善可導致庫存的減少，減少日程計劃問題且改善了人員和設備的能力，而良好的工作環境是個誘因。

多數人關心且相當在意績效衡量；學生要知道考試範圍而生產人員要達成高產量且好品質，因此不良的績效衡量方法宜儘早變更。例如生產部的經理及其工作人員多年來被鼓勵維持高的機器利用率及高的生產數量，且以此爲衡量基準，則吾人將發現在其非瓶頸工作中心上必然生產了許多不需要的零件，除非將衡量基準改成本章所敍述改善製程、縮短整備時間、減少在製品、減少前置時間、改善品質以及準時交貨等等，否則將無法獲得改善的。

11-10 結論

玆將上述豐田式生產管理理念與哲理繪成如下之流程圖，以使讀者有一整體的觀念。

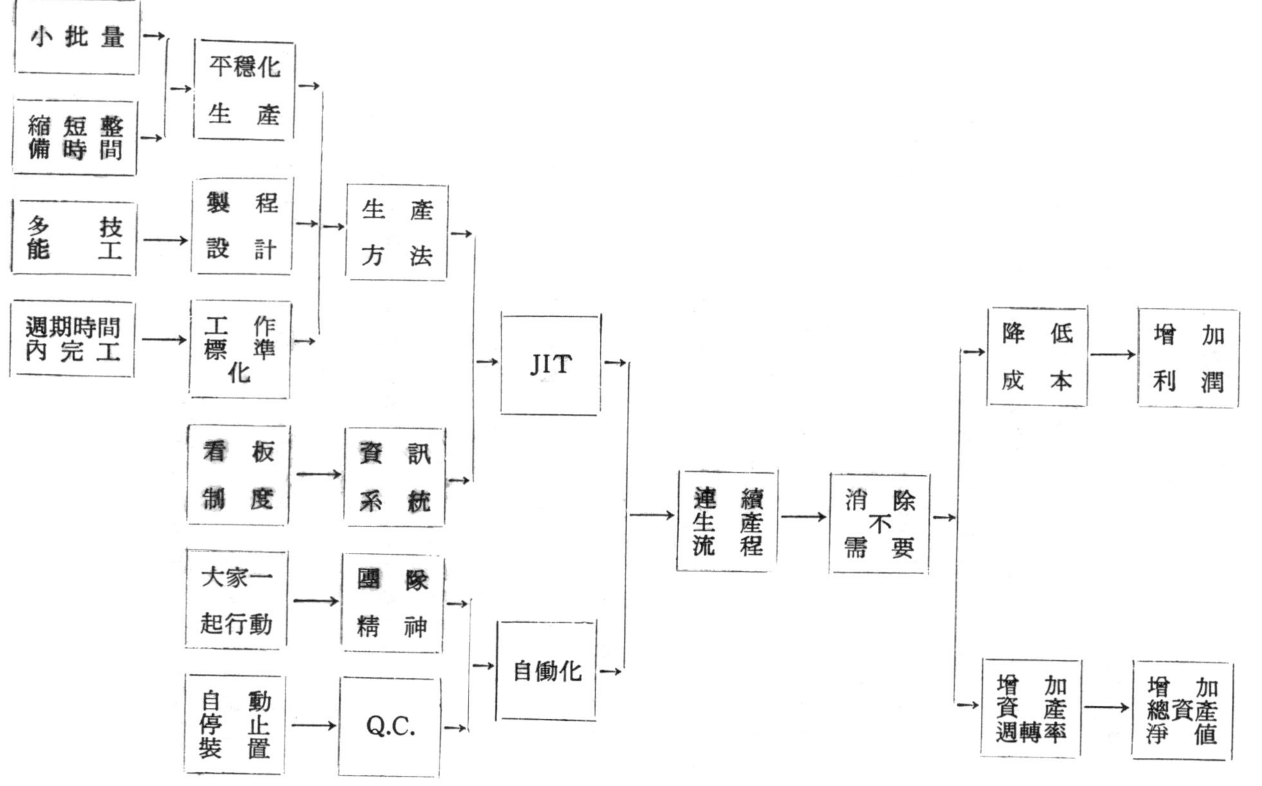
小批量
縮短整備時間
多技能工
週期時間內完工
平穩化生產
製程設計
工作標準化
看板制度
大家一起行動
自動停止裝置
生產方法
資訊系統
團隊精神
Q.C.
JIT
自働化
連續生產流程
消除不需要
降低成本
增加資產週轉率
增加利潤
增加總資產淨值

習題

1. 試述 JIT 對作業人員之優點。
2. 為何作業員的全員參與是推動 JIT 成功的重要因素?
3. 試繪製一要因分析圖以表示資料系之註册及選課程序。
4. 生管人員接到一訂單, 考慮採用作業重疊(Operation Overlapping) 來減少製造前置時間 (MLT), 已知下列資料:

   批量＝500件

   加工時間, 作業A＝8分鐘

   加工時間, 作業B＝6分鐘

   最少移轉時間, 作業A到作業B＝40分鐘

   整備時間, 作業B＝1.5小時

   a.設作業B直到工件到達才能整備, 試求作業A之最小批量以便移轉至作業B, 其目的為不允許作業B有閒置時間。

   b.若在工件到達前已整備妥當, 試求作業A之最小批量?

   c.於不允許作業重疊下, 計算其 VAE。

   d.若不考慮等候時間, 試求a及b條件下能縮短的 MLT 多少時間?

   e.設作業B之等候時間為16小時, 試求在a及b條件下, MLT 能縮短的時間?

   f.試計算d及e情況下之 VAE 值。

主要參考文獻

一、中文部份（按作者姓名筆劃順序）

1. 大行編輯部	實用機械工程名詞大辭典	大行出版社	68年
2. 王德馨	現代人事管理（3版）	三民書局	53年
3. 內政部	勞工安全衛生法令 工業安全衛生標準 一般安全衛生標準 特殊危險機具安全標準 特殊有害物質危害預防	中國生產力中心	68年
4. 門田安弘著 黃一魯　譯	豐田式生產體系	中國生產力中心	76年
5. 郭宗賢等	工業管理	大維文化公司	73年
6. 畢成才等	工業安全	中國生產力中心	69年
7. 陳　青	5S之推行方法	品質管制月刊 vol. 24, No. 6	77年
8. 陳國鈞	勞工立法新論（3版）	正中書局	49年
9. 許文生	現代工業意外災害之起因	自行發行	70年
10. 黃清賢	工業安全與管理	三民書局	73年
11. 黃錦俊	台灣汽車製造業品質 管制之研究	成大工研所 論文	68年
12. 馮紀恩	實用工業安全與衛生	正文書局	71年
13. 彭禎祥	工廠安全與衛生（革新本）	正文書局	72年
14. 楊金福	工業管理	華泰公司	65年
15. 劉水深	生產管理（修正版）	華泰公司	69年
16. 劉漢容	工廠管理（二册）	三民書局	60年
17. 劉漢容	生產管理	三民書局	68年
18. 劉漢容	品質管制（13版）	自行發行	80年

19.鍾清章　品質管制實務及實驗計劃法之應用（3版）　中華企管中心　62年

20.經濟部中央標準局　CNS標準

21.日本規格協會　JIS標準

二、英文部份

1.D. W. Fogarty, J. H. Blackstone & Hoffmann, T. R. (1991), Production & Inventory Management, 2nd ed. South-western Publishing Co.

2.Evans, James R. *Applied production and operations management,* West Pubhishing Co., 3rded., 1990

3.Feigenbaum, A. V. *Total Quality Control,* 3rd ed., Mc Graw-Hill Co., 1983

4.Fogarty, Donald W. *Production and Inventory management,* South-Western Co., 1983

5.Groover, Mikell P. *Automation, Production System and CAM,* Prentice-Hall, Inc., 1980

6.Hayes, Glenn E. *Modern Quality Control* 淡江書局 1977

7.Juran, J. M. *Quality Control handbook,* 3rd ed., 虹橋書店 1974

8.Moore, Franklin G. *production/operations Management,* 8th ed., Richard D. Irwin, Inc., 1980

9.Stevenson, William J. *Production/operations Management,* Richard D. Irwin, Inc., 1982

10.Vaughn, Richard C. *Introduction to Industrial Engineering,* 2rd ed., 華泰公司 1979

11.A. W. J. Stevenson (1990), Poduction/operatons Management 3rd ed. Richard. D. Irwin, Inc.,

12.R. M. Barnes Motion and Time Study, 6th ed., 雙葉書店 1970

三民科學技術叢書㈢

書名	著作人	任職
電磁學	周達如	成功大學
電磁學	黃廣志	中山大學
電磁波	沈在崧	成功大學
電波工程	黃廣志	中山大學
電工原理	毛齊武	成功大學
電工製圖	蔡健藏	臺北工專
電工數學	高正治	中山大學
電工數學	王永和	成功大學
電工材料	周達如	成功大學
電工儀表學	毛齊武	成功大學
儀表學	周達如	成功大學
輸配電學	王　載	成功大學
基本電學	毛齊武	成功大學
電路學	夏少非	成功大學
電路學	蔡有龍	成功大學
電廠設備	夏少非	成功大學
電器保護與安全	蔡健藏	臺北工專
網路分析	李祖添 杭學鳴	交通大學
自動控制	孫有義	成功大學
自動控制	李祖添	交通大學
自動控制	楊維楨	臺灣大學
自動控制	李嘉猷	成功大學
工業電子	陳文良	清華大學
工業電子實習	高正治	中山大學
美日電子工業	杜德煒	美國矽技術公司
工程材料	林　立	中正理工學院
材料科學(工程材料)	王櫻茂	成功大學
工程機械	蔡攀鰲	成功大學
工程地質	蔡攀鰲	成功大學
工程數學	孫育義 高正治	成功大學 中山大學
工程數學	吳　朗	成功大學
工程數學	蘇炎坤	成功大學
熱工學	馬承九	成功大學
熱處理	張天津	師範大學
熱機學	蔡旭容	臺北工專

三民科學技術叢書(二)

書名	著作人	任職
單元操作演習	葉和明	成功大學
程序控制	周澤川	成功大學
自動程序控制	周澤川	成功大學
電子學	余家聲	逢甲大學
電子學	鄧知晞 李清庭	成功大學 中原大學
電子學	傅勝利 陳光福	成功大學
電子學	王永和	成功大學
電子實習	陳龍英	交通大學
電子電路	高正治	中山大學
電子電路(一)	陳龍英	交通大學
電子材料	吳朗	成功大學
電子製圖	蔡健藏	臺北工專
組合邏輯	姚靜波	成功大學
序向邏輯	姚靜波	成功大學
數位邏輯	鄭國順	成功大學
邏輯設計實習	朱惠勇 康峻源	成功大學 省立新化高工
音響器材	黃貴周	聲寶公司
音響工程	黃貴周	聲寶公司
通訊系統	楊明興	成功大學
印刷電路製作	張奇昌	中山科學研究院
電子計算機概論	歐文雄	臺北工專
電子計算機	黃本源	成功大學
計算機概論	朱惠勇 黃煌嘉	成功大學 臺北市立南港高工
微算機應用	王明習	成功大學
電子計算機程式	陳澤生 吳建臺	成功大學
計算機程式	余政光	中央大學
計算機程式	陳敬	成功大學
機器人基本原理	杜德煒	美國矽技術公司
電工學	劉濱達	成功大學
電工學	毛齊武	成功大學
電機學	詹益樹	清華大學
電機機械	林料總	成功大學
電機機械	黃慶連	成功大學
電機機械實習	林偉成	成功大學

大學專校教材，各種考試用書·